I0827115

www.ingramcontent.com/pod-product-compliance
Lightning Source LLC
LaVergne TN
LVHW020515100826
845148LV00010B/1239

* 9 7 8 1 7 8 2 6 3 4 2 0 1 *

القوة الروحية المغيرة للحياة

ايمانك يغير حياتك

ديريك برنس

القوة الروحية المغيرة للحياة

Originally published in English under the title

Life-Changing Spiritual Power

ISBN 978-1-78263-420-1

المـــــؤلــــــــف:	ديريك برنس	
النـــاشـــــــر:	المؤسسة الدولية للخدمات الأعلامية	ت: +20 100 8559889
المطـبعـــــــة:	مطبعة سان مارك	ت: +202 23374128
التجـــهيز الفنـــى:	جى سى سنتر	ت: +202 26373686
الموقـع الألكـترونى:	www.dpmarabic.com	
البـريـد الألكتـــرونى:	info@dpm.name	
رقـــــم الإيــــــداع:	١٦٦٢٧ / ٢٠١٥	
التــــرقيــم الـدولي:	978-977-6194-32-8	

Arabic Printing I 2015 – Copies 2000

Derek Prince Ministries – International

P.O. Box 19501

Charlotte, North Carolina 28219

USA

Translation is published by permission

www.derekprince.com

>> المحتويات

>> المبادلة الإلهية العظمى

دعــوة

قدم يســوع دعوة تمتد الى الجنس البشــري كله **«تَعَالَوْا إِلَيَّ يَا جَمِيعَ الْمُتْعَبِينَ وَالثَّقِيلِي الأَحْمَالِ، وَأَنَا أُرِيحُكُمْ»** (متى ١١: ٢٨)، فمهما كانت طبيعة مشــكلتك وثقل حِملك أو احتياجك، الله يقدم لك الحل.

ويوجد مكان واحد فقط يمكنك أن تجد فيه ذلك الحل وهو **الصــليب** حيث مات يســوع، فمن خلال الصـليب، والصـليب وحده تستطيع الحصـول على ما يسد احتياجاتك ويحل مشاكلك ويخفف أحِمالك.

اقرأ الصفحات التالية متوقعاً الحصول على بركة عظيمة!

مقدمة

تدور رسالة الإنجيل بالكامل حول حدث تاريخي واحد فريد، هو: موت يسوع على الصليب فداءً وكفارة لخطايانا. ويقول كاتب الرسالة إلى العبرانيين بهذا الخصوص في (عبرانيين ١٠: ١٤): «أَنَّهُ بِقُرْبَانٍ وَاحِدٍ قَدْ أَكْمَلَ إِلَى الأَبَدِ الْمُقَدَّسِينَ». وهنا تجتمع عبارتان غاية في القوة والأهمية: "أَكْمَلَ" و"إِلَى الأَبَدِ"، وهما تشيران إلى ذبيحة تستوعب احتياجات الجنس البشري كله، بل يمتد تأثيرها خلال الزمن الحاضر وعبر الأبدية.

وعلى أساس هذه الذبيحة يكتب الرسول بولس في رسالة (فيلبي ٤: ١٩): **«فَيَمْلأُ إِلهِي كُلَّ احْتِيَاجِكُمْ بِحَسَبِ غِنَاهُ فِي الْمَجْدِ فِي الْمَسِيحِ يَسُوعَ».** وعبارة «كُلَّ احْتِيَاجِكُمْ» تشمل كل جانب من جوانب حياتك؛ جسدك ونفسك وفكرك ومشاعرك وكذلك احتياجاتك المادية والمالية، فلا يوجد احتياج -صغيراً كان أم كبيراً -يخرج من دائرة هذه العطية الإلهية. فبعمل إلهي واحد عظيم وفريد لبى الله كل احتياجات الإنسان وتعامل مع معاناته في لحظة حاسمة من الزمن.

لم يقدم الله حلولاً متنوعة لمشاكل الإنسانية الكثيرة المتنوعة، بل قدم لنا حلاً واحداً شاملاً وكافياً، وفيه الحل لكل مشكلة، فكل منا ينتمي إلى خلفيات مختلفة وكل منا يعاني من عبء احتياجاته الخاصة لكن لكي نستقبل الخلاص الإلهي يوجد مكان واحد علينا جميعاً أن نتوجه إليه وهو **صليب يسوع المسيح**.

لقد ورد أدق تسجيل لما تم على الصليب في سفر النبي إشعياء قبل ٧٠٠ عام من حادثة الصلب. ففي (إشعياء ٥٣: ١٠) يصور لنا الوحي «عبد الرب» الذي يُقدم نَفْسَهُ إلى الله كذَبيحةً، ويؤكد العهد الجديد على أن ذلك «العبد» الذي لم يذكر اسمه هو في الحقيقة "يسوع". وقد تم تحقيق الهدف الإلهي من ذبيحة يسوع والذي نجد خلاصته في سفر (إشعياء ٥٣: ٦) حيث يقول:

«كُلُّنَا كَغَنَمٍ ضَلَلْنَا؛

مِلْنَا كُلُّ وَاحِدٍ إِلَى طَرِيقِهِ؛

وَالرَّبُّ وَضَعَ عَلَيْهِ

اثْمَ جَمِيعِنَا».

هذه هي المشكلة الجوهرية للجنس البشري وهي: لقد مِلنا كل واحد إلى طريقه البعيدة عن طريق الله، لم يرتكب الكثيرون منا بعض الذنوب والمعاصي كالقتل مثلاً أو الزنا أو السرقة أو غيرها، لكن هناك خطية مشتركة بيننا جميعاً: لقد انحرفنا في طرقنا الخاصة، وبعملنا هذ نكون قد أدرنا ظهورنا لله. والكلمة العبرية التي تلخص هذا المعنى هي «آفون - *Avon*»، والتي تعني «إثم»، وفي اللغة الإنجليزية المعاصرة تعني «عصيان» أو «تمرد» ليس ضد إنسان بل ضد الله نفسه.

على أية حال، لا كلمة **«إثم»** ولا **«تمرد»** أو **«عصيان»** تكفي للتعبير عن معنى الكلمة «آفون»، لأن كلمة آفون لا تعني التمرد وحسب ولكنها تشمل أيضاً كل النتائج الرديئة للتمرد أي كل عواقبه وما يجلبه على المذنبين من قصاص.

فمثلاً في سفر (التكوين ٤: ١٣) وبعد أن أعلن الله حكمه على قايين لقتله أخاه قال قايين: **«فَقَالَ قَايِينُ لِلرَّبِّ: ذَنْبِي** (أي عقوبتي) **أَعْظَمُ مِنْ أَنْ يُحْتَمَلَ».** وكلمة ذنب

هذه هي أفون، وهي تشمل إثم قايين وعقوبته معاً، وقد كانا أعظم من أن يُحتمل.

وفي سـفر (لاويين ١٦: ٢٢)، قال الرب بخصـوص التيس الذي يُطلق في البرية: **«لِيَحْمِلَ التَّيْسُ عَلَيْهِ كُلَّ ذُنُوبِهِمْ إِلَى أَرْضٍ مُقْفِرَةٍ»**. ففي هذه الصـورة الرمزية لا يحمل التيس ذنوب بَنِي إِسْرَائِيلَ فحسب، بل عقاب تلك الذنوب أيضاً.

وفي سفر (مراثي إرميا ٤: ٦، ٢٢) تأتي الكلمة «آفون» مرتين بمعنى واحد:

في (العدد ٦) يقول: **«عِقَابُ بِنْتِ شَـعْبِي...»** وكذلك في (العدد ٢٢) يقول: **««قَدْ تَمَّ إِثْمُكِ يَا بِنْتَ صِهْيَوْنَ...» ...»**

فكلمة «آفون» تُرجمت إلى عبارة من كلمتين **«**عقاب الإثم**»** وبمعنى آخر «آفون» بمعناها الكامل لا تشير إلى «الإثم» المجرد بل تتضمن أيضاً كل النتائج الشريرة التي تجلبها دينونة الله على الإثم.

وينطبق هذا على ذبيحة يسوع على الصليب فيسوع نفسه لم يقترف أي خطية، يقول النبي في سفر (إشعياء ٥٣: ٩):

«... عَلَى أَنَّهُ لَمْ يَعْمَلْ ظُلْمًا، وَلَمْ يَكُنْ فِي فَمِهِ غِشٌّ».

ولكن يكمل في (العدد ٦) ويقول:

«... وَالرَّبُّ وَضَعَ عَلَيْهِ إِثْمَ (آفون) **جَمِيعِنَا»**

وهكذا لم يحمل الرب يسوع إثمنا فحسب بل تحمل كل النتائج الشريرة المترتبة على ذلك الإثم. ومثل ذلك التيس الذي صـوره لنا العهد القديم بطريقة رمزية فقد حمل يسوع الإثم بكل نتائجه المؤلمة بعيداً عنا وإلى غير رجعة.

هذا هو المعنى والهدف الحقيقيان للصـليب: لقد تمت على الصـليب مبادلة عظمى قد سـبق الله وأعدها: أولاً تحمل يسـوع بدلاً منا جميع نتائج أثامنا الشـريرة التي أعلنتها

العدالة الإلهية، وبالمقابل، يقدم **لنا** الله كل خير تستحقه طاعة يسوع المنزهة عن الخطية. وباختصار آتى على يسوع كل الشر الذي نستحقه ليكون لنا كل الخير الناتج عن طاعة يسوع الكاملة للآب، ويستطيع الله تقديم ذلك لنا دون مساومة على عدالته الأزلية الأبدية، لأن يسوع قد تحمل بدلاً منا كل عقاب عادل تستحقه آثامنا.

<< **"آتى على يسوع كل الشر الذي نستحقه ليكون لنا كل الخير الناتج عن طاعة يسوع الكاملة للآب."**

كل هذا ينبع من نعمة الله التي يصعب علينا اكتشاف أعماقها ولا تُقبل إلا **بالإيمان** وحده. لا يوجد تفسير لهذا الأمر منطقياً بالاعتماد على مبدأ السبب والنتيجة. لم يصنع أي شخص منا أي شيء يجعله مستحقاً لما فعله المسيح لأجله كما أنه لن يستطيع أبداً أن يقوم بأي شيء حتى يحصل عليه. كل شيء هو بنعمة الله.

وتعلن كلمة الله عدة جوانب مختلفة لهذه المبادلة الإلهية لكن في كل الحالات هناك مبدأ واحد ثابت هو: وُضع الشر على يسوع لكي في المقابل يُقدم لنا الخير.

وأول جانبين من جوانب المبادلة الإلهية العظمى نجدهما في سفر (إشعياء ٥٣: ٤-٥):

«لكِنَّ أَحْزَانَنَا (حرفياً الأمراض) حَمَلَهَا،
وَأَوْجَاعَنَا (حرفياً الآلام) تَحَمَّلَهَا.
وَنَحْنُ حَسِبْنَاهُ مُصَابًا مَضْرُوبًا مِنَ اللهِ وَمَذْلُولاً.
وَهُوَ مَجْرُوحٌ لأَجْلِ مَعَاصِينَا،
مَسْحُوقٌ لأَجْلِ آثَامِنَا.
تَأْدِيبُ (أي العقوبة) سَلاَمِنَا عَلَيْهِ،
وَبِحُبُرِهِ (أي بجروحه) شُفِينَا».

وهنا تتجانس حقيقتين، إحداها تنطبق على الجانب الروحي والأخرى تنطبق على الجانب الجسدي:

- الجانب الروحي: تحمل يسوع العقاب الذي تستحقه معاصينا وآثامنا لكي يكون لنا بالمقابل غفران وسلام مع الله، انظر رسالة (روميه ٥: ١).
- الجانب الجسدي: تحمل يسوع أمراضنا وأوجاعنا لكي يتحقق لنا الشفاء بجراحه. ويؤكد العهد الجديد تطبيق هذا الجانب الجسدي في موضعين:

أولاً: في (متى ٨: ١٦-١٧) يشير إلى سفر (إشعياء ٥٣: ٤) ويقول عن **يسوع**:

«... وَجَمِيعَ الْمَرْضَى شَفَاهُمْ، لِكَيْ يَتِمَّ مَا قِيلَ بِإِشَعْيَاءَ النَّبِيِّ الْقَائِلِ: «هُوَ أَخَذَ أَسْقَامَنَا وَحَمَلَ أَمْرَاضَنَا».

وثانياً: في رسالة (١بطرس ٢: ٢٤) يشير الرسول إلى ما ورد في سفر (إشعياء ٥٣: ٥-٦) قائلاً عن **يسوع:**

«...الَّذِي حَمَلَ هُوَ نَفْسُهُ خَطَايَانَا فِي جَسَدِهِ عَلَى الْخَشَبَةِ، لِكَيْ نَمُوتَ عَنِ الْخَطَايَا فَنَحْيَا لِلْبِرِّ. الَّذِي بِجَلْدَتِهِ (أي جراحه) شُفِيتُمْ».

فالمبادلة المزدوجة الموصوفة أعلاه يمكن تلخيصها فيما يلي:

عُوقب يسوع لكي تُغفر لنا خطايانا
جُرح يسوع لكي نُشفى

وتُعلن كلمة الله الجانب الثالث من المبادلة في سفر (إشعياء ٥٣: ١٠) والذي يشرح أن الله جعل نفس **يسوع «ذبيحة إثم»**، وينبغي فهم هذه الحقيقة في ضوء الفرائض المتعلقة بأشكال ذبائح الإثم، فالإنسان الذي يخطئ كان

عليـه أن يُقـدم للكـاهن قربانـاً (أي ذبيحـة) خـروف أو عنـزة أو ثـور أو بعـض الحيوانـات الأخـرى، ثـم يضـع المـذنب يـده فـوق الذبيحـة الحيوانيـة ويعتـرف بخطايـاه، فتنتقل الخطيـة رمزيـاً مـن الإنسـان الـى الحيـوان ثـم يـذبح الحيـوان بـدل الإنسان، وبالتالي يكون قد نال قصاص تلك الخطية التي انتقلت إليه.

وبحسب علم الله السابق كانت ذبائح العهد القديم **رموزاً** مسبقة لما سوف يعمله الله من خلال **ذبيحة يسوع الواحدة النهائية الكاملة** في كفايتها. على الصليب نقل الله كل أثام البشرية على نفس يسوع، ثم بفدائه وموته البديلي صارت نفس يسوع هي الذبيحة المقدمة عن خطايا الجنس البشرى كله، كما يتضح هذا في سفر (إشعياء ٥٣: ١٢):

«... مِنْ أَجْلِ أَنَّهُ سَكَبَ لِلْمَوْتِ نَفْسَهُ...».

فبموته النيابي المضـحي صـنع يسـوع كفارة لخطايا كل الجنس البشـري. ويشـير بولس في رسـالة (٢ كورنثوس ٥: ٢١) إلى سـفر (إشـعياء ٥٣: ١٠) وفي الوقت نفسه يقدم الجانب الإيجابي من المبادلة:

«لأَنَّهُ (أي الله) جَعَلَ الَّذِي لَمْ يَعْرِفْ خَطِيَّةً (أي يسـوع)، خَطِيَّةً لأَجْلِنَا، لِنَصِيرَ نَحْنُ بِرَّ اللهِ فِيهِ».

وهنـا لا يتحدث بولس عن البر الذاتي الذي قد نسـتطيع تحقيقه بأعمالنا بل يتحدث عن بر الله نفسـه وهو ذلك البر الذي لم يعرف خطية قط، فلن يتمكن أحد من بلوغ بر الله بمجرد محاولـة عمل الصـلاح، فهو بر يعلو عن برنـا الذاتي علو السـماء عن الأرض، والإيمان هو الطريق الوحيد الذي به ندرك هذا البر.

إذاً فالجانب الثالث من جوانب المبادلة الإلهية يمكن تلخيصه كالتالي:

جُعل يسوع خطية بسبب خطيتنا لكي نتبرر نحن ببره

والجانب التالي من المبادلة الإلهية هو تكملة منطقية للجانب السابق فالكتاب المقدس بعهديه القديم والجديد يؤكد أن النتيجة النهائية للخطية هي الموت. في رسالة (يعقوب ١: ١٥) يقول الرسول:

«... وَالْخَطِيَّةُ إِذَا كَمَلَتْ تُنْتِجُ مَوْتًا»،

فعندما جُعل يسوع خطية بخطايانا صار من المحتم عليه أن يذوق الموت الذي هو نتاج الخطية. وتأييداً لذلك في (رسالة العبرانيين ٢: ٩):

«وَلكِنَّ الَّذِي وُضِعَ قَلِيلاً عَنِ الْمَلاَئِكَةِ، يَسُوعَ... مِنْ أَجْلِ أَلَمِ الْمَوْتِ... لِكَيْ يَذُوقَ بِنِعْمَةِ اللهِ الْمَوْتَ لأَجْلِ كُلِّ وَاحِدٍ».

وهكذا كان موت يسوع نتيجة حتمية لخطايا الجنس البشري التي حملها. لقد حمل يسوع خطايا البشر جميعاً فمات الموت الذي يستحقونه، بالمقابل لكل من يقبل ذبيحته النيابية يقدم يسوع عطية الحياة الأبدية. في رسالة (رومية ٦: ٢٣) يضع بولس طرفي هذه المبادلة جنباً إلى جنب:

«لأَنَّ أُجْرَةَ الْخَطِيَّةِ هِيَ مَوْتٌ، وَأَمَّا هِبَةُ اللهِ فَهِيَ حَيَاةٌ أَبَدِيَّةٌ بِالْمَسِيحِ يَسُوعَ رَبِّنَا».

إذاً فالجانب الرابع من جوانب المبادلة يمكن تلخيصه كالتالي:

مات يسوع موتنا لكي نستقبل حياته

جانب أخر للمبادلة الإلهية العظمى نجده في رسالة (٢كورنثوس ٨: ٩):

«فَإِنَّكُمْ تَعْرِفُونَ نِعْمَةَ رَبِّنَا يَسُوعَ الْمَسِيحِ، أَنَّهُ مِنْ أَجْلِكُمُ افْتَقَرَ وَهُوَ غَنِيٌّ، لِكَيْ تَسْتَغْنُوا أَنْتُمْ بِفَقْرِهِ». والمبادلة هنا واضحة بين الفقر والغنى، افتقر يسوع لكي نصبح نحن أغنياء.

متى صار يسوع فقيراً؟ يحب بعض الناس أن يصوروه فقيراً أثناء خدمته على الأرض، لكن هذه الفكرة ليست دقيقة، فهو ربما لم يحمل الكثير من النقود في جيبه، لكنه لم يكن في أي وقت مفتقراً إلى شيء. وعندما أرسل يسوع تلاميذه لكي يكرزوا، أيضاً لم يعوزهم شيء، (انظر لوقا ٢٢: ٣٥)، بل على عكس المفهوم السائد بأنهم كانوا فقراء، كان معلوماً للجميع أن يسوع وتلاميذه كانوا يساعدون الفقراء بالمال. انظر إنجيل (يوحنا ١٢: ٤ - ٨؛ ١٣: ٢٩).

نعم، كان يسوع يوفر المال بطرق غير تقليدية أحياناً، ولكن المال له نفس القيمة سواء تم سحبه من البنك أو من فم سمكه! انظر إنجيل (متى ١٧: ٢٧). وربما كانت طرق يسوع في توفير الطعام أيضاً غير تقليدية أحياناً، لكن رجلاً يستطيع أن يقدم وجبة دسمة ل ٥٠٠٠ رجلا عدا النساء والأطفال لا يمكن اعتباره فقيراً بالمعايير الطبيعية! انظرانجيل (متى ١٤: ١٥-٢١).

في الحقيقة أن يسوع وخلال خدمته على الأرض كان يمثل نموذجاً كاملاً ورائعاً لحياة الوفرة التي يصفها الكتاب المقدس، فقد كان لديه دائماً كل ما يحتاج إليه من أجل تتميم إرادة الله في حياته بالإضافة إلى أنه كان يعطى الآخرين باستمرار دون أن يفرغ نبع عطائه.

إذاً متى افتقر يسوع من أجلنا؟ الجواب هو: **على الصليب**.

في (تثنية ٢٨: ٤٨) لخص موسى سمات الفقر المطلق في اربعة عبارات هي: **«...جُوعٍ وَعَطَشٍ وَعُرْيٍ وَعَوَزِ كُلِّ شَيْءٍ...»**. ولقد اختبر **يسوع** على الصليب كل سمات الفقر هذه:

- كان جائعاً، لم يأكل مدة تقارب يوماً كاملاً.

- كان عطشاناً، ومن عباراته الأخيرة التي قالها على الصليب: **«أَنَا عَطْشَانُ»**. (يوحنا ١٩: ٢٨).
- كان عارياً، بعد أن نزع الجنود ثيابه. (يوحنا ١٩: ٢٣).
- عندما مات لم يكن يملك أي شيء حتى أنه كُفن برداء مستعار ودُفن في قبر مستعار. (لوقا ٢٣: ٥٠-٥٣).

وهكذا نجد أن يسوع قد اختبر الفقر إلى أقصى حدوده **من أجلنا**.

وفي رسالة (٢ كورنثوس ٩: ٨) يوضح بولس الجانب الإيجابي من هذه المبادلة بطريقة أكمل فيقول:

«وَاللهُ قَادِرٌ أَنْ يَزِيدَكُمْ كُلَّ نِعْمَةٍ، لِكَيْ تَكُونُوا وَلَكُمْ كُلُّ اكْتِفَاءٍ كُلَّ حِينٍ فِي كُلِّ شَيْءٍ، تَزْدَادُونَ فِي كُلِّ عَمَلٍ صَالِحٍ».

وهنا يحرص بولس على تأكيد دور نعمه الله باعتبارها الأساس الوحيد لهذه المبادلة فهي نعمة لا يمكن اكتسابها بل يمكن فقط نوالها من خلال الإيمان.

>> **"الأساس الوحيد لهذه المبادلة هو نعمة الله."**

وكثيراً ما سيكون هذا "الازدياد" أو "الفيض" مشابهاً لما اختبره يسوع نفسه على الأرض. ليس بالضرورة أن نحمل مبالغ نقدية كبيرة، أو تكون لدينا أرصدة هائلة في المصارف. لكننا يوماً بعد يوم، سنكون مكتفين ولدينا ما يسد احتياجاتنا، وأحياناً أكثر من احتياجاتنا لكي نعطي الآخرين. وهناك سبب هام لمنحنا ذلك الفيض وهو ما نجده في كلمات الرب يسوع نفسه والمقتبسة من سفر (أعمال الرسل ٢٠: ٣٥): **«... مَغْبُوطٌ هُوَ الْعَطَاءُ أَكْثَرُ مِنَ الأَخْذِ»**.

فهدف الله هو أن يتمتع كل أولاده ببركة **"العطاء"** العظيمة لذلك يوفر لنا ما يكفي لتسديد احتياجاتنا ويزيد لكي **نعطي** الآخرين.

إذاً فالجانب الخامس من جوانب المبادلة يمكن تلخيصه كالتالي:

تحمل يسوع فقرنا لكي نشاركه في فيض غناه

كما تشمل المبادلة العظمى التي تمت على الصليب أيضاً الآلام والمعاناة النفسية الناشئة عن إثم الإنسان. وفي هذا المجال أيضاً تحمل يسوع الشر لكي نتمتع نحن بالخير، ومن أكثر الجروح القاسية التي أصابتنا بسبب إثمنا: "الخزي والشعور بالرفض" وكلاهما قد وُضِعا على يسوع فوق الصليب.

يتراوح الخزي في شدته بين الحرج الشديد وبين الشعور بالمهانة والعار، ذلك الشعور الذي يُبعد الأنسان عن أي علاقة ذات معنى إن كان مع الله أو مع الناس. ومن أكثر أسباب الشعور بالخزي شيوعاً -والتي تزداد تفشياً في مجتمعاتنا المعاصرة -بعض أشكال الإساءة أو التحرش الجنسي في الطفولة، وغالباً ما تترك هذه التجارب جروحاً غائرة لا يمكن شفاؤها إلا بنعمة الله.

يقول كاتب الرسالة إلى العبرانيين مشيراً إلى يسوع على الصليب، في (عبرانيين ١٢: ٢)

«...احْتَمَلَ الصَّلِيبَ مُسْتَهِينًا بِالْخِزْيِ...».

فالإعدام بالصلب كان أكثر أشكال الإعدام إثارة للخزي والخجل، وكان يستخدم لأدنى طبقة من المجرمين، فقد كان يتم تجريد المحكوم عليه بالصلب من ثيابه كلها ويُعرض عارياً أمام عيون المارة التي تحدق به بسخرية واستهزاء.

تلك هي درجة الخزي التي تحملها يسوع عندما كان معلقاً على خشبة الصليب. (متى ٢٧: ٣٥-٤٤). وعوضاً عن الخزي الذي تحمله يسوع، قصد الله أن يجعل أولئك الذين يؤمنون بيسوع يشاركونه في مجده الأبدي.

يقول الكاتب في رسالة (عبرانيين ٢: ١٠):

«لأَنَّهُ لاَقَ بِذَاكَ (أي الله) **الَّذِي مِنْ أَجْلِهِ الْكُلُّ وَبِهِ الْكُلُّ، وَهُوَ آتٍ بِأَبْنَاءٍ كَثِيرِينَ إِلَى الْمَجْدِ، أَنْ يُكَمِّلَ رَئِيسَ خَلاَصِهِمْ** (الذي هو يسوع) **بِالآلاَمِ».**

فالخزي الذي تحمله يسوع على الصليب فتح الطريق أمام كل من يؤمن به لكي يتحرر من خزيه، وليس ذلك فقط، بل سيجعلنا شركاء في المجد الذي له والذي هو حقه الأبدي!

يوجد جرح آخر يكون في الغالب أشد إيلاماً من الخزي والخجل هو الشعور بالرفض. وعادة ما ينشأ الشعور بالرفض من أحد أشكال العلاقات المحطمة، فقد يبدأ في مرحلة مبكرة من خلال رفض الأباء والأمهات لأطفالهم -وقد يكون الرفض شديداً فيتم التعبير عنه بطرق قاسية أو قد يكون مجرد فشل في التعبير عن الحب وقبوله –فمثلاً إذا استسلمت المرأة الحامل لمشاعر سلبية تجاه الطفل الذي في رحمها، فمن المحتمل أن يولد ذلك الطفل يعاني من الرفض وقد يستمر بداخله إلى أن يكبر وربما إلى أن يموت.

ويوجد سبب آخر شائع للشعور بالرفض وهو انهيار الزواج وكلمات الرب في سفر (إشعياء ٥٤: ٦) تنطبق على هذه الحالة بوضوح وبطريقة معبرة:

«لأَنَّهُ كَامْرَأَةٍ مَهْجُورَةٍ
وَمَحْزُونَةِ الرُّوحِ
دَعَاكِ الرَّبُّ،
وَكَزَوْجَةِ الصِّبَا إِذَا رُذِلَتْ، قَالَ إِلهُكِ».

يقدم الله العلاج الإلهي لجرح الشعور بالرفض في (متى ٢٧: ٤٦، ٥٠) حيث يصف ذروة ما عاناه يسوع من كَرب وألم على الصليب: **«وَنَحْوَ السَّاعَةِ التَّاسِعَةِ صَرَخَ يَسُوعُ بِصَوْتٍ عَظِيمٍ قَائِلاً: «إِيلِي، إِيلِي، لِمَا شَبَقْتَنِي؟» أَيْ: إِلهِي، إِلهِي، لِمَاذَا تَرَكْتَنِي؟». «فَصَرَخَ يَسُوعُ أَيْضًا بِصَوْتٍ عَظِيمٍ، وَأَسْلَمَ الرُّوحَ».**

ولأول مرة في تاريخ الكون، يصرخ ابن الله إلى الآب ولا تأتيه إجابة! لقد التصقت كل آثام البشرية بيسوع بشكلٍ تام حتى أن قداسة الله التي لا تعرف المحاباة جعلته يرفض ابنه الوحيد وهكذا تحمل يسوع الشعور بالرفض في أقصى وأبشع أشكاله، فقد رُفض من الله الآب نفسه وبعد ذلك مباشرة مات يسوع ليس من جراح الصلب بل من انكسار قلب بسبب الرفض!

ويتابع متى بعد ذلك مباشرة في (متى ٢٧: ٥١) فيقول:

«وَإِذَا حِجَابُ الْهَيْكَلِ قَدِ انْشَقَّ إِلَى اثْنَيْنِ، مِنْ فَوْقُ إِلَى أَسْفَلُ...».

ويعد هذا إعلان رمزي ليعلن لنا القبول لدى الله. فهو يشير إلى أنه بذلك قد فُتح الطريق للخطاة لعلاقة مباشرة مع الله القدوس، فأن رفض يسوع على الصليب قد فتح لنا الباب لنصير أبناء مقبولين عند الله. وهذا ما يلخصه بولس في رسالة (أفسس ١: ٥-٦) فيقول:

«إِذْ سَبَقَ فَعَيَّنَنَا لِلتَّبَنِّي بِيَسُوعَ الْمَسِيحِ لِنَفْسِهِ ... الَّتِي أَنْعَمَ (الله) بِهَا عَلَيْنَا فِي الْمَحْبُوبِ».

وهكذا، فأن رفض يسوع نتج عنه قبولنا لدى الله.

ولم يكن الإنسان في يوم من الأيام محتاجاً إلى ذلك العلاج الإلهي للخزي والشعور بالرفض كما هو محتاج إليه اليوم! في تقديري أن ما لا يقل عن ربع الذين تجاوزوا سن البلوغ من سكان العالم اليوم يعانون من جروح الشعور بالخزي أو الشعور بالرفض. كم أبتهج عندما تتاح لي فرصة مساعدة مثل هؤلاء الناس على الحصول على الشفاء النابع من صليب يسوع.

لقد قمنا بشرح الجانبين المتعلقين بالمشاعر في مبادلة الصليب العظمى وفيما يلي مُلخص لهما:

تحمل يسوع خزينا لكي نشاركه في مجده
تحمل يسوع رفضنا لكي نحظى بالقبول عند الآب

تغطي جوانب تلك المبادلة التي تمت على الصليب والتي تعرضنا لها حتى الآن معظم احتياجات الإنسانية الأساسية والملحة، والواقع أن أي احتياج ناشئ من تمرد الإنسان وعصيانه هو مشمول في مبدأ المبادلة الذي أكدناه وهو: وُضع كل الشر الناتج عن آثامنا على يسوع وفي المقابل أصبح كل الخير الناتج عن بره التام متاحاً لنا. فإذا تعلمنا كيفية تطبيق هذا المبدأ في حياتنا فإنه يطلق نعمة الله إلى كل احتياجاتنا.

ويبقى جانب أخير للمبادلة وهو جانب مهم وحاسم، وهو ما يصفه بولس في رسالة (غلاطية ٣: ١٣- ١٤) بوضوح فيقول:

«اَلْمَسِيحُ افْتَدَانَا مِنْ لَعْنَةِ النَّامُوسِ إِذْ صَارَ لَعْنَةً لأَجْلِنَا (لأَنَّهُ مَكْتُوبٌ «مَلْعُونٌ كُلُّ مَنْ عُلِّقَ عَلَى خَشَبَةٍ»)، لِتَصِيرَ بَرَكَةُ إِبْرَاهِيمَ لِلأُمَمِ فِي الْمَسِيحِ يَسُوعَ، لِنَنَالَ بِالإِيمَانِ مَوْعِدَ الرُّوحِ».

ويطبق بولس على يسوع المصلوب تشريعاً مقرراً في سفر (التثنية ٢١: ٢٣):

«...لأَنَّ الْمُعَلَّقَ مَلْعُونٌ مِنَ اللهِ...»

حيث يصبح الإنسان الذي يُعدم مُعلقاً على خشبة (شجرة) ملعون من الله ثم يشير بولس إلى النتيجة العكسية لذلك وهي نوال البركة. ولا يحتاج الأمر إلى متخصص في علم اللاهوت ليقوم بتحليل هذا الجانب من المبادلة والذي يمكن تلخيصه كالتالي:

صار يسوع لعنة لكي ننال نحن البركة

وتُوصف اللعنة التي حملها يسوع بأنها «لعنة الناموس»، في سفر (التثنية ٢٨) يقدم موسى قائمة شاملة للبركات الناتجة عن طاعة الناموس واللعنات الناتجة عن عدم طاعة وصاياه.

ويمكن تلخيص اللعنات المذكورة في (تثنية ٢٨: ١٥- ٦٨) كالتالي:

الإهانة والذل

العقم وعدم الإثمار

المرض النفسي والجسدي

التفكك الأسري

الفقر

الهزيمة أمام العدو

الظلم

الفشل

الحرمان من رضىً الله

فهل تنطبق بعض هذه الأمور على نواحي معينة في حياتك؟

هل هناك أشياء تحل عليك كما يحل الظلام فتمنع إشراقة بركات الله على حياتك؟

فإذا كان كذلك... ربما تكون لعنة ما هي أصل مشاكلك ويجب أن **تتحرر** من هذه اللعنة.

ولإدراك مدى هول اللعنة الكاملة التي جاءت على يسوع حاول أن تتأمله معلقاً على الصليب!

لقد رُفِض يسوع من أقرباؤه وخانه أحد تلاميذه بينما تخلى عنه الآخرون

(مـع أن بعضـهم عـاد يراقـب نزعاتـه الأخيـرة!)، لقـد تـم تعليقـه عاريـاً بـين الأرض والسـماء وقـد كـان مُحطـم الجسـد بفعـل جـراح بـلا عـدد، مـذلول الـنفس تحـت وطـأة آثـام البشـرية جميعهـا. رفضـته الأرض ولـم تسـتجب لصـرخته السـماء. ومـا أن سـحبت الشـمس ضـياءها وغطتـه الظلمـة، حتـى انسكبت دمـاء حياتـه مختلطـة بالحصـى والتـراب. وللحظـة وقبـل أن يلفـظ أنفاسـه الأخيـرة، خرجت صرخة ظافرة عظيمة من وسط الظلام:

«قَدْ أُكْمِلَ» !

وفي النص اليوناني أصل عبارة **«قَدْ أُكْمِلَ»** هي كلمة واحدة في صيغة الزمن الماضي التام وتعني "عمل الشيء بشكل تام وكامل" ويمكن ترجمتها الى "قد تم تماماً".

وهكذا قبل يسـوع على نفسـه كل النتائج الشـريرة التي يسـتحقها الإنسـان بسـبب عصـيانه، لقد تحمل كل لعنات ناتجة عن عدم طاعة وصـايا ناموس الله، وكل ذلك لكي يكون لنا بالمقابل كل البركات التي تسـتحقها طاعة يسـوع، إنها تضـحية مذهلة وعجيبة في مداها، مدهشة ورائعة في بساطتها!

والآن هل قبلت بالإيمان كل ما تضـمنته ذبيحة يسـوع من أجلك وكل ما قدمه لك؟

هل أنت مشتاق الآن للدخول إلى ملء نعمة الله الكاملة؟

هناك حاجز واحد عليك أن تتخلص منه وهو حاجز الخطية التي لم تغفر بعد.

فهل أنت متأكد الآن أن خطاياك قد غُفرت على حساب ذبيحة يسوع؟

>>

"هناك حاجز واحد علينا أن نتخلص منه وهو حاجز الخطية التي لم تغفر بعد".

إن لم تكن كذلك...فمن هنا تبدأ، يمكنك تقديم هذه الصلاة البسيطة **بإيمان**:

يا إلهي، أعترف بأني خاطئ، وبأن هناك خطايا لم تُغفر في حياتي،

لكني أؤمن بأن "يسوع" عُوقب لكي أحصل أنا على الغفران،

لذلك أطلب منك الآن أن تغفر جميع خطاياي في اسم يسوع.

وتعدنا كلمة الله في رسالة (١ يوحنا ١: ٩) بأنه:

«إِنِ اعْتَرَفْنَا بِخَطَايَانَا فَهُوَ أَمِينٌ وَعَادِلٌ، حَتَّى يَغْفِرَ لَنَا خَطَايَانَا وَيُطَهِّرَنَا مِنْ كُلِّ إِثْمٍ».

ثق بما يقوله الله في كلمته!

آمن في هذه اللحظة بأنه قد غُفرت بالفعل **جميع** خطاياك!

وهناك تجاوب بسيط واحد عليك أن تعلنه وهو أبسط وأنقي تعبير عن الإيمان الحقيقي: قل: *"أشكرك يا رب"*.

افعل ذلك حالاً!

قل: *"أشكرك، أشكرك يا رب يسوع لأنك عُوقبت لكي تَغفر خطاياي.* (قد لا أستوعب ذلك تماماً بذهني المحدود يا رب لكنني أؤمن به وأشكرك)".

ومع إزالة حاجز الخطية صار الطريق مفتوحاً لك للدخول إلى بركات الله من خلال الصليب، وكما قبلت غفران الخطية **بالإيمان** عليك أن تستقبل هذه العطايا الأخرى أيضاً **بالإيمان** البسيط بكلمة الله. فكل منا لديه احتياجاته الخاصة وعلى كل واحد منا أن يتقدم بنفسه إلى الله لاستقبال عطاياه.

وفيما يلي عبارات عامة مقترحة يمكنك استخدامها لاستقبال أي من عطايا الله التي ذكرناها:

ربي يسوع، أشكرك لأنك جُرحت لكي أشفى.

ربي يسوع، أشكرك لأنك جُعلت خطية بسبب خطيتي لكي أصبح باراً ببرك.

ربي يسوع، أشكرك لأنك مت موتي لكي أستطيع أن أقبل حياتك.

ربي يسوع، أشكرك لأنك تحملت فقري لكي أصير شريكاً بفيض غناك.

ربي يسوع، أشكرك لأنك تحملت خزيي وعاري لكي أصير شريكاً في مجدك.

ربي يسوع، أشكرك لأنك تحملت رفضي لكي أصير مقبولاً عند الآب.

ربي يسوع، أشكرك لأنك جُعلت لعنة لكي أتمكن من الدخول إلى ملء بركاتك.

كل هذه البركات الإلهية التي صليت من أجلها تأتى إليك **بطريقة تدريجية**، صلاتك التي تبادر بها الآن تطلق **قوة الله** في حياتك وهذه هي نقطة البداية.

ولكي تحصل على العطاء الكامل بخصوص جانب ما، عليك أن تقوم بثلاثة أشياء:

١. افحص الكتاب المقدس وادرس الحقائق الكتابية المتعلقة به.
٢. كرر باستمرار تأكيدك على الجانب الذي يسدد احتياجك الشخصي.
٣. أكد إيمانك باستمرار عن طريق **تقديم الشكر** لله من أجل ما قدمه لك. وكلما شكرت الله أكثر كلما ازداد إيمانك بما عمله من أجلك، وكلما آمنت أكثر كلما رغبت بأن تقدم له المزيد من الشكر، هذان الأمران: الإيمان والشكر، والشكر والإيمان هما بمثابة سُلم يرفعك شيئاً فشيئاً إلى ملء بركات الله.

المبادلة التي حدثت في الصليب

يوجد أساس واحد كاف واف للتمتع بإحسانات رحمة الله وهو تلك المبادلة التي تمت على الصليب.

- **عُوقب** يسوع لكي **تُغفر** لنا خطايانا.
- **جُرح** يسوع لكي **نُشفى**.
- صار يسوع **خطية** بسبب خطايانا لكي **نتبرر** نحن ببره.
- مات يسوع **موتنا** لكي نقبل نحن **حياته**.
- تحمل يسوع **فقرنا** لكي نشاركه في **فيض غناه**.
- تحمل يسوع **رفضنا** لكي نحظى **بالقبول** عند الآب.
- صار يسوع **لعنة** لكي ننال نحن **البركة**.

تلك القائمة غير كاملة! فهناك جوانب أخرى للمبادلة يمكن إضافتها، وكلها أوجه مختلفة متضمنة في تدبير الله المعلن من خلال ذبيحة يسوع. ويلخص الكتاب المقدس هذه الجوانب جميعاً في كلمة واحدة شاملة هي **«الخلاص»**.

ولكن غالباً ما يحد المؤمنون الخلاص في اختبار غفران الخطايا والولادة الثانية، فعلى الرغم من أنه اختبار رائع إلا إنه ليس سوى الخطوة الأولى فقط من الخلاص الكامل الذي يعلنه العهد الجديد.

أسئلة للدراسة

والآن، رجاء الانتقال الى "ملحق أ" صفحة (٥٣٦) الخاص بأسئلة كتاب المبادلة الإلهية العظمى،

وستجد إجابات تلك الأسئلة في صفحة (٥٥٠)

>> كيف تعبر من اللعنة إلى البركة

مقدمة

بينما كنت أسافر وأخدم في أنحاء كثيرة من العالم، لاحظت أن هناك نوعان من ردود الأفعال الرئيسية للظواهر الخارقة للطبيعة. ولقد تأثر العالم الغربي لفترة طويلة بالنهج العقلاني والعلمي لدرجة أن معظم الناس يجدون صعوبة في قبول أي شيء يتجاوز ما يمكن إستقباله عن طريق الحواس الخمس. إنها فكرة غير مألوفة للكثيرين أن هناك بعداً خارقاً يمكن أن يؤثر على حياتهم اليومية للخير أو للشر.

ومن ناحية أخرى، في كل مكان تقريباً في العالم غير الغربي، سواء كان ذلك في المدن الكبيرة أو القرى الريفية، فإن الغالبية العظمى من الناس يدركون جيداً أن وجود البعد الخارق ليس مجرد نظرية. وفي حين أن هذا الوعي هو أفضل من الجهل، لأن كثيرين ما زالوا يعيشون في خوف من الاضطرار إلى التعامل اليومي مع هذه الحقائق بمعنى إيجابي. وهذا يمكن أن يعني أيضاً، أن مثل هؤلاء الناس هم أيضاً منفتحون جداً لقوة الله التي تحرر من العبودية.

وأعتقد أن هذه الرسالة عن كيفية العبور من اللعنة إلى البركة، ستكون بمثابة عوناً كبيراً لكثيرين، أينما كانوا ومهما كانت خلفياتهم. لقد ثبت ذلك على مدى سنوات عديدة. هذه الرسالة لديها القدرة على تغيير حياة الناس والمجتمعات، والكنائس، وحتى دول بأكملها.

وأعتقد أن هناك الكثير من الناس الذين يصارعون شيئاً ما في حياتهم، إنهم لا يفهمون تماماً، وفي كل مرة يكونون على وشك النجاح، تتعقد الأمور وتمنعهم من النجاح. هناك شيء يوقفهم عن أن يكونوا شخصيات كاملة حرة، قادرة على خدمة الرب بانتصار كما كانوا يريدون. إنهم لم يشخصوا أبداً، عن ماذا يحدث معهم، ولكنني أعتقد أن المشكلة إنهم يصارعون بسبب أن هناك لعنة على حياتهم.

هذا الكتاب يوضح لنا من خلال الكتاب المقدس، كيف تعمل اللعنات؟ وما هو مصدرها؟ وكيف يمكن للناس التحرر منها تماماً؟ ليكونوا قادرين على التمتع بملء البركة التي يريدها الله دائماً لهم.

القسم الأول

حقيقة البركات واللعنات

هل تشعر دائماً بالإحباط بسبب المرض، أو الضغوط المالية أو العلاقات المتوترة؟ هل تقع لك ولعائلتك حوادث بشكل منتظم؟ هل تتساءل لماذا يبدو أن بعض الناس يحصلون على أكثر مما يستحقونه من النجاح والإنجاز؟

أعتقد أن هناك قوتين تعملان في الحياة: "البركات واللعنات". واحدة مفيدة، والأخرى ضارة. ولكي نتمتع ببركات الله وننال الحماية من اللعنات، نحن بحاجة إلى فهم كيفية عمل هاتين القوتين.

اللعنة ليست خرافة من العصور المظلمة. وسوف أعتمد على تجارب الحياة الواقعية لأناس أدهشهم اكتشاف إنهم ليسوا ضحايا الصدفة أو حتى الوراثة. يمكنك وصف اللعنة باعتبارها ذراع شر طويلة تقع عليك، بقوة قاتمة مظلمة تمنعك من التعبير الكامل عن شخصيتك. وقد يكون مصدر تلك القوة في حياتك أو مصدرها يرجع إلى الجيل السابق.

>> **الفصل الأول**:

كيف غير اللّه تفكيري

لم أكن دائماً على يقين كما أنا الآن بشــأن حقيقة البركات واللعنات.

كنت أعرف إنها مفاهيم كتابية، ولكن لم أكن على علم تام بأهميتها.

لقد إستخدم الله حادثة وقعت ليِّ منذ بضع سنوات ليغير تفكيري.

كنــت قــد انتهيــت للتــو مــن الــوعظ فــي إحــدى الكنــائس فــي أمريكــا. وقــد لاحظــت وجــود عائلــة مكونــة مــن الأب والأم والأبنــة الشــابة. فبــدأ الــروح القــدس يقــول لــيِّ: "أن هنــاك لعنــة علــى تلــك الأســرة". لــم يكــن هنــاك ســبب طبيعــي يــدعو لهــذا التفكيــر، حتــى ذهبــت إلــى الأب وقلــت لــه: "لقــد أظهــر الله لــيِّ أن هنــاك لعنــة علــى عائلتــك. هــل تريــد منــي أن أصــلي وأكســر تلــك اللعنــة وأحررك منها في إسم يسوع؟". فقال على الفور: "نعم".

صــليت صــلاة قصــيرة وبســيطة، وعلى الرغم من إنني لم أضــع يدي على أي منهم، إلا إنه كان هناك رد فعل جســـدي واضـــح في كل منهم عندما أبطلت هذه اللعنة. ثم لاحظت أن ســاق الأبنة الأيســر موضــوع في جبيرة من فوق الفخذ إلى أسـفل القدم. فسـألت الأب: "هل تريد مني أن أصـلي من أجل شـفاء ابنتك؟" فقال: "نعم، ولكن عليك أن تعرف إنها قد كســـرت ثلاث مرات خلال الأشـــهر الثمانية عشر الماضية، ويقول الأطباء إنها لن تلتئم".

اليوم إذا سمعت شيئاً من هذا القبيل، سأعرف أن هناك لعنة على تلك الأسرة.

صليت صلاة بسيطة. وبعد ذلك بوقت قصير، كتبت لي الأم تشكرني على ما حدث. وقالت إنهم عندما عادوا إلى العيادة، أظهرت الأشعة السينية أن ابنتها قد شُفيت، وتخلصت سريعاً من الجبيرة.

وأنا أتأمل في هذه التجربة، أدركت أن الله قد أراني بأن هناك لعنة على تلك الأسرة، وقادني لكسر هذه اللعنة قبل أن يسمح لي أن أصلي من أجل شفاء الأبنة. لماذا؟

>>

"...كانت اللعنة عائقاً غير مرئي منعها من التمتع بالبركات التي أراد الله لها أن تحصل عليها."

وكان استنتاجي أن الأبنة لا يمكن أن تشفى قبل أن تتحرر من اللعنة أولاً. وبعبارة أخرى، كانت اللعنة عائقاً وحاجزاً غير مرئي، منعها من التمتع بالبركات التي أراد الله لها أن تحصل عليها.

ثم بدأ الله للتعامل معي حول هذا الموضوع "اللعنات والبركات"، وكنت مندهشاً من كم المعلومات الموجودة في الكتاب المقدس بشأن هذا الموضوع. ومع إنه بصفة عامة، نادراً ما كان يذكر في العظات.

لقد وقعت ليّ حادثة شخصية، أكدت ليّ حقيقة ذلك العالم الغير المرئي، ففي عام ١٩٠٤ كان واحد من أجدادي قد قاد قوة عسكرية بريطانية أُرسلت إلى الصين، لقمع تمرد إحدى المجموعات السرية. وقد عاد ببعض القطع من الفن الصيني الذي أصبح على مر السنين ميراثاً للأسرة. وبعد وفاة والدتي انتقلت ملكية بعض من تلك القطع الأثرية ليّ.

كان من أكثر القطع جذباً للإنتباه، مجموعة من أربعة تنانين مطرزة بشكل جميل، قمنا بتعليقها على جدار غرفة المعيشة. ومنذ ذلك الوقت بدأت أشعر بأن هناك شيء ما يقاوم خدمتي، إلا إني لم أكن قادراً على تحديد مصدره. وقد ظهرت تلك المقاومة في أشكال مختلفة، مثل الإحباطات والعوائق المالية ومشاكل في التواصل.

وأخيراً وبعد فترة مُكثفة من الصلاة والصوم، بدأت ألاحظ تغييراً في موقفي تجاه التنانين المعلقة على الجدار. فسألت نفسي، إلى من يرمز التنين في الكتاب المقدس؟ وكانت الإجابة واضحة، إنه الشيطان. بعدها بدأت أدرك كيف إنه كان من غير اللائق لي أن أحتفظ بمثل هذه الأشياء عندي على الحائط في البيت، وهكذا وفي النهاية وبشيء بسيط من الطاعة، تخلصت من هذه التنانين.

في الأشهر التي تلت ذلك الحدث، حدث معي أمر مثير، فلقد حدث تحسن كبير في أحوالي المالية. وبينما أنا أتأمل فيما حدث معي، استقبلت رؤية جديدة من سفر (التثنية ٧: ٢٥- ٢٦) حيث حذر موسى شعب إسرائيل ضد وجود أي شيء له علاقة بعبادة أصنام الأمم الكنعانيين. **«وَتَمَاثِيلَ آلِهَتِهِمْ تُحْرِقُونَ بِالنَّارِ. لاَ تَشْتَهِ فِضَّةً وَلاَ ذَهَبًا مِمَّا عَلَيْهَا لِتَأْخُذَ لَكَ، لِئَلاَّ تُصَادَ بِهِ لأَنَّهُ رِجْسٌ عِنْدَ الرَّبِّ إِلهِكَ. وَلاَ تُدْخِلْ رِجْسًا إِلَى بَيْتِكَ لِئَلاَّ تَكُونَ مُحَرَّمًا مِثْلَهُ. تَسْتَقْبِحُهُ وَتَكْرَهُهُ لأَنَّهُ مُحَرَّمٌ».**

ودون أن أدري، قد عرضت نفسي وعائلتي للعنة، حين أحضرت صور تلك الألهة الغريبة إلى بيتي. وكم كنت ممتناً للروح القدس، لأنه فتح عيني على ما كنت قد تعرضت له.

بدأت أرى وجود مبدأ، وهو العامل المشترك بين التحسن الذي حدث في أحوالي المالية والشخصية، وبين شفاء ساق الفتاة المكسورة. وفي كلتا الحالتين،

كانت اللعنة تقف كحاجز غير مرئي. ومع صلاة التحرر شُفيت الفتاة، وفي حالتي حدث الازدهار المالي.

اسمحوا لي بأن أشارككم تجربة أخرى، توضح لكم جلياً حقيقة وجود البركات واللعنات. ذات مرة عندما كنت في جنوب أفريقيا، التقيت مع سيدة يهودية سوف أدعوها "مريم". كانت مؤمنة بيسوع، مخلصة ومُعمدة بالروح القدس. كانت ذات خبرة عالية، وتعمل سكرتيرة تنفيذية بأجر جيد. وكنتيجة لصلاة مستجابة، وجدت نفسها تعمل مع رجل هو رئيس شركته الخاصة. وسرعان ما اكتشفت إنه متورط مع جميع المديرين التنفيذيين في عبادة غريبة تقودها سيدة تتعامل مع الأرواح الشريرة.

وبعد فترة قصيرة، قال لها رئيسها: "مرشدتنا الروحية أعطتنا بعض البركات ونريدك أن تكتبيها لنا جميعاً". لكن سرعان ما اكتشفت "مريم" بأن تلك العبارات كانت بعيدة كل البعد عن كونها بركات. وكمسيحية ملتزمة، أوضحت لرئيسها بأنها لا تشعر بالراحة في كتابتها. فشكرها واعتذر عن عدم إدراكه بأن ذلك العمل ضد معتقداتها. وعلى الرغم من رفضها، إلا أن أصابع "مريم" في كلتا اليدين قد أصيبتا بالتيبس. حتى إنها لم تكن قادرة على ثنيها، ولم تكن قادرة على العمل. كان ألماً يفوق احتمالها، حتى إنها لم تكن قادرة على النوم، وقد شخصها الطبيب على إنه التهاب المفاصل الروماتويدي.

وكانت لمريم صديقة مسيحية، كانت قد سمعت عظاتي، عن "اللعنات، السبب والعلاج". فأسمعتها الأجزاء الثلاثة حتى وصلت إلى الجزء الذي أقود فيه الناس إلى الصلاة من أجل التحرر من اللعنات المتسلطة على حياتهم. وفجأة وبدون سبب طبيعي، توقف الشريط تماماً ولم تستطع إخراجه من الجهاز.

حتى تلك اللحظة، كانت مريم متشـككة للغاية، فقد كانت تسـتمع إلى العظة فقط لإرضــاء صــديقتها. ولكنها في نهاية الأمر، وافقت على قراءة النســخة المطبوعة من صــلاة التحرر التي كانت مع صــديقتها. وعندما انتهت من قراءتها، شُــفيت أصابعها تماماً وذهب الألم.

وقد فحصــها نفس الطبيب مرة أخرى، وأكد شـفاءها تماماً. تذكر، لم تكن هناك أي صلاة خاصة بالشفاء، إلا فقط صلاة التحرر من اللعنة.

ومهما كانت خلفياتنا، فإنه أمر في غاية الأهمية لنا، أن ندرك وجود عالم كامل من البركات واللعنات. فهو ليس بعض من الخرافات البدائية التي خلفتها العصــور المظلمة. إنه أمر واقعي للغاية، والله يريد شــعبه أن يكون لديهم فهم واضــح لمثل هذه الأمور، لكي يكونوا منتصرين ومختبرين ملء البركة الإلهية.

>> الفصل الثاني

كيف تعمل البركات واللعنات

إن حقيقة البركات واللعنات في حياتنا ليس أمراً عشـــوائياً، ولا يمكن التنبؤ بها. بـل على العكس من ذلـك، فكـل منهمـا تعمـل وفقاً لقوانين أبدية لا تتغير. هناك نوعان من القوى التي تشـــكل التاريخ: قوى مرئية وأخرى غير مرئيـة. والتفـاعـل بين هـاتين القوتين هو الـذي يحـدد نتيجة الأحداث. فإذا ركزنا إهتمامنا فقط على الأمور المرئية التي هي واضــحة وطبيعية، فسيصعب علينا تفسير بعض الأمور التي تحدث في حياتنا.

ونحن جميعاً نشـــعر أن هذا العالم المـادي الطبيعي هو وطننا، لأن هذا هو ما نحن على دراية به بشـــكل يومي. وكثير من الناس لا يدركون أي شـــيء أكثر من هذا. ومع ذلك، فـإن الكتـاب المقدس يفتح لنـا بعداً آخر غير مرئي، ليس ماديـاً بل روحياً. ويتحدث بولس الرســول عن كل من هذه الأبعاد في (٢كورنثوس ٤: ١٨) فيقول: **«وَنَحْنُ غَيْرُ نَاظِرِينَ إِلَى الأَشْيَاءِ الَّتِي تُرَى، بَلْ إِلَى الَّتِي لاَ تُرَى. لأَنَّ الَّتِي تُرَى وَقْتِيَّةٌ، وَأَمَّا الَّتِي لاَ تُرَى فَأَبَدِيَّةٌ».**

إن الأمور الطبيعيـة ليســـت أبديـة، بل أمور العـالم غير المرئي، هي فقط التي يمكننا أن نجد فيها الحق الثابت. والذي من خلاله يتشكل مصيرنا.

>>

"كل من البركات واللعنات على حد سواء ينتمي إلى عالم روحي غير مرئي، وكلاً منهما يحمل تأثيراً فوق الطبيعي."

كل من البركات واللعنات على حد سواء، ينتمي إلى عالم روحي غير مرئي. وكلاً منهما يحمل تأثيراً فوق الطبيعي، وقوة روحية. فالبركات تأتي بالخير والنتائج الإيجابية، في حين أن اللعنات تأتي بالشر والنتائج السلبية. وكلاهما من المواضيع الهامة في الكتاب المقدس.

هناك مميزات هامة ومشتركة بين كل من البركات واللعنات:

أولاً، إن تأثير كل من البركات واللعنات، غالباً ما يمتد إلى أبعد من مجرد التأثير على شخص بمفرده، بل يمتد إلى أفراد العائلة الأخرين، والمجتمع والبلد، أو حتى الأمة بأكملها، يمكن أيضاً أن تتأثر.

ثانياً، يمكن أن يستمر تأثير كل من البركات واللعنات، من جيل إلى جيل إلى أن يتم إبطالها. وبالطبع هذا له آثار عملية هامة. فالشخص الذي يختبر تأثير أي من البركة أو اللعنة قد لا يميز بسهولة من أين تأتي، لأن مصدرها قد يكون من الماضي، وحتى منذ مئات السنين.

ذات مرة عندما كنت أتحدث عن هذا الموضوع في أديلايد، في أستراليا، كتبت لي سيدة رسالة بعد ذلك. كان أجدادها من اسكتلندا، من عشيرة تدعى نيكسون. وكان لديها أدلة تاريخية تثبت إنه نتيجة لحروب العشائر بين الأسكتلنديين والإنجليز في القرن السادس عشر، وضع أسقف كنيسة اسكتلندا لعنة على عشيرة نيكسون. وقد أدركت بعد أربعة قرون، فقد كانت تحدث بعض الأمور في عائلتها، قد يعود سببها إلى تلك اللعنة.

البركات واللعنات هي كلمات تحمل قوة خارقة للطبيعة -ربما هي قوة الله، أو قوة الشيطان -ولكنها كلمات ذات تأثير على حياة الناس، حتى إنها يمكن أن تحدد مصيرهم. ليس ذلك فحسب، بل يمكن لتأثيرها أن يستمر من جيل إلى جيل.

ومع ذلك، أريد أن أكون واضحاً جداً، إن كنت تعاني من تأثير لعنة ما، فأعلم أن الله قد وفر لك الحل، وليس عليك الاستمرار في المعاناة من آثارها. ولكن أولاً، اسمحوا لي بأن أقدم المزيد عن الصورة العامة.

الله كمصدر للبركات

الله هو المصدر الوحيد والأسمى لكل البركات، على الرغم من إنها قد تأتي لنا من خلال طرق كثيرة. أول مرة نرى فيها البركات الفعالة في الكتاب المقدس في سفر (التكوين ٢٢: ١٥-١٨) حيث كان إبراهيم على استعداد ليقدم ابنه إِسْحَاقَ ذبيحة كطلب الرب. وفي اللحظة الأخيرة، أعطى الرب إبراهيم الْكَبْشَ ليصْعَدَهُ مُحْرَقَةً عِوَضًا عَنِ ابْنِهِ إِسْحَاقَ.

وَنَادَى مَلاَكُ الرَّبِّ إِبْرَاهِيمَ ثَانِيَةً مِنَ السَّمَاءِ وَقَالَ: «بِذَاتِي أَقْسَمْتُ يَقُولُ الرَّبُّ، أَنِّي مِنْ أَجْلِ أَنَّكَ فَعَلْتَ هذَا الأَمْرَ، وَلَمْ تُمْسِكِ ابْنَكَ وَحِيدَكَ، أُبَارِكُكَ مُبَارَكَةً، وَأُكَثِّرُ نَسْلَكَ تَكْثِيرًا كَنُجُومِ السَّمَاءِ وَكَالرَّمْلِ الَّذِي عَلَى شَاطِئِ الْبَحْرِ، وَيَرِثُ نَسْلُكَ بَابَ أَعْدَائِهِ. **«وَيَتَبَارَكُ فِي نَسْلِكَ جَمِيعُ أُمَمِ الأَرْضِ، مِنْ أَجْلِ أَنَّكَ سَمِعْتَ لِقَوْلِي». (تكوين ٢٢: ١٥ ـ ١٨)**

من المهم جداً أن نلاحظ السبب في البركة -لأن إبراهيم أطاع صوت الله. وهذا هو السبب الأساسي لبركة الله. لاحظ أيضا أن البركة ستكون لكل نسل إبراهيم.

في وقت لاحق، عندما كان إِسْحَاقَ رجلاً عجوزاً، سجل سفر (التكوين ٢٧) كيف بارك ابنه يعقوب. ولكن الشيء الغريب في الأمر هو أن إِسْحَاقَ كان يعتقد

إنه كان يبارك عيسو ابنه البكر. وكان عيسو قد خرج لصيد الغزلان التي أراد إِسْحَاقَ تناولها قبل النطق بالبركة. فرأت رفقة زوجة إِسْحَاقَ، إنها فرصة لصالح يعقوب ابنهما الأصغر الذي كان المفضل لديها.

ولخداع إِسْحَاقَ (الذي كان أعمى) ألبست رفقة يعقوب ابنها ملابس عيسو، ولفت جلد الماعز حول رقبته وذراعيه، ليظهر مثل عيسو الذي كان مشعراً أكثر من يعقوب. ثم طهت لحم ماعز صغير بالطريقة المفضلة لإِسْحَاقَ. وتظاهر يعقوب بأنه عيسو، وقدم الطعام إلى والده. وحاول إِسْحَاقَ التحقق من هويته بسؤاله: **"هل أنت حقاً ابني عيسو؟"**، فأجاب يعقوب في كذب بأنه عيسو. فصدقه إِسْحَاقَ، وأكل ثم نطق بالبركة في (تكوين ٢٧: ٢٩:٢٧): «فَتَقَدَّمَ وَقَبَّلَهُ، فَشَمَّ رَائِحَةَ ثِيَابِهِ وَبَارَكَهُ، وَقَالَ:

«انْظُرْ! رَائِحَةُ ابْنِي
كَرَائِحَةِ حَقْل
قَدْ بَارَكَهُ الرَّبُّ.
فَلْيُعْطِكَ اللهُ
مِنْ نَدَى السَّمَاءِ
وَمِنْ دَسَمِ الأَرْضِ.
وَكَثْرَةَ حِنْطَةٍ وَخَمْرٍ.
لِيُسْتَعْبَدْ لَكَ شُعُوبٌ،
وَتَسْجُدْ لَكَ قَبَائِلُ.
كُنْ سَيِّدًا لإِخْوَتِكَ،
وَلْيَسْجُدْ لَكَ بَنُو أُمِّكَ.
لِيَكُنْ لاَعِنُوكَ مَلْعُونِينَ،
وَمُبَارِكُوكَ مُبَارَكِينَ».

يجب أن نعلم أن تلك البركة كانت هائلة في مداها، وإنها قد انتقلت من جيل إلى جيل. وبعد وقت قليل، أتى عيسو مع لحم الغزال الذي كان يحاول تقديمه إلى والده. فأدرك إِسْحَاقَ إنه قد خُدع، وأنه بارك يعقوب بدلاً من عيسو. لكن، لاحظ معي رد فعل إِسْحَاقَ في (تكوين ٢٧: ٣٣):

«فَارْتَعَدَ إِسْحَاقُ ارْتِعَادًا عَظِيمًا جِدًّا وَقَالَ: «فَمَنْ هُوَ الَّذِي اصْطَادَ صَيْدًا وَأَتَى بِهِ إِلَيَّ فَأَكَلْتُ مِنَ الْكُلِّ قَبْلَ أَنْ تَجِيءَ، وَبَارَكْتُهُ؟ نَعَمْ، وَيَكُونُ مُبَارَكًا».

لقد ظن إِسْحَاقَ إنه يبارك عيسو، ولكنه كان يعلم أن تلك الكلمات لم تكن صادرة منه. فقد كانت كلمات بركة نبوية، ولأنها كانت نبوة، لذلك لم يستطيع سحب كلامه. وهكذا حصل يعقوب على البركة بينما لم يحصل عيسو عليها.

أريدك أن ترى طبيعة البركة، إنها فائقة. فهي ليست مجرد أفكار تحمل في طياتها بعض الأمنيات أو المشاعر الرقيقة. إنما هي سلطان معطى يتحدد به مصير الشعب. وهذا ينطبق على البركات واللعنات على حد سواء.

ويخصص الكتاب المقدس أصحاح كامل في سفر (التثنية ٢٨) لكي يبين لنا الأشكال المختلفة التي يمكن أن تتخذها البركات واللعنات.

الآيات الأربعة عشر الأولى، تتحدث عن البركات، والأربعة والخمسين آية المتبقية تتحدث عن اللعنات. في سفر (التثنية ٢٨: ١-٢) يتكلم موسى أولاً، عن أسباب البركات:

«وَإِنْ سَمِعْتَ سَمْعًا لِصَوْتِ الرَّبِّ إِلهِكَ لِتَحْرِصَ أَنْ تَعْمَلَ بِجَمِيعِ وَصَايَاهُ الَّتِي أَنَا أُوصِيكَ بِهَا الْيَوْمَ، يَجْعَلُكَ الرَّبُّ إِلهُكَ مُسْتَعْلِيًا عَلَى جَمِيعِ قَبَائِلِ الأَرْضِ، وَتَأْتِي عَلَيْكَ جَمِيعُ هذِهِ الْبَرَكَاتِ وَتُدْرِكُكَ، إِذَا سَمِعْتَ لِصَوْتِ الرَّبِّ إِلهِكَ».

وفي العهد الجديد، في (يوحنا ١٠: ٢٧) يصف يسوع بالمثل أولئك الذين يعرفهم بأنهم "خرافه" وإنهم حقاً تلاميذه: **«خِرَافِي تَسْمَعُ صَوْتِي، وَأَنَا أَعْرِفُهَا فَتَتْبَعُنِي»**. إذن فالمتطلبات الأساسية لا تزال هي نفسها لم تتغير:

- سماع صوت الرب (تَسْمَعُ صَوْتِي)
- وإتباعه بطاعة (فَتَتْبَعُنِي).

وسبب اللعنات هو عكس البركات تماماً، فاللعنات هي نتيجة عدم سماع صوت الله وعدم طاعته. ويمكن تلخيص هذا الرفض لسماع وطاعة صوت الله في كلمة واحدة، وهي "التمرد" ليس ضد الإنسان، ولكن ضد الله.

من خلال دراساتي الخاصة، حاولت عمل قائمتين ألخص فيهما البركات واللعنات. بالترتيب الذي تم ذكره في سفر (التثنية ٢٨): وقائمة البركات هي كالتالي:

- الرفعة
- الصحة
- الإثمار
- الازدهار
- النصرة
- رضى الله

يتكلم موسي في قائمة اللعنات بشيء من التفصيل أكثر من البركات، على الرغم من أن اللعنات عكس البركات. وإليكم ملخص اقتراحي:

- الذل
- الإنهيار الأسري
- الفقر
- الظلم
- العقم، عدم الإثمار
- الإنهيار النفسي والجسدي
- الهزيمة، الفشل
- عدم رضى الله

في سفر (التثنية ٢٨: ١٣) يلخص موسى قائمة البركات بصورة لفظية وحية، فأنا أنصح كل منا أن يحاول تطبيق تلك الصورة في حياته الخاصة.

«وَيَجْعَلُكَ الرَّبُّ رَأْسًا لاَ ذَنَبًا ...».

ذات مرة سألت الرب أن يريني كيف يمكن أن أطبق هذه الكلمات في حياتي. وشعرت بأنه أجابني: **"**الرأس يتخذ القرارات، وأما الذَنَبً (أي الذيل) فينجر وراءه**"**.

هل تتصرف كالرأس، تتحكم في كل موقف، وتتخذ القرارات المناسبة، وتتابع تنفيذها بنجاح؟ أم إنك فقط تلعب دور الذيل، تُجر وتُقاد من قبل قوى وظروف لا تفهمها ولا يمكنك السيطرة عليها؟

القسم الثاني

مصدر اللعنات

يوضح سليمان في سفر (الأمثال ٢٦: ٢) بأن هناك دائماً سبباً لكل لعنة.

«كَالْعُصْفُورِ لِلْفِرَارِ وَكَالسُّنُونَةِ لِلطَّيَرَانِ، كَذلِكَ لَعْنَةٌ بِلاَ سَبَبٍ لاَ تَأْتِي».

هذا المبدأ له تطبيق مزدوج. فمن ناحية، اللعنة لا يمكن أن تصبح ذات تأثير، ما لم يكن هناك سبب لذلك. ومن ناحية أخرى، العكس أيضاً صحيح. حيثما كانت هناك لعنة، فلابد من وجود سبب لذلك. فنحن نحتاج إلى إرشاد من الروح القدس، ليس فقط لتحديد سبب اللعنة، ولكن أيضاً مصدرها. وإذا كان يمكنك اكتشاف سبب المشكلة الخاصة بك، سوف تكون في وضع أفضل بكثير، للتعامل معها بشكل فعال.

يكشف هذا الباب الأسباب الرئيسية للعنات التي عادة ما تصيب حياتنا. فبعد قراءتها، ستصبح قادراً على فهم وتطبيق شفاء الله، كما سيتضح في الفصل التالي.

>> **الفصل الثالث**

الله مصدر للقضاء (أي اللعنة)

تعرقل الكثير من الناس بسبب فهمهم الخاطيء لطبيعة الله. فهم يعتقدون إنهم يرون أن العهد القديم يُظهر الله كإله الغضب والدينونة، وأن العهد الجديد يظهره بأنه إله الحب والرحمة.

ولكن الكتاب المقدس بعهديه القديم والجديد يتفقان معاً، فنحن نحتاج إليهما معاً، لنُكون صورة دقيقة عن الله. في (رومية ١١: ٢٢) يقدم بولس هذين الجانبين من طبيعة الله جنباً إلى جنب:

«فَهُوَذَا لُطْفُ الله وَصَرَامَتُهُ ...».

فبركات الله تظهر في لطفه، ولكن أحكامه تصدر من صرامته. وكلاهما حقيقي على حد سواء. وفي مرات كثيرة، نطق الله بقضائه (أي بلعنة) على أفراد، أو على حتى دول بأكملها. وهدفه هو أن يتنبه الناس، محذراً إياهم من نتائج عصيانهم المريعة. وقضاء الله (أي اللعنة) هي واحدة من أشد أشكال الله في الحكم، ولكن تظل رغبته الدائمة للناس هي التوبة والرجوع إليه.

في (تكوين ١٢: ١-٣) نجد واحد من أقدم الأمثلة، التي تدل على قضاء الله (أي اللعنة)، في دعوة إبراهيم. في الواقع، كان هناك سبع مراحل لتلك الدعوة، ستة منها وعود ببركات الله، ولكن هناك أيضا تحذيراً رسمياً:

(١) فَأَجْعَلَكَ أُمَّةً عَظِيمَةً.

(٢) وَأُبَارِكَكَ.

(٣) وَأُعَظِّمَ اسْمَكَ.

(٤) وَتَكُونَ بَرَكَةً.

(٥) وَأُبَارِكُ مُبَارِكِيكَ.

(٦) وَلاَعِنَكَ أَلْعَنُهُ.

(٧) وَتَتَبَارَكُ فِيكَ جَمِيعُ قَبَائِلِ الأَرْضِ.

بغضة الآخر

لاحظ أن الجزء السادس من دعوة الله لأبرام هو لعنة على كل من يلعن أَبْرَامُ. وذلك ينطبق على أَبْرَامُ وعلى نسله. وعندما يدعو الله رجلاً لمهمة خاصة، يصبح هذا الرجل هدفاً أساسياً للمقاومة من الشيطان، لذلك يعطي الله بند (٦) وَلاَعِنَكَ أَلْعَنُهُ وذلك لحمايته. وفي (تكوين ٢٧: ٢٩) عندما بارك إِسْحَاقَ ابنه يعقوب، أعطى له الحماية نفسها، «**...لِيَكُنْ لاَعِنُوكَ مَلْعُونِينَ، وَمُبَارِكُوكَ مُبَارَكِينَ**».

وهكذا فإن كلاً من البركة واللعنة التي أعلنهما الله لإبراهيم، قد امتدت إلى ذريته أيضاً. ومن المهم أن ندرك، إنها امتدت أيضاً إلى شعب الله بأكمله.

وفي (تكوين ١٥: ١٣-١٤) يقول: «**فَقَالَ لأَبْرَامَ: اعْلَمْ يَقِينًا أَنَّ نَسْلَكَ سَيَكُونُ غَرِيبًا فِي أَرْضٍ لَيْسَتْ لَهُمْ، وَيُسْتَعْبَدُونَ لَهُمْ. فَيُذِلُّونَهُمْ أَرْبَعَ مِئَةِ سَنَةٍ. ثُمَّ الأُمَّةُ الَّتِي يُسْتَعْبَدُونَ لَهَا أَنَا أَدِينُهَا...**».

لاحظ أن الله لم يجعل من المستحيل على أعداء إبراهيم أن يلعنوه أو يضطهدوه هو وذريته، ولكنه أكد على وجود عواقب مريعة لقيامهم بذلك، فبغضة الآخر تجلب لعنة من الله.

ربما أنت أو أجدادك تبغض بعض الأشـــخاص، وربما كنت تنتقدهم أو تلعنهم. إن مثل تلك الأفعال لها عواقب فســوف تجلب لعنة على حياتك، ومع ذلك، يمكنك أن تُطلق حراً.

العصيـــان

فــي سـفر (التثنيــة ٢٧: ١١-٢٦) أمــر الله شــعب إسـرائيل عنــدما جــاءوا إلــى أرضـــهم (أي إلـــى أرض الموعــد)، أن ينطقــوا بــاثني عشـــر لعنـــة، إذا عصوا الله في بعض الأمور.

إنهم لن يتمكنوا من الدخول إلى أرض الموعد، دون حصولهم على البركات إذا أطاعوا الله، واللعنات إذا عصــوا كلام الله. وبين هذين الأمرين لم يكن هناك شــيء مشترك. فليس لهم أي اختيار آخر متاح لهم.

يوجد اثنتي عشر لعنة محددة وواضحة، ويمكن تلخيصها تحت العناوين التالية:

- **عبادة الأوثان والآلهة الغريبة (المزيفة).**
- **إهانة الآباء.**
- **الجنس غير المشروع أو غير الطبيعي.**
- **الظلم تجاه الضعفاء والبائسين.**

عبادة الأوثان والآلهة الغريبة (المزيفة)

أولاً، في سفر (الخروج ٢٠: ٢-٤) يقول الله في أول الوصايا العشر:

«أَنَا الرَّبُّ إِلهُكَ الَّذِي أَخْرَجَكَ مِنْ أَرْضِ مِصْـــرَ مِنْ بَيْتِ الْعُبُودِيَّةِ. لاَ يَكُنْ لَكَ آلِهَةٌ أُخْرَى أَمَامِي. لاَ تَصْنَعْ لَكَ تِمْثَالاً مَنْحُوتًا».

>>

"...عبادة الآلهة الغريبة وجميع أشكال العبادة الوثنية هى عصيان مباشر لله."

وهكذا نرى أن عبادة الآلهة الغريبة وجميع أشكال العبادة الوثنية، هي عصيان مباشر لله. الإله الحقيقي الذي ظهر لأول مرة في الخليقة، ثم ظهر بوضوح أكثر، وبشكل كامل في الكتاب المقدس، هو الإله القدوس، الرائع، المجيد، القدير. إن تشبيه الله بأي مخلوق – سواء كان إنساناً أو حيواناً -هو إهانة متعمدة مقدمة لله. فلا عجب من أن يثير ذلك غضب الله.

في سفر (التثنية ٢٧: ١٥) يقول: **«مَلْعُونٌ الإِنْسَانُ الَّذِي يَصْنَعُ تِمْثَالاً مَنْحُوتًا أَوْ مَسْبُوكًا، رِجْسًا لَدَى الرَّبِّ عَمَلَ يَدَيْ نَحَّاتٍ، وَيَضَعُهُ فِي الْخَفَاءِ. وَيُجِيبُ جَمِيعُ الشَّعْبِ وَيَقُولُونَ: آمِينَ».**

ثانياً، يوجد نطاق أوسع من الممارسات التي ليست هي بالضرورة وثنية علنية، أو حتى دينية. لأن طبيعتها الحقيقية قد أُخفيت من خلال مصطلحات خادعة، وقد تم وصفها بشكل مناسب على إنها غامضة.

وكلمة ""Occult (هي مشتقة من كلمة لاتينية تعني "الخفية" أو "التغطية أكثر"). وتركز هذه الممارسات الغامضة (أي الغيبية) على إثنين من أقوى الرغبات في الطبيعة البشرية، وهما الرغبة في المعرفة والرغبة في السلطة لتصل إلى نقطة معينة. والإنسان قادر على تلبية هذه الرغبة الشديدة من مصادر طبيعية وبوسائل طبيعية. لكن إن لم يكن راضياً تماماً عما حصل عليه من تلك المصادر، سيتحول حتماً نحو مصادر خارقة للطبيعة. وعند هذه النقطة، يقع الإنسان بسهولة في شرك الممارسات الغامضة.

السبب في ذلك، هو أن هناك في الواقع مصدرين فقط للمعرفة وللقوة الخارقة للطبيعة في هذا الكون، وهذين المصدرين هما: إما الله أو الشيطان. فإذا كانت هذه

المعرفة والقوة الخارقة للطبيعة مستمدة من الله، فهي مشروعة، أما إذا كانت مستمدة من الشيطان فهي غير مشروعة. وذلك الشغف للمعرفة غير المشروعة، يأتي من الشجرة المحرمة "شجرة معرفة الخير والشر". هذا الذي دفع الإنسان للخطية الأولى في جنة عدن. وبذلك عَبر الإنسان حدوداً غير مرئية داخل مملكة الشيطان. ومنذ ذلك الوقت، صار الإنسان عرضة للخداع.

هناك مجموعة متنوعة وغير شرعية، من أشكال الخداع التي يمكن أن تتخذها، تلك الممارسات الغامضة (أي الغيبية) تكاد تكون غير محدودة، ومع ذلك، فمن الممكن تحديد ثلاثة فروع رئيسية منها: السحر والعرافة والشعوذة.

السحر هو فرع من القوة الغيبية "Occult" الذي تتضح جذورها في (١ صموئيل ١٥: ٢٣): **«لأَنَّ التَّمَرُّدَ كَخَطِيَّةِ الْعِرَافَةِ...»**. السحر هو تعبير عن تمرد الإنسان ضد الله. وهو محاولة الإنسان للحصول على أغراضه الخاصة دون الخضوع لشريعة الله. والقوة الدافعة له، هي الرغبة في السيطرة على الناس والظروف. وللحصول على تلك الغاية، قد يستخدم ضغوطاً إما نفسية أو أساليباً نفسية، أو مزيجاً من الإثنين معاً للتلاعب والترهيب والسيطرة.

العرافة هي فرع من علم التنجيم، وهي تقدم أشكالاً عديدة ومختلفة من المعرفة، التي لا يمكن الحصول عليها بوسائل طبيعية بسيطة. والشكل الأكثر شيوعاً للعرافة، هو قراءة الطالع التي تقدم معرفة فوق الطبيعية للمستقبل. وكذلك تشمل جميع الأشكال الكاذبة للوحي الديني، الذي يدعي بأن مصدره خارق للطبيعة.

الشعوذة هي تعمل من خلال الأشياء المادية، أو من خلال طرق أخرى تؤثر على الحواس الجسدية، كالمخدرات والموسيقى. ففي سفر (الرؤيا ٩: ٢١) نجد أن كلمة شعوذة باللغة اليونانية مشتقة من كلمة "المخدرات".

ويمكن استخدام أنواع عديدة ومختلفة من الأشياء المادية مثل: القطع الأثرية الدينية، وأي أشياء أو مواد مرتبطة بعبادة الأوثان أو الأصنام، والسحر، والتعاويذ، وألواح الويجا، وهذه كلها ليست سوى بعض من الأمثلة الأكثر شيوعاً. ومن المهم أن ندرك أيضاً أن الكتب يمكن أن تكون قنوات لتلك القوة الغيبية. اعترف المسيحيون في أفسس (أعمال ١٩: ١٨-١٩) بأن مخطوطاتهم السحرية المتعددة كانت مصدراً للعبودية آنذاك، وبالرغم من قيمتها الكبيرة، قاموا بجمعها وحرقها. إن الطريقة الوحيدة المناسبة للتعامل مع مثل هذه الأشياء السحرية هي تدميرها تماماً.

أولئك الذين يخترقون هذه المجالات السحرية (أي الغيبية)، يسعون عن طريق الشيطان إلى المعرفة أو القوة فوق الطبيعية، والتي لا يسمح الله للإنسان بأن يطلبها من أي مصدر آخر إلا من خلاله. وفي الواقع، عند قيامهم بذلك، فهم يعترفون بالشيطان كإله، إلى جانب الإله الواحد الحقيقي، وبالتالي يكسرون الوصية الأولى من الوصايا العشر.

وبهذه الطريقة فهم يعرضون أنفسهم إلى اللعنة، التي أعلنها الله بوضوح على جميع الذين يكسرون وصاياه -اللعنة التي يمتد تأثيرها إلى الجيل الرابع.

وعندما شارك كل شعب إسرائيل في عبادة الأصنام، والآلهة الغريبة (أي المزيفة) كانوا يجلبون على أنفسهم اللعنة. أو ما نسميه في هذه الأيام السحر (أي القوة الغيبية) بجميع أشكاله المختلفة. ذلك هو السبب الرئيسي لوجود اللعنات في حياة الناس.

يقول الله: "بأننا إذا تورطنا في مثل هذه الممارسات فسوف تمتد اللعنة إلى الأجيال الثلاثة التالية. إن البلاء لن يصيبك أنت فقط، بل سيصيب أيضاً ثلاثة أجيال لاحقة بك".

<<
"...شَخص وحدد المشكلة بحيث يمكن التعامل معها بشكل فعال."

ربما أنت تعاني من ضيقة في حياتك الآن، قد يكون سببها والداك أو أجدادك، أو حتى أجدادك السابقين أو بعض الأسلاف الآخرين. لذا فمن الضروري أن تُشخص وتحدد المشكلة بحيث يمكن التعامل معها بشكل فعال.

نشكر الله الذي وفر لنا الوسيلة للتحرر من أي لعنة قد تأتي من ذلك المصدر! وهذه العطية متاحة لنا، وفي يوم الدينونة الأخير، لن يحسبنا الله كمذنبين، بسبب اللعنة التي جلبها علينا أسلافنا، لكنه سوف يحاسبنا كمذنبين، إذا رفضنا استقبال العطية المقدمة لنا للتحرر من لعنة كهذه.

إهانة الآباء

يجب علينا أن نكون حذرين جداً في هذا الأمر. ففي الوقت الذي قد يكون فيه صحيحاً، أن بعض من مشاكلنا يمكن إرجاعها إلى أفعال الآخرين، يجب علينا الحذر من إلقاء اللوم على الآخرين عن الأمور التي نكون نحن وحدنا المسئولون عنها.

نحتاج إلى اهتمام خاص عندما نراجع علاقتنا مع والدينا. لأن عدداً لا يحصى من الناس اليوم -بما في ذلك العديد من المسيحيين -لا يدركون أن عدم احترام الوالدين يجلب لعنة الله. وكثير من الناس يعانون من وجود مشاكل في حياتهم بسبب موقفهم الغير صحيح من آبائهم. فبرغم عدم وجود آباء مثاليين، فذلك لا يعني بالضرورة إنهم لا يستحقون الاحترام كآباء.

تذكر أن هذه هي الوصية الأولى المرتبطة بالبركة، ويتم التعبير عنها بطريقة إيجابية في (خروج ٢٠: ١٢) يقول:

«أَكْرِمْ أَبَاكَ وَأُمَّكَ لِكَيْ تَطُولَ أَيَّامُكَ عَلَى الأَرْضِ الَّتِي يُعْطِيكَ الرَّبُّ إِلهُكَ».

خلال فترة خدمتي كلها، لم يسبق لي أن قابلت شخصاً أهان والديه، وكانت حياته تسير على ما يرام أبداً. مثل ذلك السلوك يعرضك تلقائياً إلى لعنة. أنا لا أعني بأن يجب عليك أن تتفق مع والديك، أو حتى تفعل كل ما يقولاه لك لكي تفعله -فهذا يتوقف على الطريقة التي يعيش بها والداك -ولكن يجب عليك إكرامهم بما إنهما والديك. لقد قابلت الكثير من الذين تحسنت حياتهم عندما وضعوا الحق في مواقفهم تجاه آبائهم.

أعتقد أن الآخرين الذين لم يفعلوا ذلك، لم يكونوا مباركين. كذلك أتذكر واحداً من أفراد عائلتي الذي مات بالسرطان، وهو في سن الأربعين. وبالرغم من حصوله على الخلاص، وإنه عُمد بالروح القدس وخدم الرب، إلا إنه لم يتمتع ببركة الله. لأنه لم يضع الحق في علاقته مع والدته. لقد كان لوالدته علاقة بممارسات تحضير الأرواح، لذلك كان لديها جميع المشاكل التي يمكن أن تتخيلها. لكن، كان بإمكانه النجاة من هذه المشاكل، إذا كان قد تعامل مع علاقته بوالدته. أنا لا أدرِّس نظريات -أنا أُعلم عن أمور عرفتها من واقع التجربة.

الجنس غير المشروع أو غير الطبيعي

أي شكل من أشكال الجنس غير الطبيعي يجلب لعنة. وهذا يشمل أي شكل من أشكال الشذوذ الجنسي أو البهيمي "أي العلاقات الشاذة مع الحيوانات". والعلاقات الجنسية مع أفراد عائلتك خارج النطاق المسموح به تجلب أيضاً اللعنة. وللأسف،

علينا اليوم أن نعترف بأن هناك الملايين من الأطفال الذين يقعون ضحايا آبائهم في مجال الجنس.

الظلم تجاه الضعفاء والبائسين

تسبب كسر الحكومة الأمريكية لمعاهداتها بصورة منتظمة، مع مختلف القبائل الهندية الأميركية في وضع الهنود لعنة على البيت الأبيض. ولهذا السبب، فمنذ عام ١٨٦٠ حتى عام ١٩٨٠، خلال هذه الفترة نجد أن كل رئيس أمريكي أُنتخب، توفي وهو بعد في منصبه. يمكنك تتبع ذلك، فهو يعود إلى أمرين: الأمر الأول، عدم أمانة الحكومة الأمريكية مع الهنود الحمر. أما الأمر الثاني، فهو سماح أبراهام لنكولن -الذي كان الرئيس المنتخب عام ١٨٦٠ -بقيام جلسة استحضار للأرواح أن تجري في البيت الأبيض من قبل زوجته. التي توفيت لاحقاً في مصحة عقلية.

أنظر، كيف أن المشاركة في تلك الأنشطة، لا تؤثر فقط على الأفراد، لكنها يمكن أن تؤثر على دول بأكملها.

وأعتقد أن الرئيس ريجان، قد لقى حتفه وهو بعد في منصبه. وقد جرت محاولة لإغتياله في أوائل رئاسته. ومع ذلك، قبل إلقائه للقسم الدستوري كرئيس، قابل مجموعة منا في لقاء كبير، كي نتحد معه في الصلاة والإيمان، لإطلاقه وتحريره وليس هو فقط، لكن أيضاً تحرير الرئاسة من اللعنة.

هل ترى مدى اقتراب تحقيق اللعنة، فالرصاصة استقرت على بعد شبر واحد من قلبه. وأنا أؤمن أن الله دافع عنه، بسبب الصلاة التي حررته من تلك اللعنة. وهذه ليست نظرية مجردة، بل مثل هذه الأمور تؤثر سلباً على حياة الناس والدول في كل مكان.

الإعتماد على الذات

يوجد نوع مختلف تماماً من اللعنة موجود في (إرميا ١٧: ٥-٦):

«هكَذَا قَالَ الرَّبُّ
مَلْعُونٌ الرَّجُلُ الَّذِي يَتَّكِلُ عَلَى الإِنْسَانِ،
وَيَجْعَلُ الْبَشَرَ ذِرَاعَهُ،
وَعَنِ الرَّبِّ يَحِيدُ قَلْبُهُ.
(وهذه هي اللعنة)
وَيَكُونُ مِثْلَ الْعَرْعَرِ فِي الْبَادِيَةِ،
وَلاَ يَرَى إِذَا جَاءَ الْخَيْرُ،
بَلْ يَسْكُنُ الْحَرَّةَ فِي الْبَرِّيَّةِ،
أَرْضًا سَبِخَةً وَغَيْرَ مَسْكُونَةٍ».

هذا هو الوضع الطبيعي، للشخص الذي يعيش تحت اللعنة. أي شخص آخر يتلقى المطر (البركة والرخاء) وهو في وسط كل ذلك، يعيش في أرض جافة، ولا يختبر بركة لنفسه، لماذا؟ بسبب اللعنة.

ملعون الرجل الذي يعتمد على القدرة البشرية والموارد المادية، التي تُبعد القلب بعيداً عن الرب. هذا لا يظهر بالضرورة الرغبة في فعل الشر، إنما هو دليل على وجود رغبة في الإستقلال عن الله. مثل أولئك الناس قد يسعون للقيام بالأعمال الصالحة، ولكن دون الإعتماد على نعمة الله الفائقة للطبيعة.

أعتقد أن هذه اللعنة، تقع على العديد من الكنائس المسيحية التي اختبرت نعمة الله، ولكنها بعد ذلك تحولت بعيداً، وبدأت تعتمد على جهودها الذاتية، وذكائها وتدينها. مثل أهل غلاطية، الذين ربما بدأوا بالروح لكنهم أكملوا بالجسد. فرُفعت بركة الله عنهم، ونزلت اللعنة عليهم.

في (غلاطية ٣: ٣) يقول: **«...أَبَعْدَمَا ابْتَدَأْتُمْ بِالرُّوحِ تُكَمَّلُونَ الآنَ بِالْجَسَدِ؟»**

لقد كرزت في العديد من الكنائس، التي كنت واثقاً من إنها كانت تحت لعنة. ومهما وعظت وكافحت وناضلت فيها، كنت أجد الثمار قليلة، إلى أن يتم التعامل مع اللعنة.

السرقة والشهادة الزور

آخر ثلاث أنبياء في العهد القديم، حجي، زكريا وملاخي، تناولوا مختلف المجالات التي إختبر فيها الشعب اليهودي لعنة الله.

في (زكريا ٥: ١-٤) يقول:

«فَعُدْتُ وَرَفَعْتُ عَيْنَيَّ وَنَظَرْتُ وَإِذَا بِدَرْجٍ طَائِرٍ. فَقَالَ لِي: «مَاذَا تَرَى؟» فَقُلْتُ: «إِنِّي أَرَى دَرْجًا طَائِرًا، طُولُهُ عِشْرُونَ ذِرَاعًا، وَعَرْضُهُ عَشَرُ أَذْرُعٍ». فَقَالَ لِي: «هذِهِ هِيَ اللَّعْنَةُ الْخَارِجَةُ عَلَى وَجْهِ كُلِّ الأَرْضِ. لأَنَّ كُلَّ سَارِق يُبَادُ مِنْ هُنَا بِحَسَبِهَا، وَكُلَّ حَالِفٍ يُبَادُ مِنْ هُنَاكَ بِحَسَبِهَا».

رأى النبي دَرْجًا به لعنات في كل جوانبه، قائمة تحتوي في كل جانب من جانبيها على لعنات، في الجانب الأول، لعنات على الشخص الذي سرق، وفي الجانب الآخر، لعنات على الشخص الذي شهد زوراً وحنث باليمين وأقسم زوراً بإسم الرب.

وبعد ذلك، تأتي صورة حية للدمار الذي حدث، كنتيجة لتلك اللعنة. في الكتاب المقدس العبري، نجد كلمة "بيت" بالعبرية، لا تُطلق فقط على البنية المادية، ولكن على الناس الذين يعيشون في ذلك البيت. إن الإنهيار الواسع النطاق للحياة الأسرية الذي نراه اليوم، هو مجرد علامة واحدة فقط على الأثر النهائي لتلك اللعنة.

وبدون التوبة ورد المسلوب، يمكن أن تتسبب اللعنة في تلاشي دول بأكملها، وحتى حضارات بأكملها.

وأتساءل كم هو عدد الناس، الذين سيكونوا اليوم تحت لعنة، إذا شملت القائمة كل من سرق وحنث باليمين؟ وكم هو عدد الغير أمناء في الإقرارات الضريبية الخاصة بهم؟ ويشمل ذلك العديد من الناس في كل بلد. تُرى كم واحداً منهم سيكون من رواد الكنيسة؟

في (حجي ١: ٤-٦) يرسم صورة مماثلة، لأناس زرعوا الكثير وحصدوا القليل، ووضعوا أجورهم في كيس مليء بالثقوب: **«...زَرَعْتُمْ كَثِيرًا وَدَخَّلْتُمْ قَلِيلاً. تَأْكُلُونَ وَلَيْسَ إِلَى الشَّبَعِ. تَشْرَبُونَ وَلاَ تَرْوُونَ. تَكْتَسُونَ وَلاَ تَدْفَأُونَ. وَالآخِذُ أُجْرَةً يَأْخُذُ أُجْرَةً لِكِيسٍ مَنْقُوبٍ».**

كان على الله أن يرسل نبياً لشعب إسرائيل، ليبين لهم أن هذه القوة غير المرئية، التي تجرف زادهم هي لعنة، قد جلبوها على أنفسهم عندما وضعوا احتياجاتهم الأنانية قبل احتياجات بيت الله.

>> **الفصل الرابع**

اللعنات من شخصيات لها سلطة

كما رأينا، فكل من البركات واللعنات على حد سواء، هى جزء من عالم روحي واسع وغير مرئي، يؤثر على بعض أجزاء من حياتنا. أحد العوامل الأساسية في هذا العالم، هو مجال السلطة. وبدون أن نفهم مبادئ السلطة، فإنه من المستحيل لنا أن نعمل بفعالية في عالم الروح.

أشخاص يمثلون الله

في جميع أنحاء الكون، هناك واحد وواحد فقط، هو المصدر الأعلى للسلطة: **الله** الخالق.

الله عادة لا يمارس سلطته بطريقة مباشرة، ولكن يفوضها لآخرين من اختياره. السلطة التي يمارسها ذلك الشخص بالنيابة عن الله تشمل، القدرة على أن يبارك ويلعن، وذلك إلى جانب أمور أخرى. وعلى الرغم من إننا شهدنا في هذا القرن، ثورات ضد السلطة في جميع أنحاء العالم، إلا أن مبدأ السلطة لا يزال يعمل تماماً مثل مبدأ الجاذبية.

وهناك أمثلة قليلة عن رجال يمثلون الله، وهذا سوف يكون كافياً ليوضح هذا المبدأ.

- أولاً، في (يشوع ٦: ٢٦) نقرأ عن بني إسرائيل الذين دخلوا مدينة أريحا بأعجوبة. وأطلق يشوع لعنة على كل من يُعيد بنائها. وكان ذلك حوالي عام ١٣٠٠ قبل الميلاد. «وَحَلَفَ يَشُوعُ فِي ذلِكَ الْوَقْتِ قَائِلاً:

«مَلْعُونٌ قُدَّامَ الرَّبِّ الرَّجُلُ الَّذِي يَقُومُ وَيَبْنِي هذِهِ الْمَدِينَةَ أَرِيحَا. بِبِكْرِهِ يُؤَسِّسُهَا وَبِصَغِيرِهِ يَنْصِبُ أَبْوَابَهَا».

وبعد حوالي خمسمائة سنة، نقرأ في (١ ملوك ١٦: ٣٤) عن رجل يدعى حِيئِيلُ من بيت إيل حاول إعادة بناء أريحا في نفس المكان.

«فِي أَيَّامِهِ بَنَى حِيئِيلُ الْبَيْتَئِيلِيُّ أَرِيحَا. بِأَبِيرَامَ بِكْرِهِ وَضَعَ أَسَاسَهَا، وَبِسَجُوبَ صَغِيرِهِ نَصَبَ أَبْوَابَهَا، حَسَبَ كَلاَمِ الرَّبِّ الَّذِي تَكَلَّمَ بِهِ عَنْ يَدِ يَشُوعَ بْنِ نُونٍ».

وكلفه ذلك حياة إثنين من أبنائه. لقد ماتا دون أي سبب طبي واضح، ولم يتمكن أي طبيب من تشخيص السبب حتى الآن، ولكن كان ذلك هو العمل الظاهري المباشر للعنة يشوع. في حياتك الخاصة، قد تتعامل مع بعض الأمور التي يرجع سببها إلى أمر يعود إلى مئات السنين.

- ثانياً، مثال آخر نجده في كلمات داود في مرثاته، بعد وفاة شاول وجوناثان في (٢ صموئيل ١: ٢١) كان لداود قدرة هائلة على اللعن -أنا لا أقصد استخدام هذه الكلمة بالمعنى الذي يستخدمه الكثيرين اليوم. لكنه كان قد نطق ببعض اللعنات المروعة على بعض الناس، ومع ذلك، فهذا جزء من خدمة رجل الله. وهذا ما قاله في هذه المرثاة الجميلة عن شاول ويوناثان:

«يَا جِبَالَ جِلْبُوعَ
لاَ يَكُنْ طَلٌّ وَلاَ مَطَرٌ عَلَيْكُنَّ،
وَلاَ حُقُولُ تَقْدِمَاتٍ،
لأَنَّهُ هُنَاكَ طُرِحَ مِجَنُّ الْجَبَابِرَةِ،
مِجَنُّ شَاوُلَ بِلاَ مَسْحٍ بِالدُّهْنِ».

وبرغم أن هذه الكلمات كانت قد قيلت منذ أكثر من ٣٠٠٠ سنة، يمكنك الذهاب إلى جبال جلبوع اليوم، فلن تجد أي نباتات خضراء حتى الآن عليها. وبرغم الجهود الكبيرة التي تبذلها إسرائيل لإعادة زراعة الغابات فيها، إلا أن لا شيء ينمو هناك! كل ذلك بسبب الكلمات التي نطق بها داود قبل ٣٠٠٠ سنة.

- **ثالثا،** هل تذكر جيحزي الذي كان خادماً للنبي أليشع؟ جيحزي عصى أمر أليشع، ولحق بنعمان الذي كان قد نال الشفاء المعجزي في الحال. ثم طلب منه المال والثياب وأخفاها عن أليشع.

في (٢ ملوك ٥: ٢٥-٢٧) يقول:

«وَأَمَّا هُوَ فَدَخَلَ وَوَقَفَ أَمَامَ سَيِّدِهِ. فَقَالَ لَهُ أَلِيشَعُ: «مِنْ أَيْنَ يَا جِيحْزِي؟» فَقَالَ: «لَمْ يَذْهَبْ عَبْدُكَ إِلَى هُنَا أَوْ هُنَاكَ». فَقَالَ لَهُ: «أَلَمْ يَذْهَبْ قَلْبِي حِينَ رَجَعَ الرَّجُلُ مِنْ مَرْكَبَتِهِ لِلِقَائِكَ؟ أَهُوَ وَقْتٌ لأَخْذِ الْفِضَّةِ وَلأَخْذِ ثِيَابٍ وَزَيْتُونٍ وَكُرُومٍ وَغَنَمٍ وَبَقَرٍ وَعَبِيدٍ وَجَوَارٍ؟ فَبَرَصُ نُعْمَانَ يَلْصَقُ بِكَ وَبِنَسْلِكَ إِلَى الأَبَدِ». فَخَرَجَ مِنْ أَمَامِهِ أَبْرَصَ كَالثَّلْجِ».

وماذا كانت النتيجة؟ كان النتيجة لعنة نطق بها رجل الله.

أشخاص في سلطة قرابة

هذا هو مصدر آخر من اللعنات وهو أمر هام جداً. فقد رتب الله في المجتمع البشري، إنه في بعض الحالات يكون لإنسان ما سلطة على إنسان آخر، أو على مجموعة من الناس.

>> **"...الأب... وفقاً لكلمة الله لديه سلطة على عائلته."**

أولاً، المثال الأكثر وضوحاً هو الأب، الذي وفقاً لكلمة الله، لديه سلطة على عائلته. سواء الناس أحبوا ذلك أم لا. قاوموه أم لا، لا يهم -لأن الحقيقة هي أن للأب سلطة على عائلته. وإذا كان لا يستخدم هذه السلطة، فهذه هي مشكلته.

ثانياً، شخص آخر لديه سلطة، وهو الزوج على زوجته. وهما مرتبطان ارتباطا وثيقاً للغاية. يقول الكتاب المقدس إن الله رأس المسيح، والمسيح هو رأس الزوج، والزوج هو رأس المرأة. يمكن للنساء أن يقلن ما يحلو لهن في ذلك، ولكن تظل الحقيقة، أن هذا صحيح. ولا يمكنك تغيير الواقع عن طريق الاعتراض عليه.

دعنا ننظر إلى حالة يعقوب وعائلته. لقد خدم يعقوب خاله لابان، أكثر من أربعة عشر عاماً. وصار لديه زوجتان وسراري وأحد عشر طفلاً. ثم قرر أن يهرب إلى الأرض التي وعده الله بها. وهرب يعقوب سراً لأنه كان يخشى أن يطالبه خاله لابان بزوجتيه مرة أخرى– لأنهما كانتا بنتا لابان.

وعندما هربوا، سرقت راحيل، زوجة يعقوب الثانية، آلهة والدها. وما كان يجب على لابان أن يمتلك آلهة، كذلك ما كان على راحيل أن تسرقها منه، ولكنها فعلت. هذا الأمر جعل لابان غاضباً جداً، حتى إنه طاردهم حتى لحق بهم، وحين أمسك بهم، اتهم يعقوب بسرقة آلهته.

كان يعقوب لا يعلم ما فعلته راحيل، لذلك كان ساخطاً على اتهامه. في (تكوين ٣١: ٣٢) قال يعقوب:

«اَلَّذِي تَجِدُ آلِهَتَكَ مَعَهُ لاَ يَعِيشُ...».

كان هذا في الواقع لعنة، نطق بها يعقوب عن غير قصد على زوجته راحيل. ومن المؤسف، إنها لم تكن كلمات عادية، ولكن كانت لها صلة بسلطة القرابة. وهو "أي يعقوب" في الواقع نطق بمصير زوجته، وجاء به إلى حيز الوجود، وفي المرة التالية لإنجابها، توفيت راحيل أثناء الولادة. فيا له من واقع حقيقي.

الآباء أيضاً يمارسون دوراً له تأثير مماثل، فبعد بركة الله، تأتي بركة الأب. وأكثر الأمور التي يُخشى منها، هي لعنة الأب. وقد وضع العديد من الآباء لعنة على أولادهم دون أن يدركوا ذلك. أنا أعرف ذلك لأني تعاملت مع الكثير منهم وساعدتهم على الخروج من تلك اللعنة.

تخيل أب له ثلاثة أبناء. الأول والثالث ذكيان، أما الأوسط فليس لامعاً مثلهما. والأب لا يحب هذا الأبن بنفس القدر. (لقد لاحظت هذا عن الآباء -إذا كان هناك واحداً من أبنائهم لا يحبونه، يكون عادة الأبن المشابه لهم. أعتقد إنهم لا يحبون ما يخشونه في أنفسهم). قد يقول الأب لهذا الطفل: "أنت لن تنجح أبداً. إخوتك أحسن، أما أنت فستكون فاشلاً طوال حياتك".

هل تعرف ما هذا؟ إنها لعنة.

بالطبع، وبذات القدر يمكن للأم أن تقول نفس هذه الكلمات المدمرة عن أولادها أو لأولادها. وستندهشون من كثرة الأشخاص الذين ظلوا يعانون طوال حياتهم، بسبب لعنة مثل هذه أطلقت عليهم من والديهم.

أشخاص خارج الأسرة

أولاً، المعلمون هم نوع آخر من الأشخاص، الذين يمكنهم النطق باللعنات بسبب السلطة التي لديهم على الأطفال. قد يكون لمعلمة تلميذ لم تستطع أن تصنع معه علاقة جيدة، وهو في أولى سنوات دراسته. وربما قالت له أموراً كهذه: **"**أنت لن تتعلم أبداً. لا يمكنك التعلم، ولن تنجح أبداً**"**. ومرة أخرى، لقد تعاملت مع بعض الناس الذين كانوا في حاجة إلى التحرر من تلك اللعنة التي نطق بها المعلم عليهم.

ثانياً، القس ولأنه يمتلك سلطة روحية على رعيته، فالقس هو شخص آخر لديه القدرة على الكلام، إما بإيجابية أو بسلبية على حياة رعيته. ولنفترض إنه حدث خلاف بين القس وبين أحد أعضاء رعيته، وهذا الشخص ترك المكان غاضباً. قد يقول القس: **"**أينما ذهبت، لن تنجح أبداً حتى تصحح موقفك مع هذه الكنيسة**"**. مرة أخرى هذه لعنة. الجماعات الدينية غالباً ما تكون رهيبة في هذه الأمور، فإن كنت قد انفصلت عن بعض تلك الجماعات، فسيضعون عليك لعنة بشكل تلقائي. صدقوني، تلك الأمور ليست بلا نتائج. بل هي أمور حقيقية جداً.

أشخاص يخدمون الشيطان

إن المواقف تجاه الشيطان بين المسيحيين تختلف بين أقصى النقيضين.

البعض يتجاهل الشيطان تماماً ويحاول التصرف كما ولو أنه غير حقيقي. والبعض الآخر يخاف منه ويعطيه إهتماماً أكثر بكثير مما يستحق. وبين هذين النقيضين، يوجد توازن مناسب في الكتاب المقدس.

معنى إسم الشيطان في اللغة الأصلية هو "الخصم" أو "المقاوم". وهو عدو الله نفسه وشعب الله ومقاصد الله. هدفه هو جعل الجنس البشري كله تحت سيطرته. وأما أسلوبه الأساسي، فهو الخداع. الذي يحترف ممارسته.

الشيطان يمارس بالفعل السيادة على الغالبية العظمى من البشر -جميع الذين هم في موقف التمرد ضد الله. وفي (أفسس ٢: ٢) يصفه باعتباره: **«...الرُّوحِ الَّذِي يَعْمَلُ الآنَ فِي أَبْنَاءِ الْمَعْصِيَةِ».**

> << **يمارس الشيطان بالفعل السيادة على الغالبية العظمى من البشر."**

ومعظم أولئك الناس لا يرون صورة حقيقية عن حالتهم. بل هم ببساطة ينساقون ذهاباً وإياباً تحت تأثير قوات لا يفهمونها ولا يستطيعون السيطرة عليها.

ولكن هناك أيضاً أولئك الذين فتحوا أنفسهم للشيطان عن قصد، حتى وإن لم يكونوا مدركين لهويته الحقيقية. ففي سعيهم وراء السلطة والمكاسب المادية، صاروا يداومون باستمرار على استخدام وتنمية ممارسات تعتمد على قوى فوق الطبيعة، قد جعلها الشيطان في متناول يديهم. أولئك هم خدام الشيطان الذين عُرفوا في كل الثقافات تقريباً، وقد لقُبوا بألقاب متنوعة: الدجَّال أو العرَّاف أو الطبيب المشعوذ أو الساحر، ربما تلك المسميات هي الأكثر إستخداماً، ولكن لكل ثقافة تعبيراتها الخاصة.

لم يُنكر يسوع أن قوة الشيطان حقيقية، ولم يقل إنه ضعيف. لكنه وعد تلاميذه أن السلطان الذي أعطاهم إياه سيجعلهم منتصرين على قوة الشيطان، وسيحميهم من كل محاولاته لإيذائهم.

واللعنات من الأسلحة الأساسية التي يستخدمها خُدام الشيطان ضد شعب الله. وهذا يتضح جلياً في قصة بالاق وبلعام. في سفر (العدد ٢٢ – ٢٤) كان بالاق ملك موآب، يُدرك إنه لا يمكنه هزيمة إسرائيل في الحرب، فأستأجر بلعام – وكان بلعام عرافاً مشهوراً في تلك المنطقة كلها -وطلب منه أن يلعن إسرائيل. وإلى

اليوم، إذا حاربت القبائل بعضها البعض، فإن الدجَّال يضع لعنة على أعدائهم قبل أن تذهب إلى المعركة.

ومع ذلك، ففي كل مرة حاول بلعام أن يلعن إسرائيل، تدخل الله وحول اللعنات إلى بركات! ومن هنا نُدرك أن الله لم ير في لعنة بلعام ضد إسرائيل كلمات فارغة لا سلطة لها. بل اعتبرها تهديداً خطيراً لإسرائيل. ولهذا السبب تدخل الله شخصياً لإحباط قصد بلعام. والزمن لا يغير موقف الله. فهو لا يتجاهل أو يقلل من شأن اللعنات الموجهة ضد شعبه من قِبل خدام الشيطان. بل على العكس من ذلك، الله يزود شعبه بقوة أعظم.

عندما يستفيد شعب الله من تلك القوة، لكسر سيطرة اللعنات عنهم، سيكون الفرق في حياة الناس مدهشاً. مناطق كثيرة في العالم، تُسيطر عليها قوة روحية غيبية من الأطباء السحرة. في أفريقيا شهدنا تغييرات جذرية في حياة الناس، بعد أن تم تحريرهم من اللعنات من خلال الاعتراف والصلاة. أناس كانوا بالكاد يبتسمون، أصبحوا من أسعد الناس. كان التغيير مثل الانتقال من الظلمة إلى النور.

في إحدى المناسبات، جاء إلينا شخص بعد الاجتماع، وكان يرتدي ثياباً جيدة، ومع ذلك كان يُعفر نفسه بالتراب، فقد كانت تلك هي طريقتهم في إظهار الاحترام. وقال: **"**لقد كنت رجلاً بائساً طوال حياتي. وكنت في ألم مستمر لسنوات، الآن أنا حر. لم يعد لدي ألم، أنا سعيد**"**.

والشيء الوحيد الذي حدث، هو إننا أطلقنا سراحه من اللعنة. لقد صرنا متحضرين لدرجة إننا في بعض الأماكن، فقدنا الاتصال مع بعض الأمور التي هي حقائق واضحة. فحتى وإن كنا لا نؤمن بتلك الأمور، لكن مازلنا نتأثر بها.

>> الفصل الخامس

لعنات ننطقها على ذواتنا وكلمات نفسانية

لقد رأينا أن الكلمات، ســـواء منطوقة أو مكتوبة، يمكن أن يكون لها تأثير عظيم، ســـواء كان خيراً أم شـــراً. لقد إختبرنا كلنا أوقات كانت فيها الكلمات مصـدر تشـجيع، تعطينا الأمل في الإسـتمرار. قد تكون تلك الكلمات كلمنا بها آخرين أو كلمات نحن تكلمنا بها لأنفســـنا. للأســـف، كثير من الناس لا يدركون إنه من الممكن أيضـــاً من خلال كلماتهم الخاصــة، أن يُحدثوا تأثيراً سـلبياً وقوياً على أنفســهم، وعلى الآخرين. وذلك من خلال كلامهم الســـلبي الذي ما هو في الواقع، إلا لعنات نطقوا بها.

لعنات ننطقها على ذواتنا

فكر مرة أخرى في قصـــة رفقة ويعقوب. تذكر أن رفقة أقنعت يعقوب بالحصـــول على بركة أبيه إِسْـحَاقَ قبل أخيه الأكبر عيســـو، الذي كان أحق بتلك البركة. كان

يعقوب ذكياً وفكر في المستقبل مسبقاً لما يمكن أن يحدث. لذلك قال في سفر (التكوين ٢٧: ١٢-١٣):

«رُبَّمَا يَجُسُّنِي أَبِي فَأَكُونُ فِي عَيْنَيْهِ كَمُتَهَاوِنٍ، وَأَجْلِبُ عَلَى نَفْسِي لَعْنَةً لاَ بَرَكَةً». فَقَالَتْ لَهُ أُمُّهُ: **«لَعْنَتُكَ عَلَيَّ يَا ابْنِي...»**.

عند قيامها بذلك، نطقت رفقة بلعنة على نفسها. فقد نجحت خطة رفقة في منح البركة ليعقوب، لكن كلماتها عرضتها إلى لعنة منعتها من التمتع بثمر نجاحها. ففي وقت لاحق في نفس الأصحاح، إشتكت لزوجها لإِسْحَاقَ من زوجات عيسو، ولم توافق رفقة عليهن. لم تكن رفقة تحصل على الأشياء بالطريقة التي أرادتها لدرجة إنها قالت لإِسْحَاقَ في سفر (التكوين ٢٧: ٤٦):

«...مَلِلْتُ حَيَاتِي مِنْ أَجْلِ بَنَاتِ حِثَّ. إِنْ كَانَ يَعْقُوبُ يَأْخُذُ زَوْجَةً مِنْ بَنَاتِ حِثَّ مِثْلَ هؤُلاَءِ مِنْ بَنَاتِ الأَرْضِ، فَلِمَاذَا لِي حَيَاةٌ؟».

وكانت بذلك قد نطقت بلعنة مزدوجة على نفسها. قالت إنها قد ملت من حياتها، وسألت ما نفع أن تكون لها حياة -شعرت بأنها خير لها أن تموت أيضاً.

لا أستطيع أن أقول لكم، كم من الناس الذين تعاملت معهم، وقد أطلقوا مثل تلك اللعنات على أنفسهم بالقول: **"**كنت أتمنى لو كنت ميتاً. ما نفع أن أعيش؟ لن أعد أستطع التحمل**"**. ليس عليك أن تقول أمراً من هذا القبيل. في كثير من الأحيان، يشبه هذا دعوة مفتوحة لروح الموت، وليس عليك أن تعطي العديد من هذه الدعوات، لأنها سوف تأتي. وقد رأينا عشرات الأشخاص الذين تم إنقاذهم من روح الموت.

وقد تعلمت من خبرتي، أن مثل هذه التعبيرات تشير بشكل شبه مستمر إلى أن هناك لعنة مفروضة على الذات، تعمل في حياة الناطق بها.

في إحدى الإجتماعات في إيرلندا الشمالية، صليت صلاة جماعية للناس المحتاجين إلى التحرر من روح الموت. وكان عدد الحاضرين حوالي ٢٠٠٠ شخص، نال نحو ٥٠ شخص، معظمهم من الشباب، الخلاص في وقت واحد!

كيف يأتي روح اليأس هذا؟ بقول كلمات مثل هذه: **"**لا فائدة من الحياة. ما الذي تقدمه لي هذه الحياة؟ الأفضل لي أن أموت**"**. هذه الكلمات خطيرة جداً، لأنك في الحقيقة تنطق لعنة على نفسك. قد تقول: **"**ولكن أنا لم أقصد ذلك حقاً**"** لكن يسوع أعطى تحذيراً واضحاً تجاه الإهمال، وترديد كلمات جوفاء كهذه. في (متى ١٢: ٣٦-٣٧) يقول: **«وَلكِنْ أَقُولُ لَكُمْ: إِنَّ كُلَّ كَلِمَةٍ بَطَّالَةٍ يَتَكَلَّمُ بِهَا النَّاسُ سَوْفَ يُعْطُونَ عَنْهَا حِسَابًا يَوْمَ الدِّينِ. لأَنَّكَ بِكَلاَمِكَ تَتَبَرَّرُ وَبِكَلاَمِكَ تُدَانُ».**

حقيقة أن المتكلم **"**لا يعني حقاً ما يقول**"** لا يقلل بأي شكل من الأشكال أو يلغي تأثير كلماته. ولا يحميه من المساءلة. وكم مرة أراد الشيطان أن يخدعك لتقول أشياء من هذا القبيل. كثيراً ما تُقال مثل تلك الكلمات بدون أي أسباب كافية. لأنك قد تشعر بالضيق أو تكون محبطاً، وتقول أشياء من هذا القبيل دون أن تدرك أهميتها، مع إنه من خلال تلك الأقوال، يمكنك أن تقرر مصيرك.

وهناك مثال أكثر حزناً، وبعيد الأثر للعنة التي فرضها أصحابها على أنفسهم، نجده في (متى ٢٧: ٢٤-٢٥) والمشهد هو محاكمة يسوع من قبل بيلاطس البنطي.

«فَلَمَّا رَأَى بِيلاَطُسُ أَنَّهُ لاَ يَنْفَعُ شَيْئًا، بَلْ بِالْحَرِيِّ يَحْدُثُ شَغَبٌ، أَخَذَ مَاءً وَغَسَلَ يَدَيْهِ قُدَّامَ الْجَمْعِ قَائِلاً: «إِنِّي بَرِيءٌ مِنْ دَمِ هذَا الْبَارِّ! أَبْصِرُوا أَنْتُمْ!». فَأَجَابَ جَمِيعُ الشَّعْب وَقَالُوا: «دَمُهُ عَلَيْنَا وَعَلَى أَوْلاَدِنَا».

لا يمكنك حقاً أن تفهم تاريخ الشعب اليهودي على مدى التسعة عشر قرناً الماضية. حتى ترى أن أحد العوامل الرئيسية في ذلك هي هذه اللعنة التي فرضها

الشعب اليهودي على نفسه، والتي انتقلت من جيل إلى جيل. فالله وحده هو الذي يعلم كم الاضطهاد والمعاناة التي لاقاها اليهود، والتي يمكن إرجاعها إلى هذا المصدر. في وقت سابق، رأينا كيف أعطى الله الحماية ليعقوب وذريته -الشعب اليهودي -من كل الذين سعوا لوضع اللعنة عليهم. ومع ذلك كان هناك نوع واحد من اللعنة لم يحمى الله شعبه منها: وهي اللعنة التي أطلقوها هم على أنفسهم.

عهود خارج نطاق الكتاب المقدس

في سفر (الخروج ٢٣: ٣٣) عندما كان شعب إسرائيل على وشك الدخول إلى أرض الموعد، حذرهم الله من الأشرار، والأمم الوثنية التي كانت هناك: **«لاَ تَقْطَعْ مَعَهُمْ وَلاَ مَعَ آلِهَتِهِمْ عَهْدًا»**.

<<

"العهد هو أكثر شكل رسمي وقوي في أي علاقة يمكن أن يدخل فيها الإنسان."

العهد هو أكثر شكل رسمي وقوي في أي علاقة يمكن أن يدخل فيها الإنسان. والشيطان يدرك جيداً هذا الأمر. وبالتالي، هو يستخدم علاقات العهد التي من صنعه، من أجل الحصول على أكبر تحكم ممكن على الناس. فإذا قطعت عهداً مع الناس الذين تحت سلطة قوى الشر، فستصبح أنت نفسك تحت تأثير تلك السلطة نفسها.

هذا ينطبق بشكل خاص على الجمعيات السرية. والماسونية هي أوضح مثال على ذلك، على مستوى العالم. ومن أجل أن تبدأ معهم، يجب على الشخص أن يحلف أقسى درجات القسم وأكثرها وحشية وهمجية. ولن أكشف أبداً أي من أسرار الماسونية. وسيكون من المستحيل أن تجد في أي مكانٍ مثالاً أكثر رعباً من اللعنات التي يفرضها ذلك الشخص على نفسه بسبب ذلك القسم.

الماسونية هي ديانة زائفة لأنها تعترف بإله مزيف. تستخدم الماسونية العديد من الأشياء والرموز المرتبطة بالمسيحية، بما في ذلك الكتاب المقدس. ولكن هذا هو التضليل المتعمد. فالإله الذي تؤمن به الماسونية ليس هو إله الكتاب المقدس.

أي اشتراك مع هذه الجماعات هو طريق مؤكد لحدوث كارثة لك ولنسلك. الله وحده يعلم عدد الأطفال الذين أصيبوا بالشلل والإعاقة الخلقية، والأطفال غير كاملين النمو. وكل هذه المشاكل تنشأ بسبب تورط أحد الوالدين مع الماسونيين. يمكنك أن تفعل ما تشاء في هذا الموضوع، ولكن العواقب التي وضعها (أي كتبها) الله لا يمكنك تغييرها.

العهود بكل أنواعها قوية وملزمة. أنت لست حراً في صنع عهد مع الناس على أي أساس كان، لكن فقط، على أساس العهد الذي تم بدم يسوع.

حديث أو صلاة نفسانية

يجب أن يكون واضحاً الآن، أن كلماتنا يمكن أن يكون لها تأثير قوي، وذلك التأثير يمكن أن يكون إيجابياً أو سلبياً. فالحديث أو حتى الصلاة النابعة من نفس الإنسان تؤدي إلى نتائج سلبية بشكل مماثل لنتائج اللعنات التي فرضها الإنسان على نفسه. وقد يتعجب العديد من المسيحيين من ذلك، ولكن من المهم أن ندرك أن يعقوب كتب إلى المؤمنين يحذرهم قائلاً في (يعقوب ٣: ١٤-١٥):

«وَلكِنْ إِنْ كَانَ لَكُمْ غَيْرَةٌ مُرَّةٌ وَتَحَزُّبٌ فِي قُلُوبِكُمْ، فَلاَ تَفْتَخِرُوا وَتَكْذِبُوا عَلَى الْحَقِّ. لَيْسَتْ هذِهِ الْحِكْمَةُ نَازِلَةً مِنْ فَوْقُ، بَلْ هِيَ أَرْضِيَّةٌ نَفْسَانِيَّةٌ شَيْطَانِيَّةٌ».

والمفتاح لفهم كلمة "نَازِلَةً" يكمن في كلمة "نَفْسَانِيَّةٌ" والتي تعني "جسدي أو شهواني أو حسي". والكلمة باليونانية هي “psuchikos”

وقد تشكلت مباشرة من كلمة psuche، التي تعني "نفس". والكلمة الإنجليزية المقابلة لها هي "soulish".

في (١ تسالونيكي ٥: ٢٣) يصلي بولس ويقول: **«وَإِلهُ السَّلاَمِ نَفْسُهُ يُقَدِّسُكُمْ بِالتَّمَامِ. وَلْتُحْفَظْ رُوحُكُمْ وَنَفْسُكُمْ وَجَسَدُكُمْ كَامِلَةً بِلاَ لَوْمٍ عِنْدَ مَجِيءِ رَبِّنَا يَسُوعَ الْمَسِيحِ».**

ويضع بولس هنا معاً الثلاث عناصر التي تشكل شخصية الإنسان الكاملة، وقد أوردها بترتيب تنازلي من الأسمى إلى الأدنى: الروح أولاً، ثم النفس، وبعد ذلك الجسد.

في السقوط، نتيجة لعصيان الإنسان لوصية الله، انفصلت روحه عن الشركة مع الله. وفي ذات الوقت، بدأت النفس تعبر عن ذاتها بشكل مستقل عن الروح. وكانت هذه العلاقة المفككة والمقطوعة، هي نتيجة تمرد الإنسان على الله.

>> **"في الوقت الذي يعمل فيه الشخص الروحي وفقاً لإرادة الله، فإن الشخص النفساني يكون بعيداً عن الإنسجام مع الله."**

والتعبير عن ذلك التمرد أيضاً، يوجد في مواضع أخرى من الكتاب المقدس.

ففي (١كورنثوس ٢: ١٤-١٥) وفي (يهوذا ١٦ و١٧) يوضح لنا من هو الشخص الجسداني أو النفساني. ففي الوقت الذي يعمل فيه الشخص الروحي وفقاً لإرادة الله، فإن الشخص النفساني يكون بعيداً عن الانسجام مع الله. مع إنه قد يكون منضماً إلى الكنيسة ويظهر كمسيحي، ولكن في الحقيقة، موقفه المتمرد وسلوكه، يحزن روح الله ويشكل إساءة لجسد المسيح.

يمكن أن يظهر هذا الموقف من خلال كلمات يقولها ذلك الشخص بعدة طرق. ففي (رومية ١: ٢٩-٣٠) يقول بولس بعضاً من النتائج المترتبة عن ابتعاد الإنسان عن الله. وهذا هو جزء من القائمة التي ذكرها:

«مَمْلُوئِينَ مِنْ كُلِّ إِثْمٍ وَزِنًا وَشَرّ وَطَمَعٍ وَخُبْثٍ، مَشْحُونِينَ حَسَدًا وَقَتْلاً وَخِصَامًا وَمَكْرًا وَسُوءًا، نَمَّامِينَ مُفْتَرِينَ، مُبْغِضِينَ اللهِ، ثَالِبِينَ مُتَعَظِّمِينَ مُدَّعِينَ، مُبْتَدِعِينَ شُرُورًا، غَيْرَ طَائِعِينَ لِلْوَالِدَيْنِ».

وقد أشار بولس إلى النميمة في مثل هذه القائمة، لكي يُظهر مدى الجدية التي يرى بها الله هذه الخطية.

وبطريقة مماثلة يحذرنا يعقوب في (يعقوب ٤: ١١) ويقول: **«لاَ يَذُمَّ بَعْضُكُمْ بَعْضًا أَيُّهَا الإِخْوَةُ. الَّذِي يَذُمُّ أَخَاهُ وَيَدِينُ أَخَاهُ يَذُمُّ النَّامُوسَ وَيَدِينُ النَّامُوسَ. وَإِنْ كُنْتَ تَدِينُ النَّامُوسَ، فَلَسْتَ عَامِلاً بِالنَّامُوسِ، بَلْ دَيَّانًا لَهُ».** والمعنى اليوناني الأصلي للكلمة "لاَ يَذُمَّ" هو "الكلام ضد". إذاً علينا ألا نتكلم ضد أخ لنا في الإيمان -حتى وإن كان ما نقوله عنه صحيحاً. هذه الخطية التي ينبه يعقوب إليها ليست هي "الكلام الخاطئ" بل هي "الكلام ضد".

وهذا لا يستبعد قول الحقيقة لبعضنا البعض (لاحظ حرف الجر)، طالما سنذهب إلى الشخص المُعني أولاً، متبعين الكلمات التي في (متى ١٨: ١٥-١٧) التي تقول: **«وَإِنْ أَخْطَأَ إِلَيْكَ أَخُوكَ فَاذْهَبْ وَعَاتِبْهُ بَيْنَكَ وَبَيْنَهُ وَحْدَكُمَا. إِنْ سَمِعَ مِنْكَ فَقَدْ رَبِحْتَ أَخَاكَ. وَإِنْ لَمْ يَسْمَعْ، فَخُذْ مَعَكَ أَيْضًا وَاحِدًا أَوِ اثْنَيْنِ، لِكَيْ تَقُومَ كُلُّ كَلِمَةٍ عَلَى فَمِ شَاهِدَيْنِ أَوْ ثَلاَثَةٍ. وَإِنْ لَمْ يَسْمَعْ مِنْهُمْ فَقُلْ لِلْكَنِيسَةِ. وَإِنْ لَمْ يَسْمَعْ مِنَ الْكَنِيسَةِ فَلْيَكُنْ عِنْدَكَ كَالْوَثَنِيِّ وَالْعَشَّارِ».**

وأن نذهب إلى هذا الأخ بالحب والتواضع وفقاً لما قاله بولس في (أفسس ٤: ١٥): **«بَلْ صَادِقِينَ فِي الْمَحَبَّةِ، نَنْمُو فِي كُلِّ شَيْءٍ إِلَى ذَاكَ الَّذِي هُوَ الرَّأْسُ: الْمَسِيحُ».**

ونفس هذا التواضع ونقاء الدافع سيجعلنا نعتمد على معونة الروح القدس في الصلاة، لكي نعرف ليس فقط ما نصلي لأجله ولكن كيف نصلي من أجله كما ينبغي. نحن نعتمد كلياً على معونة الروح القدس للصلاة بفعالية.

ففي (رومية ٨: ٢٦-٢٧) يوضح لنا بولس بقوله:

«وَكَذلِكَ الرُّوحُ أَيْضًا يُعِينُ ضَعَفَاتِنَا، لأَنَّنَا لَسْنَا نَعْلَمُ مَا نُصَلِّي لأَجْلِهِ كَمَا يَنْبَغِي. وَلكِنَّ الرُّوحَ نَفْسَهُ يَشْفَعُ فِينَا بِأَنَّاتٍ لاَ يُنْطَقُ بِهَا. وَلكِنَّ الَّذِي يَفْحَصُ الْقُلُوبَ يَعْلَمُ مَا هُوَ اهْتِمَامُ الرُّوحِ، لأَنَّهُ بِحَسَبِ مَشِيئَةِ اللهِ يَشْفَعُ فِي الْقِدِّيسِينَ».

هناك الكثير مما يمكن أن يقال عن مثل هذه الصلاة، ولكن هنا أريد فقط أن أوضح، إنه في حين يفترض الكثير من الناس أن الصلاة هي مقبولة دائماً عند الله ونتائجها دائماً جيدة، لكن ذلك ليس هو الحال.

إن كنا لا نسلم أنفسنا للروح القدس ونسعى لطلب إرشاده، قد يكون دافعنا وراء صلواتنا اتجاهه جسدي، كالحسد، والبحث عن الذات، السخط والغضب، أو النقد. والروح القدس لا يؤيد الصلوات التي تنطلق من مثل هذه الدوافع، ولن يقدمها أمام الله الآب.

وبناء على ذلك، يتدهور مستوى صلواتنا إلى ذات الشكل الذي شهدناه في (يعقوب ٣: ١٥) الذي يقول: **«...بَلْ هِيَ أَرْضِيَّةٌ نَفْسَانِيَّةٌ شَيْطَانِيَّةٌ».**

تأثير تلك الصلاة النفسانية يماثل نفس الكلام النفساني، فهو كلام سلبي وليس إيجابي. فإنه يطلق على أولئك الذين نصلي من أجلهم ضغوطاً غير مرئية وغير محددة، وهي لا تخفف من الأعباء الملقاة عليهم، بل تضيف إليهم المزيد.

هناك بعض الناس الذين يصلون من أجلك، وقد تكون أفضل حالاً بدون صلاتهم. قد يبدو ذلك صادماً، ولكن بعض الناس لديهم أفكارهم الخاصة، عما ينبغي أن تكون عليه خدمة الآخرين، وإلى أين ينبغي أن تذهب... وإلخ. وقد يحاولون الصلاة كي تتحقق أفكارهم، لكن من الممكن أن تكون على غير إرادة الله. وقد تواجه ضغوطاً ضدك في كل مرة تحاول فيها فعل بعض الأمور التي يصلون ضدها.

ولا يكاد يوجد مثل هذا الأمر، الذي يصف أن الصلاة بأنها ليست فعالة. فالسؤال: ليس ما إذا كانت صلواتنا فعالة أم لا؟ لكن السؤال هو: هل صلواتنا لها تأثير إيجابي أم سلبي؟ ويتم تحديد ذلك من قبل القوة التي تعمل من خلالها. هل هي حقاً من الروح القدس؟ أم إنها صلاه مزيفة نفسانية؟ إن قوة الصلاة النفسانية هي في ذات الوقت حقيقية وخطيرة. والنتيجة إنها لا تنتج بركة بل لعنة.

>> **الفصل السادس**

سبعة مؤشرات لوجود اللعنة

من خلال الملاحظة الشخصية والخبرة، لقد قمت بجمع القائمة التالية، والتي تحتوي على سبع مشاكل تشير إلى وجود لعنة فعالة. إن وجود واحد أو إثنين فقط من هذه المشاكل ليس بالضرورة كافياً في حد ذاته، لإعطاء إثبات قاطع عن كيفية عمل اللعنة. لكن عندما تكون هناك العديد من المشاكل، أو عند تكرار حدوث أي واحدة منهم مراراً وتكراراً، فإن إحتمال وجود لعنة في الأمر يزيد نسبياً. ومع ذلك، نحن في حاجة إلى تمييز من الروح القدس، لأنه وحده القادر على إعطاء "التشخيص" الدقيق تماماً.

١-الإنهيار العقلي أو العاطفي

إذا حدث انهيار مرة واحدة فقط في الحياة، يمكن أن يكون هناك أسباب أخرى. ومع ذلك، إذا كان هو الشيء الذي يتكرر كثيراً في الأسرة، فإنه يمكنك أن تتأكد من أن هذه الأسرة هي تحت لعنة. وغالباً ما يرتبط ذلك

بوجود التشويش (أي الفوضى) والاكتئاب. وهذا له جذور في بعض الحالات تقريباً، بممارسة بعض الأنشطة السحرية أو الاشتراك في الأمور الغيبية. فمن الضروري أن نتعامل أولاً مع الممارسات السحرية وأن نبطل اللعنة، قبل أن نتمكن من طرد الأرواح الشريرة.

٢-الأمراض المتكررة أو المزمنة

وهذا لا يعني بالضرورة أن كل شكل من أشكال المرض هو نتيجة مباشرة للعنة. ولكنه يكون مؤشراً بشكل خاص عندما لا يكون هناك تشخيص طبي واضح. وإذا كان هناك وجود أنواع معينة من الأمراض الوراثية، أو بعبارة أخرى، أمراض تنتقل من جيل إلى جيل، فهذا هو أيضا علامة أساسية لوجود تأثير من لعنة ما.

٣-العقم والإسقاط المتكرر للجنين ومشاكل نسائية أخرى

في كثير من الأحيان، توجد مشاكل مرتبطة بعملية الإنجاب يمكن أن تؤثر على جميع الإناث في العائلة. فإذا جاءت إلينا امرأة لكي نصلي معها لمثل تلك المشاكل، التي اعتدنا روث وأنا على الصلاة من أجلها، فنحن نحدثهن عن طبيعة اللعنات وأسبابها أولاً، ثم بعدها نصلي معهن من أجل التحرير. وقد شاهدنا العديد من النساء اللواتي حدثت معهن تغيرات جذرية.

٤-انهيار العلاقات الزوجية والتفكك الأسري

في سفر (ملاخي ٤: ٥-٦) يرسم النبي صورة كئيبة لحال هذا العالم، قبيل انتهاء هذا الدهر، فيقول: **«هأَنَذَا أُرْسِلُ إِلَيْكُمْ إِيلِيَّا النَّبِيَّ قَبْلَ مَجِيءِ يَوْمِ الرَّبِّ، الْيَوْمِ الْعَظِيمِ وَالْمَخُوفِ، فَيَرُدُّ قَلْبَ الآبَاءِ عَلَى الأَبْنَاءِ، وَقَلْبَ الأَبْنَاءِ عَلَى آبَائِهِمْ. لِئَلاَّ آتِيَ وَأَضْرِبَ الأَرْضَ بِلَعْنٍ».**

يصور النبي أن هناك قوة شريرة تعمل، على إبعاد الآباء عن الأبناء، لينتج عن ذلك، انهيار للعلاقات الأسـرية. ويحذر النبي قائلاً: "إن لم يتدخل الله، فإن هذه اللعنة التي تعمل على تدمير الحياة الأسرية، ستعم لتدمر الأرض كلها".

٥-عدم الاكتفاء المادي بشكل متواصل

في سفر (التثنية ٢٨: ٤٧-٤٨) يقدم لنا صورة تفصيلية لعمل اللعنة الظاهري. ويقدم موسى هنا بديلين لا ثالث لهما. ففي سفر (التثنية ٢٨: ٤٧) يشير إلى إرادة الله من جهة شعبه المطيع، وهي أن يعبدوا الرب، وأن يخدموه «**...بِفَرَحٍ وَبِطِيبَةِ قَلْبٍ لِكَثْرَةِ كُلِّ شَيْءٍ**».

وفي سفر (التثنية ٢٨: ٤٨) يصف اللعنة التي ستحل على شعب الله إن لم يطيعوا إلههم فيقول: «**تُسْتَعْبَدُ لأَعْدَائِكَ الَّذِينَ يُرْسِلُهُمُ الرَّبُّ عَلَيْكَ فِي جُوعٍ وَعَطَشٍ وَعُرْيٍ وَعَوَزِ كُلِّ شَيْءٍ...**».

وهذا يؤدي بنا إلى استنتاج بسيط: أن الاكتفاء المادي هو بركة وأما الفقر فهو لعنة.

وهنا أيضاً ينسجم إعلان العهد الجديد مع العهد القديم. لأن إرادة الله لشعبه هي الوفرة، كما لخصها بولس في (٢كورنثوس ٩: ٨) فيقول:

«**وَاللهُ قَادِرٌ أَنْ يَزِيدَكُمْ كُلَّ نِعْمَةٍ، لِكَيْ تَكُونُوا وَلَكُمْ كُلُّ اكْتِفَاءٍ كُلَّ حِينٍ فِي كُلِّ شَيْءٍ، تَزْدَادُونَ فِي كُلِّ عَمَلٍ صَالِحٍ**».

فالفقر هو أن يكون لديك أقل مما تحتاج إليه، لتتميم إرادة الله في حياتك. أما الوفرة أو الفيض، من ناحية أخرى، فهو أن يتوفر لديك المزيد لكي تعطي غيرك أيضاً.

٦-التعرض المتكرر لحوادث معينة

بعض الناس يتعرضون بصورة غير طبيعية لحوادث شخصية متكررة (أي حوادث غريبة). ويكاد يبدو أن هناك قوة خفية مخادعة تعمل ضد أولئك الناس. ذلك الأمر معترف به، ويمكن قياسه بطريقة إحصائية. حتى أن بعض شركات التأمين تستخدم هذه التحليلات الإحصائية لمعرفة الأشخاص الذي يعتبر التأمين عليهم مخاطرة، وهكذا يطالبونهم بدفع أقساط تأمين مرتفعة، لبعض الناس الذين ترى إنهم تحت أخطار شديدة وغير عادية.

٧-هناك تكرار من حوادث الانتحار أو الموت المبكر أو الغير طبيعي

اللعنة التي تأخذ هذا الشكل، في كثير من الأحيان، لا تؤثر على فرد واحد بل في وحدة اجتماعية أكبر كالعائلة أو العشيرة. وعادة أيضا قد تنتقل من جيل إلى جيل.

هذه المؤشرات السبعة التي ذكرناها للدلالة على وجود لعنة، ليست هي العلامات الوحيدة، بل يمكن إضافة علامات أخرى. لكنك ربما قرأت ما يكفي حتى الآن، لكي تُقيم وضعك الخاص. فإن تمكنت من اكتشاف سبب مشكلتك الخاصة، تكون في وضع أفضل جداً، يؤهلك للتعامل مع تلك المشكلة بفاعلية ونجاح.

القسم الثالث

كيف تكون حراً

هل اكتشفت حتى الآن إن كانت حياتك -بطريقة أو بأخرى – تحت لعنة ما؟ هل تتساءل ما إذا كانت هناك وسيلة للخروج من هذه الظلمة التي تحجب عنك النور الساطع لبركات الله. ليس عليك أن تكون تحت آثار هذه اللعنات، سواء كانت قد نشأت في حياتك أو كانت ناتجة عن تصرفات الأجيال السابقة. يمكنك أن تتحرر من الضغوط التي كنت تعتقد أن عليك التعايش معها.

في كثير من الأحيان، نحتاج أن نتأكد من سبب أو مصدر اللعنة -وليس دائماً، ولكن غالباً ولهذا السبب ذكرت في الفصول السابقة الاحتمالات المختلفة، لأني أثق أن الروح القدس سيتحدث إليك وأنت تقرأ. أنا لا أقول لك أن عليك أن تعرف، ولكن في كثير من الحالات الله يريدنا أن نعرف ما الذي سنتحرر منه، وكيف وصل إلينا. فإذا أظهره لك الله، فعليك إذن التعامل معه.

نعم هناك طريق للخروج! ولكنه طريق واحد فقط: من خلال موت يسوع الكفاري على الصليب.

في هذا القسم، شرح عملي بسيط، للكيفية التي تجد فيها طريق الله، وتتبعه منتقلاً من الظلمة إلى النور، من اللعنة إلى البركة.

>> الفصل السابع

التبادل الإلهي

تدور رسالة الإنجيل بالكامل حول حدث تاريخي واحد فريد، هو: موت يسوع على الصليب فداءً وكفارة لخطايانا. ويقول كاتب الرسالة إلى العبرانيين بهذا الخصوص، في (عبرانيين ١٠: ١٤): **«أَنَّهُ بِقُرْبَانٍ وَاحِدٍ قَدْ أَكْمَلَ إِلَى الأَبَدِ الْمُقَدَّسِينَ»**. وهنا تجتمع عبارتان غاية في القوة والأهمية: **"أَكْمَلَ"** و**"إِلَى الأَبَدِ"**. وهما يشيران إلى ذبيحة تستوعب احتياجات البشر جميعاً، بل يمتد تأثيرها خلال الزمن وعبر الأبدية.

وهذا هو الأساس الضروري لتحريرنا. ففي الصليب تمت المبادلة الإلهية. أولاً: احتمل يسوع بدلاً عنا كل عواقب الشر الذي كنا نستحقه بسبب خطايانا، الآن وبالمقابل، يقدم لنا الله كل الخير الذي تستحقه طاعة يسوع المنزهة عن الخطية.

هناك مبدأ واحد ثابت وهو: وُضع الشر على يسوع لكي يُقدم لنا الخير

دعونا نلخص باختصار كل ما تم إنجازه على الصليب، لكي يصبح لديك تقدير لمدى عمق عمل الفداء.

الجانبان الأول والثاني من جوانب هذه المبادلة الإلهية هما:

عُوقب يسوع لكي تُغفر لنا خطايانا

جُرح يسوع لكي نُشفى

نحن هنا أمام نسيج مترابط من هاتين الحقيقتين. ففي الخطة الروحية، حمل يسوع العقاب الذي تستحقه معاصينا وآثامنا، لكي يكون لنا بالمقابل غفران وسلام مع الله. وفي المخطط الطبيعي (أي المادي)، تحمل يسوع أمراضنا وأوجاعنا لكي يكون لنا شفاء بجراحه.

والجانب الثالث من جوانب هذه المبادلة الإلهية، تم كشفه في سفر (إشعياء ٥٣: ١٠) حيث نرى أن الله جعل نفس يسوع **"ذَبِيحَةَ إِثْمٍ"**. وينبغي فهم هذه الحقيقة في ضوء الفرائض التي أُعطيت لموسى المتعلقة بأشكال ذبائح الإثم.

في (٢ كورنثوس ٥: ٢١) يشير بولس إلى (إشعياء ٥٣: ١٠) وفي الوقت نفسه يقدم الجانب الإيجابي من هذه المبادلة: **«لأَنَّهُ جَعَلَ الَّذِي لَمْ يَعْرِفْ خَطِيَّةً، خَطِيَّةً لأَجْلِنَا، لِنَصِيرَ نَحْنُ بِرَّ اللهِ فِيهِ»**.

نحن لا يمكننا أبداً أن ننال هذا البر، إلا بالإيمان وحده.

جُعل يسوع خطية بسبب خطيتنا لكي نتبرر نحن ببره

والجانب الرابع من جوانب هذه المبادلة الإلهية، هو تكملة منطقية للجانب السابق. فالكتاب المقدس بعهديه القديم والجديد يؤكد أن النتيجة النهائية للخطية هي الموت. فعندما جُعل يسوع خطية بسبب خطايانا، صار من المحتم عليه أن يذوق الموت الذي نتج عن خطية البشر. وبالمقابل، يقدم يسوع عطية الحياة الأبدية، لكل من يقبل ذبيحته النيابية.

وفي (رومية ٦: ٢٣) يضع بولس طرفي هذه المبادلة جنباً إلى جنب:

«لأَنَّ أُجْرَةَ الْخَطِيَّةِ هِيَ مَوْتٌ، وَأَمَّا هِبَةُ **الله** (أي غير المستحقة) فَهِيَ حَيَاةٌ أَبَدِيَّةٌ بِالْمَسِيحِ يَسُوعَ رَبِّنَا».

مات يسوع موتنا لكي نقبل نحن حياته

والجانب الخامس من جوانب هذه المبادلة الإلهية، نجده في سفر (التثنية ٢٨: ٤٨): «تُسْتَعْبَدُ لأَعْدَائِكَ الَّذِينَ يُرْسِلُهُمُ الرَّبُّ عَلَيْكَ فِي جُوعٍ وَعَطَشٍ وَعُرْيٍ وَعَوَزِ كُلِّ شَيْءٍ...».

لخص موسى سمات الفقر المطلق في أربع عبارات وهي: جُوعٍ وَعَطَشٍ وَعُرْيٍ وَعَوَزِ كُلِّ شَيْءٍ. لقد اختبر يسوع كل هذا إلى أقصى حد على الصليب. كي نتمكن نحن من اختبار غناه.

وكثيراً ما سيكون هذا "الازدياد" أو "الفيض" مشابهاً لما اختبره يسوع نفسه على الأرض. ليس بالضرورة أن نحمل مبالغ نقدية كبيرة، أو تكون لدينا أرصدة هائلة في المصارف. لكننا يوماً بعد يوم، سنكون مكتفين ولدينا ما يسد احتياجاتنا، وأحياناً أكثر من احتياجاتنا لكي نعطي الآخرين.

تحمل يسوع فقرنا لكي نشاركه في فيض غناه

والجانب السادس من جوانب هذه المبادلة الإلهية على الصليب، تشمل الآلام والمعاناة العاطفية الناشئة عن إثم الإنسان. وفي هذا المجال أيضا، تحمل يسوع الشر لكي نتمتع نحن بالخير. ومن أكثر الجروح القاسية التي أصابتنا بسبب إثمنا: الخزي والشعور بالرفض. وكلاهما وُضعا على يسوع فوق الصليب.

الإعدام بالصلب كان أكثر أشكال الإعدام إثارة للخزي والخجل. تحمل يسوع أيضاً الرفض المؤلم بسبب العلاقة المكسورة مع الآب. عندما دعا

الآب ولم تكن هناك استجابة. مرة أخرى، تحمل يسوع الشر، كي نتمتع نحن بالخير في المقابل.

تحمل يسوع **خزينا** لكي نشاركه في مجده

تحمل يسوع رفضنا لكي نحظى بالقبول عند الآب

والجانب السابع من جوانب هذه المبادلة الإلهية، هو جانب مهم وحساس، وهو ما يصفه لنا بولس في (غلاطية ٣: ١٣- ١٤):

«اَلْمَسِيحُ افْتَدَانَا مِنْ لَعْنَةِ النَّامُوسِ، إِذْ صَارَ لَعْنَةً لأَجْلِنَا، لأَنَّهُ مَكْتُوبٌ: «مَلْعُونٌ كُلُّ مَنْ عُلِّقَ عَلَى خَشَبَةٍ». لِتَصِيرَ بَرَكَةُ إِبْرَاهِيمَ لِلأُمَمِ فِي الْمَسِيحِ يَسُوعَ، لِنَنَالَ بِالإِيمَانِ مَوْعِدَ الرُّوحِ».

هذا هو أساس خلاصنا، وبناء على ذلك نضع ثقتنا فيما قام به المسيح لأجلنا على الصليب. وقد جعلنا يسوع أبراراً لأنه صار خطية لأجلنا. ومكننا من الحصول على البركة، لأنه صار لعنة من أجلنا.

ويطبق بولس على يسوع المصلوب شريعة موسى فيقول في سفر (التثنية ٢١: ٢٣):

«...لأَنَّ الْمُعَلَّقَ مَلْعُونٌ مِنَ اللهِ...».

كل يهودي يعرف شريعة موسى، يعلم أن الإنسان الذي يُعدم مُعلقاً على خشبة (أو شجرة) يكون بالتالي مَلْعُونٌ مَنْ الله. ثم يشير بولس إلى النتيجة العكسية لذلك وهي البركة. شكراً لله لأنه بسبب الصليب تحررنا من اللعنة.

الأمر لا يحتاج إلى متخصص في علم اللاهوت ليقوم بشرح هذا الجانب من جوانب المبادلة. الذي يمكن تلخيصه كالتالي:

صار يسوع لعنة لكي ندخل نحن إلى البركة

هل قبلت بالإيمان كل ما تتضمنه ذبيحة يسوع وكل ما وفره من أجلك؟ هل أنت مشتاق الآن للدخول إلى ملء نعمة وإحسان الله الكامل؟

هناك حاجز واحد علينا أن نتخلص منه، إنه حاجز الخطية التي لم تغفر بعد. هل أنت متأكد الآن أن خطاياك قد غُفرت بسبب ذبيحة يسوع إن لم تكن كذلك، فمن هنا تبدأ.

وبعد أن تحررت عليك أن تضع في اعتبارك أمرين، وهما الاستماع إلى صوت الله، وعمل كل ما يقوله لك.

قال يسوع في (يوحنا ١٠: ٢٧):

«خِرَافِي تَسْمَعُ صَوْتِي، وَأَنَا أَعْرِفُهَا فَتَتْبَعُنِي».

ذلك هو السبيل لنوال البركة. وأيضاً لكي تعيش فيها. وإذا كان هناك لعنة على حياتك، يجب أولاً أن تتحرر منها على حساب موت يسوع الذي صار خلاصه حق لنا.

إني أريد أن أخبرك كيف تفعل ذلك؟ علينا فقط أن نتمتع بذلك الخلاص في حياتنا. وليس على الله القيام بأي شيء أكثر من ذلك، لكن علينا نحن أن نعتمد على ما فعله الله لنا.

>> الفصل الثامن

سبعة خطوات للتحرر

الخلاص هى الكلمة التي تلخص العمل الإجمالي الذي يرغب الله القيام به في حياتنا. وقد حُجب نطاق هذا العمل بطريقة أو بأخرى، بسبب طرق الترجمة المختلفة التي تُرجم بها الأصل اليوناني للفعل "σώζω – sozo" في أجزاء مختلفة من العهد الجديد. فقد تُرجم في أغلب الأحيان "يُخلص" لكنه يستخدم أيضاً بمعانى مختلفة أكثر من مجرد إختبار مغفرة الخطايا.

يستخدم على سبيل المثال، في كثير من الحالات التي ينال فيها الناس الشفاء الجسدي (متى ٩: ٢١-٢٢). كما يستخدم في حالة تحرير شخص من الأرواح الشريرة (لوقا ٨: ٣٦). وأيضاً يستخدم في معجزة عودة ميت إلى الحياة (لوقا ٨: ٥٠). في قصة لِعَازَرُ، يستخدم نفس الفعل **"sozo"** للتعبير عن الشفاء من مرض مميت (يوحنا ١١: ١٢). ويستخدم بولس

نفس الفعل في (٢تيموثاوس ٤: ١٨) ليصف عمل الله في حفظ الإنسان وحمايته من الشر، الأمر الذي يمتد طوال الحياة.

فعمل الخلاص الكامل يشمل كل جوانب كيان الإنسان، ويتلخص ذلك في صلاة بولس الرائعة في (١ تسالونيكي ٥: ٢٣) يقول:

«وَإِلهُ السَّلاَمِ نَفْسُهُ يُقَدِّسُكُمْ بِالتَّمَامِ. وَلْتُحْفَظْ رُوحُكُمْ وَنَفْسُكُمْ وَجَسَدُكُمْ كَامِلَةً بِلاَ لَوْمٍ عِنْدَ مَجِيءِ رَبِّنَا يَسُوعَ الْمَسِيحِ».

فالخلاص يشمل شخصية الإنسان كلها -الروح والنفس والجسد. ولا يتم ذلك إلا بقيامة الجسد في مجيء المسيح. ولا أحد يختبر جميع جوانب الخلاص لحظياً أو من خلال مرحلة انتقالية حاسمة، بل الطبيعي أن يتقدم الإنسان من مرحلة إلى أخرى. وكثير من المؤمنين الذين لا يتقدمون ولا حتى خطوة واحدة بعد اختبار غفران خطاياهم، فهم غير مدركين للإحسانات الأخرى الكثيرة المتوفرة لهم مجاناً.

أما الترتيب الذي يحصل الإنسان فيه على جوانب الخلاص المختلفة، فمتروك لسيادة الله الذي يتعامل مع كل واحد منا على انفراد. فهو يعلم ما هو أكبر احتياجاتنا وفي أي وقت هو يعطيها، حتى وإن كنا نحن أنفسنا لسنا على دراية بها. الله يضع الاختيار أمام كل واحد منا، والبدائل واضحة في سفر (التثنية ٣٠: ١٩):

«...قَدْ جَعَلْتُ قُدَّامَكَ الْحَيَاةَ وَالْمَوْتَ. الْبَرَكَةَ وَاللَّعْنَةَ. فَاخْتَرِ الْحَيَاةَ لِكَيْ تَحْيَا أَنْتَ وَنَسْلُكَ».

الحياة والبركة من ناحية، والموت واللعنة من ناحية أخرى. وكالشعب القديم (أي شعب إسرائيل)، طلب الله منهم أن يختاروا لأنفسهم. فإننا نحدد مصيرنا عن طريق الاختيار الذي نتخذه. واختياراتنا قد تؤثر أيضاً على مصير أحفادنا. وبعد

أن نكون قد اتخذنا هذا الاختيار، يمكننا أن نطالب بتحريرنا من أي لعنات على حياتنا.

ما هي الخطوات التي يجب أن نتخذها تجاه ذلك؟

لا يوجد نموذج واحد معين يمكن للجميع أن يتبعوه، لكي يأتي بالناس إلى نقطة التحرر، لكني وجدت أنه من المفيد أن أقودكم من خلال الخطوات السبع الآتية.

١. إعترف بإيمانك في المسيح وبذبيحته الكفارية لأجلك

في (رومية ١٠: ٩-١٠) يعلن بولس شرطين أساسيين للاستفادة من ذبيحة المسيح:

«لأَنَّكَ إِنِ اعْتَرَفْتَ بِفَمِكَ بِالرَّبِّ يَسُوعَ، وَآمَنْتَ بِقَلْبِكَ أَنَّ اللهَ أَقَامَهُ مِنَ الأَمْوَاتِ، خَلَصْتَ. لأَنَّ الْقَلْبَ يُؤْمَنُ بِهِ لِلْبِرِّ، وَالْفَمَ يُعْتَرَفُ بِهِ لِلْخَلاَصِ».

١. الإيمان بالقلب بأن الله أقام يسوع من الأموات.
٢. الاعتراف بالفم بأنه هو الرب.

ولا يكون الإيمان القلبي فعالاً تماماً، إلى أن يُكمل بالاعتراف بالفم.

وكلمة **"يعترف** تعني في الأصل **"**أن يقول الشيء نفسه**"**. وفي سياق الإيمان في الكتاب المقدس، فالاعتراف يعني أن تقول بفمك الشيء نفسه الذي يقوله الله في كلمته. في (عبرانيين ٣: ١) يقول:

«...لاَحِظُوا رَسُولَ اعْتِرَافِنَا (أي يسوع) وَرَئِيسَ كَهَنَتِهِ الْمَسِيحَ يَسُوعَ».

فعندما نعلن الاعتراف الروحي الصحيح من جهة المسيح، فإن ذلك يُطلق خدمته الكهنوتية لأجلنا.

٢. التوبة عن كل عصيان وعن كل خطية

يجب عليك قبول المسئولية الشخصية عن موقفك المتمرد نحو الله، وعن الخطايا التي نتجت عن ذلك.

وإليك هذا الاعتراف الذي أقترحه ليعبر عن التوبة التي يطلبها الله: "أنا أتخلى وأتراجع عن كل عصيان وعناد وتمرد وعن كل خطية، وأسلم نفسي لك لتكون رباً على حياتي."

٣. إستقبل مغفرة لكل خطاياك

الخطية التي لم تغفر بعد، هي العائق الأكبر الذي يمنع بركة الله عن حياتنا. لقد وفر الله لنا نعمة غفران الخطايا، لكنه لن يفعل ذلك قبل أن نعترف بها!

ربما أعلن الله لك خطية معينة جعلتك عُرضة للعنة ما. إن كان كذلك، إعترف بتلك الخطية (أو الخطايا) بشكل محدد. لأنه مكتوب في (١ يوحنا ١: ٩):

«إِنِ اعْتَرَفْنَا بِخَطَايَانَا فَهُوَ أَمِينٌ وَعَادِلٌ، حَتَّى يَغْفِرَ لَنَا خَطَايَانَا وَيُطَهِّرَنَا مِنْ كُلِّ إِثْمٍ».

٤. إغفر لجميع الناس الذين أساءوا إليك في الماضي وظلموك

عائق آخر كبير يمكن أن يبعد بركة الله عن حياتنا، هو عدم الغفران للآخرين في داخل قلوبنا. إن المغفرة لشخص آخر ليست في المقام الأول شعوراً أو عاطفة، بل هي قرار. اسأل الله أن يذكرك بأي شخص أنت تحتاج أن تغفر له. والروح القدس سيقودك لإتخاذ القرار المناسب، لكنه

لن يتخذ القرار بدلاً عنك. عبر عن قرارك بكلمات منطوقة. قل بصوت مسموع: "يارب، أنا أغفر ل........" (مسمياً إسم الشخص أو الأشخاص).

٥. أرفض كل تعامل أو إتصال بالسحر أو بالشيطان

وهذا يشمل مجالاً واسعاً من الأنشطة والممارسات. إن كنت قد اشتركت في أي وقت في مثل هذه الأنشطة والممارسات، فقد عبرت حدوداً خفية إلى مملكة الشيطان. ومنذ ذلك الوقت، سواء كنت تعرف ذلك أم لا، فقد اعتبرك الشيطان واحداً من أتباعه. إنه يعتبر أن لديه حق قانوني بالمطالبة بك!

وبما أن ملكوت الله ومملكة الشيطان متناقضتان تماماً، فلا يمكنك أن تتمتع بكامل حقوقك وامتيازاتك كمواطن في ملكوت الله، حتى تقطع كل اتصال وارتباط بالشيطان بشكل نهائي، لاغياً بذلك جميع حقوقه عليك.

وإذا كنت غير متأكد من طبيعة نشاط معين، اسأل الله لكي يوضح لك. وتحتاج أيضاً إلى التخلص من جميع الأشياء التي تربطك بالشيطان بأي شكل من الأشكال. وهذا يشمل كافة الصور، والسحر، والكتب... إلخ، ينبغي أن تُحرق أو تُحطم أو تُدمر بطريقة ما.

٦. أنت الآن على استعداد لتصلي صلاة التحرر من أي لعنة

من المهم أن تبني إيمانك على أساس واحد فقط لنوال رحمة الله: وهو ما قدمه لك يسوع من خلال ذبيحته على الصليب. إذ لم تكن "تستحق" التحرير. ولا تحتاج إلى كسب تحريرك بقوتك.

- هذه هي الصلاة المناسبة:

أيها الرب يسوع المسيح، أنا أومن بأنك أنت إبن الله والطريق الوحيد إلى الله، وإنك مُت على الصليب من أجل خطاياي وقمت من بين الأموات. أنا أتخلى وأتراجع عن كل عصيان وعناد وتمرد وعن كل خطية وأسلم نفسي لك لتكون رباً على حياتي.

أنا أعترف بكل خطاياي أمامك، وأسألك أن تغفر لي -خاصة تلك الخطايا التي جعلتني أتعرض للعنة. حررني أيضاً من نتائج خطايا آبائي وأجدادي.

بقرار أتخذه بكامل إرادتي، أنا أغفر لكل من أساء إليّ أو ظلمني -كما أن الله يغفر لي خطاياي. وبشكل خاص، أنا أعلن غفراني لـ.......... (إسم الشخص أو الأشخاص).

أنا أرفض وأتخلى عن كل اتصال ليّ بالسحر أو بالممارسات الشيطانية. وإن كان لدى أي "أشياء تربطني بتلك الممارسات". أنا أتعهد بتدميرها والتخلص منها. أنا ألغي كل حق للشيطان في حياتي.

أيها الرب يسوع، أنا أومن بأنك على الصليب، حملت كل لعنة يمكن أن تأتي على في أي يوم من الأيام. لذلك أنا أطلب الآن أن تحررني من كل لعنة على حياتي -بإسمك، أيها الرب يسوع المسيح أطلب هذا!

والآن أنا أستقبل بالإيمان تحريري وأشكرك من أجله.

٧. صدق الآن إنك قد قبلت بركة الله وامضي قدماً فيها

لا تحاول في هذه المرحلة أن تحلل الشكل الذي ستكون عليه بركة الله التي ستنالها أو كيف سيمنحك الله إياها. إترك ذلك بين يدي الله. ليفعل هو ما يشاء وكيف ومتى يشاء. لا تتعب نفسك بشأن ذلك. والمطلوب منك هو ببساطة أن تفتح نفسك، بلا تحفظ، لكل ما سيعمله الله فيك ولأجلك، من خلال فيض بركته. سيكون أمراً مثيراً أن تراقب وترى كيف يتجاوب الله معك!

>> الفصل التاسع

من الظلمات إلى النور

إن إتبعت الإرشادات التي وردت في الفصل السابق، تكون بذلك قد عبرت الحدود الخفية خارجاً من مملكة الشيطان. تاركاً خلفك منطقة يخيم عليها لعنات مختلفة من مصادر عديدة ومتنوعة. والآن أمامك منطقة يشع فيها نور بركات الله.

لديك ميراث في المسيح ينتظر من يكتشفه ويطالب به. أنظر مرة أخرى إلى ملخص البركات التي قدمها موسى النبي في سفر (التثنية ٢٨: ٢-١٣):

- **الرفعة**
- **الفيض المادي**
- **الصحة**
- **الإنتصار**
- **الإثمار**
- **رضى الله**

وأنت تردد هذه الكلمات، اسأل الله أن يجعل هذا الميراث حقيقياً وحياً بالنسبة لك. تذكر أن شكرك لله على كل جزء فيه، هو أنقى وأبسط تعبير عن الإيمان. إن كنت قد عانيت طويلاً من لعنة ما على حياتك، فربما تكون هناك مناطق في ذهنك لم تفارقها الظلمة بشكل فوري. لذلك فإن تكرار هذه الكلمات الإيجابية التي تصف

البركات، تبدو كرؤية الخيوط الأولى للشمس التي تسبق إشراقها على وادي مظلم. ثم تنتشر تلك الخيوط المشعة حتى يملأ النور المكان كله.

>> **"العبور من الظلمة إلى النور قد يتخذ أشكالاً مختلفة."**

إن العبور من الظلمة إلى النور قد يتخذ أشكالاً مختلفة. فليس هناك نمط واحد يمكن أن يعتبر مقياساً يناسب الجميع. بعض الناس يختبرون تحريراً شبه لحظي، ويبدو إنهم يدخلون فوراً إلى البركات التي وعد بها الكتاب المقدس. وآخرون لا يقلون إخلاصاً عن غيرهم، قد يختبرون صراعاً طويلاً صعباً، خصوصاً إن كانوا قد تورطوا إلى درجة كبيرة في السحر والعرافة.

منظور الله يختلف عن منظورنا. في سيادته، هو يضع في إعتباره عوامل لا نعرف نحن شيئا عنها. فالله يحافظ على وعوده دائماً، ولكن في معظم الحالات هناك أمران لا يكشف عنهما مقدماً: الطريقة المعينة التي سيتعامل بها في حياة كل إنسان، والوقت المحدد الذي سيأخذه.

ربما نحتاج أن ننظر مرة أخرى إلى الجانب الإيجابي من المبادلة التي يصفها بولس في (غلاطية ٣: ١٣-١٤):

«اَلْمَسِيحُ افْتَدَانَا مِنْ لَعْنَةِ النَّامُوسِ، إِذْ صَارَ لَعْنَةً لأَجْلِنَا، لأَنَّهُ مَكْتُوبٌ: «مَلْعُونٌ كُلُّ مَنْ عُلِّقَ عَلَى خَشَبَةٍ».

لِتَصِيرَ بَرَكَةُ إِبْرَاهِيمَ لِلأُمَمِ فِي الْمَسِيحِ يَسُوعَ، لِنَنَالَ بِالإِيمَانِ مَوْعِدَ الرُّوحِ».

ويشير بولس هنا إلى ثلاث حقائق هامة تتعلق بالبركة الموعودة:

- **أولاً**، البركة ليست أمراً غامضاً أو غير محدد. بل هي محددة بأنها: **«بَرَكَةُ إِبْرَاهِيمَ»**. وفي سفر (التكوين ٢٤: ١) يحدد مجالها: **«...وَبَارَكَ الرَّبُّ إِبْرَاهِيمَ فِي كُلِّ شَيْءٍ»**.
- **ثانياً**، تأتى البركة "في المسيح يسوع" فقط. لا يمكن الحصول عليها بإستحقاقاتنا الشخصية. لكنها مقدمة لنا فقط على أساس واحد هو العلاقة مع الله من خلال يسوع المسيح.
- **ثالثاً**، للبركة تحديد أكثر وضوحاً باعتبارها «مَوْعِدَ الرُّوحِ (القدس)». فالأقانيم الثلاثة الله -الآب والإبن والروح القدس -متحدون في هدف أزلي واحد هو مشاركتنا بكل ما اشتراه لنا يسوع بذبيحته الكفارية. ولأن ذلك أكبر بكثير مما يمكن للعقل الطبيعي أن يستوعبه، لذلك علينا الإعتماد على الروح القدس لكي يقودنا إلى ميراثنا الكامل، ويرينا كيف نمتلك ما قدمه الله لنا.

وفي (رومية ٨: ١٤) يؤكد بولس على الدور الفريد الذي يقوم به الروح القدس فيقول:

«لأَنَّ كُلَّ الَّذِينَ يَنْقَادُونَ بِرُوحِ اللهِ، فَأُولئِكَ هُمْ أَبْنَاءُ اللهِ».

أن **"**تقاد بالروح القدس**"** ليس إختباراً لحظياً منفرداً، وهو ليس خبرة واحدة تصلح للجميع. إنه أمر يجب أن نعتمد عليه لحظة بلحظة، لأنه المعبر الوحيد نحو النضوج الروحي.

الروح القدس يعطي التمييز لمعرفة أسباب معوقات الطريق الروحي، وعادة ما تكون الطاعة للإرشادات اللاحقة، هي دائماً عنصراً جوهرياً في التحرك بفعالية في البعد الروحي.

في ولاية ساراواك الماليزية الشرقية، شعب إيبان هم الجماعة العرقية الأكبر في المنطقة. وقد تأثرت ثقافة هذا الشعب بقوة بالممارسات الروحانية، بما في ذلك اللعنات وإستخدام السحر المتوارث من الأجداد لغرض الحماية وأعمال السحر.

وكانت رسالة التحرر من عبودية مثل تلك الأمور، كان لها في الواقع تأثيراً كبيراً فيما بينهم. في عدد من القرى، بينما كان يُكرز برسالة الإنجيل، كان هناك الكثير من الإعتراف والتوبة، وكثيرون منهم تحرروا من الأرواح الشريرة أثناء الصلاة. ومن كل مكان، تم جمع كيس كبير من كتب السحر المتوارثة من الأجداد وتم حرقها بالكامل.

ولكن في مكان واحد، حتى بعد القيام بذلك، كان هناك شعور بأنه مازال هناك معقل للأرواح الشريرة في أحد المنازل المرتفعة، ولم يتم التعامل معها بشكل صحيح. فالروح القدس قادهم لعمل ما أسموه مسيرة أريحا حول هذا المنزل المرتفع حيث كانوا. وبالضبط وفي المرة السابعة صاح القائد **"قفوا!"**. وعلى الفور، تحطمت التعويذة السحرية على الأرض، التي كانوا لا يعرفونها. وبهذا الأمر سقط السحر الأقوى في القرية. وبعد أن حُرقت هذه أيضاً، صار هناك غمر من السلام والفرح الذي أتى على كل الشعب.

هذا السلام والفرح نفسه يمكن أن يكون لك، إذا تعلمت السير في طاعة الروح القدس، وتعلمت كيف تتحدث بثقة عن وعود كلمة الله وتنطق بها. في صلاة التحرير في الفصل الثامن، كان التركيز الأساسي ينصب على الحقيقة المعلنة في (عبرانيين ٣: ١) يقول:

«...لاَحِظُوا رَسُولَ اعْتِرَافِنَا (أي يسوع) وَرَئِيسَ كَهَنَتِهِ الْمَسِيحَ يَسُوعَ».

هذا المبدأ يجب أيضاً أن يحكم علاقتنا المستمرة مع الرب. ففي كل موقف نواجهه، علينا أن نتجاوب بإستخدام إعتراف كتابي مناسب، والهدف من ذلك هو طلب مساعدة يسوع المستمرة لنا، كرئيس كهنة.

في معظم الحالات هناك ثلاثة إحتمالات:

- إما أن نعلن إعترافاً إيجابياً مستنداً على الإنجيل، أو إعترافاً سلبياً، أو أن لا نعلن أي إعتراف مطلقاً.
- فإذا قدمنا إعترافاً إيجابياً مستنداً على الإنجيل، نحن نطلق بذلك خدمة يسوع لمساعدتنا وتلبية إحتياجنا.
- وإذا لم نعلن أي إعتراف، نكون متروكين لرحمة الظروف. أما إذا أعلنا إعترافاً سلبياً، فنحن نُعرض أنفسنا لقوات شيطانية شريرة.

من المهم أن نميز بين الإعتراف المستند على الإنجيل، والنابع من الإيمان الحقيقي. وبين أشياء أخرى كتلك التي تشبه التمني وكالتفكير الإيجابي.

فهناك ثلاثة فروق رئيسية:

- **أولاً:** "الإعتراف" بالمعنى الكتابي يمكن حصره من خلال وعود وإعلانات الكتاب المقدس. ويتضمن ذلك أن نقول بأفواهنا ما قاله الله بالفعل في كلمته. ولا يمكننا تجاوز ذلك.
- **ثانياً:** الإعتراف محدود أيضاً بالشروط المقترنة بالوعد الكتابي. وهي ليست بديلاً عن الطاعة.
- **ثالثاً:** لا يمكن إختزال الإعتراف إلى نظام تقليدي يعمل وفق الإرادة البشرية أو الإيمان العقلي. لا يمكننا التلاعب مع الله.

فبحسب (رومية ١٠: ١٠) يكون الإعتراف فعالاً فقط عندما يصدر عن الإيمان بالقلب:

«لأَنَّ الْقَلْبَ يُؤْمَنُ بِهِ لِلْبِرِّ، وَالْفَمَ يُعْتَرَفُ بِهِ لِلْخَلاَصِ».

يَنتَجُ الإيمان الحقيقي في القلب فقط بواسطة الروح القدس، وهو يُنتِجُ كلمات مليئة بالقوة لإتمام ما تم الإعتراف به.

وتشجعنا الرسالة إلى العبرانيين في (عبرانيين ١٠: ٢٣) على المثابرة في الإعتراف:

«لِنَتَمَسَّكْ بِإِقْرَارِ الرَّجَاءِ رَاسِخًا، لأَنَّ الَّذِي وَعَدَ هُوَ أَمِينٌ».

وللتعبير المنتصر الكامل عن الإيمان، هناك أسلوب كتابي أكثر تقدماً من مجرد الإعتراف، إنه الإعلان. وهو تأكيد على إيمان قوي وواثق لا يمكن إسكاته بأي شكل من أشكال المقاومة، أو الإحباط أو التفشيل. لأنه يتضمن في داخله إنتقالاً من الموقف الدفاعي إلى موقف الهجوم.

خلال خدمتي روث وأنا، عادة ما نُسأل كيف نحمي أنفسنا بشكل يومي. نحن نمارس بإنتظام إعلان كلمة الله بصوت عال، كلاً منا بمفرده أو معاً.

في نهاية هذا الكتاب، أود أن أخبرك أن هناك قوة هائلة في الإعلان الذي ننطق به، أنصحك أن تقوم بذلك كل ليلة قبل الذهاب إلى النوم، لكي تتمكن من العبور من الظلمات إلى النور، ومن اللعنة إلى ملء بركة الله.

أسئلة للدراسة

والآن ، رجاء الإنتقال الى ملحق أ صفحة (٥٣٧) الخاص بأسئلة كتاب كيف تعبر من اللعنة إلى البركة

وستجد إجابات تلك الأسئلة في صفحة(٥٥٠)

>> الروح القدس فينا

>> **الفصل الأول**

قبل يوم الخمسين

تقدم لنا كلمة الله المكتوبة معرفة لا نستطيع الحصول عليها بأي طريقة أخرى. ويتعلق أحد إعلانات الكتاب المقدس بطبيعة الله، وهو إعلان فائق الأهمية. فالكتاب المقدس يكشف لنا سراً لا يمكننا أن نعرفه من أي مصدر آخر، وهذا السر هو أن الله واحد، وأيضاً أكثر من واحد!، ثلاثة أقانيم لكن الله واحد: الآب والأبن والروح القدس، كما تعلن كلمة الله. وفي هذا الكتاب سنتحدث عن الروح القدس.

ويعتبر شخص الروح القدس وعمله من أهم إعلانات الكتاب المقدس وأكثرها تَمَيُّزاً. وأول ما ينبغي إدراكه هو أن الروح القدس شخص مثل الآب والابن تماماً. ويسهل علينا كبشر أن ندرك أن الله الآب هو شخص والله الإبن هو شخص -إدراكاً نسبياً -لكن ليس من السهل إدراك أن الروح القدس هو شخص.

الله عليم بكل شيء؛ كل شيء مكشوف أمامه، وذلك من خلال الروح القدس. ومن خلال الروح القدس أيضاً، الله حاضر في كل مكان في الوقت نفسه. ويصف علم اللاهوت هاتين الحقيقتين في طبيعة الله بالكلمتين:

"كلي المعرفة ـــ omniscient". و"كلي الحضور ـــ omnipresent". وتعلن كلمة الله المكتوبة هذه الحقيقة في مقاطع متنوعة من الكتاب، مثلاً، يقول الرب في (إرميا ٢٣: ٢٣-٢٤):

«أَلَعَلِّي إِلَهٌ مِنْ قَرِيبٍ يَقُولُ الرَّبُّ وَلَسْتُ إِلهاً مِنْ بَعِيدٍ؟ إِذَا اخْتَبَأَ إِنْسَانٌ فِي أَمَاكِنَ مُسْتَتِرَةٍ، أَفَمَا أَرَاهُ أَنَا يَقُولُ الرَّبُّ؟ أَمَا أَمْلأُ أَنَا السَّمَاوَاتِ وَالأَرْضَ، يَقُولُ الرَّبُّ؟».

الله يملأ السموات والأرض، فما من مكان ليس فيه الله، وما من حدث لا يعرفه. وتكشف الآيات الإفتتاحية للمزمور ١٣٩ عن هذه الحقيقة بصورة جميلة، حيث نقرأ في (مزمور ١٣٩: ١ـ ١٢):

«يَا رَبُّ قَدِ اخْتَبَرْتَنِي وَعَرَفْتَنِي. أَنْتَ عَرَفْتَ جُلُوسِي وَقِيَامِي. فَهِمْتَ فِكْرِي مِنْ بَعِيدٍ. مَسْلَكِي وَمَرْبَضِي ذَرَّيْتَ، وَكُلَّ طُرُقِي عَرَفْتَ. لأَنَّهُ لَيْسَ كَلِمَةٌ فِي لِسَانِي إِلاَّ وَأَنْتَ يَا رَبُّ عَرَفْتَهَا كُلَّهَا. مِنْ خَلْفٍ وَمِنْ قُدَّامٍ حَاصَرْتَنِي، وَجَعَلْتَ عَلَيَّ يَدَكَ. عَجِيبَةٌ هَذِهِ الْمَعْرِفَةُ فَوْقِي. ارْتَفَعَتْ لاَ أَسْتَطِيعُهَا. أَيْنَ أَذْهَبُ مِنْ رُوحِكَ، وَمِنْ وَجْهِكَ أَيْنَ أَهْرُبُ؟ إِنْ صَعِدْتُ إِلَى السَّمَاوَاتِ فَأَنْتَ هُنَاكَ، وَإِنْ فَرَشْتُ فِي الْهَاوِيَةِ فَهَا أَنْتَ. إِنْ أَخَذْتُ جَنَاحَيِ الصُّبْحِ، وَسَكَنْتُ فِي أَقَاصِي الْبَحْرِ، فَهُنَاكَ أَيْضاً تَهْدِينِي يَدُكَ وَتُمْسِكُنِي يَمِينُكَ. فَقُلْتُ: «إِنَّمَا الظُّلْمَةُ تَغْشَانِي». فَاللَّيْلُ يُضِيءُ حَوْلِي! الظُّلْمَةُ أَيْضاً لاَ تُظْلِمُ لَدَيْكَ، وَاللَّيْلُ مِثْلَ النَّهَارِ يُضِيءُ. كَالظُّلْمَةِ هَكَذَا النُّورِ»

يا لها من لغة رائعة! ويا له من كشف مذهل عن حكمة الله! وجود الله يخترق الكون كله، لا يوجد مكان تختبئ فيه عن الله، ولا مسافة يمكنها أن تفصلك عنه، ولا ظلمة تخفيك عن عينيه. الله في كل مكان؛ الله موجود في كل مكان، وفي كل أنحاء الكون بأكمله. إنه يعرف كل ما يحدث في كل مكان.

ومفتاح فهمنا لهذا السر هو العدد السابع، حيث يقول كاتب المزمور:

«أَيْنَ أَذْهَبُ مِنْ رُوحِكَ، وَمِنْ وَجْهِكَ أَيْنَ أَهْرُبُ؟»

وهنا مثال نموذجي من الشعر العبري، حيث نجد مقطعين الآية يتحدث أساساً عن نفس الشيء، فحضور الله في كل أنحاء الكون من خلال الروح القدس. وأيضاً من خلال الروح القدس الله وحده يعلم كل ما يحدث في الكون في أي وقت.

وقد كان الروح القدس عاملاً في الكون منذ بدء الخليقة، ومازال يخبرنا صاحب المزمور عن حقيقة ما حدث في عملية الخلق فيقول في (مزمور ٣٣: ٦): **«بِكَلِمَةِ الرَّبِّ صُنِعَتِ السَّمَاوَاتُ، وَبِنَسَمَةِ فَمِهِ كُلُّ جُنُودِهَا.»** وبينما يستخدم المترجم العربي الكلمة **«وَبِنَسَمَةِ»**، فإن الكلمة العبرية هي حرفياً "روح".

<<

"...الروح القدس كان يعمل في هذا الكون منذ بدء الخليقة فصاعداً..."

وهكذا تصبح الكلمات كما يلي: **"بكلمة الرب صُنعت السموات، وبروح فيه (أي فمه) كل جنودها"**. وبعبارة أخرى، فإن كلمة الرب وروح الرب (أو الروح القدس) هما المسئولان العظيمان اللذان كانا وراء وجود هذا الكون وهذه الخليقة. وإذا عدنا إلى أول أسفار الكتاب المقدس، نجد هذه الحقيقة التي تصف الخلق، ونحن نرى هذا بالتفصيل في الأعداد الأولى من سفر (تكوين ١: ١ـ ٣):

«فِي الْبَدْءِ خَلَقَ اللهُ السَّمَاوَاتِ وَالأَرْضَ. وَكَانَتِ الأَرْضُ خَرِبَةً وَخَالِيَةً، وَعَلَى وَجْهِ الْغَمْرِ ظُلْمَةٌ، وَرُوحُ اللهِ يَرِفُّ عَلَى وَجْهِ الْمِيَاهِ. وَقَالَ اللهُ: «لِيَكُنْ نُورٌ» فَكَانَ نُورٌ».

كان روح الله حاضــراً في تلك الظلمة وفي ذلك الفقر. وتشــير الكلمة «**يَرِفُّ**» إلى صــفة تتعلق بالطيور، ومرات كثيرة في الكتاب المقدس يُشــار إلى الروح القدس كحمامة نازلة من السـماء، هنا لدينا حمامة السـماء (أي الروح القدس)، يرف عبر الظلمة التي تغطي وجه المياه. ونقرأ في العدد الثالث:

«وَقَالَ اللهُ: «لِيَكُنْ نُورٌ» فَكَانَ نُورٌ».

وهنا نرى مرة أخري، المســئولان عن الخليقة: روح الله وكلمة الله. وعندما يتحد روح الله بكلمة الله، يتحقق الخلق؛ وعندما يجتمع روح الله وكلمته معاً، يُخلق شيء جديد (كالنور في هذه الحالة). لقد عرف النور طريقه إلى الوجود، إذ كونته وحدة الروح وكلمة الله. إذاً، فالروح القدس كان يعمل في هذا الكون منذ بدء الخليقة فصاعداً، وكان حضوره دائماً في كل مكان. وبشكل ما، فالروح القدس هو وكيل اللاهوت العامل والمنفذ لإرادته.

لقد منح الروح القدس القوة لكل رجال الله في العهد القديم، وألهمهم وأوحي إليهم. وتطول القائمة حتى لا نستطيع سرد جميع الأسماء هنا، ولكننا سننظر في العديد من الأمثلة على ذلك.

أول الأمثلة يتعلق بالرجل الذي صمم ونفذ أثاث خيمة الاجتماع وتابوت العهد، وهو **بصلئيل بن أوري**. يقول الرب في (خروج ٣١: ٢-٣):

«أُنْظُرْ! قَدْ دَعَوْتُ بَصَلْئِيلَ بْنَ أُورِي بْنَ حُورَ مِنْ سِبْطِ يَهُوذَا بِاسْمِهِ، وَمَلأْتُهُ مِنْ رُوحِ اللهِ بِالْحِكْمَةِ وَالْفَهْمِ وَالْمَعْرِفَةِ وَكُلِّ صَنْعَةٍ».

كان روح الله قد ملأ بصــلئيل، وأعطاه القدرة على الإبداع فيما صــنعه من نجارة ونقش وترصيع. لقد بهرتني هذه الحقيقة دائماً: بصلئيل هو أول من صرح

الكتاب المقدس بأنه إمتلأ **مِنْ رُوحِ اللهِ**، وكانت النتيجة ــ في هذه الحالة ــ المهارة في الحرف اليدوية. الأمر الذي يؤكد على القيمة الفائقة للحرف اليدوية.

وفي سفر (التثنية ٣٤: ٩) نقرأ ما يلي عن **يشوع**:

«وَيَشُوعُ بْنُ نُونٍ كَانَ قَدِ امْتَلأَ رُوحَ حِكْمَةٍ (أي روح الله)، **إِذْ وَضَعَ مُوسَى عَلَيْهِ يَدَيْهِ، فَسَمِعَ لهُ** (أي ليشوع) **بَنُو إِسْرَائِيل وَعَمِلُوا كَمَا أَوْصَى الرَّبُّ مُوسَى».**

كان يشوع القائد العسكري العظيم الذي فتح أرض الموعد، وقد نجح في ذلك لأنه امتلأ **بِرُوحَ حِكْمَةٍ** أي بروح الله.

في (قضاة ٦: ٣٤)، نقرأ عن **جدعون**:

«وَلَبِسَ رُوحُ الرَّبِّ جِدْعُونَ فَضَرَبَ بِالْبُوقِ، فَاجْتَمَعَ أَبِيعَزَرُ وَرَاءَهُ».

لبس **رُوحُ الرَّبِّ** جدعون، وجعل منه ذلك القائد العظيم، بعد أن كان شاباً خجولاً، يرتعد خوفاً في معصرة الكرمة، غير قادر على القيام بأي شيء مؤثر. لكن روح الله غيره عندما حل عليه.

ثم نقرأ عن **داود** الملك العظيم والمرنم، في (٢صموئيل ٢٣: ١- ٢) ما يلي:

«فَهَذِهِ هِيَ كَلِمَاتُ دَاوُدَ الأَخِيرَةُ: «وَحْيُ دَاوُدَ بْنِ يَسَّى، وَوَحْيُ الرَّجُلِ الْقَائِمِ فِي الْعُلاَ، مَسِيحِ إِلَهِ يَعْقُوبَ، وَمُرَنِّمِ إِسْرَائِيلَ الْحُلْوِ: رُوحُ الرَّبِّ تَكَلَّمَ بِي وَكَلِمَتُهُ عَلَى لِسَانِي».

قدم داود لنا تلك المزامير الرائعة، لأن روح الرب تكلم به، وكانت كلمة روح الرب على لسانه. لاحظ ـ مرة أخرى ـ الترابط ما بين روح الله وكلمة الله.

وفي (٢بطرس ١: ٢١)، يلخص بطرس خدمة أنبياء العهد القديم قائلاً:

«لأَنَّهُ لَمْ تَأْتِ نُبُوَّةٌ قَطُّ بِمَشِيئَةِ إِنْسَانٍ، بَلْ تَكَلَّمَ أُنَاسُ اللهِ الْقِدِّيسُونَ مَسُوقِينَ مِنَ الرُّوحِ الْقُدُسِ».

لم يتكلم نبي برسالة حقيقية من الله بمبادرة شخصية منه، أو بناء على فهمه أو فكره أو منطقه، بل كان مسوقاً (أي مدفوعاً أو محمولاً) من الروح القدس. الأمر الذي يجعل رسالته أكثر من مجرد رسالة بشرية؛ إنها رسالة من الله نفسه.

وبينما ننظر في هذه الأمثلة وغيرها، نستنتج أن جميع رجال العهد القديم الذين خدموا الله خدمة مقبولة وفعالة، إنما خدموه بقوة وإلهام الروح القدس. لا بأي شيء آخر.

وهذا درس لنا بالتأكيد، فإذا لم يكونوا هم غير قادرين على خدمة الله من دون الروح القدس، فنحن أيضا لا نستطيع.

>> **الفصل الثاني**

الروح القدس في حياة يسوع

سوف ننظر الآن في دور الروح القدس في خدمة وتعليم يسوع نفسه، ونحتاج أولاً أن نعرف أن يوحنا المعمدان (الذي جاء ــ بشكل خاص. لكي يقدم يسوع ويمهد له الطريق أمام خدمته) قد قدم يسوع بصفته «المُعَمِّد بالروح القدس». قال يوحنا في (متى ٣: ١١): «أَنَا أُعَمِّدُكُمْ بِمَاءٍ لِلتَّوْبَةِ، وَلكِنِ الَّذِي يَأْتِي بَعْدِي هُوَ أَقْوَى مِنِّي، الَّذِي لَسْتُ أَهْلاً أَنْ أَحْمِلَ حِذَاءهُ. هُوَ سَيُعَمِّدُكُمْ بِالرُّوحِ الْقُدُسِ وَنَارٍ».

لاحظ كيف يتميز يسوع عن كل الذين جاءوا قبله: **«... هُوَ سَيُعَمِّدُكُمْ بِالرُّوحِ الْقُدُسِ وَنَارٍ»**. وقد ذُكرت خدمة يسوع كمعمد في الروح القدس في الأناجيل الأربعة، فالكتاب المقدس يولي هذه الخدمة أهمية خاصة.

ونجد أيضاً أن الروح القدس كان المصدر الوحيد للقوة في خدمة يسوع بأكملها، فلم يكرز يسوع ولم يجري معجزة واحدة قبل أن يحل الروح القدس عليه في نهر الأردن، حيث إعتمد من يوحنا؛ لقد إنتظر يسوع حلول الروح القدس عليه.

في (أعمال ١٠: ٣٨)، يتحدث بطرس إلى المجتمعين في بيت كرنيليوس، ويصف خدمة يسوع قائلاً:

«يَسُوعُ الَّذِي مِنَ النَّاصِرَةِ كَيْفَ مَسَحَهُ اللهُ بِالرُّوحِ الْقُدُسِ وَالْقُوَّةِ، الَّذِي جَالَ يَصْنَعُ خَيْراً وَيَشْفِي جَمِيعَ الْمُتَسَلِّطِ عَلَيْهِمْ إِبْلِيسُ، لأَنَّ اللهَ كَانَ مَعَهُ».

فالروح القدس كان هو مصدر القوة في خدمة يسوع على الأرض. لقد أشرنا سابقاً إلى أن الله أعلن نفسه في ثالوث - ثلاثة أقانيم في إله واحد - الآب والإبن والروح القدس. وفي هذا العدد (أعمال ١٠: ٣٨) نرى التكامل في عمل الأقانيم الثلاثة: الله الآب مسح يسوع الإبن بالروح القدس. وكان الشفاء - على المستوى البشري - هو نتيجة ذلك العمل الإلهي المثلث المتكامل:

«... جَالَ يَصْنَعُ خَيْراً وَيَشْفِي جَمِيعَ الْمُتَسَلِّطِ عَلَيْهِمْ إِبْلِيسُ...» هذا هو سر خدمة يسوع ومصدر القوة فيها.

أما الحقيقة المذهلة فهي أن يسوع واصل إعتماده على الروح القدس، حتى بعد قيامته. يقول لوقا في افتتاحية سفر (أعمال الرسل ١: ١- ٢):

«الْكَلاَمُ الأَوَّلُ (أي إنجيل لوقا) **أَنْشَأْتُهُ يَا ثَاوُفِيلُسُ عَنْ جَمِيعِ مَا ابْتَدَأَ يَسُوعُ يَفْعَلُهُ وَيُعَلِّمُ بِهِ، إِلَى الْيَوْمِ الَّذِي ارْتَفَعَ فِيهِ، بَعْدَ مَا أَوْصَى بِالرُّوحِ الْقُدُسِ الرُّسُلَ الَّذِينَ اخْتَارَهُمْ».**

والعبارة «... **أَوْصَى بِالرُّوحِ الْقُدُسِ**...» تعني «أعطى بالروح القدس وصايا...» أنه قدم وصاياه للرسل من خلال الروح القدس. ويتحدث لوقا هنا عن خدمة يسوع خلال الأربعين يوماً التي فصلت القيامة عن الصعود. ويسوع هو مثالنا في الإعتماد الكُلّي على الروح القدس. إنه إعتمد على الروح القدس في القوة التي عملت في معجزاته وتعاليمه، ولم يفعل شيئاً بمعزل عن الروح القدس.

واليوم، نحن أمام ذلك التحدي الذي ميز خدمة يســوع، وهو أن نعتمد كلياً على الروح القدس كما فعل هو.

ولم يكتف يســوع بأنه إنقاد وتحرك بقوة الروح القدس في خدمته كلها، لكنه وعد تلاميذه أيضاً بقبول الروح القدس نفسه الذي أمده بالقوة والإرشاد والإلهام.

حيث نقرأ في (يوحنا ٧: ٣٧ - ٣٩):

«وَفِي الْيَوْمِ الأَخِيرِ الْعَظِيمِ مِنَ الْعِيدِ وَقَفَ يَسُوعُ وَنَادَى قِائِلاً: «إِنْ عَطِشَ أَحَدٌ فَلْيُقْبِلْ إِلَيَّ وَيَشْرَبْ. مَنْ آمَنَ بِي ـــ كَمَا قَالَ الْكِتَابُ ـــ تَجْرِي مِنْ بَطْنِهِ أَنْهَارُ مَاءٍ حَيٍّ». قَالَ هَذَا عَنِ الرُّوحِ الَّذِي كَانَ الْمُؤْمِنُونَ بِهِ مُزْمِعِينَ أَنْ يَقْبَلُوهُ، لأَنَّ الرُّوحَ الْقُدُسَ لَمْ يَكُنْ قَدْ أُعْطِيَ بَعْدُ، لأَنَّ يَسُوعَ لَمْ يَكُنْ قَدْ مُجِّدَ بَعْدُ».

إنها مفارقة رائعة حقاً! ففي البداية نحن أمام رجل عطشــان: «**إِنْ عَطِشَ أَحَدٌ**...» ثم، وبعد مجيء الروح القدس وسكناه، يصبح ذلك العطشــان قناة تجري من خلالها «**أَنْهَارُ مَاءٍ حَيٍّ**». فبعدما كان لا يملك ما يســد به رمقه، إكتفى الآن بالروح القدس، بل وصــار مصــدراً للعطاء. إذاً، ينبغي أن يكون الروح القدس هو المصدر اللامحدود الذي لا ينضب في حياة كل مؤمن.

ويتابع كاتب الإنجيل موضحاً أن الوعد لن يتم قبل أن يتمجد يسوع، حتى وإن كان يسوع قد قدم ذلك الوعد أثناء خدمته على الأرض، فيوحنا يقول:

«لأَنَّ الرُّوحَ الْقُدُسَ لَمْ يَكُنْ قَدْ أُعْطِيَ بَعْدُ، لأَنَّ يَسُوعَ لَمْ يَكُنْ قَدْ مُجِّدَ بَعْدُ».

وفي (يوحنا ١٤: ١٥ ـ ١٨) يقول يسوع لتلاميذه:

«إِنْ كُنْتُمْ تُحِبُّونَنِي فَاحْفَظُوا وَصَايَايَ، وَأَنَا أَطْلُبُ مِنَ الآبِ فَيُعْطِيكُمْ مُعَزِّياً آخَرَ لِيَمْكُثَ مَعَكُمْ إِلَى الأَبَدِ، رُوحُ الْحَقِّ (أحد ألقاب الروح القدس) **الَّذِي لاَ يَسْــتَطِيعُ**

الْعَالَمُ أَنْ يَقْبَلَهُ لأَنَّهُ لاَ يَرَاهُ وَلاَ يَعْرِفُهُ، وَأَمَّا أَنْتُمْ فَتَعْرِفُونَهُ لأَنَّهُ مَاكِثٌ مَعَكُمْ وَيَكُونُ فِيكُمْ. لاَ أَتْرُكُكُمْ يَتَامَى. إِنِّي آتِي إِلَيْكُمْ».

في هذا النص هناك بعض الملاحظات الجديرة بالإنتباه:

أولاً: يقول يسوع: «... **الآبِ... يُعْطِيكُمْ مُعَزِّياً آخَرَ**». فما الذي تعنيه الكلمة «**آخَرَ**» هنا؟ لقد مكث شخص الرب يسوع مع التلاميذ لمدة ثلاث سنوات ونصف؛ وهو يقول الآن: "أنا سأترككم بشخصي، لكن عندما أذهب، يأتي شخص آخر مكاني هو الروح القدس".

ثانياً: إستخدم يسوع كلمة محددة يصف بها الروح القدس، وقد تُرجمت هذه الكلمة إلى «**مُعزي**» في "New International Version" أما الأصل اليوناني فهو الكلمة «parakletos» وقد نقلت الترجمة الإنجليزية الكاثوليكية هذه الكلمة إلى «paraclete» محتفظة بالأصل اليوناني. فماذا تعني كلمة «parakletos»؟ إنها تعني: «شخص مدعو للرفقة والمعونة». أمامنا إذاً بضعة مفاهيم مترابطة بخصوص تلك الكلمة، فهي تعني «مُعزي - comforter» أو «معين - Helper» أو «محامي أو مشير - counsellor ».

ثالثاً: يتابع يسوع مؤكداً أن الروح القدس سيمكث مع التلاميذ إلى الأبد. وهنا أيضاً مقارنة بين علاقته بتلاميذه وعلاقة الروح القدس بهم، فهو يقول: "كنت معكم مدة قصيرة هي ثلاث سنوات ونصف، والآن أنا ذاهب وقلوبكم تحزن وتشعرون وكأنكم تُركتم بلا معين، لكنني أُرسل إليكم معيناً آخر، الروح القدس الذي لن يترككم، بل يمكث معكم إلى الأبد." ثم يقول:

«**لاَ أَتْرُكُكُمْ يَتَامَى. إِنِّي آتِي إِلَيْكُمْ**»، فمن دون الروح القدس يكون التلاميذ يتامى، فما من أحد يهتم بهم أو يعينهم أو يُعَلِّمهم، لكن الروح القدس يوفر لهم ذلك كله وأكثر.

ويعود يسوع إلى الموضوع نفسه بعد ذلك بقليل فيقول في (يوحنا ١٦: ٧):

«لَكِنِّي أَقُولُ لَكُمُ الْحَقَّ إِنَّهُ خَيْرٌ لَكُمْ أَنْ أَنْطَلِقَ، لأَنَّهُ إِنْ لَمْ أَنْطَلِقْ لاَ يَأْتِيكُمُ الْمُعَزِّي. وَلَكِنْ إِنْ ذَهَبْتُ أُرْسِلُهُ إِلَيْكُمْ».

وفي (يوحنا ١٦: ١٢ - ١٥)، يعود يسوع ثانية إلى هذا الحديث المهم نفسه:

«إِنَّ لِي أُمُوراً كَثِيرَةً أَيْضاً لأَقُولَ لَكُمْ، وَلَكِنْ لاَ تَسْتَطِيعُونَ أَنْ تَحْتَمِلُوا الآنَ. وَأَمَّا مَتَى جَاءَ ذَاكَ رُوحُ الْحَقِّ فَهُوَ يُرْشِدُكُمْ إِلَى جَمِيعِ الْحَقِّ، لأَنَّهُ لاَ يَتَكَلَّمُ مِنْ نَفْسِهِ، بَلْ كُلُّ مَا يَسْمَعُ يَتَكَلَّمُ بِهِ، وَيُخْبِرُكُمْ بِأُمُورٍ آتِيَةٍ. ذَاكَ يُمَجِّدُنِي لأَنَّهُ يَأْخُذُ مِمَّا لِي وَيُخْبِرُكُمْ. كُلُّ مَا لِلآبِ هُوَ لِي. لِهَذَا قُلْتُ إِنَّهُ يَأْخُذُ مِمَّا لِي وَيُخْبِرُكُمْ».

<<

"...والروح القدس الآن هو ممثل اللاهوت الشخصي المقيم على الأرض."

ومنذ أن تحقق هذا الوعد والروح القدس هو ممثل اللاهوت الشخصي المقيم على الأرض، وهو مُعْلِن الكلمة ومُفَسِّرها، وهو وكيل الآب والإبن. يقول يسوع إن الروح القدس **«يَأْخُذُ مِمَّا لِي وَيُخْبِرُكُمْ»**. لكنه يضيف:

«كُلُّ مَا لِلآبِ هُوَ لِي. لِهَذَا قُلْتُ إِنَّهُ يَأْخُذُ مِمَّا لِي وَيُخْبِرُكُمْ»،

فالروح القدس يعلن ويفسر ويبرهن كل ما للآب والإبن.

>> الفصل الثالث

ما حدث يوم الخمسين

تذكر أن يوحنا المعمدان: أولاً، قدم يسوع على إنه المُعمِّد بالروح القدس، فكانت هذه صفته المميزة أمام إسرائيل. ثانياً، أن الروح القدس كان هو مصدر القوة في كل خدمة يسوع وتعليمه؛ لقد إعتمد يسوع كلياً على الروح القدس. ثالثا، وعد يسوع تلاميذه بأن يرسل الروح القدس بعد صعوده إلى السماء، لكي يحل محله كممثل شخصي له، ولكي يكون «paraclete» (المعزي، المعين، المحامي) الذي يرافق التلاميذ ويساعدهم.

ونريد الآن أن ننظر في تنفيذ هذا الوعد الذي قدمه يسوع. وندرس ـــ بالتحديد- الناحية الرائعة الجديدة التي تحققت بحلول الروح القدس يوم الخمسين، وككثير من الوعود الكتابية، لا نرى تحقيق هذا الوعد في حادثة منفردة، بل على مراحل. أولى هذه المراحل تمت فيما نسميه "أحد القيامة"، أحد قيامة الرب يسوع.

نقرأ في (يوحنا ٢٠: ١٩ ـــ ٢٢) ما يلي: **«وَلَمَّا كَانَتْ عَشِيَّةُ ذَلِكَ الْيَوْمِ، وَهُوَ أَوَّلُ الأُسْبُوعِ، وَكَانَتِ الأَبْوَابُ مُغَلَّقَةً حَيْثُ كَانَ التَّلاَمِيذُ مُجْتَمِعِينَ لِسَبَبِ الْخَوْفِ مِنَ**

الْيَهُودِ، جَاءَ يَسُـوعُ وَوَقَفَ فِي الْوَسَـطِ وَقَالَ لَهُمْ: «سَـلاَمٌ لَكُمْ». وَلَمَّا قَالَ هَذَا أَرَاهُمْ يَدَيْهِ وَجَنْبَهُ، فَفَرِحَ التَّلاَمِيذُ إِذْ رَأَوُا الرَّبَّ. فَقَالَ لَهُمْ يَسُـوعُ أَيْضـاً: «سَـلاَمٌ لَكُمْ. كَمَا أَرْسَـلَنِي الآبُ أُرْسِـلُكُمْ أَنَا». وَلَمَّا قَالَ هَذَا نَفَخَ وَقَالَ لَهُمُ: «اقْبَلُوا الرُّوحَ الْقُدُسَ».

ويحمـل العـدد (٢٢) عبـارة مهمـة، فـالكلمـة اليونـانيـة «pneuma» لكلمـة "روح" هي تعني أيضـاً «نفخة» أو «ريح». فما عمله يســوع، إذ نفخ عليهم، مرتبط بالكلمات التي قالها والتي يمكن أن نقرأها كما يلي:

«... نَفَخَ وقال لهم: «اقبلوا نفخة القدوس»!

فالروح القدس هو نفخة الله.

وأعتقد أن هذه من أكثر المراحل المهمة والحاسـمة في كمال العمل من قصـد الله للفداء، فماذا حدث في تلك اللحظة المثيرة؟:

أولاً: دخل أولئك التلاميذ الأوائل فيما أسـميه «خلاص العهد الجديد» لقد أعلن بولس متطلبات الخلاص الأساسية في (رومية ١٠: ٩) فقال:

«لأَنَّـكَ إِنِ اعْتَرَفْـتَ بِفَمِـكَ بِـالرَّبِّ يَسُـوعَ، وَآمَنْـتَ بِقَلْبِـكَ أَنَّ اللهَ أَقَامَـهُ مِـنَ الأَمْوَاتِ، خَلَصْتَ».

وكانت حادثة (يوحنا ٢٠: ١٩ــ ٢٢) هي المرة الأولى التي يؤمن فيها التلاميذ حقاً بأن الله أقام يســوع من بين الأموات. وقبل ذلك، لم يكن بمقدورهم الدخول إلى الخلاص كما يقدمه العهد الجديد. لقد إعترفوا في تلك اللحظـة بربوبية يســوع، وآمنوا بأن الله أقامه من بين الأموات، فنالوا الخلاص حسب مفهوم العهد الجديد.

ثانـي الأشـياء التي حـدثت في لقـاء (يوحنا ٢٠: ١٩- ٢٢)، هو أن التلاميذ إختبروا "الولادة الثانية"، وصـاروا "خليقة جديدة". لقد إنتقل كل منهم من الخليقة

القديمة إلى الجديدة من خلال نفخة الله. ولكي نفهم ذلك، علينا أن نرجع إلى وصف عملية الخلق الأولى للإنسان في (تكوين ٢: ٧) حيث نقرأ: **«وَجَبَلَ الرَّبُّ الإِلَهُ آدَمَ تُرَاباً مِنَ الأَرْضِ وَنَفَخَ فِي أَنْفِهِ نَسَمَةَ حَيَاةٍ، فَصَارَ آدَمُ نَفْساً حَيَّةً».**

لقد تم خلق الإنسان لأول مرة من خلال نسمة الحياة الإلهية (الروح القدس) التي دخلت في تلك الهيئة الطينية التي كانت على الأرض. وقد حَوَّلَتْ النفخة الإلهية تلك الهيئة الطينية إلى نفس حية.

ثم إن تلك الفقرة، التي إقتبسناها من يوحنا، تتحدث عن الخليقة الجديدة التي يصفها بولس في (٢كورنثوس ٥: ١٧):

«إِذاً إِنْ كَانَ أَحَدٌ فِي الْمَسِيحِ فَهُوَ خَلِيقَةٌ جَدِيدَةٌ. الأَشْيَاءُ الْعَتِيقَةُ قَدْ مَضَتْ. هُوَذَا الْكُلُّ قَدْ صَارَ جَدِيداً».

إذاً هناك توازي مباشر بين الخليقة الأولى والخليقة الجديدة.

في الخليقة الجديدة، يسوع هو الرب المُقام والمخلص الذي هزم الخطية والموت والجحيم والشيطان. وبعد القيام بذلك، ظهر لتلاميذه ونفخ فيهم نسمة حياة القيامة. كانت تلك الحياة من نوع جديد؛ إنها حياة التي إنتصرت على كل قوات الشر والموت والخطية. ومن خلال ذلك الإختبار إنتقل التلاميذ من نظام العهد القديم إلى الدخول في نطاق خلاص العهد الجديد، وإلى الخليقة الجديدة في المسيح، من خلال نسمة حياة القيامة التي نفخها الرب يسوع.

لكن من المهم أن نفهم أن اختبار أحد القيامة ذاك لم يكن هو التحقيق الكامل لوعد إرسال الروح القدس، فقد قال يسوع لتلاميذه بعد القيامة في (لوقا ٢٤: ٤٩):

«وَهَا أَنَا أُرْسِلُ إِلَيْكُمْ مَوْعِدَ أَبِي، فَأَقِيمُوا فِي مَدِينَةِ أُورُشَلِيمَ إِلَى أَنْ تُلْبَسُوا قُوَّةً مِنَ الأَعَالِي».

والأوضح من ذلك ما قاله قبل صعوده إلى السماء، وبعد أربعين يوماً من أحد القيامة في (أعمال ١: ٥): **«لأَنَّ يُوحَنَّا عَمَّدَ بِالْمَاءِ، وَأَمَّا أَنْتُمْ فَسَتَتَعَمَّدُونَ بِالرُّوحِ الْقُدُسِ لَيْسَ بَعْدَ هذِهِ الأَيَّامِ بِكَثِيرٍ».**

ومن هنا نرى أن أحد القيامة لم يكن هو التتميم الكامل لذلك الوعد. ويُجمع كل اللاهوتيين ومعلمي الكتاب المقدس تقريباً على أن التتميم الكامل كان في يوم الخمسين. ذلك اليوم الذي يصف سفر الأعمال أحداثه في (أعمال ٢: ١ـ ٤):

«وَلَمَّا حَضَرَ يَوْمُ الْخَمْسِينَ كَانَ الْجَمِيعُ مَعاً بِنَفْسٍ وَاحِدَةٍ، وَصَارَ بَغْتَةً مِنَ السَّمَاءِ صَوْتٌ كَمَا مِنْ هُبُوبِ رِيحٍ عَاصِفَةٍ وَمَلأَ كُلَّ الْبَيْتِ حَيْثُ كَانُوا جَالِسِينَ، وَظَهَرَتْ لَهُمْ أَلْسِنَةٌ مُنْقَسِمَةٌ كَأَنَّهَا مِنْ نَارٍ وَاسْتَقَرَّتْ عَلَى كُلِّ وَاحِدٍ مِنْهُمْ. وَامْتَلأَ الْجَمِيعُ مِنَ الرُّوحِ الْقُدُسِ، وَابْتَدَأُوا يَتَكَلَّمُونَ بِأَلْسِنَةٍ أُخْرَى كَمَا أَعْطَاهُمُ الرُّوحُ أَنْ يَنْطِقُوا».

كان يوم الخمسين هو الإظهار الفعلي للوعد، والتتميم الحقيقي له. لقد نزل الروح القدس بنفسه من السماء على هيئة ريح عاصفة، مالئاً كل واحد منهم بمفرده، ومعطياً كل واحد منهم أن ينطق بألسنة فوق الطبيعية، متكلماً بلغات لم يتعلمها من قبل.

ويقدم بطرس، في نهاية هذا الإصحاح من سفر أعمال الرسل تفسيراً لاهوتياً لما حدث فيقول في (أعمال ٢: ٣٢ ـ ٣٣):

«فَيَسُوعُ هذَا أَقَامَهُ اللهُ، وَنَحْنُ جَمِيعاً شُهُودٌ لِذلِكَ. وَإِذِ ارْتَفَعَ بِيَمِينِ اللهِ وَأَخَذَ مَوْعِدَ الرُّوحِ الْقُدُسِ مِنَ الآبِ، سَكَبَ هذَا الَّذِي أَنْتُمُ الآنَ تُبْصِرُونَهُ وَتَسْمَعُونَهُ».

وهنا أيضاً نرى في هذه الآية أقانيم اللاهوت الثلاثة: يسوع الإبن يقبل الروح القدس من الآب ويسكبه على تلاميذه المنتظرين في أورشليم. وهنا يتم الوعد بمجيء الروح القدس. لقد أرسل الآب والإبن معاً الروح القدس نفسه لكي يحل على التلاميذ المقيمين في العلية في أورشليم.

لاحظ أن يسوع لم يكن قد قام من الأموات فحسب، لكنه كان قد إرتفع أيضاً وتمجد عن يمين الآب. تذكر أيضاً أن يوحنا أشار إلى أن تتميم الوعد بإرسال الروح القدس لا يمكن تحقيقه إلا بعد أن يتمجد يسوع، انظر (يوحنا ٧: ٣٩):

«قَالَ هذَا عَنِ الرُّوحِ الَّذِي كَانَ الْمُؤْمِنُونَ بِهِ مُزْمِعِينَ أَنْ يَقْبَلُوهُ، لأَنَّ الرُّوحَ الْقُدُسَ لَمْ يَكُنْ قَدْ أُعْطِيَ بَعْدُ، لأَنَّ يَسُوعَ لَمْ يَكُنْ قَدْ مُجِّدَ بَعْدُ.»

نحن نواجه أمرين، وأحدين رائعين:

١. أحد القيامة، حيث نرى المسيح المُقام ونفخة الروح القدس.
٢. أحد يوم الخمسين، حيث تمجد المسيح وسكب الروح القدس.

وتذكر أن هذين الأحدين يمثلان نمطاً ينبغي أن يختبره كل المؤمنين حتى في هذه الأيام.

أحد القيامة	قيامة المسيح	نفخة الروح القدس
أحد يوم الخمسين	تمجد المسيح	سكيب الروح القدس

نلخص الآن ما تتضمنه الأحداث السابقة من أهمية ثابتة ودائمة لنا:

في يوم الخمسين جاء الروح القدس كشخص إلى الأرض، وهو الآن الممثل الشخصي المُقيم للاهوت على الأرض. وكأنما هناك قانون إلهي، لا أعرف له تفسيراً، يحدد وجود ممثل شخصي واحد فقط للاهوت يقيم على الأرض، وقد قام

الإبن (يسوع) بذلك الدور لعدة سنوات. وعندما جاء وقت عودة يسوع إلى السماء، وعد بمجيء أقنوم آخر عوضاً عنه، لكي يمكث معنا إلى الأبد، وليس فقط لبضع سنوات. وقد تحقق وعد يسوع هذا في يوم الخمسين، فرجع شخص الإبن يسوع إلى الآب في السماء، ثم أرسل الآب والإبن معاً شخص الروح القدس لكي يتخذ مكان يسوع.

أين يسكن الروح القدس الآن؟

هناك إجابتان: **الإجابة الأولى:** هي أن الروح القدس يسكن في الكنيسة شركة جسد المسيح. بولس يسأل المؤمنين في كورنثوس قائلاً في (١كورنثوس ٣: ١٦): **«أَمَا تَعْلَمُونَ أَنَّكُمْ هَيْكَلُ اللهِ، وَرُوحُ اللهِ يَسْكُنُ فِيكُمْ؟»**. هنا يتحدث بولس عن هيكل الروح القدس الموحد والجامع لكل المؤمنين.

أما الإجابة الثانية: فنجدها في (١كورنثوس ٦: ١٩): **«أَمْ لَسْتُمْ تَعْلَمُونَ أَنَّ جَسَدَكُمْ هُوَ هَيْكَلٌ لِلرُّوحِ الْقُدُسِ الَّذِي فِيكُمْ، الَّذِي لَكُمْ مِنَ اللهِ، وَأَنَّكُمْ لَسْتُمْ لأَنْفُسِكُمْ؟»**.

<<

"الروح القدس يسكن في الكنيسة شركة جسد المسيح."

حيث يقول بولس ما هو أكثر حساسية مما ذكره في (١كورنثوس٣: ١٦)، فهو يعلن أن الروح القدس لا يسكن في هيكل موحد جامع فحسب، لكن الله يريد من جسد كل مؤمن أن يصبح مكاناً لسُكنى الروح القدس. هذه واحدة من أكثر العبارات المذهلة في الكتاب المقدس كله! فإن كنا مؤمنين بيسوع المسيح، فإن الله يريد لأجسادنا المادية أن تكون مكاناً لسُكنى الله الروح القدس.

>> **الفصل الرابع**

المعزي الساكن فينا

ما هو المعنى العملي من أن الروح القدس قد جاء ليكون المعزي «Paraclete» في حياتنا؟ ونبدأ بإلقاء نظرة ثانية على (يوحنا ١٤: ١٦ . ١٨)، حيث يقدم يسوع هذا الوعد المحدد: «وَأَنَا أَطْلُبُ مِنَ الآبِ فَيُعْطِيكُمْ مُعَزِّياً آخَرَ لِيَمْكُثَ مَعَكُمْ إِلَى الأَبَدِ، رُوحُ الْحَقِّ الَّذِي لاَ يَسْتَطِيعُ الْعَالَمُ أَنْ يَقْبَلَهُ لأَنَّهُ لاَ يَرَاهُ وَلاَ يَعْرِفُهُ، وَأَمَّا أَنْتُمْ فَتَعْرِفُونَهُ لأَنَّهُ مَاكِثٌ مَعَكُمْ وَيَكُونُ فِيكُمْ. لاَ أَتْرُكُكُمْ يَتَامَى. إِنِّي آتِي إِلَيْكُمْ».

أما الكلمة «**المُعَزِّي**» فهي مشتقة من أصل يوناني يعني "من يُدعى لكي يرافق ويعين" «**المُعَزِّي**» هو من يستطيع أن يعمل لك، ما لا تستطيع أن تعمله أنت لنفسك. ونفس الكلمة في اليوناني نجدها في (١يوحنا ٢: ١):

«يَا أَوْلاَدِي، أَكْتُبُ إِلَيْكُمْ هذَا لِكَيْ لاَ تُخْطِئُوا. وَإِنْ أَخْطَأَ أَحَدٌ فَلَنَا شَفِيعٌ عِنْدَ الآبِ، يَسُوعُ الْمَسِيحُ الْبَارُّ».

فالكلمة المترجمة «**شَفِيعٌ**» هي من الأصل اليوناني الذي تُرجمت منه الكلمة «**المُعَزِّي**». وتستخدم الترجمات الإنجليزية الكلمة «advocate» في هذا النص، وهي كلمة مشتقة من اللاتينية، ومركبة من «ad» بمعنى (إلى)، و«vocate» بمعنى (مدعو)، وبذلك يكون معناها (المدعو إلى). وتستخدم معظم اللغات المشتقة من اللاتينية الكلمة «advocate» بمعنى «محامي - Lawyer»، وهذا يعني الشخص الذي يتكلم دفاعاً عنا، وجميعنا نعلم دور المحامي في ثقافتنا المعاصرة.

<<

"... لدينا أعظم إثنين من المدافعين في الكون."

ويكشف الكتاب المقدس هذه الحقيقة الجميلة التي لدينا، وهي أن لنا شفيعين (محاميين)، أحدهما على الأرض، وهو الروح القدس الذي يشفع لقضايانا؛ يقول لأجلنا ما نعجز عن قوله ويفسر لنا ما لا نفهمه.

والآخر في السماء وهو يسوع شفيعنا (محامينا) الذي يشفع عنا أمام الآب. تأمل في هذه الحقيقة: يقف إلى جانبنا أعظم شفيعين في الوجود: يسوع المسيح ابن الله عن يمين الآب، والروح القدس على الأرض. معنا إثنين من المدافعين أو المحامين، فهل من إحتمال لأن نخسر قضيتنا؟!

فلنتابع ونتوسع في توضيح كلمات يسوع بخصوص ذلك الشفيع الذي هو **المُعَزِّي** والمحامي والمُعين في حياتنا. وفيما يلي بعض الملاحظات حول ما قاله يسوع في (يوحنا ١٤: ١٦ - ١٨) الذي سبق وإقتبسناه:

- **«وَأَنَا أَطْلُبُ مِنَ الآبِ فَيُعْطِيكُمْ مُعَزِّياً آخَرَ...»**:

وينبغي هنا أن نفهم أهمية كلمة **«آخَرَ»**، إذ إنها تشير إلى شخص. قال يسوع: "أنا شخص، وأنا ماضٍ بعيداً. وعندما أذهب، يأتي شخص آخر ليكون مُعزيكم. كنت معزيكم طوال مكوثي معكم على الأرض، والآن أنا ماضٍ. لكنني لن أترككم بلا مُعزي، بل يأتي إليكم مُعَزيٍ آخر".

- **«...لِيَمْكُثَ مَعَكُمْ إِلَى الأَبَدِ»**:

يقصد يسوع أن يقول: "لقد مكثت أنا معكم ثلاث سنوات ونصف وسأترككم الآن، لكن لا تنكسر قلوبكم، فهناك من سيأتي عوضاً عني، ولن يترككم أبداً، بل يمكث معكم إلى الأبد".

- **«... لأَنَّهُ مَاكِثٌ مَعَكُمْ وَيَكُونُ فِيكُمْ»**:

والجملة **«وَيَكُونُ فِيكُمْ»** لها أهمية خاصة، فذلك المُعزيِّ، أو المحامي، سيحيا فينا؛ وسنكون نحن عنوان إقامته.

- **«لاَ أَتْرُكُكُمْ يَتَامَى»**:

فلو أَن المسيح قد رحل من دون أن يؤمِّنَ لهم تدبيراً خاصاً (إرسال الروح القدس)، لترك التلاميذ كالأيتام، بدون أي شخص يرعاهم، أو يساعدهم، أو يُعلهم.

- **«إِنِّي آتِي إِلَيْكُمْ»**:

يعود المسيح إلى تلاميذه في الروح القدس، وهو أمر بالغ الأهمية. فأثناء وجوده على الأرض بالجسد، كان يسوع يحضر في مكان واحد وفي زمان واحد فقط. كان يستطيع فقط أن يتحدث لبطرس، ويوحنا، أو مريم المجدلية كلاً بمفرده، لكنه لا يمكن التحدث مع ثلاثة منهم في أحاديث مختلفة في الوقت نفسه، لقد كان يسوع محدوداً في الزمان والمكان. والآن، عندما قال إنه يعود إلى شعبه في الروح القدس، فإنما يعود حراً من محدودية الزمان والمكان. يمكن أن يكون في أستراليا ويستطيع أن يتحدث مع طفلٍ محتاج ويكون معه. وفي الوقت نفسه يمكن أن يكون في

الولايات المتحدة يعطي المسحة لواعظاً، ويمكن أن يكون في مكان ما في الصحراء أو في غابات أفريقيا يُشَدِّدُ مبشراً أو يشفيه. فهو ليس محدوداً فيما بعد. لقد أتى المسيح غير خاضع لمحدودية الزمان والمكان.

وأريد أن أُسهب قليلاً في موضوع التبادل الذي تم بين شخص الرب يسوع الذي مضى وشخص الروح القدس الذي جاء. يقول يسوع في (يوحنا ١٦: ٥ - ٧):

«وَأَمَّا الآنَ فَأَنَا مَاضٍ إِلَى الَّذِي أَرْسَلَنِي، وَلَيْسَ أَحَدٌ مِنْكُمْ يَسْأَلُنِي أَيْنَ تَمْضِي. لَكِنْ لأَنِّي قُلْتُ لَكُمْ هَذَا قَدْ مَلأَ الْحُزْنُ قُلُوبَكُمْ. لَكِنِّي أَقُولُ لَكُمُ الْحَقَّ إِنَّهُ خَيْرٌ لَكُمْ أَنْ أَنْطَلِقَ، لأَنَّهُ إِنْ لَمْ أَنْطَلِقْ لاَ يَأْتِيكُمُ الْمُعَزِّي. وَلَكِنْ إِنْ ذَهَبْتُ أُرْسِلُهُ إِلَيْكُمْ».

هذه كلمات واضحة تماماً، يقول يسوع: "ما دمت معكم بشخصي على الأرض، يبقى الروح القدس بشخصه في السماء. لكن إذا مضيت أنا، أرسل شخصاً آخر مكاني هو الروح القدس". إنها مبادلة بين الأقانيم الإلهية: مكث أقنوم الإبن بشخصه على الأرض، ثم عاد إلى السماء متمماً خدمته، وجاء أقنوم الروح القدس بشخصه عوضاً عنه لكي يكمل الخدمة التي بدأها يسوع.

وقال يسوع إنه خير لنا أن ينطلق، وفي ترجمة " The King James Version" تأتي بمعنى: "من المناسب لنا" أن ينطلق يسوع إلى السماء. إنها حقيقة مذهلة، فنحن في حال أفضل بوجود يسوع في السماء والروح القدس على الأرض، لا بوجود الروح القدس في السماء ويسوع على الأرض، وقليلون يدركون ذلك! كثيراً ما يقول المؤمنون: "أتمنى لو عشت أيام كان يسوع على الأرض". لكن يسوع يؤكد أن الأفضل أن يكون هو في السماء والروح القدس هو على الأرض، فهذا خيرٌ لنا.

وأنا أُفسر هذا في ضوء إختبار التلاميذ الأوائل أنفسهم. لاحظ ما حدث فوراً بعد حلول الروح القدس. فيما يلي ثلاث نتائج فورية:

أولاً: فهم التلاميذ خطة الله وخدمة يسوع بطريقة أفضل جداً مما فهموها أثناء إقامة يسوع على الأرض. لقد كانت مداركهم ضيقة وفهمهم بطيئاً، وما أن حلَّ الروح القدس حتى نالوا إستيعاباً جديداً مختلفاً لخدمة يسوع ورسالته.

ثانياً: حصل التلاميذ على جرأة غير عادية. فحتى بعد القيامة كان التلاميذ خائفين خلف أبواب مغلقة خوفاً من اليهود، لم يكونوا مستعدين أو راغبين في التبشير وإعلان الحق. وما أن حل الروح القدس عليهم حتى تغير ذلك كله، فوقف بطرس بجرأة وإقدام وحدث اليهود المجتمعين في أورشليم بقصة يسوع كلها، وحَمَّلَهم ذنب صلبه.

ثالثاً: تأيَّدَ التلاميذ بقوة فوق الطبيعية. ففي اللحظة التي حلّ فيها الروح القدس، بدأت المعجزات كما لو أن يسوع قد عاد إليهم، ذلك أن يسوع قال: "عندما يأتي الروح القدس، أنا آتي إليكم فيه، وأكون معكم. وأنا لن أترككم يتامى".

>> **الفصل الخامس**

إعلان كلمة الله

الروح القدس يُساعدنا ويُعزينا ويسد إحتياجاتنا بطرق محددة جداً. الطريقة الأولى التي سنتناولها، هو إعلان كلمة الله، فالروح القدس هو مُعلن لكلمة الله ومُفسرها. يقول يسوع لتلاميذه في (يوحنا ١٤: ٢٥ ــــ ٢٦): «بِهَذَا كَلَّمْتُكُمْ وَأَنَا عِنْدَكُمْ. وَأَمَّا الْمُعَزِّي الرُّوحُ الْقُدُسُ الَّذِي سَيُرْسِلُهُ الآبُ بِاسْمِي، فَهُوَ يُعَلِّمُكُمْ كُلَّ شَيْءٍ، وَيُذَكِّرُكُمْ بِكُلِّ مَا قُلْتُهُ لَكُمْ».

هناك وظيفتين للروح القدس مهمتان يُشار إليهما في العدد (٢٦) وهما: هو **يُذَكِّرُكُمْ**، وأيضاً **هُوَ يُعَلِّمُكُمْ**. لقد ذكّر الروح القدس التلاميذ بكل ما سبق يسوع وعلمهم إياه. وأفهم من هذا أن ما سجَّله الرسل في العهد الجديد لم يكن خاضعاً لضعف الذاكرة البشرية، بل كان موحى به من الروح القدس.

ربما لم يتذكر التلاميذ بعض الأشياء بدقة، ولكن الروح القدس ذكَّرهم بنفسه بالأشياء التي يحتاجون إلى تذكرها.

لكن الروح القدس لم يهتم بالماضي فحسب، بل بالمستقبل أيضاً. لقد علم التلاميذ ما يحتاجون إلى تعلمه. وهذا ينطبق علينا اليوم؛ فالروح القدس هو معلمنا الحاضر معنا على الأرض. لقد كان يسوع هو المعلم العظيم عندما كان على الأرض، لكنه الآن قد سلم هذه المهمة إلى الروح القدس ممثله الشخصي. كل ما نحتاج إلى معرفته عن كلمة الله، يُعلِّمنا إياه الروح القدس.

وهذا يضع التلاميذ في مستوى مع أنبياء العهد القديم. وكتب بطرس بخصوص الأنبياء قائلاً في (٢ بطرس ١ :٢١):

«لأَنَّهُ لَمْ تَأْتِ نُبُوَّةٌ قَطُّ بِمَشِيئَةِ إِنْسَانٍ، بَلْ تَكَلَّمَ أُنَاسُ اللهِ الْقِدِّيسُونَ مَسُوقِينَ مِنَ الرُّوحِ الْقُدُسِ».

فدقة وسلطان أنبياء العهد القديم كان مصدرها الروح القدس نفسه. كان مسئولاً عما قالوا عندما يحلُّ عليهم؛ إنه أوحى إليهم وحملهم تماماً.

وهذا ينطبق أيضاً على كتابات العهد الجديد، حيث أكد يسوع أن الروح القدس سيذكِّر التلاميذ بكل ما قاله، وسيعلمهم كل ما يحتاجون إليه أيضاً. الروح القدس هو المؤلف الحقيقي للكلمة المكتوبة بعهديها القديم والجديد. الأمر الذي يؤكده بولس بوضوح في (٢تيموثاوس ٣: ١٦):

«كُلُّ الْكِتَابِ هُوَ مُوحىً بِهِ مِنَ اللهِ، وَنَافِعٌ لِلتَّعْلِيمِ وَالتَّوْبِيخِ، لِلتَّقْوِيمِ وَالتَّأْدِيبِ الَّذِي فِي الْبِرِّ».

وفي الترجمة (NIV) تأتي كلمة **«مُوحىً بِهِ مِنَ اللهِ»** بمعنى "نفخة الله God-breathed"، لكن سواء **«مُوحىً بِهِ مِنَ اللهِ»** أو **"نفخة الله"** كليهما يشير إلى نشاط الروح القدس. مما يذكرنا بأن روح الله ونفخة الله أو نسمته هما شيء واحد.

فالروح القدس هو الذي نفخ الكتاب المقدس من خلال قنوات بشرية، فنتج بذلك الكتاب المقدس.

الروح القدس هو مؤلف الكتاب المقدس، وهو أيضاً معلمنا الشخصي في كلمة الله، وهكذا فإن مؤلف الكتاب المقدس شخصياً هو مفسره أيضاً. فيالها من نعمة إلهية تبعث الفرح في قلوبنا! من يستطيع تفسير كتابٍ ما بطريقة أفضل من مؤلفه؟ لقد ألفت أكثر من عشرين كتاباً بنفسي، وسمعت آخرين يفسرونها ويشرحونها، وكانوا يحسنون ذلك في الغالب، لكنني كنت أرى دائماً أنهم يخطئون في فهم فكرةٍ ما أو يفوتون أمراً ما.

أمَّا فيما يتعلق بالكتاب المقدس، فالروح القدس (المؤلف والمُفسِّر) لا يخطئ أبداً ولا يفوته أمر، فإن أصغينا إليه وقبلنا ما يقدمه لنا، سنفهم تماماً معنى الكلمة المكتوبة.

لقد كان إعلان كلمة الله نتيجة فورية في يوم الخمسين، فعندما حلَّ الروح القدس، قال الجمع غير المؤمنين: «إنهم **سُكَارَى**»! لكن بطرس وقف وقال في (أعمال ٢: ١٥- ١٦): **«لأَنَّ هؤُلاَءِ لَيْسُوا سُكَارَى كَمَا أَنْتُمْ تَظُنُّونَ لأَنَّهَا السَّاعَةُ الثَّالِثَةُ مِنَ النَّهَارِ. بَلْ هذَا مَا قِيلَ بِيُوئِيلَ النَّبِيِّ...».**

<<

"الروح القدس هو مؤلف الكتاب المقدس وهو أيضاً معلمنا الشخصي- من الكتاب المقدس."

حتى ذلك الوقت، لم يكن بطرس يفهم نبوة يوئيل، في الواقع، قال أن فهمه كان محدوداً جداً فيما يخص تعاليم يسوع. لكن، لمَّا حلَّ الروح القدس، حصل بطرس على فهم خاص للكلمة وبطريقة جديدة كلياً، وذلك لأنَّ المؤلف (الروح القدس) جاء لكي يُفسر.

وهذا يشبه ما حدث مع الرسول بولس. كان بولس يضطهد الكنيسة ويرفض ما أعلنه يسوع عن نفسه، وفي (أعمال ٩: ١٧) نقرأ:

«فَمَضَى حَنَانِيَّا وَدَخَلَ الْبَيْتَ (حيث كان بولس) وَوَضَعَ عَلَيْهِ يَدَيْهِ وَقَالَ: «أَيُّهَا الأَخُ شَاوُلُ (بولس فيما بعد)، قَدْ أَرْسَلَنِي الرَّبُّ يَسُوعُ الَّذِي ظَهَرَ لَكَ فِي الطَّرِيقِ الَّذِي جِئْتَ فِيهِ لِكَيْ تُبْصِرَ وَتَمْتَلِئَ مِنَ الرُّوحِ الْقُدُسِ».

ونرى بعد ذلك أن بولس بدأ يكرز في المجامع بالمسيح معلناً أنه ابن الله، انظر (ع ٢٠)، وهو ما كان ينكره قبل ذلك. لكن عندما حلّ الروح القدس عليه، تمتع بولس بفهم جديد مختلف تماماً، فكأنما إنتقل من الظلمة إلى النور. ولم يحدث ذلك بالتدريج، بل كان تغييراً لحظياً لأن الروح القدس ــ معلم ومؤلف الكتاب المقدس - سكن في بولس.

عندما نتحدث عن الروح القدس بإعتباره مُعلن كلمة الله ومفسِّرها، ينبغي أن نتذكر أَن كلمة الله ليست هي الكتاب المقدس فقط، فيسوع نفسه دُعي «كلمة الله» في (يوحنا ١: ١) حيث نقرأ:

«فِي الْبَدْءِ كَانَ الْكَلِمَةُ، وَالْكَلِمَةُ كَانَ عِنْدَ اللَّهِ، وَكَانَ الْكَلِمَةُ اللَّهَ».

ثلاث مرات يطلق هذا العدد اسم «**الْكَلِمَةُ**» على يسوع، وفي (يوحنا ١: ١٤):

«وَالْكَلِمَةُ صَارَ جَسَداً وَحَلَّ بَيْنَنَا، وَرَأَيْنَا مَجْدَهُ، مَجْداً كَمَا لِوَحِيدٍ مِنَ الآبِ، مَمْلُوءاً نِعْمَةً وَحَقّاً».

فالكتاب المقدس هو كلمة الله المكتوبة، ويسوع هو كلمة الله الشخصي. وأروع ما في الأمر أن بينهما إتفاق تام.

ولا يُعلن الروح القدس أو يفسر كلمة الله المكتوبة فحسب، لكنه يعلن ويفسر الكلمة الشخصي (يسوع) أيضاً.

انظر ما يقوله يسوع عن الروح القدس في (يوحنا ١٦: ١٢ - ١٥):

«إِنَّ لِي أُمُوراً كَثِيرَةً أَيْضاً لأَقُولَ لَكُمْ، وَلكِنْ لاَ تَسْتَطِيعُونَ أَنْ تَحْتَمِلُوا الآنَ. وَأَمَّا مَتَى جَاءَ ذَاكَ رُوحُ الْحَقِّ فَهُوَ يُرْشِدُكُمْ إِلَى جَمِيعِ الْحَقِّ، لأَنَّهُ لاَ يَتَكَلَّمُ مِنْ نَفْسِهِ، بَلْ كُلُّ مَا يَسْمَعُ يَتَكَلَّمُ بِهِ، وَيُخْبِرُكُمْ بِأُمُورٍ آتِيَةٍ. ذَاكَ يُمَجِّدُنِي لأَنَّهُ يَأْخُذُ مِمَّا لِي وَيُخْبِرُكُمْ. كُلُّ مَا لِلآبِ هُوَ لِي. لِهَذَا قُلْتُ إِنَّهُ يَأْخُذُ مِمَّا لِي وَيُخْبِرُكُمْ».

يُخبرنا يسوع في العدد (١٢) أنه لم يحاول أن يقول كل شيء، لأنه يثق في الروح القدس، وكان يعلم أن الروح القدس سيأتي. ثم شرح يسوع ما سيفعله الروح القدس عندما يأتي:

يأخذ الروح القدس مما ليسوع (أي الأمور الخاصة بيسوع) ويخبرنا؛ إنه يُمجد يسوع أمامنا؛ يُعلنه بمجده الكُلّي. ويكشف لنا الروح القدس كل ما يتعلق بيسوع من ناحية: طبيعته، شخصيته، وخدمته.

والجدير بالملاحظة أن التلاميذ والرسل الذين قبلوا الروح القدس يوم الخمسين في أورشليم، لم تكن لديهم أي شكوك أخرى بخصوص أين مكان يسوع. لقد عرفوا أنه ممجد عن يمين الآب. لقد أعلن الروح القدس مجد يسوع للتلاميذ؛ لقد أعلن الروح القدس مجد يسوع للتلاميذ؛ لقد أخذ مما ليسوع -من الكلمة المخزونة في ذاكرتهم، ومن المعرفة التي حصلوا عليها بسبب علاقتهم بيسوع -وأعلن كل ما أخذه للتلاميذ.

الروح القدس يُعلن ويُمجد يسوع، وهو القائم على كل غنى وثروة الآب والإبن، لأن الآب أعطى كل شيء للإبن، والإبن بدوره وضع كل شيء بين يدي الروح القدس، فكل غني اللاهوت يديره الروح القدس، فلا عجب، فلسنا محتاجين أن نكون أيتام، لأن الروح القدس هو المسئول عنا وكل ثروة الله وغناه تحت تصرفه!

>> **الفصل السادس**

الإرتفاع إلى مستوى فوق الطبيعي

النتيجة الرئيسية الثانية لمجيء الروح القدس هي إرتفاعنا إلى مستوى فوق طبيعي في الحياة. وفي الرسالة إلى العبرانيين تصف عددان مهمان بخصوص وضع المؤمنين حسب مفهوم العهد الجديد، في (عبرانيين ٦: ٤-٥): «لأَنَّ الَّذِينَ اسْتُنِيرُوا مَرَّةً، وَذَاقُوا الْمَوْهِبَةَ السَّمَاوِيَّةَ وَصَارُوا شُرَكَاءَ الرُّوحِ الْقُدُسِ، وَذَاقُوا كَلِمَةَ اللهِ الصَّالِحَةَ وَقُوَّاتِ الدَّهْرِ الآتِي.»

ونلاحظ خمسة أمور عن مؤمني العهد الجديد:

- **أولاً**: **«اسْتُنِيرُوا»**
- **ثانياً**: **«ذَاقُوا الْمَوْهِبَةَ السَّمَاوِيَّةَ»**. أو "العطية السماوية" والتي أعتقد إنها عطية الحياة الأبدية في يسوع.
- **ثالثاً**: **«صَارُوا شُرَكَاءَ الرُّوحِ الْقُدُسِ»**.

- **رابعاً**: «**ذَاقُوا كَلِمَةَ اللهِ الصَّالِحَةَ**». أي أن كلمة الله صارت حية وحقيقية بالنسبة إليهم.
- **خامساً**: (وَذَاقُوا) «**قُوَّاتِ الدَّهْرِ الآتِي**».

يؤمن جميع المسيحيين الحقيقيين بأننا سنختلف كلياً في حياة الدهر الآتي؛ سنتحرر من كثير من محدودية أجسادنا المادية، لأنه سيكون لنا جسد مختلف ونمط حياة مختلفة. لكن الكثير من المؤمنين لا يدركون إننا نستطيع الآن، من خلال الروح القدس، أن نذوق شيئاً من حياة الدهر الآتي في هذه الحياة. نستطيع أن نذوق «**قُوَّاتِ الدَّهْرِ الآتِي**». نعم، أن نذوقها فقط، لا أن نمتلكها في ملئها، لكن يمكننا الآن إدراك شيئاً قليلاً من نوعية تلك الحياة الآتية.

إستخدم بولس في (أفسس١: ١٣-١٤) كلمة مهمة تتعلق بموضوعنا، فيكتب إلى المؤمنين في أفسس قائلاً:

«الَّذِي فِيهِ أَيْضاً أَنْتُمْ (أي في المسيح)، **إِذْ سَمِعْتُمْ كَلِمَةَ الْحَقِّ، إِنْجِيلَ خَلاَصِكُمُ، الَّذِي فِيهِ أَيْضاً إِذْ آمَنْتُمْ خُتِمْتُمْ بِرُوحِ الْمَوْعِدِ الْقُدُّوسِ، الَّذِي هُوَ عَرْبُونُ مِيرَاثِنَا، لِفِدَاءِ الْمُقْتَنَى، لِمَدْحِ مَجْدِهِ.».**

الكلمة «**عَرْبُونُ**» كلمة مذهلة! الروح القدس هو عربون الله فينا في الوقت الحالي وفي الدهر الآتي. لقد أجريت دراسة على هذه الكلمة المستخدمة هنا. في اليونانية "arrabon" والتي هي كلمة عبرية أصلاً.

منذ سنوات عديدة، ربما عام ١٩٤٦، عندما كنت أعيش في القدس، كانت ليَّ هذه التجربة المثيرة، والتي وضحت لي معنى الكلمة "arrabon" أو «**عَرْبُونُ**» بصورة جميلة. ذهبنا أنا وزوجتي الأولى إلى القدس القديمة لشراء بعض القماش لستائر بيتنا الجديد. وجدنا ما نريد، ولنقل أن ثمن المتر كان حوالي دولاراً واحداً، فطلبنا من البائع خمسين متراً ثمنها خمسون دولاراً.

فقلت للبائع: "حسناً، لكنني لا أحمل المبلغ الآن؛ هذه عشرة دولارات كعربون، وهذا يجعل القماش ملكي، فضعه جانباً، إذ ليس لك أن تبيعه لغيري إلى أن أعود وأدفع الباقي وآخذ القماش". هذا هو معنى الكلمة "arrabon".

الروح القدس هو عربون الرب فينا؛ يقدم لنا الرب الآن دُفعة مقدمة من حياة الدهر الآتي من خلال إعطاء الروح القدس. وعندما نستقبل تلك الدُفعة المقدمة، نكون مثل ذلك القماش؛ نُفرز جانباً، ولا يمكن أن نُباع لغير الرب. إنها ضمانة مجيئه الثاني، متمماً بقية العطية، ومُنهياً عملية الشراء. لذلك يقول بولس إننا نُختم بالروح القدس «**الَّذِي هُوَ عَرْبُونُ مِيرَاثِنَا، لِفِدَاءِ الْمُقْتَنَى...**» نحن ننتمي إلى الله منذ الآن، لكننا أخذنا الدفعة الأولى فقط، أما الباقي فسيأتي في حينه.

<<

"الروح القدس هو عربون الرب فينا."

الروح القدس هو الدُفعة الأولى في حياتنا مع الله في الدهر الآتي. وتمتد هذه الحياة فوق الطبيعية إلى كل جوانب حياتنا.

فيما يلي أود أن أقتبس فقرة من كتابي "أهداف يوم الخمسين" الذي يؤكد هذه الحقيقة. قلت في ذلك الكتاب:

"إذا درسنا العهد الجديد بذهن مفتوح، لا نستطيع إلا أن نعترف بأن قوة فوق الطبيعية كانت تتخلل مجمل حياة وتجربة المؤمنين الأوائل. ولم يكن ذلك مجرد حادث عرضي أو إضافة، بل كانت جزءاً لا يتجزأ من حياتهم كمؤمنين. لقد كانوا يصلون بطريقة فوق الطبيعية، وكانوا يكرزون بطريقة فوق الطبيعية، وكانوا

ينقادون بطريقة فوق الطبيعية، وبسلطان فوق الطبيعي، وينتقلون بطريقة فوق الطبيعية، ويتمتعون بالحماية بطريقة فوق الطبيعية.

فقط إلغي القوة فوق الطبيعية من سفر أعمال الرسل لتحصل على شيء لا معنى له ولا ترابط فيه. فمنذ حلول الروح القدس في الأصحاح الثاني من سفر أعمال الرسل يستحيل أن تجد إصحاحاً واحداً لا تلعب القوة الفوق الطبيعية دوراً أساسياً فيه.

ونقرأ عن خدمة بولس في أفسس تعبيراً ملفتاً للنظر ومثيراً للتفكير نجده في (أعمال ١٩: ١١):

«وَكَانَ اللهُ يَصْنَعُ عَلَى يَدَيْ بُولُسَ قُوَّاتٍ غَيْرَ الْمُعْتَادَةِ».

ويمكن ترجمة الأصل اليوناني للعبارة **«غَيْرَ الْمُعْتَادَةِ»** بحرية أكثر لتعني "معجزات من النوع الذي لا يحدث كل يوم". كانت المعجزات أمراً معتاداً ويومياً في الكنيسة الأولى حتى أن وجودها لم يَعُد يثير الإستغراب. أما المعجزات التي حدثت بسبب خدمة بولس في أفسس فقد كانت مختلفة، حتى أن الكنيسة الأولى وجدتها مستحقة لتوثيق خاص.

فهل نجد في كنائس اليوم مناسبة تستدعي إستخدام العبارة "معجزات من النوع الذي لا يحدث كل يوم"؟، بل كم عدد الكنائس التي تجري فيها معجزات اليوم - بغض النظر عن "كل يوم"؟!

ومن النواحي التي ظهرت فيها القوة فوق الطبيعية بشكل خاص في حياة المؤمنين الأوائل، تلك الناحية التي تتعلق بقيادة الروح القدس وتوجيهه لهم. ففي (أعمال الرسل ١٦) نقرأ عن بولس ورفاقه في رحلتهم التبشيرية الثانية. كانوا قد وصلوا إلى ما نسميه اليوم آسيا الصغرى ويقول الكتاب في (أعمال ١٦: ٦- ٧):

«وَبَعْدَ مَا اجْتَازُوا فِي فِرِيجِيَّةَ وَكُورَةِ غَلاَطِيَّةَ مَنَعَهُمُ الرُّوحُ الْقُدُسُ أَنْ يَتَكَلَّمُوا بِالْكَلِمَةِ فِي أَسِيَّا. فَلَمَّا أَتَوْا إِلَى مِيسِيَّا حَاوَلُوا أَنْ يَذْهَبُوا إِلَى بِثِينِيَّةَ فَلَمْ يَدَعْهُمُ الرُّوحُ».

لقد حاولوا الإتجاه غرباً **مَنَعَهُمُ الرُّوحُ الْقُدُسُ**، وحاولوا الإتجاه إلى الشمال الشرقي فقال الروح القدس: "لا". ويتابع (أعمال ١٦: ٨-١٠) القصة قائلاً:

«فَمَرُّوا عَلَى مِيسِيَّا وَانْحَدَرُوا إِلَى تَرُوَاسَ (موجودة في الشمال الغربي). **وَظَهَرَتْ لِبُولُسَ رُؤْيَا فِي اللَّيْلِ: رَجُلٌ مَكِدُونِيٌّ قَائِمٌ يَطْلُبُ إِلَيْهِ وَيَقُولُ: «اعْبُرْ إِلَى مَكِدُونِيَّةَ وَأَعِنَّا!». فَلَمَّا رَأَى الرُّؤْيَا لِلْوَقْتِ طَلَبْنَا أَنْ نَخْرُجَ إِلَى مَكِدُونِيَّةَ مُتَحَقِّقِينَ أَنَّ الرَّبَّ قَدْ دَعَانَا لِنُبَشِّرَهُمْ** (أي مكدونيا)**».**

في حادثة ذات مدلول هام، وهي مثال لنا على تدخل الروح القدس وسيطرته على الأمور بصورة فوق الطبيعية. كان من الطبيعي لهم ـــ وبناءً على موقعهم الجغرافي ـــ أن يتجهوا إما غرباً إلى آسيا، أو إلى الشمال الشرقي حيث بثينية. ولم يكن من الطبيعي أن يتجاوزوا آسيا وبثينية إلى الشمال الغربي، ثم يعبروا إلى القارة الأوروبية.

لكن إذا نظرنا إلى مراحل تاريخ الكنيسة، نجد أن القارة الأوروبية لعبت دوراً فريداً يمكن تتبعه كالتالي:

- أولاً: حفظ الإنجيل عبر العصور المظلمة.
- ثانياً: لكي تصبح أوروبا هي القارة الرئيسية التي إهتمت بنشر كلمة الله في الدول الأخرى من خلال العمل المرسلي، وذلك لسنوات عديدة.

الله له غرض سام جداً كان يتضمن عدة قرون آتية، ولم يكن ممكناً لبولس ورفاقه أن يكتشفوا ذلك بمنطقهم الطبيعي، لكنهم ساروا تماماً حسب مخطط الله

بفضـــل توجيهات الروح القدس فوق الطبيعية في حياتهم. وقد تـأثر كل التـاريخ بسبب هذه القيادة الفوق طبيعية من الروح القدس في حياتهم.

هذا مجرد مثال واحد فقط من أمثلـة كثيرة تبين تـدخلات الروح القـدس الفوق طبيعية في حياة المؤمنين الأوائل.

>> الفصل السابع

العون في الصلاة

الطريقة الثالثة ذات أهمية فائقة التي فيها الروح القدس يساعدنا، وهي تتعلق بالصلاة. في (رومية ٨: ١٤) يصف بولس حاجتنا إلى قيادة الروح القدس من أجل التمتع بحياة روحية صحيحة: «لأَنَّ كُلَّ الَّذِينَ يَنْقَادُونَ بِرُوحِ اللهِ فَأُولَئِكَ هُمْ أَبْنَاءُ اللهِ».

فلكي تكون مسيحياً مؤمناً، ينبغي أن تكون ولدت من روح الله، ولكي تعيش كمسيحي مؤمن، وتتقدم إلى مرحلة النضوج بعد الولادة من الروح، ينبغي أن تنقاد بروح الله دائماً. ويستخدم بولس صيغة المضارع المستمر إذ يقول: **«لأَنَّ كُلَّ الَّذِينَ يَنْقَادُونَ** (باستمرار) **بِرُوحِ اللهِ فَأُولَئِكَ هُمْ أَبْنَاءُ اللهِ».** وأضاف "إنهم لن يكونوا أطفالاً بعد ذلك، بل أبناء وبنات ناضجين".

ويُطبق بولس مبدأ القيادة بالروح القدس على حياة الصلاة بشكل خاص، ففي الإصحاح نفسه من رسالة رومية، يؤكد بولس على ضرورة قيادة الروح القدس من أجل الصلاة الفعالة، فيقول في (رومية ٨: ٢٦- ٢٧):

«وَكَذلِكَ الرُّوحُ أَيْضــاً يُعِينُ ضَــعَفَاتِنَا، لأَنَّنَا لَسْــنَا نَعْلَمُ مَا نُصَــلِّي لأَجْلِهِ كَمَا يَنْبَغِي. وَلكِنَّ الرُّوحَ نَفْسَــهُ (لاحظ التشديد على شخصية الروح القدس بالذات) **يَشْــفَعُ فِينَا بِأَنَّاتٍ لاَ يُنْطَقُ بِهَا. وَلكِنَّ الَّذِي يَفْحَصُ الْقُلُوبَ يَعْلَمُ مَا هُوَ اهْتِمَامُ الرُّوحِ، لأَنَّهُ بِحَسَبِ مَشِيئَةِ اللهِ يَشْفَعُ فِي الْقِدِّيسِينَ».**

يتحدث بولس هنا عن ضعف نُعاني منه جميعاً، ليس هو ضعف الجسد المادي، بل ضعف الذهن والفهم؛ فنحن «**لَسْنَا نَعْلَمُ مَا نُصَلِّي لأَجْلِهِ**، و«**لَسْنَا نَعْلَمُ**» كيف نصلي «**كَمَا يَنْبَغِي**».

كنت أتحدى الجموع في الكنائس والمؤتمرات بالسؤال التالي: "من منكم يعرف دائماً ما يصلي لأجله وكيف يصلي من أجله، فليرفع يده"، ولم يجرؤ أحد أبداً على رفع يده. أعتقد أننا جميعاً أمناء إلى الحد الذي نُقر فيه بعجزنا المتكرر عن معرفة ما نصلي لأجله عندما نرغب بالصلاة. ويسمي بولس ذلك العجز «**ضَعَفَاتِنَا**»، لكنه يكشف لنا بأن الله قد أرسل الروح القدس لكي يعيننا في مواجهة تلك الضعفات، فيعرفنا كيف نصلي وما نصلي لأجله. وهكذا فإن كلمات بولس هذه تشير ــــ بشكل ما ــــ أن الروح القدس يتحرك فينا ويصلي من خلالنا.

>> **"إن مفتاح الصلاة الفعالة هو تعلم كيفية الإلتصاق بالروح القدس لنتمكن من الخضوع له."**

إن مفتاح الصلاة الفعالة هو تعلم كيفية الإلتصاق بالروح القدس، لنتمكن من الخضوع له. ثم يمكننا أن نفسح له المجال لكي يقودنا ويُوجهنا ويُلهمنا ويُقوينا، وأحياناً كثيرة يصلي بالفعل من خلالنا.

ويعلن العهد الجديد عن العديد من الطرق التي يعمل بها الروح القدس لكي يساعدنا، وفيما يلي بعضاً منها:

- **الطريقة الأولى:** نجدها في تلك الأعداد من (رومية ٨: ٢٦-٢٧) يقول بولس: **«... وَلكِنَّ الرُّوحَ نَفْسَهُ يَشْفَعُ فِينَا بِأَنَّاتٍ لاَ يُنْطَقُ بِهَا.»**
إنها "**الشفاعة** - Intercession" وهي من أهم جوانب الحياة الروحية.
ثم يتحدث بولس عن: «**بِأَنَّاتٍ لاَ يُنْطَقُ بِهَا**». لدينا محدودية، فأذهاننا محدودة لا تجد الكلمات الكافية والمناسبة للصلاة المطلوبة. لذلك واحدة من الطرق، هو أن يأتي الروح القدس ويساعدنا بأن يصلي من خلالنا بأناتٍ لا يمكن التعبير عنها بالكلمات.
إنه إختبار مقدس؛ إنه المخاض الروحي الذي يقود إلى ولادة روحية.
في سفر (إشعياء ٦٦: ٨) يشير إلى هذا بقوله:
«... فَقَدْ مَخَضَتْ صِهْيَوْنُ، بَلْ وَلَدَتْ بَنِيهَا!».
لا يمكن لعملية ولادة المؤمنين الجدد أن تتم في الكنيسة، بدون أن يسبقها المخاض الروحي في الصلاة، فعندما مخضت صهيون، ولدت بنيها.
ويؤكد بولس هذه الحقيقة في (غلاطية ٤: ١٩):
«يَا أَوْلاَدِي، الَّذِينَ أَتَمَخَّضُ بِكُمْ أَيْضاً إِلَى أَنْ يَتَصَوَّرَ الْمَسِيحُ فِيكُمْ».
لقد بشر بولس أولئك الناس وقد تغيروا بالفعل، لكن بولس يعلن هنا أن قيادتهم إلى حياة النضوج يتطلب أكثر من التبشير؛ إنه يتطلب الصلاة الشفاعية التي يصفها بـ«التمخض» أو أنات لا ينطق بها.
- **الطريقة الثانية:** التي يعيننا بها الروح القدس على الصلاة هي أنه **ينير أذهاننا**. وهو لا يصلي من خلالنا في هذه الطريقة، لكنه يكشف لأذهاننا ما نصلي لأجله وكيف نصلي كما ينبغي. هناك مقطعين في الرسائل يتحدثان عن عمل الروح القدس في أذهاننا.
ففي (رومية ١٢: ٢) نقرأ:
«وَلاَ تُشَاكِلُوا هَذَا الدَّهْرَ، بَلْ تَغَيَّرُوا عَنْ شَكْلِكُمْ بِتَجْدِيدِ أَذْهَانِكُمْ، لِتَخْتَبِرُوا مَا هِيَ إِرَادَةُ اللهِ الصَّالِحَةُ الْمَرْضِيَّةُ الْكَامِلَةُ».

فالذهن المجدد فقط يستطيع اكتشاف إرادة الله، حتى عندما يتعلق الأمر بالصلاة.

ونقرأ في (أفسس ٤: ٢٣):

«وَتَتَجَدَّدُوا بِرُوحِ ذِهْنِكُمْ»

فتجديد الذهن يتم عن طريق الروح القدس. وعندما يتحرك الروح القدس فينا ويجدد أذهاننا، حينئذاً نبدأ في فهم إرادة الله، ونحن نبدأ في معرفة كيفية الصلاة وفقاً لإرادة الله. فالطريقة الثانية التي يعيننا بها الروح القدس على الصلاة هي أنه يجدد وينير أذهاننا. ويعلن لنا كيف نصلي.

- **الطريقة الثالثة:** التي يساعدنا بها الروح القدس هي **أن يضع هو الكلمات المناسبة في أفواهنا**، ويكون ذلك بطريقة غير متوقعة غالباً. ويذكرني هذا الموضوع دائماً بحادثة حدثت معي أنا وزوجتي الأولى. كنا في الدانمارك (بلد زوجتي الأصلي) في نهاية شهر أكتوبر؛ وكنا نستعد للسفر إلى بريطانيا في اليوم التالي، لقضاء كل شهر نوفمبر هناك. ولأنني بريطاني، كنت أعرف أن شهر نوفمبر بارد جداً في بريطانيا، بالإضافة إلى كثافة الضباب في ذلك الشهر. وبينما كنا نصلي قبل سفرنا بيوم، سمعت ليديا تقول: "أعطنا يا رب طقساً جميلاً طوال فترة إقامتنا في بريطانيا!"، وقد أدهشتني كلماتها جداً.

سألتها فيما بعد إن كانت تتذكر ما صلت من أجله، فأجابت بالنفي قائلةً: "لا، لا أتذكر!". وكان ذلك دليلاً مؤكداً بالنسبة لي على أن ما حدث كان تدخلاً من الروح القدس. قلت لها: "لقد صليت من أجل طقس جميل خلال فترة إقامتنا في بريطانيا في نوفمبر"، فما زادت على أن هزت كتفيها لا تعرف تفسيراً. ماذا حدث بعد ذلك؟ مضى شهر نوفمبر ونحن في بريطانيا، ولم نرَ يوماً واحداً من أيام البرد القارس والشتاء القاسي طوال ذلك الشهر! فكأنما نحن في أحد شهور الربيع الرائعة.

عندما غادرنا في نهاية نوفمبر، قلت لأولئك الذين ودعونا في المطار: "كونوا حذرين! فالطقس سيتغير عندما نسافر!"، وقد تغير بالفعل! لقد وضع الروح القدس تلك الصلاة على فم ليديا، فهي الصلاة التي كان يريد لها أن تُصليها في ذلك الوقت.

- **الطريقة الرابعة:** التي يعيننا بها الروح القدس على الصلاة ذُكرت في العهد الجديد عدة مرات، وهي **أن الروح يعطينا أن ننطق بلغات لم نتعلمها**؛ لغات لا يعرفها الذهن الطبيعي. ويعتبر بعض المؤمنين هذه الألسنة لغات الصلاة.

يقول بولس في (١كورنثوس ١٤: ٢):

«لأَنَّ مَنْ يَتَكَلَّمُ بِلِسَانٍ لاَ يُكَلِّمُ النَّاسَ بَلِ اللهَ، لأَنْ لَيْسَ أَحَدٌ يَسْمَعُ. وَلَكِنَّهُ بِالرُّوحِ يَتَكَلَّمُ بِأَسْرَارٍ».

وفي (١كورنثوس ١٤: ٤):

«مَنْ يَتَكَلَّمُ بِلِسَانٍ يَبْنِي نَفْسَهُ...».

والصلاة بهذه الطريقة تؤدي ثلاث وظائف رئيسية هي:

أولاً: عندما نصلي بألسنة، فنحن لا نكلم الناس بل الله. وهذا – بالنسبة لي - إمتياز هائل بحد ذاته.

ثانياً: نحن نتكلم بأشياء لا تفهمها أذهاننا، ذلك لأننا نتكلم بأسرار أو نتشارك مع الله في أسراره!

ثالثاً: بينما نمارس هذا الإمتياز، فنحن نبني أنفسنا.

بالإضافة إلى ما يقوله بولس في (١كورنثوس ١٤: ١٤):

«لأَنَّهُ إِنْ كُنْتُ أُصَلِّي بِلِسَانٍ فَرُوحِي تُصَلِّي وَأَمَّا ذِهْنِي فَهُوَ بِلاَ ثَمَرٍ».

فالروح القدس لا يعمل على إنارة الذهن في هذه الحالة، لكنه -ببساطة- يعطينا لغة جديدة، ويصلي بهذه اللغة من خلالنا. وعلينا ألا نركز على

نمط واحد من الصـــلاة على حســـاب الآخر، إذ يقول بولس بوضـــوح في (١كورنثوس ١٤: ١٥):
«... أُصَلِّي بِالرُّوحِ وَأُصَلِّي بِالذِّهْنِ أَيْضاً...». فكلا الطريقتين ممكن.

عندما نسمح للروح القدس بأن يسكن فينا، ونخضـع له، ونعطيه المجال لكي يعمل فينا حســـب كلمة الله، نحظى بغنى هائل، وتنوع كبير في حياة الصـــلاة، وهذه هي إرادة الله لكل واحد منا.

>> **الفصل الثامن**

حياة وصحة لأجسادنا

رابعاً: الروح القدس كالمُعزي هو يمنحنا حياة فوق الطبيعية وصحة في أجسادنا المادية. أعلن يسوع أنه جاء لكي يعطينا حياة في (يوحنا ١٠: ١٠): «اَلسَّارِقُ لاَ يَأْتِي إِلاَّ لِيَسْرِقَ وَيَذْبَحَ وَيُهْلِكَ، وَأَمَّا أَنَا فَقَدْ أَتَيْتُ لِتَكُونَ لَهُمْ حَيَاةٌ وَلِيَكُونَ لَهُمْ أَفْضَلُ».

أمامنا هنا شخصان ينبغي التمييز بينهما: يسوع، معطي الحياة، والشيطان، سارق الحياة. يأتي إبليس إلى حياتنا لكي يأخذ حياتنا ويسرق بركات الله وعطاياه؛ يأتي إبليس لكي يقتل أجسادنا ويدمرنا إلى الأبد. ينبغي على كل منا أن يدرك الخطر الذي ينتظره إذا سمح لإبليس أن يأخذ مكاناً في حياته، فإنه (إبليس) سيسرق ويقتل ويدمر إلى الحد الذي نسمح له فيه بذلك.

من ناحية أخرى، جاء يسوع لكي يعمل عكس ذلك تماماً؛ جاء يسوع ليكون لنا حياة. أما عبارة «**...وَلِيَكُونَ لَهُمْ أَفْضَلُ**». ومن المهم هنا أن ندرك إننا لا نستطيع أن نقبل هذه الحياة الأفضل والتي جاء يسوع لكي يمنحنا إياها، إلا من خلال الروح القدس. لا يمكن التمتع بهذه الحياة إلا بمقدار ما نسمح للروح القدس بالعمل

فينا. أما إذا قاومنا أو رفضنا عمل الروح القدس، فلا يمكن لنا أن نختبر ملء الحياة الإلهية التي وعدنا بها يسوع. لابد لنا أن نفهم أن الروح القدس هو الذي أقام جسد المسيح الميت من القبر، إذ يقول بولس في (رومية ١: ٤):

«وَتَعَيَّنَ ابْنَ اللهِ بِقُوَّةٍ مِنْ جِهَةِ رُوحِ الْقَدَاسَةِ، بِالْقِيَامَةِ مِنَ الأَمْوَاتِ: يَسُوعَ الْمَسِيحِ رَبِّنَا».

عبارة **«رُوحِ الْقَدَاسَةِ»** هي طريقة يونانية في ترجمة العبارة العبرية التي تعني "الروح القدس". ومع أن بولس كان يكتب باليونانية، إلا أنه كان يفكر بالعبرية، لذلك عندما يقول: **«مِنْ جِهَةِ رُوحِ الْقَدَاسَةِ»**؛ فهو يعني "من جهة الروح القدس أُثبت وأُعلن وتعين بأن يسوع هو ابن الله، وتم ذلك الإثبات أو الإعلان أو التعيين من خلال ذات القوة التي أقامت يسوع من الموت، {والتي هي قوة الروح القدس}".

أشرنا في فصل سابق إلى ما دعوناه ذروة خطة الفداء الإلهية في هذا الدهر: وهي أن الله نفسه، بشخص الروح القدس يسكن أجسادنا المادية ويجعل منها هيكلاً له ومكاناً لسكناه. ويقول بولس في (رومية ٨: ١٠- ١١):

«وَإِنْ كَانَ الْمَسِيحُ فِيكُمْ فَالْجَسَدُ مَيِّتٌ بِسَبَبِ الْخَطِيَّةِ، وَأَمَّا الرُّوحُ فَحَيَاةٌ بِسَبَبِ الْبِرِّ. وَإِنْ كَانَ رُوحُ الَّذِي أَقَامَ يَسُوعَ مِنَ الأَمْوَاتِ سَاكِناً فِيكُمْ، فَالَّذِي أَقَامَ الْمَسِيحَ مِنَ الأَمْوَاتِ سَيُحْيِي أَجْسَادَكُمُ الْمَائِتَةَ أَيْضاً بِرُوحِهِ السَّاكِنِ فِيكُمْ».

ويتضمن العدد (١٠) إنه بدخول المسيح إلى حياتنا، تغيرت حياتنا وتجددت، تأتي الحياة القديمة إلى نهايتها وتبدأ فينا حياة جديدة؛ تنتهي الحياة الجسدية، وتحيا أرواحنا بحياة الله. بعد ذلك في (ع١١) يتابع بولس موضحاً ما يعنيه ذلك بالنسبة إلى أجسادنا المادية. ومن الواضح تماماً أن الشخص نفسه والقوة ذاتها التي أقامت جسد يسوع من القبر تسكن الآن في جسد كل مؤمن خاضع، وتبعث في كل جسد

مـائـت (أي معرض للموت) تلـك الحيـاة التي انبعثـت في جسد يسوع الميت، فأقامته بجسد أبدي.

ولن تتوقف عملية بعث الحياة الإلهية في أجسادنا حتى يأتي وقت القيامـة العامة من الأموات. نحن لا نملك الآن أجساد القيامة، لكننا نملك حياة القيامة في أجسادنا المائتة. ويوضـح بولس في مواضـع أخرى مختلفة أن حياة القيامة في أجسادنا المائتة تتكفل بجميع احتياجاتنا المادية المتعلقة بالجسـد، ويسـتمر ذلك إلى الوقت الذي يفصـل فيه الروح عن الجسد، ويدعونا إلى وطننا السماوي.

>>

"... والقـوة ذاتها الـتي أقامـت جسـد يسـوع مـن القـبر، الآن تسـكن في جسـد كل مـؤمن خاضع..."

دعونـا نـرى ونفهـم كيف تكونـت أجسـادنا أصلاً، لأن ذلك مرتبط بموضوع بحثنا، نقرأ في (تكوين ٢: ٧):

«وَجَبَلَ الرَّبُّ الإِلَهُ آدَمَ تُرَاباً مِنَ الأَرْضِ وَنَفَخَ فِي أَنْفِهِ نَسَـمَةَ حَيَاةٍ، فَصَـارَ آدَمُ نَفْساً حَيَّةً».

كيف تكوَّن جسـد الإنسـان المادي؟ لقد نفخ الله من روحه، فتحول الطين إلى إنسان حي يتمتع بعجائب وروائع الجسـد الإنسـاني بكل أجزائه ووظائفه. فالروح القدس هو الذي أوجد الجسد الإنساني أصلاً. ومن المنطقي إنه هو الذي يحافظ على بقائه أيضـاً. هذا منطقي جداً، وليت كل المؤمنين يدركون ذلك! فالشـفاء الإلهي والصحة التي يبعثها الله هي أمور منطقية في ضوء كلمة الله المكتوبة.

ماذا تفعل إذا بدأت سـاعة يديك تعطي توقيت خطأ؟ هل تأخذها إلى صـانع أحذية! أم تأخذها إلى صـانع السـاعات. فماذا إذا تعرض جسـدك إلى خلل ما؟ إلى أين تأخذ جسـدك؟ أليس إلى صـانع الجسـد (الروح القدس) هو الأولى بأن تأخذ

جســـدك إليه؟ هذا هو الرأي المنطقي الذي إعتقده. فالروح القدس صـــنع جســـد الإنسان وهو يحافظ عليه ويعطيه القوة.

ولنا في شهادة بولس مثال مؤثر إذ يقول في (٢كورنثوس ١١: ٢٣-٢٥):

«... فِي الأَتْعَابِ أَكْثَرُ (أي أكثر من غيري من الخدام). **فِي الضَّرَبَاتِ أَوْفَرُ. فِي السُّـــجُونِ أَكْثَرُ. فِي الْمِيتَـاتِ مِرَاراً كَثِيرَةً. مِنَ الْيَهُودِ خَمْسَ مَرَّاتٍ قَبِلْـتُ أَرْبَعِينَ جَلْدَةً إِلاَّ وَاحِدَةً. ثَلاَثَ مَرَّاتٍ ضُـرِبْتُ بِالْعِصِـيِّ. مَرَّةً رُجِمْتُ. ثَلاَثَ مَرَّاتٍ انْكَسَـرَتْ بِيَ السَّفِينَةُ. لَيْلاً وَنَـهَاراً قَضَيْتُ فِي الْعُمْقِ».**

أليس من المذهل وغير المعقول أن يتعرض إنســـان لذلك كله ويبقى مع ذلك نشـيطاً جداً وشـجاعاً وصـحيح الجسـم؟! أية قوة حافظت على بولس في كل تلك التجارب؟ إنها قوة الروح القدس. فيما يلي النص الذي يصـــف حادثة رجم بولس في لسترة نجده في (أعمال ١٤: ١٩-٢٠):

«ثُمَّ أَتَى يَهُودٌ مِنْ أَنْطَـاكِيَـةَ وَإِيقُونِيَـةَ وَأَقْنَعُوا الْجُمُوعَ، فَرَجَمُوا بُولُسَ وَجَرُّوهُ خَـارِجَ الْمَدِينَـةِ ظَـانِّينَ أَنَّهُ قَدْ مَاتَ (الأمر الذي يتطلب الكثير من الرجم). **وَلَكِنْ إِذْ أَحَاطَ بِهِ التَّلاَمِيذُ قَامَ وَدَخَلَ الْمَدِينَةَ، وَفِي الْغَدِ خَرَجَ مَعَ بَرْنَابَا إِلَى دَرْبَةَ».**

يا له من رجل! لقد سـمعت من يعتقدون أن بولس كان عاجزاً ضـعيفاً يتنقل من مكـان آخر وهو مريض معظم الوقت. وأنـا أعلق على ذلـك قـائلاً: "إن كـان بولس عاجزاً ومريضاً، فليعطنا الله المزيد من المرضى والعجزة الذين يشبهون بولس!".

لقد نظرنا إلى لمحة مختصرة من تفاصيل ما تحمله الرسول بولس في جسده، ورأينا الحيوية والمرونة اللتين تَحلّى بهما. والآن ما هو الســـر في ذلك؟ ماذا يقول بولس نفسه عن ذلك؟

في (٢كورنثوس ٤: ٧- ١٢) يقول:

«٧وَلَكِنْ لَنَا هَذَا الْكَنْزُ فِي أَوَانٍ خَزَفِيَّةٍ («هذا الكنز» هو روح الله الساكن فينا)، **لِيَكُونَ فَضْلُ الْقُوَّةِ لِلَّهِ لاَ مِنَّا.**

٨ مُكْتَئِبِينَ فِي كُلِّ شَيْءٍ، لَكِنْ غَيْرَ مُتَضَايِقِينَ. مُتَحَيِّرِينَ، لَكِنْ غَيْرَ يَائِسِينَ.

٩ مُضْطَهَدِينَ، لَكِنْ غَيْرَ مَتْرُوكِينَ. مَطْرُوحِينَ، لَكِنْ غَيْرَ هَالِكِينَ.

١٠حَامِلِينَ فِي الْجَسَدِ كُلَّ حِينٍ إِمَاتَةَ الرَّبِّ يَسُوعَ، لِكَيْ تُظْهَرَ حَيَاةُ يَسُوعَ أَيْضاً فِي جَسَدِنَا.

١١لأَنَّنَا نَحْنُ الأَحْيَاءَ نُسَلَّمُ دَائِماً لِلْمَوْتِ مِنْ أَجْلِ يَسُوعَ، لِكَيْ تَظْهَرَ حَيَاةُ يَسُوعَ أَيْضاً فِي جَسَدِنَا الْمَائِتِ.

١٢إِذاً الْمَوْتُ يَعْمَلُ فِينَا، وَلَكِنِ الْحَيَاةُ فِيكُمْ».

ويوضح العددان (٧، ٨) إننا لسنا أناساً مختلفين بحد ذاتنا، لكننا نمتلك قوة مختلفة في داخلنا؛ الأمور التي تحطم الآخرين لا تحطمنا نحن، لأننا نمتلك قوة فينا تجعلنا مَرِنِين.

وفي العدد (١٠) نجد مفارقة جميلة. ينبغي أن نحمل في الجسد إماتة الرب يسوع (أي أن نحسب أنفسنا أمواتاً معه)، لكي تظهر حياة يسوع في جسدنا. وواضح أن بولس لا يشير بذلك إلى الدهر الآتي، بل إلى هذا الدهر حيث تظهر حياة قيامة يسوع فوق الطبيعية في أجسادنا، تلك الحياة التي أظهرها الروح القدس في جسد المسيح.

وعدد (١١) ينتهي بهذه الكلمات المهمة: «**... لِكَيْ تَظْهَرَ حَيَاةُ يَسُوعَ أَيْضاً فِي جَسَدِنَا الْمَائِتِ**. (أي المُعرض للموت)» وهذا لا يعني حضوراً سرياً ساكناً فينا، بل يعني حضوراً يعمل في أجسادنا بطريقة مرئية ظاهرة للجميع، فحياة قيامة يسوع تظهر في جسدنا المائت.

ويخبرنا العدد (١٢) إننا إذ نقبل حكم الموت على أنفسنا، ونأتي إلى نهاية قدراتنا وإمكانياتنا الجسدية، ننتقل إلى مجال عمل حياة جديدة أخرى تعمل في الآخرين من خلالنا.

وفي (٢كورنثوس ٤: ١٦) يقول: **«لِذَلِكَ لاَ نَفْشَلُ. بَلْ وَإِنْ كَانَ إِنْسَانُنَا الْخَارِجُ يَفْنَى، فَالدَّاخِلُ يَتَجَدَّدُ يَوْماً فَيَوْماً»**

فبينما يفسد إنساننا الخارج (الظاهر) ويفنى، تتجدد الحياة في إنساننا الداخل (الباطن) يوماً فيوم؛ حياة الله الداخلية المعجزية الفائقة تهتم باحتياجات الإنسان الخارج في حياة كل واحد منا.

>> الفصل التاسع

إنسكاب المحبة الإلهية

أجمل وأعظم البركات التي يقدمها الروح القدس هي إنسكاب محبة الله في قلوبنا. نقرأ في (رومية ٥: ١ــ ٥) ما يلي: «فَإِذْ قَدْ تَبَرَّرْنَا بِالإِيمَانِ لَنَا سَلاَمٌ مَعَ اللهِ بِرَبِّنَا يَسُوعَ الْمَسِيحِ، الَّذِي بِهِ أَيْضاً قَدْ صَارَ لَنَا الدُّخُولُ بِالإِيمَانِ إِلَى هَذِهِ النِّعْمَةِ الَّتِي نَحْنُ فِيهَا مُقِيمُونَ، وَنَفْتَخِرُ عَلَى رَجَاءِ مَجْدِ اللهِ. وَلَيْسَ ذَلِكَ فَقَطْ بَلْ نَفْتَخِرُ أَيْضاً فِي الضِّيقَاتِ، عَالِمِينَ أَنَّ الضِّيقَ يُنْشِئُ صَبْراً، وَالصَّبْرُ تَزْكِيَةً، وَالتَّزْكِيَةُ رَجَاءً، وَالرَّجَاءُ لاَ يُخْزِي، لأَنَّ مَحَبَّةَ اللهِ قَدِ انْسَكَبَتْ فِي قُلُوبِنَا بِالرُّوحِ الْقُدُسِ الْمُعْطَى لَنَا».

وتأتي ذروة هذا النص في العدد الخامس: **«وَالرَّجَاءُ لاَ يُخْزِي، لأَنَّ مَحَبَّةَ اللهِ قَدِ انْسَكَبَتْ فِي قُلُوبِنَا بِالرُّوحِ الْقُدُسِ الْمُعْطَى لَنَا».** يحدد بولس، في هذه الأعداد الخمسة، بعض مراحل النمو الروحي، والتي أود أن أمر بها بإيجاز:

- **أولاً**: لنا سلام مع الله.
- **ثانياً**: صار لنا الحق بالدخول إلى نعمة الله بالإيمان.

- **ثالثاً**: نفتخر أو "نفرح" على رجاء مجد الله. على رجاء شيئاً ما في المستقبل.
- **رابعاً**: نفتخر أو "نفرح" أيضاً في الضيقات، وذلك لأننا نعلم بنتائج الضيقات في حياتنا عندما نقبلها بطريقة صحيحة.

بعد ذلك يذكر بولس ثلاث نتائج متعاقبة للضيقات عندما نتحملها بطريقة صحيحة:

أولاً: صبر؛ **ثانياً:** تزكية؛ **ثالثاً:** رجاء.

ثم نأتي إلى الذروة: تنسكب محبة الله في قلوبنا بالروح القدس. والكلمة المترجمة «**محبة**» هنا في الأصل اليوناني "agape" والتي يحصر العهد الجديد إستخدامها لوصف محبة الله الخاصة. فمحبة الـ"agape" لا يمكن تحقيقها على المستوى البشري إلا بالروح القدس. وفي كل الأحوال، نحن لا يمكن أن نعطي "agape" من خلال الإنسان الطبيعي.

ويتابع بولس في الأصحاح الخامس ليُعرف طبيعة الـ"agape" ويبين كيف ظهرت في الله وفي المسيح، فيقول في (رومية ٥: ٦- ٨):

«لأَنَّ الْمَسِيحَ إِذْ كُنَّا بَعْدُ ضُعَفَاءَ مَاتَ فِي الْوَقْتِ الْمُعَيَّنِ لأَجْلِ الْفُجَّارِ. فَإِنَّهُ بِالْجَهْدِ يَمُوتُ أَحَدٌ لأَجْلِ بَارٍّ. رُبَّمَا لأَجْلِ الصَّالِحِ يَجْسُرُ أَحَدٌ أَيْضاً أَنْ يَمُوتَ. وَلَكِنَّ اللهَ بَيَّنَ مَحَبَّتَهُ لَنَا لأَنَّهُ وَنَحْنُ بَعْدُ خُطَاةٌ مَاتَ الْمَسِيحُ لأَجْلِنَا».

عندما مات المسيح لأجلنا كنا «**ضُعَفَاءَ، فُجَّارِ، خُطَاةٌ**» بهذه الكلمات الثلاث يصف بولس حالتنا. أما محبة الـ"agape" فهي تعطي بلا حدود ولا شروط مسبقة؛ فلا تقول: "ينبغي أن أكون صالحاً" أو "أفعل هذا وذاك"، لكنها تقدم مجاناً، حتى لأكثر الناس فجوراً وعدم إستحقاق.

والآن سنتتبع المراحل المختلفة (حسب العهد الجديد) التي تنشأ من خلالها الـــ "agape" في داخلنا. وأولى هذه المراحل هي الولادة الجديدة. نقرأ ذلك في (١بطرس ١: ٢٢- ٢٣):

«طَهِّرُوا نُفُوسَكُمْ فِي طَاعَةِ الْحَقِّ بِالرُّوحِ لِلْمَحَبَّةِ الأَخَوِيَّةِ الْعَدِيمَةِ الرِّيَاءِ، فَأَحِبُّوا بَعْضُكُمْ بَعْضاً مِنْ قَلْبٍ طَاهِرٍ بِشِدَّةٍ. مَوْلُودِينَ ثَانِيَةً، لاَ مِنْ زَرْعٍ يَفْنَى، بَلْ مِمَّا لاَ يَفْنَى، بِكَلِمَةِ اللهِ الْحَيَّةِ الْبَاقِيَةِ إِلَى الأَبَدِ».

تبدأ إمكانية محبة الــــ "agape" في الولادة الجديدة، الولادة الجديدة الأبدية التي هي زرع لا يفني بكلمة الله التي تنتج فينا حياة جديدة. إن محبة الـ "agape" هي من جوهر طبيعة الحياة الجديدة. يقول يوحنا في (١يوحنا ٤: ٧ ـ ٨):

«أَيُّهَا الأَحِبَّاءُ، لِنُحِبَّ بَعْضُنَا بَعْضاً، لأَنَّ الْمَحَبَّةَ هِيَ مِنَ اللهِ، وَكُلُّ مَنْ يُحِبُّ فَقَدْ وُلِدَ مِنَ اللهِ وَيَعْرِفُ اللهَ. وَمَنْ لاَ يُحِبُّ لَمْ يَعْرِفِ اللهَ، لأَنَّ اللهَ مَحَبَّةٌ».

فترى أن المحبة الـــ "agape" هنا هي علامة الولادة من الله، فمن ولد من الله يتمتع بهذه المحبة فيه، ومن لم يولد من الله لا يستطيع الحصول عليها.

ويصف بولس المرحلة الثانية في عملية إستقبال المحبة الإلهية فينا فيقول في (رومية ٥: ٥): **«وَالرَّجَاءُ لاَ يُخْزِي، لأَنَّ مَحَبَّةَ اللهِ قَدِ انْسَكَبَتْ فِي قُلُوبِنَا بِالرُّوحِ الْقُدُسِ الْمُعْطَى لَنَا».**

<<

"محبة الله قد انسكبت في قلوبنا بالروح القدس."

فبعد الولادة الثانية، وفي تلك الطبيعة الجديدة الناتجة عن الولادة الثانية، يسكب الروح القدس محبة الله الكلية في قلوبنا، فتغمرنا المحبة، ونصير على صلة بمصدر المحبة الذي لا ينضب، إذ أن محبة الله كلها قد انسكبت في قلوبنا بالروح القدس. ما أحاول التشديد عليه هنا هو إننا نتحدث

عن محبة إلهية فوق الطبيعية غير محدودة، الأمر الذي لا يستطيع أحد ـ إلا الروح القدس ـ أن يحققه.

قارن بين العبارات التي قالها يسوع في (يوحنا ٧: ٣٧ ـ ٣٩):

«وَفِي الْيَوْمِ الأَخِيرِ الْعَظِيمِ مِنَ الْعِيدِ وَقَفَ يَسُوعُ وَنَادَى: «إِنْ عَطِشَ أَحَدٌ فَلْيُقْبِلْ إِلَيَّ وَيَشْرَبْ. مَنْ آمَنَ بِي كَمَا قَالَ الْكِتَابُ تَجْرِي مِنْ بَطْنِهِ أَنْهَارُ مَاءٍ حَيٍّ». قَالَ هَذَا عَنِ الرُّوحِ الَّذِي كَانَ الْمُؤْمِنُونَ بِهِ مُزْمِعِينَ أَنْ يَقْبَلُوهُ، ...».

لاحظ المفارقة، أولاً هناك رجل عطشان لا يمتلك ما يكفيه هو، وبعد ذلك، عندما يأتي الروح القدس، يصبح الرجل العطشان قناة تجري من خلالها أنهار ماءٍ حي. إنها محبة الله التي انسكبت في قلوبنا، إنها ليست مجرد محبة بشرية، إنها ليست جزءاً من محبة الله، لكنها محبة الله بأكملها، ونحن ـ ببساطةـ قد إنغمرنا بها. لقد أصبحت محبة الله الكاملة اللامحدودة تقدر أن تفيض من خلالنا بالروح القدس! نعم! يصبح العطشان قناة تجري منها أنهار الماء الحي.

وسننظر الآن في أصحاح المحبة المشهور الذي كتبه بولس في (١كورنثوس). ففي (١ كورنثوس ١٢: ٣١) يقول بولس: **«... وَأَيْضاً أُرِيكُمْ طَرِيقاً أَفْضَلَ.»**

وذلك الطريق الأفضل هو ما يرينا إياه بولس في (١ كورنثوس ١٣: ١-٣)، حيث يستهل هذا الأصحاح قائلاً:

«إِنْ كُنْتُ أَتَكَلَّمُ بِأَلْسِنَةِ النَّاسِ وَالْمَلاَئِكَةِ وَلَكِنْ لَيْسَ لِي مَحَبَّةٌ (الـ "agape")، فَقَدْ صِرْتُ نُحَاساً يَطِنُّ أَوْ صَنْجاً يَرِنُّ. وَإِنْ كَانَتْ لِي نُبُوَّةٌ وَأَعْلَمُ جَمِيعَ الأَسْرَارِ وَكُلَّ عِلْمٍ، وَإِنْ كَانَ لِي كُلُّ الإِيمَانِ حَتَّى أَنْقُلَ الْجِبَالَ، وَلَكِنْ لَيْسَ لِي مَحَبَّةٌ فَلَسْتُ شَيْئاً. وَإِنْ أَطْعَمْتُ كُلَّ أَمْوَالِي، وَإِنْ سَلَّمْتُ جَسَدِي حَتَّى أَحْتَرِقَ وَلَكِنْ لَيْسَ لِي مَحَبَّةٌ، فَلاَ أَنْتَفِعُ شَيْئاً».

>> **"غاية كل الخدمة المسيحية هي المحبة."**

من المهم أن نرى أن كل مواهب الروح القدس وإظهاراته تهدف إلى أن تكون قناة وأداة لإظهار المحبة الإلهية. فإذا لم نستخدم هذه المواهب بحيث تكون تحت تصرف محبة الله، فإننا نحبط بذلك مخطط الله. ربما نمتلك كل المواهب الروحية من دون محبة الله، لكننا لا نكون أكثر من نحاس يطن أو صنج يرن على حد تعبير الكتاب، نحن لا شيء ولا نمتلك شيئاً من دون المحبة الإلهية.

يقول بولس في العدد الأول: «**إِنْ كُنْتُ أَتَكَلَّمُ بِأَلْسِنَةِ النَّاسِ وَالْمَلاَئِكَةِ وَلَكِنْ لَيْسَ لِي مَحَبَّةٌ، فَقَدْ صِرْتُ نُحَاساً يَطِنُّ أَوْ صَنْجاً يَرِنُّ**».

فعندما يأتي الروح القدس إلى قلوبنا، إنما يأتي إلى قلب تطهر بالإيمان وتحول إلى الله. لكن من الممكن ـ فيما بعد ـ أن تجف حياتنا، وأن نضل عن أهداف الله، أو قد نسيء إستخدام المواهب والإمكانيات التي وضعها الله تحت تصرفنا. وفي مثل تلك الحالة، يصدق علينا قول بولس: «**فَقَدْ صِرْتُ نُحَاساً يَطِنُّ أَوْ صَنْجاً يَرِنُّ**»، فهو يريد أن يقول: "لا أكون بهذه الحالة عندما أقبل الروح القدس، لكنني أصير كذلك بسبب تجاوز أهداف الله، فلا تعود تتحقق أهدافه في حياتي".

قارن هذا مع ما يقوله بولس في (١تيموثاوس ١: ٥- ٦):

«وَأَمَّا غَايَةُ الْوَصِيَّةِ فَهِيَ الْمَحَبَّةُ مِنْ قَلْبٍ طَاهِرٍ، وَضَمِيرٍ صَالِحٍ، وَإِيمَانٍ بِلاَ رِيَاءٍ. الأُمُورُ الَّتِي إِذْ زَاغَ قَوْمٌ عَنْهَا انْحَرَفُوا إِلَى كَلاَمٍ بَاطِلٍ».

غاية كل الخدمة المسيحية هي المحبة، هدف الله من نحو المؤمنين هو أن يتمتعوا بالمحبة الإلهية وأن يعبروا عنها بإستمرار.

نلخص الآن المراحل الثلاث في عملية استقبال المحبة الإلهية فينا:

- **أولاً**: الولادة الجديدة، عندما نولد ثانية نصــــبح قادرين على هذا النوع من الحب.
- **ثانياً**: إنســــكاب محبة الله الكاملة في قلوبنا بالروح القدس المُعطى لنا، مما يجعل المنابع الإلهية التي لا تنضب في متناولنا.
- **ثالثاً**: التعبير اليومي عن هذه المحبة في ممارســـات الحياة اليومية، وذلك من خلال الإنضــباط والنمو التدريجي في الشــخصــية الروحية، ويتحقق هـذا عـنـدما تفيض محبـة الله من خلالنـا، لتكون في متنـاول الآخرين من البشر.

عندما شـاهدت شـلالات نياجرا لأول مرة، شـبهت كميات المياه الضـخمة بمحبة الله المنســـكبـة. ثم فكرت في نفســـي قـائلاً: "لكن الهدف والفائدة من هذه المياه لا يتحقق بمجرد إنسـكابها، بل عندما نسـتخدم طاقتها لإنتاج الضـوء والحرارة والقوة التي يستخدمها سكان الكثير من المدن الكبرى في شمال القارة الأمريكية".

وهذا ينطبق علينا أيضـاً، فنحن نقبل محبة الله عندما نولد ثانية، وتنسـكب علينا بعد ذلك بالروح القدس، لكنها لا تكون في متناول إخوتنا من البشـر إلا إذا فاضـت من خلال قنوات حياتنا، ويتم هذا بالتدريب والتلمذة والإنضباط.

>> **الفصل العاشر**

كيفية الإنفتاح على الروح القدس

كيف نستطيع أن ننفتح على الروح القدس، وأن نقبله ونتمتع بملئه، بل ونقبل – من خلاله – كل البركات التي وعدنا بها الله؟ فيما يلي سننظر في عدد من المقاطع الكتابية التي تحدد الشروط الواجب تحقيقها من أجل قبول ملء الروح القدس، فالله لا يطالبنا بتتميم بعض المبادئ الأساسية المحددة.

تُب وإعتمد

تأتي كلمات (أعمال الرسل ٢: ٣٧-٣٨) في ختام خطاب بطرس في يوم الخمسين، كما يوضح هذا المقطع تجاوب الناس مع رسالة بطرس:

«فَلَمَّا سَمِعُوا نُخِسُوا فِي قُلُوبِهِمْ وَسَأَلُوا بُطْرُسَ وَسَائِرَ الرُّسُلِ: «مَاذَا نَصْنَعُ أَيُّهَا الرِّجَالُ الإِخْوَةُ؟». فَقَالَ لَهُمْ بُطْرُسُ: «تُوبُوا، وَلْيَعْتَمِدْ كُلُّ وَاحِدٍ مِنْكُمْ عَلَى اسْمِ يَسُوعَ الْمَسِيحِ لِغُفْرَانِ الْخَطَايَا، فَتَقْبَلُوا عَطِيَّةَ الرُّوحِ الْقُدُسِ».

نرى هنا الوعد «**فَتَقْبَلُوا عَطِيَّةَ الرُّوحِ الْقُدُسِ**». ونرى أيضاً شرطين واضحين: «**تُوبُوا، وَلْيَعْتَمِدْ كُلُّ وَاحِدٍ مِنْكُمْ**»، ولكي نتوب هذا يعني أن نرجع بإخلاص عن كل خطية وعصيان، ونخضع أنفسنا بلا تحفظ لله ولإرادته. أما المعمودية فهي (ممارسة أو سر أو طقس ــ مهما كان إسمها) يعلن فيها كل واحد منا أمام العالم وبطريقة مرئية، بأنه مات ودُفن وقام مع الرب يسوع المسيح. إذاً هناك مطلبان أساسيان لقبول عطية الروح القدس: ينبغي أن نتوب أولاً ثم نعتمد في الماء.

أطلب من الله

يقول يسوع في (لوقا ١١: ٩ ـ ١٣):

«وَأَنَا أَقُولُ لَكُمُ: اسْأَلُوا تُعْطَوْا. اطْلُبُوا تَجِدُوا. اِقْرَعُوا يُفْتَحْ لَكُمْ. لأَنَّ كُلَّ مَنْ يَسْأَلُ يَأْخُذُ، وَمَنْ يَطْلُبُ يَجِدُ، وَمَنْ يَقْرَعُ يُفْتَحُ لَهُ. فَمَنْ مِنْكُمْ وَهُوَ أَبٌ يَسْأَلُهُ ابْنُهُ خُبْزاً أَفَيُعْطِيهِ حَجَراً؟ أَوْ سَمَكَةً أَفَيُعْطِيهِ حَيَّةً بَدَلَ السَّمَكَةِ؟ أَوْ إِذَا سَأَلَهُ بَيْضَةً أَفَيُعْطِيهِ عَقْرَباً؟ فَإِنْ كُنْتُمْ وَأَنْتُمْ أَشْرَارٌ تَعْرِفُونَ أَنْ تُعْطُوا أَوْلاَدَكُمْ عَطَايَا جَيِّدَةً، فَكَمْ بِالْحَرِيِّ الآبُ الَّذِي مِنَ السَّمَاءِ يُعْطِي الرُّوحَ الْقُدُسَ لِلَّذِينَ يَسْأَلُونَهُ!».

هنا شرط بسيط ولكنه مهم جداً، يقول يسوع إن الآب يعطي الروح القدس لأبنائه الذين يسألونه. سمعت مؤمنين يقولون: "لا أحتاج أن أسأل الله من أجل الروح القدس"، ومن واجبي أن أقول لهم إن هذا غير كتابي. لقد كان يسوع يتكلم لتلاميذه عندما قال لهم إن الآب سيعطيكم الروح القدس إذا سألتم هذا. في موضع أخر قال يسوع إنه سيذهب إلى الآب لكي يرسل الروح القدس لتلاميذه. وشعوري هو إذ كان ينبغي على يسوع أن يطلب من الآب، ذلك لن يفعل لنا أي ضرر إن طلبنا نحن كذلك. هذا هو الشرط الثالث: الطلب أو السؤال.

إعطش

لدينا ثلاثة شروط أخرى بسيطة نجدها في (يوحنا ٧: ٣٧ - ٣٩):

«وَفِي الْيَوْمِ الأَخِيرِ الْعَظِيمِ مِنَ الْعِيدِ وَقَفَ يَسُوعُ وَنَادَى: «إِنْ عَطِشَ أَحَدٌ فَلْيُقْبِلْ إِلَيَّ وَيَشْرَبْ. مَنْ آمَنَ بِي كَمَا قَالَ الْكِتَابُ تَجْرِي مِنْ بَطْنِهِ أَنْهَارُ مَاءٍ حَيٍّ». قَالَ هَذَا عَنِ الرُّوحِ الَّذِي كَانَ الْمُؤْمِنُونَ بِهِ مُزْمِعِينَ أَنْ يَقْبَلُوهُ، لأَنَّ الرُّوحَ الْقُدُسَ لَمْ يَكُنْ قَدْ أُعْطِيَ بَعْدُ، لأَنَّ يَسُوعَ لَمْ يَكُنْ قَدْ مُجِّدَ بَعْدُ».

يوضح كاتب الإنجيل بكل وضوح في هذه النص، أن يسوع يتحدث هنا عن قبول المؤمنين للروح القدس. فلنتذكر ذلك بينما نتفحص كلمات يسوع حيث قال: **«إِنْ عَطِشَ أَحَدٌ فَلْيُقْبِلْ إِلَيَّ وَيَشْرَبْ»**.

ونجد هنا ثلاثة متطلبات عملية بسيطة.

المطلب الأول هو ضرورة أن نعطش. الله لا يجبر أحداً على قبول بركاته إن كان لا يشعر بحاجته إليها. لم يتمتع الكثيرون بقبول ملء الروح القدس لأنهم لم يعطشوا فعلاً. إن كنت تعتقد أنك مكتفٍ بما لديك الآن، فلماذا (يثقل) الله عليك بالمزيد؟ فمن المحتمل أنك لم تستخدم ما سبق وأخذته، ولم توظفه كما ينبغي، فإذا أعطاك الله المزيد، تقع تحت دينونة أكبر.

العطش هو شرط أساسي، وهو يعني أنك تقر بحاجتك إلى أكثر مما تملك الآن. والواقع أن العطش يُعتبر من أشد رغبات جسد الإنسان؛ عندما يعطش أحدهم بالفعل، تراه لا يعطي إهتماماً للطعام أو لأي شيء آخر، كل ما يريده هو أن يشرب. لقد أمضيت ثلاث سنوات في صحاري شمال أفريقيا، وأستطيع أن أصف معنى العطش بطريقة واضحة جداً، عندما يعطش إنسان ما، فهو لا يجادل أو يتكلم أو يناقش، لكنه يذهب إلى حيث الماء. هذا ما قصده يسوع بضرورة العطش.

تعال إلى يسوع

بعد ذلك، وإن كنت عطشاناً بالفعل، يقول يسوع: «... **فَلْيُقْبِلْ إِلَيَّ**...» فالشرط الثاني هو المجيء إلى يسوع. يسوع هو المُعَمِّد بالروح القدس، فإذا أردت أن تعتمد بالروح، ينبغي أن تأتي إلى الذي يُعمدك بالروح القدس، إن المعمودية بالروح القدس هي عمل يختص به يسوع، وليس لآخر أن يأخذ دوره.

إشرب

ثم يقول يسوع إن الخطوة التالية هي الشرب، وهي من البساطة لذلك يُهملها بعض الناس. فالشرب هو عملية قبول شيء ما بقرار إرادي، يتبعه تجاوب حركي لأجزاء معينة من الجسم. والشرب ــ بالمفهوم الروحي ــ هو أيضاً جزء من قبول الروح القدس. فالعطش والمجيء إلى يسوع والشرب جميعها خطوات مهمة. أما موقف الخمول وعدم التجاوب فلا ينطبق على الشرب، كأن يقول أحدهم: "إن أراد الله أن يعطيني شيئاً، فليعطني إياه!" لكن الشرب ــــ في الواقع ــــ هو عملية قبول إرادية فعالة.

إخضع

نعود الآن إلى حقيقتين تتعلقان بأجسادنا المادية وقد أشرنا إليهما في فصول سابقة: أولى هاتين الحقيقتين هي أن الله قصد لأجسادنا أن تكون هياكل للروح القدس. يقول بولس (١كورنثوس ٦: ١٩): **«أَمْ لَسْتُمْ تَعْلَمُونَ أَنَّ جَسَدَكُمْ هُوَ هَيْكَلٌ لِلرُّوحِ الْقُدُسِ الَّذِي فِيكُمُ، الَّذِي لَكُمْ مِنَ اللهِ، ...؟».**

أما الحقيقة الثانية فهي إننا مطالبون بتقديم أو إخضاع أعضاء جسدنا كأدوات لخدمته، وهذه مسئوليتنا كما توضح (رومية ٦: ١٣): **«وَلاَ تُقَدِّمُوا أَعْضَاءَكُمْ آلاَتِ إِثْمٍ لِلْخَطِيَّةِ، بَلْ قَدِّمُوا ذَوَاتِكُمْ لِلَّهِ كَأَحْيَاءٍ مِنَ الأَمْوَاتِ، وَأَعْضَاءَكُمْ آلاَتِ بِرٍّ لِلَّهِ».**

إنها مسئولية تضعها كلمة الله علينا مباشرة، أن نقدم (نخضع، نسلم، نكرس) أعضاء جسدنا لله لكي يستخدمها. أما العضو الذي يحتاج إلى تسليم بشكل خاص فهو اللسان؛ يقول يعقوب ببساطة ووضوح في (يعقوب ٣: ٨): **«وَأَمَّا اللِّسَانُ فَلاَ يَسْتَطِيعُ أَحَدٌ مِنَ النَّاسِ أَنْ يُذَلِّلَهُ»**.

نحتاج إلى معونة الله في السيطرة على جميع أعضاء أجسادنا، لكننا نحتاج إلى معونة خاصة من الله عندما يتعلق الأمر باللسان. وعندما يأتي الروح القدس بملئه، يبدأ باللسان. فهو أول الأعضاء التي يؤثر بها ويسيطر عليها ويستخدمها لمجد الله. وسوف تجد إذا كنت تهتم للتأكد، إنه في كل مرة ذكر العهد الجديد أن الناس قد امتلأوا من الروح القدس أو عمدوا بالروح القدس، فأول نتيجة فورية لبعض الكلام الذي يخرج من أفواههم، سواء كان ذلك نبوة أو تسبيح أو ترنيم، فهم يتكلمون بألسنة، ودائماً يتعلق الأمر بالفم. وعندما تأتي إلى يسوع وتشرب، يكون الفيض هو النتيجة، هذا ما يؤكده يسوع بكل وضوح في (متى ١٢: ٣٤) حيث يقول: **«... فَإِنَّهُ مِنْ فَضْلَةِ الْقَلْبِ يَتَكَلَّمُ الْفَمُ»**.

عندما يمتلئ قلبك حتى الفيض، فهو إنما يفيض من الفم بواسطة الكلام، لا يريد الله بذلك أن تمتلك ما يكفيك فقط، بل أن تفيض على الآخرين أيضاً. تذكر قول يسوع: «...**تَجْرِي مِنْ بَطْنِهِ أَنْهَارُ مَاءٍ حَيٍّ**» هذا هو قصد الله الأسمى.

المتطلبات الإلهية

فيما يلي قائمة بالشروط السابقة وهي مبنية بشكل كامل على أقوال الكتاب المقدس، والمتعلقة بقبول ملء الروح القدس:

١) تُب.

٢) إعتمد.

٣) أطلب من الله.

٤) إعطش.

٥) تعال إلى يسوع؛ إنه المُعمد.

٦) إشرب (إقبل في داخلك).

٧) قدم جسدك كهيكل للروح القدس وأعضاءك آلات بر لله.

ربما تتساءل الآن: "كيف أفعل هذا كله؟" وسأساعدك بتقديم نمط لصلاة تتضمن الأمور التي شرحناها. إقرأ الصلاة التالية، فإن كانت تعبر عن رغبتك وجهها إلى الله بصوت مسموع:

يا رب يسوع أنا عطشان لملء روحك القدوس. أنا أقدم جسدي كهيكل، وأعضائي كآلات بر لله، خاصة لساني، الذي لا أستطيع أن أسيطر عليه. إملأني، أنا أصلي، وإجعل روحك القدوس يفيض من خلال شفتي بأنهار للتسبيح وللعبادة، آمين.

إذا صليت هذه الصلاة بإخلاص، فقد سمعها الله، والإستجابة في الطريق إليك. وربما يدهشك تماماً الملء الذي ستحصل عليه!

أسئلة للدراسة

والآن ، رجاء الإنتقال الى ملحق أ صفحة (٥٤١) الخاص بأسئلة كتاب الروح القدس

وستجد إجابات تلك الأسئلة في صفحة (٥٥٢)

>> الدواء الإلهي

>> **الفصل الأول**

يؤخذ وفقًا للتعليمات

من تجربتي الخاصة سأخبركم كيف اكتشفت هذه «الزجاجة الرائعة من الدواء الإلهي». حدث ذلك في السنوات الأولى من الحرب العالمية الثانية، لكوني بريطانياً خدمت لمدة خمس سنوات ونصف في الجيش البريطاني أثناء الحرب العالمية الثانية، عملت خلالها كمنظم للخدمات الطبية (أو ما يسميه الأمريكيون مشرف مستشفى) وذلك مع فريق الخدمات الطبية البريطانية، خدمت في صحاري شمال أفريقيا في مصر أولاً ثم في ليبيا ولاحقاً في السودان.

في الصحراء يوجد شيئين يتعرف عليهما الإنسان أكثر من أي شيء آخر وهما الرمال والشمس، قضيت ما يقرب من عام كامل في الصحراء دون أن أرى أي طريق مرصوف ولو لمرة واحدة، سافرنا عبر الرمال واضطجعنا في الرمال وكثيراً ما كان لدينا إنطباع بأننا نأكل الرمال، كنا عرضه للرمال ليلاً ونهاراً، وكان للرمال مع الشمس تأثير ضار جداً على أولئك الذين لم يسبق لهم أن تعرضوا للشمس قبلا بالقدر

الكافي وكنت أنا واحداً منهم، وقد ظهر تأثير ذلك واضحاً على قدميَّ ويديَّ حتى إحترق جلدي لدرجة إني أصبحت عاجزاً عن العمل.

الضابط المسئول عن قيادة الوحدة التي كنت أخدم فيها عمل جاهداً كي لا أدخل المستشفى، لأنه كان يعلم بأنه سيفقد خدماتي في الوحدة إن سمح لي بالدخول إلى المستشفى. نتيجة لذلك، قضيت عدة أشهر أعرُج على قدمي وأنا أؤدي واجباتي العسكرية لكن في النهاية كان عليه السماح لي بالدخول إلى المستشفى، ذهبت إلى ثلاث أو أربع مستشفيات عسكرية مختلفة حيث قضيت فيها عاماً كاملاً، وخلال تلك المدة قابلت جنوداً كانوا قد قضوا سنتين في منطقة الشرق الأوسط وقضوا منها ثمانية عشر شهراً في المستشفى في ظروف مماثلة لحالتي.

تلقيت العديد من التشخيصات الطبية المفصلة لمشكلتي وأسم كل تشخيص كان أطول من الاسم الذي سبقه! وفي نهاية المطاف تم تشخيص حالتي على إنها أكزيما مزمنة.

ورغم إني كنت قد تلقيت أفضل علاج طبي ممكن في ذلك الوقت، إلا إنه لم يشفني. لقد رأيت جنوداً كثيرين لديهم ظروف مماثلة ولم يتلقوا المساعدة، فقط من كان منهم في حالات خطيرة جداً يعانون من الحروق وأمراض أخرى كان يتم إرسالهم إلى جنوب أفريقيا للعلاج، ولكن حالتي لم تكن بتلك الخطورة بالإضافة إلى أن خدماتي للجيش البريطاني لم تكن ذات قيمة لدرجة أن يقوموا بتبديد مكان على متن سفينة متجهة إلى جنوب أفريقيا من أجلي، لذلك كنت فقط أستلقى في الفراش يوماً بعد يوم أتساءل ماذا سيكون مصيري، يمكنني أن أقول لك بأنه حين تقضي عاماً كاملاً في مستشفى، يبدو الأمر وكأنه دهراً!

قبل هذا الوقت بفترة قصيرة كنت قد دخلت في علاقة شخصية حقيقية مع الرب يسوع، فقد وُلدت من جديد ونلت ملء الروح القدس، ولكن لم يكن لدي أي معرفة

كتابية وليست لدى أي خلفية عن تعاليم الكتاب المقدس، كنت أمتلك الكتاب المقدس ولم أكن في الواقع لدى أي مصدر آخر لطلب المساعدة سوى الله وكلمته.

وقد بدأت أبحث في الكتاب المقدس - في يأس -لأرى ما يمكنه أن يقول لي عن حالتي الجسدية، لم تكن لدى أي نظريات عن الشفاء، كل ما كنت أعرفه هو إنني في إحتياج للشفاء وأن ما أملكه هو الكتاب المقدس بالإضافة إلى كثير من الوقت لقراءته، ولم يكن هناك الكثير للقيام به، لذلك بحثت في الكتاب المقدس بغرض إيجاد شيء يوضح لي هل يمكنني بالفعل الثقة بالله في شفاء جسدي.

<<

"بحثت في الكتاب المقدس بغرض إيجاد شيء يوضح لي هل يمكنني الثقة بالله في شفاء جسدي."

وفي ذات يوم، مررت ببعض الآيات في سفر الأمثال الذي تعلمت أن أسميها "زجاجة الدواء الإلهي" وسأقتبس من نسخة الملك جيمس King James Version وهو الإصدار الذي كنت أقرأه في تلك الأيام وهو يستخدم لغة حية وقوية: في سفر (أمثال ٤: ٢٠-٢٢) يقول:

«يَا ابْنِي، أَصْغِ إِلَى كَلاَمِي.

أَمِلْ أُذُنَكَ إِلَى أَقْوَالِي.

لاَ تَبْرَحْ عَنْ عَيْنَيْكَ.

اِحْفَظْهَا فِي وَسَطِ قَلْبِكَ.

لأَنَّهَا هِيَ حَيَاةٌ لِلَّذِينَ يَجِدُونَهَا،

وَدَوَاءٌ (صحة)لِكُلِّ الْجَسَدِ».

وكانت العبارة الأخيرة «دَوَاءٌ لِكُلِّ الْجَسَدِ» قد لفتت انتباهي، ففهمت بأن المقصود بـ «لِكُلِّ الْجَسَدِ» أي كل الجسد المادي (قد ترجمت بهذه الطريقة في الإصدارات الحديثة). وفكرت في نفسي «**دَوَاءٌ**»! إن كان لدى صحة في الجسد فلا يوجد مكان للمرض، وهذا ما وعدني به الله.

ثم نظرت إلى هامش المعاني في كتابي المقدس فرأيت كلمة «دَوَاءٌ» هي الترجمة البديلة لكلمة «صحة» وكانت تلك الترجمة هي الملائمة لحالتي، وكان الله يعدني بشيء من شأنه أن يكون الدواء الذي سيحقق الصحة لكل جسدي. لذلك قلت لنفسي: «هذا بالضبط ما أحتاجه». فعدت وقرأت تلك الكلمات مراراً وتكراراً، وفهمت جوهر النص وهو أن الله يقدم ليَّ عرضاً من خلال كلمته. الآية ٢٠ تقول: «**يَا ابْنِي، أَصْغِ إِلَى كَلاَمِي. أَمِلْ أُذُنَكَ إِلَى أَقْوَالِي**». ثم في الآية ٢٢ تقول: «**لأَنَّهَا** (أي كلمات وأقوال الله) **هِيَ حَيَاةٌ لِلَّذِينَ يَجِدُونَهَا، وَدَوَاءٌ لِكُلِّ الْجَسَدِ**».

لذلك، أياً كان معنى الكلمة «صحة أم دواء» فالصحة والحياة هما في كلمات وأقوال الله.

لم أكن أعرف كيف يمكن أن يكون ذلك ولكن ما أعرفه هو أن الله وعد بذلك. وعندما رأيت هذه العبارة «... **لِلَّذِينَ يَجِدُونَهَا**، ...»، أيقنت بأن ذلك يعني أكثر من مجرد قراءة كلمات الكتاب، فهو يعني قراءة الكتاب المقدس بالطريقة التي من خلالها نكتشف كيف نستقبل وعود الله لنا.

كنت قد تلقيت كل الرعاية الطبية التي كانت متاحة ليَّ في تلك الظروف ولكنها لم تساعدني، لذلك اتخذت قراراً - هو يبدو بطريقة ما بسيطاً جداً - **قررت أن أتخذ من كلمة الله دواءاً ليَّ**، وكان ذلك القرار حاسماً جداً في حياتي، وعندما اتخذت ذلك القرار تكلم الرب بنفسه إليَّ - ليس بصوت مسموع ولكن بوضوح - وقال: *"عندما يصف الطبيب دواء لشخص ما تكون طريقة الاستخدام موجودة على زجاجة الدواء"*

ثم قال: *"أن (أمثال ٤: ٢٠ - ٢٢) هي الدواء، سأعطيك إياه، وطريقة الاستخدام موجودة فيه، من الأفضل أن تدرسها جيداً"*.

ذكرني الله بأن الطبيب لا يعد بأي فائدة من تناول الدواء الذي يوصي به ما لم يتم تناوله وفقاً للتعليمات وحيث إني كنت أعمل في الخدمات الطبية فلقد كنت أدرك تلك الكلمات تماماً. بعد ذلك قررت دراسة التعليمات التي على الزجاجة، وسريعاً أدركت أن هناك أربعة تعليمات محددة لأخذ كلمة الله كدواء للجسد. وهذه هي التعليمات:

١. أَصْغِ إِلى كلامي
٢. أمل أذنك إلى أقوالي
٣. لا تَبْرَح عنْ عَينيْك.
٤. اِحْفَظْهَا في وسَطِ قلبك.

لقد أدركت إنه إذا كنت أريد الحصول على نتيجة هذا الدواء فيجب أن أتبع تلك التعليمات الأربعة. ولا يمكنني الآن الدخول في التفاصيل التي تبعت قراري لكني صرت أحني رأسي في الصلاة وأقرأ كتابي المقدس ثلاث مرات في اليوم بعد وجبات الطعام - لأنه عادة يأخذ الناس علاجهم بهذه الطريقة - وكنت أصلي قائلاً: ***"يا رب أنت وعدت أن كلماتك هذه ستكون الدواءً لكل جسدي، وها أنا أخذ من كلمتك دواء لي، باسم يسوع"***.

وفي خلال أشهر قليلة تحقق الشفاء الذي وعد به الله، لقد شفيت تماماً في كل جزء من أجزاء جسدي!

لقد سجلت تلك الخبرة على شريط تسجيل منذ عدة سنوات، ثم التقيت مؤخراً في لندن، إنجلترا، بشاب من باكستان، وقد أخبرني بأنه قد صار مسيحياً، وبانه كان يعاني من مرض الأكزيما لأكثر من عشرين عاماً، وذات

يـوم سـمع الشـريط الـذي سـجلت عليـه اختبـاري، **فقـرر** أن يفعـل مـا فعلتـه أنـا، وقـد نال الشاب **الشفاء التام** في خلال يومين أو ثلاث.

وهــذه شــهادة متجــددة عــن ذلــك الــدواء الإلهــي الــذي لا يــزال فعــالاً لأي شخص يطلبه.

والآن أود أن أشـــارككم الـدروس التي تعلمتهـا من التعليمـات الموجودة على زجاجـة الدواء الإلهي وكيفية تطبيقها.

>> الفصل الثاني

إعطي إهتمام شديد

أولى التعليمات الأربعة الموجودة على زجاجة الدواء الإلهي هي «أَصْغِ إِلَى كَلاَمِي». نحن نحتاج أن نفهم بأنه حين يتحدث إلينا الله يطلب منا انتباهاً كاملاً. فإن كان الإله القدير على استعداد للتحدث معنا في كل شيء فإن حس اللياقة بالتأكيد يقتضـي الإستماع إلبه بكل إهتمام وإحترام. ولكن ذلك ليس موقف الكثير من الناس اليوم، وذلك بسبب الإنتشار الهائل لوسائل الإعلام من إذاعة وتليفزيون ...وما إلى غير ذلك، وأيضاً بسبب عوامل متنوعة في ثقافتنا المعاصرة. فلقد إكتسبنا خبرة الإستماع إلى أمرين مختلفين في نفس الوقت، فنحن نعاني من مرض يمكن أن يسمى "الإنتباه المشتت". أندهش كثيراً عندما أذهب لزيارة أحد المنازل وأرى الشباب فيه يقومون بإداء واجباتهم المدرسية وفي نفس الوقت يشاهدون التليفزيون! فهم لا يعطون التركيز الكامل لأمر منهم أو للأخر.

في أماكن كثيرة في هذه الأيام، صار لدينا ما يعرف بإسم الخلفية الموسيقية، صرنا نسمع حواراً بأذن وفي ذات الوقت ننصت إلى موسيقى بالأذن الأخرى. بالنسبة لي شخصياً، ذلك أمر محبط للغاية، فأنا من الأشخاص الذين يحبذون التركيز بشكل كامل في عمل واحد دون أي تشتيت للإنتباه. وأظن بأن ذلك الأمر قد وضعه الله في داخلي وأنا لن أتخلى عنه. فعندما أُجري حواراً أرغب بأن أنصت جيداً إلى من يتحدث معي، وعندما أستمع إلى الموسيقى أرغب بالاستماع إلى الموسيقى فأنا أحب الموسيقى وعندما أستمع إليها استمع إليها بكامل انتباهي.

كما ترى على مدى الكتاب المقدس، المفتاح الأساسي لنوال الشفاء من الله هو الإستماع. اسمحوا لي أن أوضح هذا ببساطة: مفتاح الشفاء كتابياً هو الإستماع، ما نستمع إليه، **وكيف** نستمع إليه هو الأساس.

قال يسوع لتلاميذه في انجيل (مرقس٤ : ٢٤) **«انظروا ما تسمعون».**

وقال أيضاً في انجيل (لوقا ٨ : ١٨) **«فانظروا كيف تسمعون».**

علينا وضع الأمرين معاً، ما نستمع إليه، **وكيف** نستمع إليه.

هناك نص آخر في العهد القديم يتعلق بالشفاء ويؤكد الأمر نفسه هو في سفر (الخروج ١٥: ٢٦)، حين كلم الله إسرائيل من خلال موسى:

«إِنْ كُنْتَ تَسْمَعُ لِصَوْتِ الربِّ إِلهِكَ، وَتَصْنَعُ الْحَقَّ فِي عَيْنَيْهِ، وَتصْغَى إِلَى وَصَايَا هُوَ تَحْفَظُ جَمِيعَ فَرَائِضِهِ، فَمَرَضًا مَا مِمَّا وَضَعْتُهُ عَلَى الْمِصْرِيِّينَ لاَ أَضَعُ عَلَيْكَ. فَإِنِّي أَنَا الرَّبُّ شَافِيكَ».

لاحظ معي العبارة الأخيرة **«فَإِنِّي أَنَا الرَّبُّ شَـافِيكَ»**، فهي تتفق تماماً مع تعليمات زجاجة الدواء الإلهي: "أنا أوفر زجاجة الدواء وأنا أيضـاً طبيبك "في العبرية الحديثة هذا هو بالضـبط ما تترجم اليه تلك العبارة: "أنا الرب، طبيبك"، الله يقول لشـعبه "أنا أريد أن أكون طبيبكم، طبيب أجسـادكم المادية". ومع ذلك، هناك شـروط لتحقيق ذلك لقد بدأ كلامه ب «إِنْ...».

الشرط الأول، والأساسي هو: **«إِنْ كُنْتَ تَسْمَعُ لِصَوْتِ الرَّبِّ إِلٰهِكَ...».**

كما ترون مرة أخرى، ما نسـتمع اليه هو أمر في غاية الأهمية. والكلمة العبرية التي تترجم إلى «إنصـت بإهتمام» هي تكرار للفعل «اسـتمع». وعلى هذا يجري الأمر: **«إِنْ كُنْتَ تَسْـمَعُ...»** أي الاسـتماع بإنصـات الى صـوت الرب إلهك والتركيز الكامل هنا هو على أهمية الإستماع. عندما كنت أطلب الشفاء لنفسي مررت بهذه الآية بالإقتران مع (الأمثال ٤: ٢٠-٢٢) فسـألت نفسـي، ما معنى أن تسـتمع، ما معنى الإستماع؟

وقد أعطاني الله الإجابة على سـؤالي. فقال: "أنت تملك أذنين، أذن يمنى وأذن يسـرى. أن «تسـتمع» (أي تنصـت) معناها أن تسـتمع إليَّ بكلا الأذنين، بأذنك اليمنى وأذنك اليسـرى. لا تنصـت إليَّ بأذنك اليمنى، وتنصـت إلى أمر آخر بأذنك اليسـرى لأن ذلك سـيؤدى الى التشـويش". والتأكيد هنا يكون على: الحضـور إلى الله والإصـغاء إليه بـإهتمـام وإعطـاء الله الانتبـاه الكـامـل. ذلـك هو التوجيـه الأسـاسـي الموضـوع على زجاجة الدواء الإلهي. ما يهم بالفعل هو ما نستمع إليه، وكيف نستمع إليه. وهذا ليس فقط مفتاح نوال الشفاء بل هو أيضاً مفتاح تلقي الإيمان - وبالطبع الشـفاء والإيمان مرتبطان معاً ارتباط وثيق جداً - فبالإيمان

>>

"التـأكيـد على: الحضور إلى الله والإصـغاء إليه بإهتمام وإعطـاء الله الإنـتـبـاه الكامل".

نستطيع الحصول على الشفاء الذي يمنحه الله والإستفادة من ذلك الدواء الإلهي.

واحدة من آياتي المفضلة والتي أثبتت أيضا تلك الحقيقة خلال إقامتي الطويلة في المستشفى هي: (رومية ١٠: ١٧) **«إِذًا الإِيمَانُ بِالْخَبَرِ، وَالْخَبَرُ بِكَلِمَةِ اللهِ».**

وأنا ملقى بالمستشفى كنت أقول لنفسي *"أنا أعرف بأنه إذا كان لدى إيمان، فالله سيشفيني"* ، لكن بعد ذلك مباشرة أقول: *"لكن ليس لدي أي إيمان"*.

وعندما كنت أكرر ذلك القول لنفسي مراراً وتكراراً بأنه ليس لدى إيمان، وجدت نفسي في المكان الذي يذكره "يوحنا بنيان" في كتابه "سياحة المسيحي" ويسميه "مستنقع الاكتئاب" في وادي اليأس المظلم.

وذات يوم وأنا أقرأ كتابي المقدس وقعت عيناي على هذا المقطع في رسالة (رومية ١٠: ١٧): **«إِذًا الإِيمَانُ بِالْخَبَرِ، وَالْخَبَرُ بِكَلِمَةِ اللهِ»** (وفي الترجمة العربية البسيطة تترجم إلى «فالإيمان يأتي بالسمع....»)، كانت هناك كلمتين تقفزان خارجاً من الصفحة أمامي وهما: **«الإِيمَانُ»** و**«يأتى»**، ***لم يعد مكان لليأس!***

قد تكون بلا إيمان ولكن الإيمان آت لا محالة، إن لم يكن لديك إيمان يمكنك الحصول عليه! وبالطبع، بحثت لأرى كيف نحصل على الإيمان. تقول كلمة الله: **«الإِيمَانُ بِالْخَبَرِ، وَالْخَبَرُ بِكَلِمَةِ اللهِ»**. مرة أخرى، تماماً كما في سفر (الأمثال ٤: ٢٠-٢٢) تُوجهت مباشرة للعودة إلى **"كلمة الله"**. كما بدأت أفحص تلك الآية، فرأيت بأننا يجب أن نبدأ **من "كلمة الله"**، تلك هي البداية، نستمع إلى كلمة الله بعناية ومن هذا الإستماع يأتي ما يسميه الكتاب المقدس **«الخبر»** أي السمع والقدرة على سماع الله، ثم ومن الخبر ينمو الإيمان. إنها كلمة الله التي حين نصغي إليها أولاً تنتج القدرة على سماع الله، ثم ونحن نستمر في التركيز على صوت الله، من خلال ذلك الإنصات ينمو **الإيمان**.

بمعنى أن كل شيء يعتمد على كيفية إقترابنا من **كلمة الله**، هل نقترب إليها **باهتمام كامل**؟ هل ن**نصت** بكلا الأذنين؟ هل **نركز** على كلمة الله؟ هل دخلنا الحالة الروحية والذهنية التي يسميها الكتاب المقدس **الإصغاء**؟ حيث نكون قادرون حقاً على سماع ما يقوله الله لنا؟

الكثير من الناس يقرأون الكتاب المقدس ولكنهم لا يسمعون الله، فهم لا يسمعون الله لأن أذهانهم مشغولة بأمور أخرى، فهم يفكرون كيف سيدفعون الإيجار، أو كيف سيكون حال الطقس، أو يقلقون على الوضع السياسي، هناك قوى أخرى تعمل في عقولهم، وبالتالي ونتيجة ذلك هم لا يُنمون قدرتهم نهائياً على سماع الله.

يجب علينا أن ننمي القدرة على السمع ونتيجة السمع ينمو الإيمان، ذلك هو الإتجاه الذي تأخذه كلمة الله مع موقفنا الصحيح تجاهها أن تنتج الإنصات ومن الإنصات يأتي الإيمان، فنحن دائماً موجهين إلى كلمة الله وإلى كيفية استقبالها.

وبالتالي، فإن أول التعليمات الموجودة على زجاجة الدواء الإلهي هي **«أَصْغِ إِلَى كَلاَمِي»**.

>> الفصل الثالث

أمِـل أُذنـك

الآن ســـنتناول شـــرح النقطة الثانية من التعليمات الأربعة الموجودة على زجاجة الدواء الإلهي «أَمِلْ أُذُنَكَ». وكلمة «أَمِلْ» هي كلمة إنجليزية قديمة نوعاً ما، لذلك نحن بحاجة إلى التأكد من إننا نفهم بدقة ما تعنيه، وكلمة "يَميل" أي ينحني إلى أسفل هي كلمة تستخدم للدلالة على ميل وإنحدار تل، وهكذا، «أن نميل آذاننا» يعني أن ننحني بآذاننا إلى الأسـفل. وهذه حقيقة عن جســم الإنســان أنه لا يمكنك الإنحناء بأذنك دون أن تحني رأســك، فحين تميل أذنك، أنت في الواقع تميل رأســك. ما معنى ذلك؟ معناه وجود توجه في القلب يشـير إلى التواضـــع والإســـتعداد للتعلم. وسأوضح لكم ذلك من واقع الخبرة.

حين كنت في المستشفى أدرس الكتاب المقدس باحثاً بيأس عن حل لمشكلتي الصحية. وجدت وعوداً كثيرة عن الشــفاء والبركة والرخاء، ولكن موقفي تجاهها كان مرتبطاً بخلفيتي، وأعتقد بـأن ذلك ينطبق على كل واحد منا. والواقع بأن خلفيتي كانت مرتبطة

بمذهب معين في الكنيسة المسيحية حيث كان مفهوم المسيحية لديَّ غير مرتبط بالسعادة – في الواقع كان على العكس تماماً، كنت قد كونت استنتاجاً في فترة مبكرة من حياتي وهو "أنه كوني إنساناً مسيحياً" يجب أن أكون مستعد لأحيا بقية حياتي في بؤس، وكنت أيضاً قد قررت في وقت مبكر جداً من حياتي بأني غير مستعد لأعيش بائساً وبالتالي، لم أكن أريد أن أكون مسيحياً. لكنه فقط التدخل السيادي لله في حياتي هو الذي غيرني تماماً، ولكنني لا أزال أحمل الكثير من تلك المفاهيم القديمة معي.

عندما وجدت في الكتاب المقدس تلك الوعود المتكررة الخاصة بالشفاء والصحة والقوة، والحياة الطويلة والرخاء والوفرة، ظللت أهز رأسي - لم أكن أميل برأسي، بل كنت أهز رأسي – وأقول: *"لا يمكن أن يكون هذا صحيحا! فهو يبدو رائعاً للغاية! لا يمكن أن أصدق - فليس هذا تصوري عن الدين!*

وكان رد فعلي مماثلاً عندما قرأت الوعود التي في (المزمور ١٠٣: ٣،٥) حيث تقول: **«الَّذِي يَغْفِرُ** (أي الله) **جَمِيعَ ذُنُوبِكِ. الَّذِي يَشْفِي كُلَّ أَمْرَاضِكِ... الَّذِي يُشْبِعُ بِالْخَيْرِ عُمْرَكِ، فَيَتَجَدَّدُ مِثْلَ النَّسْرِ شَبَابُكِ».**

فقلت لنفسي "أتدري، إن *ذلك مستحيل، الله لا يمكن أن يكون كذلك، أعني، أن لدينا توقع بالبؤس لكوننا مسيحيين.*

وبينما كنت أستجيب في داخلي لتلك الفكرة، تكلم الله معي ليس بصوت مسموع ولكن بوضوح شديد وكأن شخصاً بالفعل يتحدث معي وقال:

"الآن قل لي، من هو التلميذ؟ ومن هو المعلم؟".

ففكرت بعمق للحظة وأجبت:

"يا رب، أنت المعلم، وأنا التلميذ".

ثم أجاب: "*حسناً، هل لديك مانع بأن تسمح لي بتعليمك؟"*

أدركت بعد ذلك بأني لم أكن أسمح لله أبداً بأن يعلمني، فلقد كانت لدى أفكاري المسبقة فإن قال الرب ليَّ أمراً مختلفاً في كلمته، لم تكن لدى في الحقيقة القدرة على سماع ذلك، فذهني كان قد أغلق تماماً بتلك الأفكار المسبقة.

فجوهر كلام الله كان: "أَمِل أُذُنَك وتخلى عن أفكارك المسبقة، إحني رقبتك الصلبة ودعني أخبرك كم أنا صالح، وكم هو رائع التدبير الذي أعددته لك. لا تحكم على بحسب المعايير البشرية لأني أنا الله كليَّ القدرة، الكريم، والأمين وأنا الله الرحيم".

>> **"كلمة الله لا تعمل فينا إلا بالقدر الذي نقبلها به."**

ذلك يبرز مبدأ مهم جداً متعلق بكلمة الله، وهو أن كلمة الله لا تعمل فينا إلا بالقدر الذي نقبلها به وإن لم نقبل كلمة الله فلن تفيدنا بشيء.

وهناك مقطع قوي جداً في رسالة (يعقوب ١: ١٨- ١٩، ٢١) في حديثه عن الله، يقول: **«شَاءَ فَوَلَدَنَا بِكَلِمَةِ الْحَقِّ** (لاحظ إننا صرنا مسيحيين بمقتضى كلمة الله. لقد وُلدنا الله بكلمة الحق) **لِكَيْ نَكُونَ بَاكُورَةً مِنْ خَلاَئِقِهِ. إِذًا يَا إِخْوَتِي الأَحِبَّاءَ، لِيَكُنْ كُلُّ إِنْسَانٍ مُسْرِعًا فِي الاسْتِمَاعِ، مُبْطِئًا فِي التَّكَلُّمِ،** (لاحظ أن الإنسان الحكيم يكون سريعاً في الإستماع لكنه يكون مبطئاً في التكلم) **مُبْطِئًا فِي الْغَضَبِ، ...لِذلِكَ اطْرَحُوا كُلَّ نَجَاسَةٍ وَكَثْرَةَ شَرّ، فَاقْبَلُوا بِوَدَاعَةٍ الْكَلِمَةَ الْمَغْرُوسَةَ الْقَادِرَةَ أَنْ تُخَلِّصَ نُفُوسَكُمْ».**

وهكذا فأن **كلمة الله** قادرة أن **تخلصك**، قادرة أن **تشفيك**، وقادرة أن **تباركك** بطرق لا تعد ولا تحصى، ولكن فقط، إذا استقبلتها **بوداعة**.

واحدة من الأمور التي يجب أن نطرحها جانباً هي "عدم القابلية للتعلم" والتي ترتبط عادة بشخصية الأطفال. إذاً، ما هو تعريف الطفل الغير قابل للتعلم؟ إحدى علامات عدم القابلية للتعلم عند الطفل هي المجادلة، فهو يجادل دائماً ويرد بوقاحة حين يتم تقويمه أو تعليمه السلوك الجيد.

ولكن الرب يقول: ***"لا ترفض عندما أخبرك عن أمر ما، لا تجادلني، لا تقل لي بأنك تعتقد بأن الأمر لا يمكن أن يتحقق، أو مستحيل حدوثه أو إنني لا أعني ما أقول، اسمح لي بأن أعلمك"***. ذلك هو معنى الأذن المائلة، وهذا معناه أن آتي إلى الله وأقول له: "يا رب أنت المعلم؛ وأنا التلميذ، وأنا على استعداد لأن أدعك تعلمني، أنا أميل بأذني وأصغي إليك".

وفيما يتعلق بالإنصات يجب أن نواجه حقيقة أن لدى معظمنا حواجز نفسية تظهر عندما نبدأ بقراءة الكتاب المقدس وهي تعود في كثير من الأحيان إلى خلفياتنا. فالكثير منا كان لديه إنتماء طائفي معين في الماضي، وربما لا يزال بعضناً أعضاء فعالين في بعض الطوائف، أنا لا أعارض الطوائف ولكن أريد أن أشير إلى أن كل طائفة لديها نقاط ضعف ونقاط قوة، ففي بعض الأمور تكون قريبة جدا منّ للحق، وفي أمور أخرى تكون بعيدة عنه.

فإذا كنا نقيس الله من وجهة نظر الخلفية الطائفية التي ننتمي إليها، أو إذا حكمنا على الكتاب المقدس من خلال ما تعلمه لنا بعض الكنائس أو بعض الطوائف سنستبعد من عقولنا الكثير من الحقائق التي يريد الله منا أن نستقبلها وهي حقائق يمكن لها أن تباركنا وتساعدنا.

فعلى سبيل المثال، بعض الكنائس تُعلم بأن زمن المعجزات قد مضى. لم يسبق لي إني تمكنت من العثور على أي أساس لذلك التعليم في الكتاب المقدس. بل بإمكاني التفكير في العشرات من الآيات المقدسة التي تشير إلى عكس ذلك تماماً. لكن إن تعاملت مع آيات الكتاب المقدس وأنت تحمل في ذهنك ذلك التعليم عن أن زمن المعجزات قد مضى، فإذا وعدك الله بعمل مُعجزي، ربما لن تكون قادراً على سماعه أو إستقبال ذلك التعليم.

بعض الطوائف المسيحية تشير إلى إنه من أجل أن تكون مقدساً عليك أن تكون فقيراً وأي طريقة أخرى للحياة غير الفقر قد تكون خاطئة تقريباً. حسناً ولكن إن كانت إرادة لله أن يباركك بالإزدهار المادي - لكي تتمكن من المساعدة في بناء ملكوته –كما يذكر ذلك عدة مرات في الكتاب المقدس، إذاً، لابد بأن يكون ذلك هو قصده. فإذا كان إتجاهك في التفكير بأنه يجب أن تكون فقيراً لن تكون قادراً على نوال نعمة الإزدهار التي يقدمها لك الله إستناداً على آيات الكتاب المقدس.

توجد آية أعتقد بأن معظمنا يحتاج إلى وضعها في قلبه وهي في رسالة (٣يوحنا ٢):

«أَيُّهَا الْحَبِيبُ، فِي كُلِّ شَيْءٍ أَرُومُ أَنْ تَكُونَ نَاجِحًا وَصَحِيحًا، كَمَا أَنَّ نَفْسَكَ نَاجِحَةٌ».

أتذكر عندما بدأت في قراءة هذه الآية اصطدمت بشيء وقفزت إلى ذهني كل التحيزات والأفكار المسبقة القديمة واعتقدت أن هذه الآية مستحيل أن تكون بهذا المعنى.

ولكن، كما ترى، قال الله: **«أَمِلْ أُذُنَكَ».** أي لا تأتي إليَّ بتصوراتك وحججك أو تحيزك الخاص، أو حتى بأفكارك المسبقة. بل إحني تلك الرقبة الصلبة واسمح لي بأن أُعلِمك.

هذا هو الشرط الأساسي لنوال **الشفاء من خلال كلمة الله** أن نضع جانباً كل التصورات والأفكار المسبقة والتحيزات، وأن نحني رقابنا الصلبة، ونفتح آذاننا وننصت بإهتمام إلى ما يقوله الله. وأن لا نرفض كلامه حتى ولوأنه يتعارض مع ما كنا نظن بأن الله يقصده.

الله هو أهم بكثير من أي طـائفـة، أكبر بكثير من فهمنـا وأكبر بكثير من كل الأحكام المسبقة التي لدينا. لا تحد **قدرة الله** وتتصور إنه غير قادر على مساعدتك.

«أَمِلْ أُذُنَكَ» ودع الله يخبرك عن قدرته وكم هو مستعد لفعل الكثير من أجلك.

<< **الفصل الرابع**

لا تَبرح عن عينيك

لقد تناولت الأمر الأول والثاني من التعليمات الموجودة على زجاجة الدواء الإلهي وهما: «أَصْغِ إِلَى كَلاَمِي» و«أَمِلْ أُذُنَكَ». فصار من المنطقي أن انتقل الآن إلى الأمر الثالث من التعليمات وهو «لا تَبْرَحْ عَنْ عَيْنَيْكَ». وعبارة لا تبرح في الأية تشير إلى: كلمات وأقوال الله.

يمكن أن نلخص الفكرة الرئيسية في هذا الأمر الثالث بكلمة **"التركيز"** على كلمة الله.

واحدة من الأمور الرائعة عن العين البشرية – والتي لا تنطبق على الحيوانات أو المخلوقات الأخرى - هو أن لدينا عينان ولكن من خلال التركيز يمكننا تشكيل صورة واحدة، وذلك عندما يكون نظر الإنسان سليماً ويعمل بالطريقة التي قصدها الله، في الطبيعي ورغم وجود بصر جيد لدى الإنسان إلا أن التركيز الغير الصحيح يُنتج عنه عدم وضوح في الرؤية.

أعتقد بأن المشكلة مع الكثير من الناس في العالم الروحي تكمن في إنهم لم يتعلموا تركيز بصرهم الروحي، لذلك أصبحت رؤيتهم للأمور الروحية غير واضحة.

وأعتقد أيضـا بأن كثير من الناس لديهم الإنطباع بأن العالم الروحي ضـبابي، غير حقيقي وغامض وليس له شكل واضـح. وأعرف بأن ذلك كان إنطباعي عن الدين قبل أن أعرف الرب بشكل شخصـي. كنت أفكر بأن التدين هو نوع من الضـباب المحيط بأعلى مباني الكنائس العتيقة، واستنتجت بأنه إن كنت فاضـل إلى درجة كبيرة، ربما إستقر ذلك الضـباب فوق رأسـي، ولكن ذلك لم يحدث أبداً. حتى بعد فترة قررت بأني لم أعد أهتم بالأمور الدينية وإتجهت إلى دراسـة الأمور الفلسـفية. ولكن تظل الحقيقة دائماً إنه إن لم نتمكن من تركيز عيوننا الروحية فسيكون دائماً لدينا عدم وضـوح في رؤيتنا للحقائق الروحية. انظر إلى كلمات يسـوع في التعامل مع الرؤية الروحية. في انجيل (لوقا ١١: ٣٤):

«سِرَاجُ الْجَسَدِ هُوَ الْعَيْنُ، فَمَتَى كَانَتْ عَيْنُكَ بَسِيطَةً فَجَسَدُكَ كُلُّهُ يَكُونُ نَيِّرًا، وَمَتَى كَانَتْ شِرِّيرَةً فَجَسَدُكَ يَكُونُ مُظْلِمًا».

هنـا يسوع يتحـدث عـن أمـر مـا يـؤثر علـى الجسـد كلـه. وهـذا يـذكرني علـى الفـور، بمـا ورد فـي سـفر (الأمثـال ٤ :٢٠-٢٢) عـن كلمـات الله التـي تشـفي جسـدنا كلـه، ولكـن يسـوع هنـا يبحـث عـن الطريقـة التـي نسـتخدم بهـا أعيننـا. **«...فَمَتَـى كَانَـتْ عَيْنُـكَ بَسِـيطَةً...»** أعتقـد بـأن ذلـك يعنـي قبـل كـل شـيء أن نشـكل صـورة واحـدة مركـزة غيـر مشـتتة ومثبتـة الإتجـاه، فـنحن لا ننظـر فـي اتجاهـات مختلفـة بعيوننـا الإثنـين ولكنهمـا يثبتان في إتجاه واحد لرؤية صورة واحدة.

ثم يقول يسوع، بأن النتيجة سوف تظهر في جسدنا كله:

«... **فَجَسَدُكَ كُلُّهُ يَكُونُ نَيِّرًا**...».

أعتقـد بأنـه لا مجـال للمـرض فـي الجسـد النيـر، وأعتقـد أيضـاً بـأن النـور والظلام لا يجتمعان. المرض هو من الظلام والصحة هي من النور.

في سفر (ملاخي ٤: ٢) يقول:

«وَلَكُمْ أَيُّهَا الْمُتَّقُونَ اسْمِي تُشْرِقُ شَمْسُ الْبِرِّ وَالشِّفَاءُ فِي أَجْنِحَتِهَا...».

الشمس في الطبيعة، هي مصدر النور. حين تشرق الشمس، ينتج من ضوئها شيئين؛ أولاً، البر. وثانياً، الشفاء، ذلك هو عمل النور. عكس ذلك هو أعمال الظلمة، عكس البر الخطية، وعكس الشفاء المرض. الخطية والمرض هما من أعمال الظلمة، البر والشفاء هما من أعمال النور.

يقول يسوع: إذا كانت عينك بسيطة فجسدك كله يكون مملوء بالنور والبر والصحة. كل الأمر يعتمد على وجود عين مثبتة.

الكلمة التي تترجم «بَسِيطَةً» في اللغة اليونانية هي كلمة ذات معاني مختلفة (وقد راجعت ذلك بتدقيق في إثنين من المعاجم اليونانية). إحدى المعاني الرئيسية هي «مخلصة» - والتي أعتقد بأنها تُظهر المعنى - فإن كانت عينك بسيطة أو مخلصة، أي إن كنت ترى الأشياء بالطريقة التي كُتبت بها، فإن كنت لست ماهراً جداً أو متفلسفاً ولا تعرف العديد من الطرق لشرح النص بعيداً عن معناه؛ **فأنت فقط تصدقه لكونه يعني ما يقول.**

<<

حواجز البساطة والإخلاص هي العقلنة والتعقيد.

كنت قد أشرت إلى الأمر الثاني من التعليمات الذي يقول: «أَمِلْ أُذُنَكَ» والذي تفسيره إحني رقبتك الصلبة وكن على استعداد للإستماع، ووضحت أنه توجد بعض الحواجز الطبيعية والتي شرحت أثنين منها وهما التحيز والأفكار أو المفاهيم المسبقة، وبعبارة أخرى، نحن نظن بأننا نعرف مسبقاً ما ينبغي أن يقوله الله لذلك لا نكون على إستعداد للإنصات.

والأمر الثالث من التعليمات يتحدث عن البساطة أو الإخلاص وأود أن أوضح بأن حواجز البساطة والإخلاص هي العقلنة والتعقيد. أصبحت حذر حين أسمع الوعاظ وهم ينقلون الكثير من الخبرات العالمية خاصة عند محاولتهم إثبات حقيقة الكتاب المقدس. لا أعتقد بأن الكتاب المقدس يحتاج إلى مصادقة من قبل الخبرات العالمية. وفي النهاية ذلك لا يبني ثقة الناس. عاجلاً أم آجلاً كما قلت في وقت سابق الإيمان يأتي عن طريق الأصغاء إلى كلمة الله، وأي شيء يصرف إنتباهنا فترة طويلة عن كلمة الله لن يؤدي في نهاية المطاف إلى بناء إيماننا، فعلينا قراءة الكتاب المقدس بعين **بسيطة** تقول: **"هذا ما يقوله الله، وهذا ما يعنيه وأنا أصدقه كما هو".**

أعود بذاكرتي إلى تجربتي الخاصة في المستشفى. كنت وقتها أستاذاً في الفلسفة، ولي معرفة باللاتينية واليونانية وقادراً على الإقتباس من العديد من الكتب الكثيرة والمفيدة التي قرأتها. ولكنني كنت مريضاً وقد اكتشفت من خلال كلمة الله طريقة بسيطة جداً وغير معقدة لنوال الشفاء: وهي أن أتناول كلمة الله كدواء لي. الآن، بالنسبة إلى العقل الفلسفي، تلك الفكرة هي محض هراء! إنها فقط مثيرة للسخرية! وكان من السهل استبعادها. ولكن كما ترى، كنت مريضاً والفلسفة لم تشفني. لذلك كنت حقاً أواجه اختيارين واضحين وهما: إما أن أكون ذكياً وأبقى مريضاً، أو أكون بسيطاً وأُشفى. شيء واحد كنت سعيد به أكثر من أي وقت مضى وهو إنني كنت بسيطاً بما فيه الكفاية لأنال الشفاء.

وهذا يبرز القول، إن كانت عينك بسيطة، إن كنت صادقاً، إن لم تكن متعمقاً جداً، لا تعرف الكثير من الحجج، وإن كنت غير قادر على الإقتباس من جميع اللاهوتيين، إذن أنت لديك فرصة أفضل بكثير للوصول إلى الله. أنا آسف لأني أقول هذا، ولكن لدى خبرة على مدى سنوات عديدة وقد إقتنعت بأن اللاهوت عادة لا يساعد على تقوية إيمان الناس.

اسمحوا لي أن أقتبس فقرتين من كتابات بولس لأختم تلك الفكرة. لاحظ بأننا نتحدث عن نوع من البساطة التي تُعتبر في نظر العالم حماقة. كتب بولس عن هذا الموضوع في رسالة (١كورنثوس ١: ٢٥):

«لأَنَّ جَهَالَةَ الله أَحْكَمُ مِنَ النَّاسِ! وَضَعْفَ اللهِ أَقْوَى مِنَ النَّاسِ!».

وهو يتحدث أساساً عن الصليب. كان الصليب يعتبر أضعف وأحمق شيء يمكن أن تتصوره في ثقافة ذلك الوقت، ولكن من ضعف الصليب تأتي قدرة لله الفائقة. ومن جهالة الصليب تأتي الحكمة المخفية من الله، لذلك علينا أن نذهب إلى أضعف نقطة كي نتلقى قوة وحكمة الله.

نتقدم قليلاً على ذلك، في رسالة (١كورنثوس ٣: ١٨)، يقول بولس شيئاً مثيراً جداً للإهتمام، ولأني أدرك بأنه كان يتحدث إلى أناس لديهم خلفية فلسفية تماماً كتلك التي إكتسبتها من خلال دراستي، يمكنني أن أقدر ذلك جيداً:

«لاَ يَخْدَعَنَّ أَحَدٌ نَفْسَهُ. إِنْ كَانَ أَحَدٌ يَظُنُّ أَنَّهُ حَكِيمٌ بَيْنَكُمْ فِي هذَا الدَّهْرِ، فَلْيَصِرْ جَاهِلاً لِكَيْ يَصِيرَ حَكِيمًا!».

كما ترى، بيننا وبين حكمة الله وادي - وهو منطقة التواضع - علينا أن نترك الحكمة الدنيوية جانباً وأن نصبح جاهلين في أعين العالم كي نتمكن من الدخول حقاً إلى مجال حكمة الله.

في تلك المرحلة، واجهت اختيار: أن أستمر في البقاء حكيماً في نظر العالم وبالتالي البقاء مريضاً. أو أن أقوم بما يبدو جهل بالنسبة للعالم وأحصل على الشفاء. في الواقع على أن أقول، لقد كنت أكثر حكمة حين صرت جاهلاً في نظر العالم ونلت الشفاء من أن أبقى ذكياً بالنسبة للعالم وأظل مريضاً. قد يبدو الأمر معقداً، ولكن هذا

بالضـــبط ما يقوله بولس: "إن كنت حكيماً في هذا العالم، فأنت تحتاج لأن تكون جاهلاً كي تكون حكيماً" **«لأَنَّ جَهَالَةَ الله أَحْكَمُ مِنَ النَّاسِ!».**

والتطبيق هو: **«لا تَبْرَحْ عَنْ عَيْنَيْكَ».** لتكن عينك مثبتة، بسيطة ومخلصة.

اقرأ كلمات الكتاب المقدس كما كُتبت، وصدق كلماته لأنـها تعني ما تقول.

>> **الفصل الخامس**

اِحفْظها في وسط قلبك

لقد قمنا بالفعل بدراسة أول ثلاثة تعليمات عن كيفية تناول الدواء الإلهي، الآن نأتى إلى الأمر الرابع والأخير من التعليمات عن كيفية إستقبال كلمات الله وأقواله: «اِحْفَظْهَا فِي وَسَطِ قَلْبِكَ».

يعتبر هذا الأمر الرابع من التعليمات ذات معنى حقيقي جدا بالنسبة لي وذلك لسببين: السبب الأول تجربتي الشخصية في نوال الشفاء من خلال هذا المقطع الكتابي. والسبب الثاني هو إنني ولمدة خمس سنوات كنت رئيساً لكلية في شرق أفريقيا لتدريب المدرسين الأفارقة على التدريس في المدارس الأفريقية، لذلك كان عليَّ بالطبع أن أتعرف على بعض مبادئ التدريس، وإحد المبادئ البسيطة التي استخدمناها في محاولة لغرس المعرفة في عقول طلابنا هو ما نسميه: "بوابة الأذن" و"بوابة العين". عندما ترغب في جذب انتباه طفل، أنت تحتاج إلى إستخدام كل الأبواب المتاحة، إذ لا يكفي الطفل أن يستمع فقط لكنه يحتاج أيضاً أن يشاهد ويرى، في الواقع نحن أيضاً دربنا المدرسين أيضاً على أن الطفل لا يحتاج إلى مجرد الإستماع وإلى رؤية ما يتعلمه فقط، لكنه يحتاج أيضاً أن يشارك به عملياً أي أن يستمع، يرى ويفعل.

وقد تباركت حين رأيت بأنه في هذا المقطع من سفر الأمثال قد توقع الله سيكولوجية التدريس الحديثة منذ أكثر من ٣٠٠٠ عام. فقد قال: **«أَمِلْ أُذُنَكَ إِلَى أَقْوَالِي... لاَ تَبْرَحْ (أي كلماتي وأقوالي) عَنْ عَيْنَيْكَ، (وعندئذ سوف تدخل إلى قلبك أي) ...اِحْفَظْهَا فِي وَسَطِ قَلْبِكَ».**

كما ترى، هدف دخول المعلومة عبر بوابتي الأذن والعين هو الوصول إلى ذلك الجزء المركزي والحيوي في الكيان الإنساني وهو ما يطلق عليه الكتاب المقدس **"القلب"**. وفقط عندما تصل الى القلب سوف تفعل المراد منها، ولكن إن لم تصل إلى القلب فلن تأتي بالنتائج الإيجابية.

<<

"لا يصبح الدواء الإلهي فعالاً إلا عندما يصل إلى القلب."

بعض أنواع الأدوية التي تتناولها كي تكون فعالة لابد لها بأن تصل إلى مجرى الدم، يمكنك تناول الدواء ولكن إن لم يصل إلى مجرى الدم، فلن يفعل ما يفترض به أن يفعله. حسناً، الدواء الإلهي لا يصبح فعالاً، إلا عندما يصل إلى القلب.

والتعليمات الثلاثة السابقة كلها تتعلق بوصول الدواء إلى المكان الذي يكون فيه قادراً على تأدية ما وعد به، وذلك المكان هو **القلب**. ثم بعد ذلك يقول **"اِحْفَظْهَا فِي وَسَطِ قَلْبِكَ"**.

نحتاج أن ننظر في الآية التالية من سفر الأمثال والتي هي واحدة من أكثر الآيات عمقاً في الكتاب المقدس وهي:

(أمثال ٤: ٢٣) «فَوْقَ كُلِّ تَحَفُّظٍ احْفَظْ قَلْبَكَ، **لأَنَّ مِنْهُ مَخَارِجَ الْحَيَاةِ».**

يا لعمق هذا: «...**مِنْهُ** (أي من القلب) **مَخَارِجَ الْحَيَاةِ**». أعود مرة أخرى بذاكرتي إلى شرق أفريقيا، واحدة من طالباتي كتبت هذه الآية بلغتها العامية والتي كانت تسمى

Lorlagoli. كنت أعرف ما يكفي فقط من تلك اللغة لأكون قادراً على قراءة ما كتبته على جدران مبنى السكن الجامعي، لقد كتبت: "احرس قلبك بكل قوتك لأن منه تخرج كل أمور الحياة". قد كان غاية في البساطة، وأكثر بساطة في المعنى من الذي ورد في الترجمة الإنجليزية "للملك جيمس".

تلك القناعة لم تفارقني وهي: " كل أمور الحياة تخرج من قلبك". وبعبارة أخرى، ما تملكه داخل قلبك سيحدد كل ما ستواجهه في حياتك. فلا يمكن أن تحتفظ باتجاه خاطئ في قلبك وتحيا حياة صحيحة ولا يمكن إذا كان إتجاه قلبك صحيحاً أن تحيا حياة خاطئة.

ما في قلبك هو ما يحدد مسار حياتك!

لذلك يقول الله: "إن كان على دوائي وكلماتي وأقوالي تحقيق ما وعدتك به، إذن عليك تدخلها إلى قلبك وتحتفظ بها هناك". **«... اِحْفَظْهَا فِي وَسَطِ قَلْبِكَ»** ليس على هامش قلبك، بل احفظها في **عمق قلبك**، احتفظ بها في مركز حياتك كلها وشخصيتك وهي ستؤثر على الطريقة التي تحيا بها.

وفي ختام هذا التعليم حول كلمة الله وكونها دواءً لنا أود أن أنتقل إلى عبارة موازية في العهد الجديد، ففي (عبرانيين ٤:١٢) تتحدث الآية عن طبيعة كلمة الله وكيف تعمل في داخلنا، ولتوضيح المعنى سأقتبس من ترجمتين مختلفتين لهذه الآية كي نتمكن من التقاط بعض الفوارق بين الإصدارات:

أولاً، كما وردت بالترجمة الإنجليزية «الملك جيمسKing James»: **«لأَنَّ كَلِمَةَ الله حَيَّةٌ وَفَعَّالَةٌ وَأَمْضَى مِنْ كُلِّ سَيْفٍ ذِي حَدَّيْنِ، وَخَارِقَةٌ إِلَى مَفْرَقِ النَّفْسِ وَالرُّوحِ وَالْمَفَاصِلِ وَالْمِخَاخِ، وَمُمَيِّزَةٌ أَفْكَارَ الْقَلْبِ وَنِيَّاتِهِ».**

ثانياً، كما وردت بالترجمة الإنجليزية الموحدة « New American Standard»: **«لأَنَّ كَلِمَةَ الله حَيَّةٌ وَفَعَّالَةٌ وَأَمْضَى مِنْ كُلِّ سَيْفٍ ذِي حَدَّيْنِ، وَخَارِقَةٌ إِلَى تقاسيم النَّفْسِ وَالرُّوحِ وَالْمَفَاصِلِ وَالْمِخَاخِ، وَقادرة على الحُكم على أَفْكَارَ ونوايا الْقَلْبِ».**

إذا كان لي أن أختار كلمة واحدة تلخص هذا الأمر أعتقد بأنها ستكون كلمة **«خَارِقَةٌ»**، كلمة الله خارقة لأنها تخترق إلى الأماكن التي لا يمكن لأي شيء آخر إختراقها.

وقد تعودنا على فكرة أن مشرط الجراح بنصله الحاد والمدبب يمكنه إختراق الأنسجة البشرية بدقة.

ولكن كلمة الله قادرة على إختراق عالم آخر، فهي تقسم بين النفس والروح وتخترق مناطق عميقة جداً في شخصياتنا. توجد أمور داخل أنفسنا لا يمكننا فهمها بشكل جيد عن ذواتنا. ولكن، كلمة الله تكشفها لنا، إنها تفصل بين المفاصل والمخاخ وتمس المناطق الروحية والجسدية فينا. وليس هناك مجال من مجالات حياتنا خارج نطاق عملها.

إذا كان لديك مرض في النخاع أو في المفاصل، فهذا المقطع يشير إلى أنه قد لا توجد أدوية في الطب البشري أو قد لا توجد أداة بشرية يمكن أن تتعامل مع ذلك المرض، ولكن، كلمة الله يمكنها أن تصل إليه. وإذا كانت لديك مشاكل نفسية داخلية، ولا يملك الطبيب النفسي حلها، فكلمة الله قادرة على الوصول إليها لأن كلمة الله خارقة.

ما هو مهم هو أن نأخذ كلمة الله بالطريقة التي يطالبنا بها الله نفسه أن نأخذها. يجب أن نأخذها بإهتمام كامل وباتجاه قلب قابل للتعلم ومتضع، علينا أيضاً أن نضع جانباً حواجز التحيز والأفكار المسبقة، وأن ننظر إلى كلمة الله بعين بسيطة مخلصة

وصـادقة بدون مجادلة أو وضـع نظريات كثيرة، ويجب أن نأخذ كلمة الله على أسـاس إنها تعني ما تقول، وأن نزيل حواجز العقلنة والتعقيد، وعندئذ ستعمل كلمة الله كل شئ قد أعلنه الله فيها.

أود أن أصلي لك وأنا في نهاية هذه الكتاب:

يا أبانا السماوي،

أشكرك من أجل الذين قرأوا هذا الكتاب،

الذين لديهم احتياجات روحية وجسدية والتي لا يمكن حلها إلا من خلال كلمتك،

أصلي أن تدخل هذه الكلمة إلى قلوبهم وتفعل كل ما يلزم في نفوسهم:

تخلق فيهم الإيمان،

تعطيهم الشفاء،

تهبهم الخلاص،

وتعطيهم السلام والفرح والوئام.

أصلي كل هذا في اسم يسوع، آمين.

أسئلة للدراسة

والآن ، رجاء الانتقال الى ملحق أ صفحة (٥٤٤) الخاص بأسئلة كتاب الدواء الإلهي

وستجد إجابات تلك الأسئلة في صفحة (٥٥٤)

>> المصارعة الروحية

الجزء الأول

طبيعة الحرب

>> الفصل الأول

مواجهة بين مملكتين

يصف العهد الجديد شعب الله بصور متنوعة، ففي رسالة أفسس مثلاً يقدم الكتاب شعب الله بالصور التالية: عائلة، هيكل، وعروس المسيح. أما الصورة الأخيرة لشعب الله في الرسالة إلى مؤمني أفسس فهي صورة الجيش.

ومن التزامات هذا الجيش أن يحارب حرباً عالمية في حجمها، إذ إنها تؤثر على كل جزء من أجزاء العالم الذي نعيش فيه. بل إن كلمة «عالمية» لا تفي بوصف حجم هذا الصراع، فهو صراع لا يشمل الأرض فحسب، بل يمتد خارج الأرض إلى السموات نفسها. والواقع أن العبارة الأكثر ملائمة لوصف هذا الصراع هو «حرب كونية» لا «عالمية»، فهي حرب تشمل الكون المخلوق كله.

أما المقطع الكتابي الذي يعلن هذا الصراع بوضوح ويصف طبيعته فهو (أفسس ٦: ١٠ ــ ١٢)، فلنقرأ معاً العددين (١٠، ١١)، سأذكر أولاً ترجمة النسخة الدولية الجديدة ثم نقارن العدد (١٢) في ترجمات أخرى للكتاب المقدس:

«أَخِيراً يَا إِخْوَتِي تَقَوُّوا فِي الرَّبِّ وَفِي شِدَّةِ قُوَّتِهِ. الْبَسُوا سِلاَحَ اللهِ الْكَامِلَ لِكَيْ تَقْدِرُوا أَنْ تَثْبُتُوا ضِدَّ مَكَايِدِ إِبْلِيسَ.»

يؤكد بولس على أننا كمؤمنين نخوض حرباً نحتاج فيها إلى السلاح المناسب. ويقول إن عدونا هو إبليس نفسه. وفي العدد (١٢)، يتابع بولس موضحاً طبيعة هذه الحرب فيقول:

«فَإِنَّ مُصَارَعَتَنَا لَيْسَتْ مَعَ دَمٍ وَلَحْمٍ، بَلْ مَعَ الرُّؤَسَاءِ، مَعَ السَّلاَطِينِ، مَعَ وُلاَةِ الْعَالَمِ، عَلَى ظُلْمَةِ هَذَا الدَّهْرِ، مَعَ أَجْنَادِ الشَّرِّ الرُّوحِيَّةِ فِي السَّمَاوِيَّاتِ.»

وفي ترجمة New American Standard Version:

"فنحن لا نحارب أعداءً من لحم ودم، ولكن ضد الحكام وضد السلطات وضد قوى عالم الظلام، ضد قوى الشر الروحية في السماويات".

وفي كتاب الحياة وهي ليست بالضبط ترجمة حرفية، نقرأ هذا المقطع كالتالي:

«نحن لا نحارب ضد شعب مصنوع من لحم ودم، لكن ضد أشخاص ليست لهم أجساداً، حكام الشر في عالم الغيب، في عالم ملك الكائنات الشيطانية القوية وأكبر أمراء يحكمون هذا العالم، وضد أعداد هائلة من الأرواح الشريرة في عالم الروح".

"...إننا-كمؤمنين - طرف في صراع هائل مذهل، لا يمكن التغاضي عنه..."

<<

لا يهم أي إصدار ترغب في متابعته، فمن الواضح إننا - كمؤمنين - طرف في صراع هائل مذهل، لا يمكن التغاضي عنه.

ولقد تأملت مراراً وتكراراً في (أفسس ٦: ١٢) في اللغة اليونانية الأصلية، وقد وضعت صياغة تفسيرية خاصة لهذا العدد يُمكنك أن تسميها "ترجمة ديريك برنس":

"فإن مباراة المصـارعة ليست ضد لحم ودم وليست ضد أشخاص ذوي أجساد، بل ضـد حكام على مناطق مختلفة، وذوي رتب متسـلسـلة في السـلطان، ضـد المسـيطرين على العالم في ظلمة هذا الدهر، ضـد قوى الشـر الروحية في السماويات".

دعوني أوضـح بعض من هذه الكلمات، أقول: "... حكام على مناطق مختلفة، وذوي رتب متسلسلة". لأن هذه الكلمات تصـور مملكة على قدر كبير من الترتيب والتنظيم، وفيها رتب مختلفة متسلسلة: حكام ذوي مناصب أعلى وآخرون أقل منهم وهكذا، وهؤلاء مسـئولون عن مناطق مختلفة. وقد إسـتخدمت الكلمة "مسـيطرين" قائلاً: "... المسيطرين على العالم في ظلمة هذا الدهر"، لأن الكلمة "يسيطر" تصف بشكل واضح كيفية معاملة الشيطان للبشر.

وتؤكد معظم الترجمات على أن مقر هذه المملكة المنظمة هو في "السماويات". (سنأتي إلى توضيح ذلك في الفصل الثاني).

وفيما يلي بعض الملاحظات التي نستخلصها من (أفسس ٦: ١٢):

فأول كل شـيء يشـمل هذا الصـراع كل المؤمنين، ولا يقتصـر على فئة معينة محددة كالمرسلين أو الرعاة أو المبشـرين، بل يشـمل الجميع. وهذه حقيقة يتجاهلها كثير من المؤمنين.

تبدأ ترجمة "King James" هذا العدد هكذا: "فنحن لا نحارب أعداءً من لحم ودم...". ويبدو كأن معظم المؤمنين وقفوا عند هذا الحد، ووضـعوا (نقطة) وراء هذه الكلمات ــ فلم يقرأوا بقية الآية! فكل ما يفعلونه هو الجلوس على المقاعد في مبنى الكنيسـة، وترديد بعض الترانيم، لكن بولس يقصـد أن يقول: "نحن في حرب، في مصارعة، لكنها ليست ضد لحم ودم."

لاحظ أيضاً عبارة "مباراة المصارعة"، فالمصارعة المباشرة هي أشد أشكال الصراع بين شخصين، إذ ينبغي إستخدام كل جزء من أجزاء الجسد وكل مهارة وحيلة سعياً وراء الفوز، إنه صراع كامل.

يسود الشيطان على مملكة منظمة جداً، تحتوي على عدة تقسيمات ومستويات في السلطة. أما مقر المملكة فهو في السماويات. إنها حقيقة مذهلة حقاً، لكنها معلنة وواضحة تماماً.

ويندهش بعض الناس من حقيقة المستوى التنظيمي الدقيق في مملكة يرأسها الشيطان. لكن هناك العديد من الدلالات الواضحة على ذلك في الكتاب المقدس. ففي (متى ١٢: ٢٢- ٢٨) نقرأ كيف شفى يسوع رجل مَجْنُونٌ أَعْمَى وَأَخْرَسُ، وذلك بطرد الروح الشرير منه. ثم يقول الكتاب في (متى ١٢: ٢٣-٢٤):

«فَبُهِتَ كُلُّ الْجُمُوعِ وَقَالُوا: «أَلَعَلَّ هَذَا هُوَ ابْنُ دَاوُدَ؟». أَمَّا الْفَرِّيسِيُّونَ فَلَمَّا سَمِعُوا قَالُوا: «هَذَا لاَ يُخْرِجُ الشَّيَاطِينَ إِلاَّ بِبَعْلَزَبُولَ رَئِيسِ الشَّيَاطِينِ»».

ويعني «**بِبَعْلَزَبُولَ**» حرفياً "رب الذباب". وهو لقب الشيطان من جهة كونه حاكماً على الأرواح الشريرة، فإن الأرواح الشريرة يُشبهون برئيسهم. وقد أجاب يسوع الفريسيين كما نرى في العددين التاليين في (متى ١٢: ٢٥ ـ ٢٦) يقول:

«فَعَلِمَ يَسُوعُ أَفْكَارَهُمْ وَقَالَ لَهُمْ: «كُلُّ مَمْلَكَةٍ مُنْقَسِمَةٍ عَلَى ذَاتِهَا تُخْرَبُ، وَكُلُّ مَدِينَةٍ أَوْ بَيْتٍ مُنْقَسِمٍ عَلَى ذَاتِهِ لاَ يَثْبُتُ. فَإِنْ كَانَ الشَّيْطَانُ يُخْرِجُ الشَّيْطَانَ فَقَدِ انْقَسَمَ عَلَى ذَاتِهِ. فَكَيْفَ تَثْبُتُ مَمْلَكَتُهُ؟»».

ومن الواضح في هذا النص:

أولاً، أن للشيطان مملكة.

ثانياً، إنها مملكة غير منقسمة، بل هي على درجة كبيرة من التنظيم.

ثالثاً، إنها مملكة ثابتة حتى الآن ولم تخرب بعد.

ويتابع يسوع قائلاً في (متى ١٢: ٢٧ - ٢٨):

«وَإِنْ كُنْتُ أَنَا بِبَعْلَزَبُولَ أُخْرِجُ الشَّيَاطِينَ، فَأَبْنَاؤُكُمْ بِمَنْ يُخْرِجُونَ؟ لِذَلِكَ هُمْ يَكُونُونَ قُضَاتَكُمْ! وَلَكِنْ إِنْ كُنْتُ أَنَا بِرُوحِ اللهِ أُخْرِجُ الشَّيَاطِينَ، فَقَدْ أَقْبَلَ عَلَيْكُمْ مَلَكُوتُ اللهِ!».

ويذهب يسوع هنا إلى ذكر مملكة أخرى هي «**مَلَكُوتُ اللهِ**»، إنه يؤكد مسألة تتعلق بالكشف عن الصراع القائم بين المملكتين إذ يقول: **«إِنْ كُنْتُ أَنَا بِرُوحِ اللهِ أُخْرِجُ الشَّيَاطِينَ، فَقَدْ أَقْبَلَ عَلَيْكُمْ مَلَكُوتُ اللهِ!»**، أي أن خدمة إخراج الشياطين (الأرواح الشريرة) تكشف قوات مملكة الشيطان، وتبرهن أيضاً على سيادة ملكوت الله. ذلك لأن إخراج الأرواح الشريرة يتم تحت سلطان **مَلَكُوتُ اللهِ**. والخُلاصة أن هناك مملكتان متعارضتان: **مَلَكُوتُ اللهِ** ومملكة الشيطان.

مرة أخرى، يقول بولس في (كولوسي ١: ١٢ - ١٤):

«شَاكِرِينَ الآبَ الَّذِي أَهَّلَنَا لِشَرِكَةِ مِيرَاثِ الْقِدِّيسِينَ فِي النُّورِ، الَّذِي أَنْقَذَنَا مِنْ سُلْطَانِ الظُّلْمَةِ وَنَقَلَنَا إِلَى مَلَكُوتِ ابْنِ مَحَبَّتِهِ، الَّذِي لَنَا فِيهِ الْفِدَاءُ، بِدَمِهِ غُفْرَانُ الْخَطَايَا».

لاحظ أنه يتحدث عن عالمين أو مملكتين: مملكة النور حيث ميراثنا، ومملكة الظلمة. أما الكلمة المترجمة هنا «**سُلْطَانِ**» فهي ترجمة للكلمة اليونانية "exusia" وهي ترجمة صحيحة ودقيقة، فالشيطان له سلطة شئنا أم أبينا، إنه حاكم مملكة والكتاب المقدس يعترف بوجودها. وهكذا تقف هاتان المملكتان وجهاً لوجه في حرب مميتة، وتصل هذه الحرب إلى ذروتها في أيامنا هذه، حيث يقترب هذا العصر من نهايته.

>> الفصل الثاني

مقـــر الشيطان

يوضـــح بـــولس فـــي (أفســـس ٦: ١٢) أننـــا كمـــؤمنين طـــرف فـــي حـــرب شرســـة، هـــي صـــراع حيـــاة أو مـــوت. أمـــا الطـــرف الآخـــر فهـــو تلـــك المملكـــة المنظمـــة التـــي تســـكنها الأرواح الشـــريرة المتمـــردة، ومقرهـــا فـــي السَّـــمَاوِيَّاتِ. «فَـــإِنَّ مُصَـــارَعَتَنَا......مَعَ أَجْنَادِ الشَّرِّ الرُّوحِيَّةِ فِي السَّمَاوِيَّاتِ.»

وتثير الكلمة **«السَّـــمَاوِيَّاتِ»** مشـــكلة في أذهان المؤمنين: إن كان الشـــيطان قد طُرد من السماء منذ وقت طويل، فكيف مازال يحتل مكاناً في نطاق السماء؟!

أجيب عن هذا الســـؤال بالإشـــارة إلى بعض المقاطع الكتابية التي تصـــف أحداثاً تعود إلى فترة طويلة بعد عصـــيان الشـــيطان وطرده من الســـماء. وتُشـــير هذه المقاطع إلى أن الشيطان كان قادراً على الدخول إلى محضر الله في السماء.

نقرأ من (أيوب ١: ٦ ـــ ٧) ما يلي: **«وَكَانَ ذَاتَ يَوْمٍ أَنَّهُ جَاءَ بَنُو اللهِ لِيَمْثُلُوا أَمَامَ الرَّبِّ وَجَاءَ الشَّـيْطَانُ أَيْضَـاً فِي وَسَـطِهِمْ. فَقَالَ الرَّبُّ لِلشَّـيْطَانِ: «مِنْ أَيْنَ جِئْتَ؟» فَأَجَابَ الشَّيْطَانُ: «مِنَ الْجَوَلاَنِ فِي الأَرْضِ وَمِنَ التَّمَشِّي فِيهَا»**.

وتتكرر الحادثة نفسها في (أيوب ٢: ١ ـ ٢):

«وَكَانَ ذَاتَ يَوْمٍ أَنَّهُ جَاءَ بَنُو اللهِ لِيَمْثُلُوا أَمَامَ الرَّبِّ وَجَاءَ الشَّـيْطَانُ أَيْضـاً فِي وَسَــطِهِمْ لِيَمْثُلَ أَمَامَ الرَّبِّ. فَقَالَ الرَّبُّ لِلشَّــيْطَانِ: «مِنْ أَيْنَ جِئْتَ؟» فَأَجَابَ الشَّيْطَانُ: «مِنَ الْجَوَلاَنِ فِي الأَرْضِ وَمِنَ التَّمَشِّي فِيهَا».

وهكذا نرى كيف كان للشـيطان دخول مباشــر إلى محضــر الله في ذلك الوقت (أيام أيوب). فعندما جاءت ملائكة الله إلى محضــــر الله لكي تقدم تقاريرها، كان الشـــيطـان بينهم هنـاك. ويبـدو من النص أن الملائكـة الأخرى لم تتعرف على الشـــيطان. ويمكن فهم ذلك على خلفية كلمات بولس في (٢كورنثوس ١١: ١٤)، حيث يؤكد أنه:

«وَلاَ عَجَبَ. لأَنَّ الشَّيْطَانَ نَفْسَهُ يُغَيِّرُ شَكْلَهُ إِلَى شِبْهِ مَلاَكِ نُورٍ!»

وهـذا يؤكـد عنـدي انطبـاعـاً في ذهني أن الرب وحـده لـه القدرة على معرفـة هوية الشـيطان. يبدو إذاً أن الشـيطان كان قادراً على الظهور في محضـر الله على إنه واحد من الملائكة، ومن دون أن يكتشفه الملائكة الآخرون.

ثم يقول الرب: **«مِنْ أَيْنَ جِئْتَ؟»** بمعنى "ما الذي تفعله هنا؟!" لم يطرد الرب الشـيطان من محضـــره فوراً، لكنه تحدث إليه. إذاً نحن نعرف الآن أن الشـــيطان كان يستطيع الدخول إلى محضر الله أيام أيوب.

وفي (رؤيا ١٢: ١٠) يقول: **«وَسَمِعْتُ صَوْتاً عَظِيماً قَائِلاً فِي السَّمَاءِ: «الآنَ صَارَ خَلاَصُ إِلَهِنَا وَقُدْرَتُهُ وَمُلْكُهُ وَسُلْطَانُ مَسِيحِهِ، لأَنَّهُ قَدْ طُرِحَ الْمُشْتَكِي عَلَى إِخْوَتِنَا الَّذِي كَانَ يَشْتَكِي عَلَيْهِمْ أَمَامَ إِلَهِنَا نَهَاراً وَلَيْلاً.»**

الشيطان هو «**الْمُشْتَكِي عَلَى إِخْوَتِنَا**» لاحظ إنه - وحتى ذلك الوقت - كان ما يزال **يَشْتَكِي** على شعب الله، وفي محضر الله، **نَهَاراً وَلَيْلاً**، ونتابع في (رؤيا ١٢: ١١ - ١٢):

«وَهُمْ غَلَبُوهُ بِدَمِ الْحَمَلِ وَبِكَلِمَةِ شَهَادَتِهِمْ، وَلَمْ يُحِبُّوا حَيَاتَهُمْ حَتَّى الْمَوْتِ. مِنْ أَجْلِ هَذَا افْرَحِي أَيَّتُهَا السَّمَاوَاتُ وَالسَّاكِنُونَ فِيهَا. وَيْلٌ لِسَاكِنِي الأَرْضِ وَالْبَحْرِ، لأَنَّ إِبْلِيسَ نَزَلَ إِلَيْكُمْ وَبِهِ غَضَبٌ عَظِيمٌ، عَالِماً أَنَّ لَهُ زَمَاناً قَلِيلاً».

تشير هذه الفقرة وما قبلها إلى أن الشيطان مازال يدخل إلى محضر الله، ومازال يستغل دخوله هذا لكي يشتكي على شعب الله. ومن الواضح أن الفقرات الكتابية التي إقتبسناها تتحدث عن أزمنة جاءت بعد سقوط الشيطان بكثير. فما هو تفسير ذلك إذاً؟ أنا أعتقد أن هناك أكثر من سماء واحدة، وهي حقيقة واضحة في الكتاب المقدس كله.

في (تكوين ١: ١) نقرأ ما يلي:

«فِي الْبَدْءِ خَلَقَ اللهُ السَّمَاوَاتِ وَالأَرْضَ.»

والكلمة العبرية المترجمة «**السَّمَاوَاتِ**» هي "شمايبم" حيث يدل الحرفين الآخيرين منها على صيغة الجمع. إنها المرة الأولى التي يذكر فيها الكتاب شيئاً عن السماء، فهو يشير إليها بالجمع لا بالمفرد.

وفي (٢أخبار الأيام ٢: ٦) ينطق سليمان بهذه الكلمات في صلاته للرب وقت تدشين الهيكل ويقول:

«وَمَنْ يَسْتَطِيعُ أَنْ يَبْنِيَ لَهُ بَيْتاً، لأَنَّ السَّمَاوَاتِ وَسَمَاءَ السَّمَاوَاتِ لاَ تَسَعُهُ! ...»

وتشير العبارة «**سَمَاءَ السَّمَاوَاتِ**» ـ وهي ترجمة حرفية عن العبرية ـ إلى أن هناك أكثر من سماء واحدة.

أما كلمة «**سَمَاءَ**» في العبارة «**سَمَاءَ السَّمَاوَاتِ**» فتشير إلى سماء تعلو عن السماء، بمقدار ما تعلو عن الأرض!

أما في (٢كورنثوس ١٢: ٢ -٤)، فإننا نجد بولس أكثر تحديداً ودقة عندما يقول:

«أَعْرِفُ إِنْسَاناً فِي الْمَسِيحِ قَبْلَ أَرْبَعَ عَشْرَةَ سَنَةً. أَفِي الْجَسَدِ؟ لَسْتُ أَعْلَمُ، أَمْ خَارِجَ الْجَسَدِ؟ لَسْتُ أَعْلَمُ. اللهُ يَعْلَمُ. اخْتُطِفَ هَذَا إِلَى السَّمَاءِ الثَّالِثَةِ. وَأَعْرِفُ هَذَا الإِنْسَانَ. أَفِي الْجَسَدِ أَمْ خَارِجَ الْجَسَدِ؟ لَسْتُ أَعْلَمُ. اللهُ يَعْلَمُ. أَنَّهُ اخْتُطِفَ إِلَى الْفِرْدَوْسِ، وَسَمِعَ كَلِمَاتٍ لاَ يُنْطَقُ بِهَا، وَلاَ يَسُوغُ لإِنْسَانٍ أَنْ يَتَكَلَّمَ بِهَا.»

قبل أن أكون معلماً وواعظاً، كنت رجل منطق وفلسفة، وأحياناً لا أستطيع أن أبتعد من المنطق. ويقنعني المنطق بأن وجود سماء ثالثة يتضمن أنه توجد هناك سماءً أولى وثانية؛ فهناك ثلاث سموات على الأقل. ومن الواضح أن السماء الثالثة هي الفردوس (مكان راحة الأبرار الذين إنتقلوا)، حيث يسكن الله نفسه أيضاً.

وفي (أفسس ٤: ١٠) نقرأ عن موت يسوع وقيامته:

«اَلَّذِي نَزَلَ هُوَ الَّذِي صَعِدَ أَيْضاً فَوْقَ جَمِيعِ السَّمَاوَاتِ، لِكَيْ يَمْلأَ الْكُلَّ.»

لاحظ العبارة «**جَمِيعِ السَّمَاوَاتِ**» ــــ "All the heavens" إنها تؤكد على صيغة الجمع التي لا يمكن إستخدامها للإشارة بشكل صحيح إلى ما لا يقل عن ثلاثة.

عندما كنت أُدرس اللغة الإنجليزية لطلاب الأفارقة في كينيا، قال لي أحد الطلاب:

"جاء جميع والدي لرؤيتي —— All my parents" فقلت له: "من الخطأ أن تقول:

"جميع والدي - All my parents" لأنه ليس لك أكثر من والدين إثنين.

وهذا ينطبق على العبارة **«جَمِيعِ السَّمَاوَاتِ»** – "All the heavens" فلابد من أن هناك ثلاث سموات على الأقل، وأعتقد أن هذا واضح في مضمون الكتاب المقدس بمجمله، وهذا يقودنا إلى حل مشكلة وجود مملكة الشيطان في المجال السماوي.

وأنا أعتقد بثلاث سموات، هذا رأيي. وليس عقيدة أو تعليماً مبرهناً وراسخاً. لكنني أعتقد أنه رأي معقول يتناسب مع كل الحقائق المعروفة في كلمة الله في الكتاب المقدس ومع ما تحتويه الكلمة ومع الخبرة أيضاً.

فما هى هذه السموات الثلاثة؟

السماء الأولى هي السماء المرئية الطبيعية، والتي تتضمن الشمس والقمر والنجوم التي نراها بأعيننا.

أما **السماء الثالثة** فنعرفها من (٢كورنثوس١٢: ١-٤)، فهي مكان سكنى الله، إنها الفردوس حيث مكان راحة الأبرار المنتقلين (أي الراحلين)، إنها المكان الذي اختطف إليه «إنسان»، وسمع الله ينطق بكلمات لا يسوغ لإنسان أن يتكلم بها. **«...اخْتُطِفَ هذَا إِلَى السَّمَاءِ الثَّالِثَةِ...أَنَّهُ اخْتُطِفَ إِلَى الْفِرْدَوْسِ، وَسَمِعَ كَلِمَاتٍ لاَ يُنْطَقُ بِهَا، وَلاَ يَسُوغُ لإِنْسَانٍ أَنْ يَتَكَلَّمَ بِهَا.»**

وهكذا نجد أنفســـنا أمام **الســـماء الثانية،** والتي تقع بالتأكيد بين الأولى والثالثة. وأستطيع أن أفهم أن تلك السماء الثانية هي سماء وسيطة بين السماء التي يسكن فيها الله، وبين السماء التي نستطيع رؤيتها من الأرض. كما أعتقد أن هذه السماء الوسيطة تضم مقر الشيطان. وهذا يفسر حالة المصارعة التي كثيراً ما نجد أنفسنا منخرطين فيها وقت الصلاة.

<<

"أحياناً نصلي صـــلاة في مشيئة الرب ولـــكـــن الإســـتجابة تتوانى."

في بعض الأحيان، نحن لا ندرك صـعوبة إختراق ذلك الحاجز للوصول إلى الله. نحن نصلي أحياناً صلاة في مشـــيئة الله، ونؤمن أن الله ســـمعنا، لكن الاســـتجابة تتوانى. ويمكن أن يكون لهذه الحالة أكثر من تفســـير واحد. لكن عندما يعاني من هذه المشـــكلة مؤمنون مخلصـون ومكرسـون، فالسبب الرئيسي لذلك هو إننا في حرب، فمقر مملكة الشيطان هو في موقع متوسـط بين السماء المرئية وبين السماء التي يسكن فيها الله.

>> الفصل الثالث

معركة الملائكة

نجد في سفر دانيال مثالاً محدداً من الحرب الروحية، ويُلقي هذا المثال مزيداً من الضوء على قضية مقر مملكة الشيطان. يصف السفر معركة خاضتها الملائكة، في الأصحاح العاشر من سفر دانيال، يصف دانيال كيف كرس نفسه للصلاة ولطلب الله من أجل إعلان يخص مستقبل شعبه. وكان ذلك التكريس وتلك الصلاة المكثفة على مدار ثلاثة أسابيع من الإنتظار. وفي نهاية الأسابيع الثلاثة، جاء ملاك من السماء يحمل إستجابة صلاة لدانيال. كان الملاك مجيداً جداً وجباراً حتى أنَّ رفاق دانيال إرتعدوا إرتعاداً عظيماً وهربوا، فبقي دانيال وحده لكي يسمع الإعلان الإلهي. إقرأ ما يلي من (دانيال ١٠: ٢. ٦):

«فِي تِلْكَ الأَيَّامِ أَنَا دَانِيآلَ كُنْتُ نَائِحاً ثَلاَثَةَ أَسَابِيعِ أَيَّامٍ، لَمْ آكُلْ طَعَاماً شَهِيّاً وَلَمْ يَدْخُلْ فِي فَمِي لَحْمٌ وَلاَ خَمْرٌ، وَلَمْ أَدَّهِنْ حَتَّى تَمَّتْ ثَلاَثَةُ أَسَابِيعِ أَيَّامٍ. وَفِي الْيَوْمِ

الرَّابِعِ وَالْعِشْرِينَ مِنَ الشَّهْرِ الأَوَّلِ إِذْ كُنْتُ عَلَى جَانِبِ النَّهْرِ الْعَظِيمِ هُوَ دِجْلَةُ رَفَعْتُ وَنَظَرْتُ فَإِذَا بِرَجُلٍ لاَبِسٍ كَتَّاناً، وَحَقَوَاهُ مُتَنَطِّقَانِ بِذَهَبِ أُوفَازَ، وَجِسْمُهُ كَالزَّبَرْجَدِ، وَوَجْهُهُ كَمَنْظَرِ الْبَرْقِ، وَعَيْنَاهُ كَمِصْبَاحَيْ نَارٍ، وَذِرَاعَاهُ وَرِجْلاَهُ كَعَيْنِ النُّحَاسِ الْمَصْقُولِ، وَصَوْتُ كَلاَمِهِ كَصَوْتِ جُمْهُورٍ.»

وكما ذكرت سابقاً، لم يحتمل رفاق دانيال هذا الظهور المجيد فهربوا، ثم بدأ الملاك بمخاطبة دانيال. والجزء الذي أريد أن أركز عليه هو في (دانيال ١٠: ١٢):

«فَقَالَ لِي: «لاَ تَخَفْ يَا دَانِيآلُ، لأَنَّهُ مِنَ الْيَوْمِ الأَوَّلِ الَّذِي فِيهِ جَعَلْتَ قَلْبَكَ لِلْفَهْمِ وَلإِذْلاَلِ نَفْسِكَ قُدَّامَ إِلَهِكَ سُمِعَ كَلاَمُكَ، وَأَنَا أَتَيْتُ لأَجْلِ كَلاَمِكَ.»

من المهم أن نعرف أن صلاة دانيال كانت قد سُمعت منذ اليوم الأول، وأن الله أرسل الملاك بالإستجابة. إلا أن الملاك لم يصل إلى الأرض إلا بعد واحد وعشرين يوماً، فما الذي أخَّره في رحلته تلك؟ لقد وقف ملاك الشيطان مقابله. كان على الملاك ــــ أثناء رحلته من سماء الله إلى الأرض ــــ أن يجتاز مملكة الشيطان الكائنة في «**السَّمَاوَاتِ**». وهناك واجهته بعض الملائكة الأشرار، وحاولت منعه من إختراق ذلك الحاجز والوصول إلى دانيال بالرسالة الإلهية. وفي (دانيال ١٠: ١٣) يقول:

«وَرَئِيسُ مَمْلَكَةِ فَارِسَ وَقَفَ مُقَابِلِي وَاحِداً وَعِشْرِينَ يَوْماً [لقد تعطلت رحلة الملاك واحداً وعشرين يوماً بسبب المقاومة والممانعة التي تعّرض لها في السماء الثانية]، **وَهُوَذَا مِيخَائِيلُ وَاحِدٌ مِنَ الرُّؤَسَاءِ الأَوَّلِينَ جَاءَ لإِعَانَتِي، وَأَنَا أُبْقِيتُ هُنَاكَ عِنْدَ مُلُوكِ فَارِسَ.»**

حدث ذلك كله في نطاق **السَّمَاوَاتِ**. ويُدعى قائد ملائكة الشيطان هنا «**رَئِيسُ مَمْلَكَةِ فَارِسَ**»، إنه الحاكم الأعلى لفارس. ويبدو أن "ملوكاً" أو "ملائكة أدنى

مرتبة" كانت تحت سيطرته. أما من جانب الله فقد جاء **مِيخَائِيلُ** ــ واحد من أعظم الملائكة وأقواها ــ لكي يساعد الملاك الأول حامل الرسالة. ونقرأ عن **مِيخَائِيلُ** في (دانيال ١٢: ١) ما يلي:

«وَفِي ذَلِكَ الْوَقْتِ يَقُومُ مِيخَائِيلُ الرَّئِيسُ الْعَظِيمُ الْقَائِمُ لِبَنِي شَعْبِكَ...»

أما العبارة **«الرَّئِيسُ الْعَظِيمُ»** فيمكن ترجمتها إلى العبارة «الملاك الرئيس»، وهو القائم على حراسة شعب دانيال بني إسرائيل، لقد أقامه الله بطريقة خاصة ليكون مسئولاً عن الإهتمام بشئون شعبه القديم وحمايتهم.

ولأن هذا الإعلان الذي حمله الملاك كان يرتكز حول مستقبل الشعب، كان وصول الملاك إلى دانيال أمراً ضرورياً بالنسبة إلى الشعب. لذلك، عندما أُعيق الملاك عن الوصول، جاء ميخائيل - الملاك الرئيس - لمساعدته، فحاربا ملائكة الشيطان طوال واحد وعشرين يوماً.

<<

"...ميخائيل - الملاك الرئيس - هو القائم على حراسة شعب دانيال بني إسرائيل..."

كان على رأس الملائكة الشيطانية حاكم أعلى يُدعى رئيس مملكة فارس، وتحت سيطرته ملوك وحكام وذوي رتب وصلاحيات مختلفة. ربما كان هناك ملكٌ واحدٌ على كل مدينة رئيسية في الإمبراطورية الفارسية، وواحد على كل جماعة من أصل عرقي معين، وربما واحد على كل دين أو بدعة وثنية في الإمبراطورية. إنها صورة لمملكة على درجة دقيقة جداً من التنظيم؛ فيها مستويات متعددة من النفوذ والسلطان، ومقرها في السماويات. ثم أنها مملكة متمردين؛ مملكة كائنات روحية ساقطة.

ويتحدث الملاك عن تلك المعركة مجدداً في (دانيال ١٠: ٢٠) فيقول لدانيال:

«فَقَالَ: «هَلْ عَرَفْتَ لِمَاذَا جِئْتُ إِلَيْكَ؟ فَالآنَ أَرْجِعُ وَأُحَارِبُ رَئِيسَ فَارِسَ...»

هذا يعني أن المعركة ضد رئيس فارس لم تنته بعد، فإذا إنتهت المعركة، بدأت أخرى، إذ يتابع الملاك في العدد السابق قائلاً:

«... فَإِذَا خَرَجْتُ هُوَذَا رَئِيسُ الْيُونَانِ يَأْتِي.» فإذا ما تم الإنتصار على رئيس مملكة فارس، قامت مملكة اليونان بعدها وقام الملاك الشرير الخاص بها (وهو رئيس اليونان).

وفي (دانيال ١٠: ٢١) يقول الملاك:

«... وَلاَ أَحَدٌ يَتَمَسَّكُ مَعِي عَلَى هَؤُلاَءِ إِلاَّ مِيخَائِيلُ رَئِيسُكُمْ».

من هنا نرى ثانية أن الملاك الرئيس ميخائيل مرتبط بصورة مباشرة بحماية شعب الله القديم والإهتمام بمصالحهم. كما نرى أن توحيد القوى (قوة **الملاك** وقوة **مِيخَائِيلُ**) كان ضرورياً للتغلب على الملائكة الحاكمة في مملكة الشيطان، والتي كانت تقاوم تحقيق مقاصد الله من جهة شعبه.

ربما تتساءل عن الإشارة إلى فارس واليونان. أذكِّرُك ــ عزيزي القارئ ــ بأن القدس وشعب الله القديم وقعوا تحت سيادة أربع إمبراطوريات أممية رئيسية منذ القرن الخامس قبل الميلاد فصاعداً، وهي بابل وفارس واليونان وأخيراً الإمبراطورية الرومانية (هناك أهمية خاصة لفارس واليونان في أيام دانيال لإعتبارهما من أعظم الإمبراطوريات).

نرى من هذه المقاطع التي قرأناها من دانيال أن محور المعركة كان هو شعب الله ومقاصد الله. وأعتقد أن هذا مازال صحيحاً اليوم، فحيثما يوجد شعب الله والله يريد تحقيق مقاصده لشعبه، هناك تصل المعركة الروحية إلى أشدها.

وتقف تـأثيرات دانيـال شـــاهداً مذهلاً على فاعلية الصــــلاة، عندما بدأ دانيال بالصــلاة على الأرض، تحركت الســماء، وتدافعت ملائكة الله وملائكة الشـيطان معاً في آن واحد.

هذا يعطينا فكرة رائعة فيما يمكن للصـــلاة القيام به. كما يثيرني أيضـــاً حقيقة إحتياج ملائكة الله ـــ كما يبدو ـــ إلى مساعدة صـلوات دانيال، لكي تتمكن من إختراق الحاجز وتحقيق الإرسالية الإلهية. ومن شأن هذه الحقيقة أن تمدنا ببصيرة هائلة، ننفذ من خلالها إلى أعماق تأثير الصلاة وفعاليتها المذهلة.

>> **الفصل الرابع**

الأسلحة وساحة المعركة

نظر الآن في ناحيتين مترابطتين تتعلقان بالحروب الروحية:

أولاً: الأسلحة التي ينبغي أن نستخدمها.

ثانياً: ساحة المعركة التي نحارب فيها.

ونجد كشفاً عن هاتين الناحيتين في تعليم بولس في (٢كورنثوس ١٠: ٣ ـ ٤): «لأَنَّنَا وَإِنْ كُنَّا نَسْلُكُ فِي الْجَسَدِ، لَسْنَا حَسَبَ الْجَسَدِ نُحَارِبُ، إِذْ أَسْلِحَةُ مُحَارَبَتِنَا لَيْسَتْ جَسَدِيَّةً...».

لاحظ أن بولس يقول إننا نعيش في الجسد، وإننا نشارك في الحرب، إلا أن هذه الحرب ليست في نطاق العالم الجسدي المادي. لذلك، فإن الأسلحة التي نستخدمها لابد أن تتوافق مع طبيعة الحرب فهي ليست جسدية أو مادية كالدبابات والقنابل والرصاص. وذلك لأن الحرب روحية، وتدور في العالم الروحي، لذلك يجب أن يكون السلاح روحي أيضاً. في (٢كورنثوس ١٠: ٤ ـ ٥) يقول بولس:

«إِذْ أَسْلِحَةُ مُحَارَبَتِنَا لَيْسَتْ جَسَدِيَّةً، بَلْ قَادِرَةٌ بِاللهِ عَلَى هَدْمِ حُصُونٍ. هَادِمِينَ ظُنُوناً وَكُلَّ عُلْوٍ يَرْتَفِعُ ضِدَّ مَعْرِفَةِ اللهِ، وَمُسْتَأْسِرِينَ كُلَّ فِكْرٍ إِلَى طَاعَةِ الْمَسِيحِ».

لاحظ أن المعركة في نطاق روحي، والأسلحة المناسبة للحرب لابد أن تكون روحية ونحن نتعامل مع الحصون. في هذه الترجمة يقول **«حُصُونٍ»** وفي ترجمة أخرى يقول "معاقل".

وستكون هذه الأسلحة هي موضوع دراستنا الرئيسي في الجزئيين الثالث والرابع من هذا الكتاب: "أسلحة الدفاع" و"أسلحة الهجوم".

من الضروري أن نعرف أين تدور المعركة. وفي شرحه لأهداف المعركة وموقعها، يستخدم بولس عدة كلمات هي: **«ظُنُونٍ» أو "نظريات"، «مَعْرِفَةِ»، «فِكْرٍ» أو "ذهن".**

لاحظ أن هذه الكلمات جميعها تتعلق بمجال محدد واحد هو مجال الذهن. من المحتم علينا أن ندرك أن الذهن هو ساحة هذه المعركة.

<< **"يشن الشيطان حرباً شاملة بهدف أسر أذهان البشر."**

يشن الشيطان حرباً شاملة بهدف أسر أذهان البشر، إنه يبني حصوناً في الأذهان. ومسئوليتنا ــ كممثلين لله ــ هي أن نستخدم أسلحتنا الروحية لتحرير أذهان البشر من هذه الحصون، **وَمُسْتَأْسِرِينَ كُلَّ فِكْرٍ إِلَى طَاعَةِ الْمَسِيحِ**، فيالها من مهمة مذهلة!

يعمل الشيطان على بناء الحصون في أذهان البشر باستمرار. وتقاوم هذه الحصون حق الإنجيل وحق كلمة الله، وتمنع الناس من قبول رسالة الإنجيل.

ما هي الحصون التي يشير إليها الكتاب المقدس؟

أقترح عبارتين تصفان نوعية الحصون في أذهان الناس: **الأحكام المسبقة، والمفاهيم المُسبقة**.

فالحكم المُسبق يتضمن أن ترفض ما ليس لك فيه رأي؛ فما لا تعرفه خطأ بالتأكيد، وما لم تفكر به أنت أولاً مرفوض وخطر. فإن كان هذا الأسلوب وارداً عند جماعة من الناس، فإنما هو وارد عند المتدينين؛ فكل ما لم يسمعه المتدينون، ينظرون إليه بمنظار الخوف الشديد والشك.

ومن الأمثلة الأخرى على الأحكام المسبقة ما تتضمنه هذه العبارة الساخرة: "لا تربكني بالحقائق، فلقد قررت وانتهى الأمر!"، فعندما يقرر إنسان شيئاً ما مسبقاً، لا يمكن لأي قدرٍ من الحقائق والدلائل والمنطق أن تغير فكره؛ لا يمكن إلا للأسلحة الروحية أن تهدم تلك الحصون. وينساق الناس وراء المفاهيم والأحكام المُسبقة، مما يقود في الأغلب إلى دمارهم.

فيما يلي مثال من الواقع كان له وقع خاص عليَّ، ربما لأنني من خلفية إنجليزية:

لقد حارب الإنجليز ضد الأمريكان في حرب الثورة الأمريكية، وكان المفهوم الإنجليزي عن الحرب يتضمن اللباس العسكري الملون، والسير العسكري المنظم إلى المعركة على إيقاع الطبول. بينما كانوا القنَّاصة الأمريكيين يختبئون في الأشجار والمستنقعات، ويصطادون الجنود الإنجليز بسهولة ومن دون أن يراهم أحد. وقد نعتبر هذا انتحاراً عسكرياً بمعايير اليوم، لكن الإنجليز في ذلك الوقت لم يكونوا ليستوعبوا القتال بطريقة غير التي يعرفونها. كان هذا حصناً من المفاهيم المُسبقة، وقد تسبب بمقتل آلاف الجنود الإنجليز. هذا مثال عن كيفية إنحدار الناس نحو دمارهم بسبب أحكامهم الذهنية المُسبقة.

هناك أمثلة أخرى على الأحكام المُسبقة التي تستحوذ على أذهان الناس، منها: التحزبات الدينية، والأيديولوجيات السياسية، والتحيزات العرقية. ونجد لهذه الحصون مكاناً بين المؤمنين أنفسهم.

كنت أعظ قبل مدة في جنوب أفريقيا، وقد طُلب مني أن أتحدث في موضوع **الرِّيَاسَاتِ** الشيطانية والحرب الروحية. وبينما كنت أتأمل في هذا الموضوع، كشف لي الرب عن هوية الروح الشرير المهيمن على جنوب أفريقيا، إنه التعصب، والمتعصب هو "الإنسان الذي يتمسك بوجهة نظر معينة أو عقيدة ما بصرف النظر عن المنطق. ويعطي تلك العقيدة، أو ذلك الرأي، أهمية كبيرة وثقلاً يتناسب معه"، وكثيراً ما يكون التعصب حصناً يبنيه الشيطان في أذهان الناس.

بعد عظتي تلك، جاء أحد الخدام المولودين في جنوب أفريقيا، والذي يعرف البلد جيداً، وقال لي: "هذا أفضل وصف لمشكلة جنوب أفريقيا، لقد أفسدها التعصب وشوهها، سواء كان ذلك دينياً أو عرقياً أو طائفياً، والمشكلة الأساسية لهذه الأمة هي التعصب".

ويتصف أفراد الشعب في جنوب أفريقيا بروح الابتهاج والسرور بشكل مميز، إلا إنهم مأسورون في حصن التعصب ـــ ولا أقصد أن الناس في جنوب أفريقيا مختلفون عن باقي الناس، لكنهم يعانون من حصن ذا نوع وطابع خاص بهم.

نقرأ في (٢كورنثوس ٤: ٤):

«... إِلَهُ هَذَا الدَّهْرِ قَدْ أَعْمَى أَذْهَانَ غَيْرِ الْمُؤْمِنِينَ، لِئَلاَّ تُضِيءَ لَهُمْ إِنَارَةُ إِنْجِيلِ مَجْدِ الْمَسِيحِ، الَّذِي هُوَ صُورَةُ اللهِ.»

الحصن هو الشيء الذي يعمي **أَذْهَانَ** الناس، لئلا يُشرق في قلوبهم نور الإنجيل. وعندما يكون الإنسان في هذه الحالة، من العبث بل من الخطورة أن تلجأ معه إلى الجدال. فكلما جادلته أكثر، كلما إزداد تمسكاً بأخطائه أما الطريقة الوحيدة لتحرير مثل ذلك الإنسان، هي إستخدام أسلحتنا الروحية لهدم الحصون التي في ذهنه.

>> **الفصل الخامس**

أساس انتصارنا

سـأشـرح الآن حقيقة فريدة بالغة الأهمية ينبغي أن نعرفها جميعاً لكي نضمن إنتصارنا في حربنا الروحية، في (كولوسي ٢: ١٣ – ١٥)، يصف بولس ما عمله الله لنا كمؤمنين من خلال موت المسيح على الصليب من أجلنا: «وَإِذْ كُنْتُمْ أَمْوَاتاً فِي الْخَطَايَا وَغَلَفِ جَسَدِكُمْ، أَحْيَاكُمْ مَعَهُ، مُسَامِحاً لَكُمْ بِجَمِيعِ الْخَطَايَا، إِذْ مَحَا الصَّكَّ الَّذِي عَلَيْنَا فِي الْفَرَائِضِ، الَّذِي كَانَ ضِدّاً لَنَا، وَقَدْ رَفَعَهُ مِنَ الْوَسَطِ مُسَمِّراً إِيَّاهُ بِالصَّلِيبِ، إِذْ جَرَّدَ الرِّيَاسَاتِ وَالسَّلاَطِينَ أَشْهَرَهُمْ جِهَاراً، ظَافِراً بِهِمْ فِيهِ.»

دعني أنبهك أولاً إلى أن الشيطان في غاية التصميم على منعك من إدراك هذه الحقيقة؛ إنه يريد أن يمنع كل المؤمنين من فهمها، لأنها مفتاح هزيمته. والحقيقة المهمة العظمى هي ما يلي: **هزم المسيح الشيطان بالفعل؛ هزمه هو وكل قواته الشريرة، ونزع سلطانه كلياً وإلى الأبد.**

فإذا لم تتذكر شـــيئاً آخر، تذكر أن المســـيح هزم الشـــيطان بالفعل. وقد حقق ذلك المسيح بموته وبدمه المسفوك وبقيامته الظافرة.

ولكي نفهم كيف تحقق ذلك، ينبغي أن نعرف سلاح الشيطان الأساسي ضدنا، وهو **سلاح الذنب**.

نقرأ في (رؤيا ١٢: ١٠) ما يلي: **«وَسَمِعْتُ صَوْتاً عَظِيماً قَائِلاً فِي السَّمَاءِ: «الآنَ صَارَ خَلاَصُ إِلَهِنَا وَقُدْرَتُهُ وَمُلْكُهُ وَسُلْطَانُ مَسِيحِهِ، لأَنَّهُ قَدْ طُرِحَ الْمُشْتَكِي عَلَى إِخْوَتِنَا الَّذِي كَانَ يَشْتَكِي عَلَيْهِمْ أَمَامَ إِلَهِنَا نَهَاراً وَلَيْلاً.»**

من هو «**الْمُشْتَكِي عَلَى إِخْوَتِنَا؟**» نعلم أنه الشيطان. ولقد أشرت سابقاً أن الشيطان لديه حق الوصول إلى محضر الله، وأشرت إلى أن عمله الأساسي هو أن **يَشْتَكِي** علينا نحن المؤمنين في يسوع.

لماذا **يَشْتَكِي** الشيطان علينا؟ ما هو هدفه؟ يمكن تلخيص الإجابة في عبارة بسيطة واحدة:

لكي يقودنا إلى الشعور بالذنب. فما من طريق إلى هزيمة الشيطان، مادام قادراً على بعث الشعور بالذنب فينا. الشعور بالذنب هو مفتاح هزيمتنا، والبر مفتاح الإنتصار.

لقد تعامل الله ـ على الصليب ـ مع مشكلة الشعور بالذنب ببعديها في الماضي والمستقبل. وقد وفر الله علاجاً كاملاً يشمل هذين البعدين.

كيف تعامل الله مع الماضي؟ نقرأ في (كولوسي ٢: ١٣): **«... مُسَامِحاً لَكُمْ بِجَمِيعِ الْخَطَايَا».**

لقد صار ممكناً لنا الآن أن ننال غفران الله لجميع خطايانا السالفة، إذ أن موت المسيح كان كافياً لتتميم عدالته. نعم، مات يسوع المسيح لأجلنا نيابة عنا؛ حمل

ذنوبنا ودفع أجرة خطايانا، فصار ممكناً لله أن يغفر لنا جميع ما ارتكبناه من خطايا دون أن يتعارض ذلك مع عدالته، فأول ما ينبغي أن نفهمه هو أن خطايانا السالفة جميعها قد غُفرت بغض النظر عن كثرتها ومقدار خطورتها، وقد تم ذلك عندما وضعنا إيماننا في يسوع.

كيف وفر الله علاجاً للمستقبل؟

نرى ذلك في (كولوسي ٢: ١٤): **«إِذْ مَحَا الصَّكَّ الَّذِي عَلَيْنَا فِي الْفَرَائِضِ، الَّذِي كَانَ ضِدّاً لَنَا، وَقَدْ رَفَعَهُ مِنَ الْوَسَطِ مُسَمِّراً إِيَّاهُ بِالصَّلِيبِ».**

أما «**الصَّكَّ**» أو "القانون المكتوب" فهو ناموس موسى. مات يسوع على الصليب وفقاً لشريعة موسى؛ لكي نحصل على البر مع الله. فلو أن ناموس موسى ما يزال مطلباً من متطلبات نوال البر، لكنا معرضين دائماً لأن نكون مذنبين أمام الله، حتى لو كسرنا أصغر الوصايا. لكن، وبعدما أُخذ الناموس من طريقنا كمطلب للبر، وفر لنا الله المجال لكي نحيا أحراراً من الذنوب ومن الشعور بالذنب، وذلك أن إيماننا حُسب لنا براً.

نقرأ فيما بعد مقطعين مترابطين من العهد الجديد، **المقطع الأول** موجود في (رومية ١٠: ٤): **«لأَنَّ غَايَةَ* النَّامُوسِ هِيَ: الْمَسِيحُ لِلْبِرِّ لِكُلِّ مَنْ يُؤْمِنُ.»**

هذا تصريح مهم جداً. فالمسيح ليس هو "نهاية" الناموس من حيث أنه جزء من كلمة الله، أو جزءٌ من تاريخ إسرائيل، لكنه "نهاية" الناموس من حيث كونه مطلباً من متطلبات تحقيق البر. فلا فرق بين يهودي وأممي، كاثوليكي وبروتستانتي؛ جميعنا غير مطالبين بحفظ الناموس لنوال البر.

---

* غاية: تأتي الكلمة «غاية» بمعنيين، "هدف" و"نهاية" والمعنى الأخير هو الذي يشير إليه المؤلف هنا. لمزيد من التوضيح، راجع آخر الفصل الخامس عشر من كتاب (أسس الإيمان ـ دليل المؤمن الممتلئ بالروح).

أما **المقطع الثاني** فهو في (٢كورنثوس ٥: ٢١):

«أَنَّهُ جَعَلَ الَّذِي لَمْ يَعْرِفْ خَطِيَّةً، خَطِيَّةً لأَجْلِنَا، لِنَصِيرَ نَحْنُ بِرَّ اللهِ فِيهِ.»

هذه هي المبادلة الإلهية: صار يسوع خطية بسبب خطيتنا، لنصير نحن أبراراً ببره. بمجرد إدراكنا لهذه الحقيقة (إننا أبرار ببر المسيح)، لا يعود إبليس قادراً على ربطنا بالشعور بالذنب فيما بعد. وهكذا يتجرد الشيطان من سلاحه الرئيسي. نعم، **جَرَّدَ** يسوع بموته على الصليب **الرِّيَاسَاتِ وَالسَّلاَطِينَ** الروحية؛ لقد نزع سلاحها الأساسي ضدنا.

والآن أريد أن أوضح لك كيف يتحقق إنتصار المسيح من خلالنا. لقد سبق لنا ورأينا التصريح بانتصار المسيح في (كولوسي ٢: ١٥):

«إِذْ جَرَّدَ الرِّيَاسَاتِ وَالسَّلاَطِينَ أَشْهَرَهُمْ جِهَاراً، ظَافِراً بِهِمْ فِيهِ.»

فالظفر هنا ليس هو أن يسوع قد كسب المعركة لنفسه، بل هو إحتفال وإظهار للنصر. فبموته على الصليب، أظهر يسوع للكون كله أنه إنتصر على مملكة الشيطان. لكن يسوع لم يكسب هذا الانتصار لنفسه، لأنه لا يحتاج إليه. فخطة الله تتضمن أن يُعلن هذا الانتصار وأن يظهر من خلالنا نحن.

في (٢كورنثوس ٢: ١٤) (وهو من أحب الأعداد الكتابية إليَّ) يقول بولس: **«وَلَكِنْ شُكْراً لِلَّهِ الَّذِي يَقُودُنَا فِي مَوْكِبِ نُصْرَتِهِ فِي الْمَسِيحِ كُلَّ حِينٍ، وَيُظْهِرُ بِنَا رَائِحَةَ مَعْرِفَتِهِ فِي كُلِّ مَكَانٍ.»**

ولا عجب في أن يقول بولس: «**شُكْراً لِلَّهِ**». فلا يمكنك إلا أن تشكر الله لو أدركت الرسالة التي تتضمنها كلمات (٢كورنثوس ٢: ١٤). إنها تعني أن الله يسمح لنا بإستمرار أن نشترك في غلبة المسيح على مملكة الشيطان. وأمامنا هنا

عبارتان شاملتان: **«كُلَّ حِينٍ»**، و **«فِي كُلِّ مَكَانٍ.»**، فليس هناك زمان أو مكان لا نستطيع فيه أن نشترك مع المسيح فعلياً في غلبته على مملكة الشيطان.

والآن إلى (متى ٢٨: ١٨ - ٢٠) حيث يعلن المسيح قائلاً:

«فَتَقَدَّمَ يَسُوعُ وَكَلَّمَهُمْ قَائِلاً: «دُفِعَ إِلَيَّ كُلُّ سُلْطَانٍ فِي السَّمَاءِ وَعَلَى الأَرْضِ، فَاذْهَبُوا وَتَلْمِذُوا جَمِيعَ الأُمَمِ، وَعَمِّدُوهُمْ بِاسْمِ الآبِ وَالابْنِ وَالرُّوحِ الْقُدُسِ. وَعَلِّمُوهُمْ أَنْ يَحْفَظُوا جَمِيعَ مَا أَوْصَيْتُكُمْ بِهِ. وَهَا أَنَا مَعَكُمْ كُلَّ الأَيَّامِ إِلَى انْقِضَاءِ الدَّهْرِ. آمِينَ.».

يقول يسوع إنه إنتزع السلطان من الشيطان بموته على الصليب، وقد دفع إليه الآب كل سلطان في السماء وعلى الأرض.

ثم يقول: **«فَاذْهَبُوا وَتَلْمِذُوا جَمِيعَ الأُمَمِ...».**

ما هي دلالة حرف الفاء في الكلمة **«فَاذْهَبُوا»**؟

يقول يسوع: "لقد كسبت أنا السلطان، فإذهبوا وإستخدموه؛ إذهبوا وأظهروا إنتصاري هذا للعالم كله، وذلك بأن تتمموا إرساليتي".

أود الآن أن أوضح **ثلاث حقائق بخصوص إنتصار يسوع**:

- **أولاً:** هزم يسوع الشيطان عندما جربه في البرية؛ هزمه إذ واجهه وقاوم تجربته وغلبه.
- **ثانياً:** هزم يسوع الشيطان على الصليب بالنيابة عنا، لا من أجله هو؛ لم يكن هو محتاجاً إلى ذلك الإنتصار لأنه كان منتصراً أصلاً، لكنه إنتصر بالنيابة عنا وهزم عدونا، لقد جرده من السلاح والسلطان، وشهر به في موكب إنتصار علني، وكل هذا من أجلنا.

- **ثالثاً:** مسئوليتنا الآن هي إظهار إنتصار يسوع.

في (٢كورنثوس ٢: ١٤) يقول: **«وَلَكِنْ شُــكْراً لِلَّهِ الَّذِي يَقُودُنَا فِي مَوْكِبِ نُصْرَتِهِ فِي الْمَسِيحِ كُلَّ حِينٍ، وَيُظْهِرُ بِنَا رَائِحَةَ مَعْرِفَتِهِ فِي كُلِّ مَكَانٍ.»**

تذكر، لقد جعل المسيح هذا الإنتصار ممكناً لنا «**كُلَّ حِينٍ**» و «**فِي كُلِّ مَكَانٍ**».

الجزء الثاني

أسلحة الدفاع

>> الفصل السادس

سلاح اللّه الكامل

كنت قد شرحت سابقاً إننا – كممثلين لملكوت الله – نجد أنفسنا منخرطين في حرب شاملة ضد مملكة الشيطان المنظمة، وهي مملكة تتكون من كائنات روحية شريرة بلا أجساد مقرها في السماء الثانية.

أما ساحة هذه المعركة فهو الذهن البشري؛ حيث يبني الشيطان حصون الشك والأحكام المُسبقة لكي يمنع الإنسان من قبول حق الإنجيل. وقد أوكل الله إلينا مهمة تحطيم وهدم هذه الحصون الذهنية، وهذا يتضمن تحرير الناس من خداع الشيطان، وقيادتهم ــ بعد ذلك ــ إلى طاعة المسيح والخضوع له. لكن قدرتنا على إنجاز هذه المهمة تتوقف على عاملين أساسيين:

- **أولاً:** أن ندرك الحقيقة التي تُعلنها كلمة الله، وهي أن يسوع هزم الشيطان هزيمة ساحقة على الصليب نيابة عنا. وإن مسئوليتنا الآن هي إظهار ذلك الإنتصار الذي حققه يسوع لنا.

- **ثانياً:** أن نستخدم الأسلحة الروحية الضرورية التي وفرها الله لنا. وتنحصر هذه الأسلحة الروحية في قائمتين رئيستين: أسلحة الدفاع، وأسلحة الهجوم.

وسوف نتحدث في هذا الجزء من الكتاب عن القائمة الأولى وهي (أسلحة الدفاع).

ونعتمد في دراستنا هذه على (أفسس ٦: ١٠ - ١٧):

«أَخِيراً يَا إِخْوَتِي تَقَوُّوا فِي الرَّبِّ وَفِي شِدَّةِ قُوَّتِهِ. الْبَسُوا سِلاَحَ اللهِ الْكَامِلَ لِكَيْ تَقْدِرُوا أَنْ تَثْبُتُوا ضِدَّ مَكَايِدِ إِبْلِيسَ. فَإِنَّ مُصَارَعَتَنَا لَيْسَتْ مَعَ دَمٍ وَلَحْمٍ، بَلْ مَعَ الرُّؤَسَاءِ، مَعَ السَّلاَطِينِ، مَعَ وُلاَةِ الْعَالَمِ، عَلَى ظُلْمَةِ هَذَا الدَّهْرِ، مَعَ أَجْنَادِ الشَّرِّ الرُّوحِيَّةِ فِي السَّمَاوِيَّاتِ. مِنْ أَجْلِ ذَلِكَ احْمِلُوا سِلاَحَ اللهِ الْكَامِلَ لِكَيْ تَقْدِرُوا أَنْ تُقَاوِمُوا فِي الْيَوْمِ الشِّرِّيرِ، وَبَعْدَ أَنْ تُتَمِّمُوا كُلَّ شَيْءٍ أَنْ تَثْبُتُوا. فَاثْبُتُوا مُمَنْطِقِينَ أَحْقَاءَكُمْ بِالْحَقِّ، وَلاَبِسِينَ دِرْعَ الْبِرِّ، وَحَاذِينَ أَرْجُلَكُمْ بِاسْتِعْدَادِ إِنْجِيلِ السَّلاَمِ. حَامِلِينَ فَوْقَ الْكُلِّ تُرْسَ الإِيمَانِ، الَّذِي بِهِ تَقْدِرُونَ أَنْ تُطْفِئُوا جَمِيعَ سِهَامِ الشِّرِّيرِ الْمُلْتَهِبَةِ. وَخُذُوا خُوذَةَ الْخَلاَصِ، وَسَيْفَ الرُّوحِ الَّذِي هُوَ كَلِمَةُ اللهِ.»

في (ع١٣) من هذا النص يقول بولس: **«مِنْ أَجْلِ ذَلِكَ احْمِلُوا سِلاَحَ اللهِ الْكَامِلَ...»** فنحن مدعوون إلى حمل سلاح الله الكامل. وعندما نقرأ في الكتاب المقدس عبارة مثل **«مِنْ أَجْلِ ذَلِكَ...»**، ينبغي أن نعرف ما هو **«ذَلِكَ»** الذي يتحدث عنه. و**«ذَلِكَ»** في هذا النص تعود على (ع١٢) حيث يقول بولس: **«... مُصَارَعَتَنَا لَيْسَتْ مَعَ دَمٍ وَلَحْمٍ، بَلْ مَعَ الرُّؤَسَاءِ، مَعَ السَّلاَطِينِ، مَعَ وُلاَةِ الْعَالَمِ، عَلَى ظُلْمَةِ هَذَا الدَّهْرِ، مَعَ أَجْنَادِ الشَّرِّ الرُّوحِيَّةِ فِي السَّمَاوِيَّاتِ.»**

فلأننا منخرطون في هذا الصراع الحاسم مع قوى الشر الروحية في مملكة الشيطان، فمن واجبنا أن نلبس سلاح الله الكامل، وهذا ما تطالبنا به كلمة الله. ومن المثير للإنتباه أن يكرر بولس هذه الدعوة مرتين في فقرة واحدة، فيقول في كل من

العددين (١١، ١٣): **«الْبَسُوا** (أو احملوا) **سِلاَحَ اللهِ الْكَامِلَ».** من الواضح والمؤكد أن كلمة الله تحثنا على حماية أنفسنا بواسطة **سِلاَحَ اللهِ الْكَامِلَ.**

ويقدم بولس في (ع١٣) سبباً آخر لحمل سلاح الله:

«... لِكَيْ تَقْدِرُوا أَنْ تُقَاوِمُوا فِي الْيَوْمِ الشِّرِّيرِ، وَبَعْدَ أَنْ تُتَمِّمُوا كُلَّ شَيْءٍ أَنْ تَثْبُتُوا.»

لاحظ عبارة «**الْيَوْمِ الشِّرِّيرِ**». ولا أعتقد أن في هذا إشارة إلى الضيقة العظيمة أو إلى نبوة بكارثة آتية على العالم (مع إنني أعتقد بإمكانية وقوع بعض الكوارث). لكنني أرى أن المقصود بـ «**الْيَوْمِ الشِّرِّيرِ**» هو تجربة سيواجهها كل مؤمن. إنه وقت ينبغي فيه أن نواجه قوات الشر، وقت يُمتحن فيه إيمان كل واحد، وتطلق ضده كل أشكال وأنواع المعارضات.

<<

"لابد أن نواجه «اليوم الشرير» لذلك ينبغي أن نكون مستعدين لإجتيازه."

لا يشكك بولس في حقيقة حاجتنا إلى مواجهة **الْيَوْمِ الشِّرِّيرِ**، فليس هناك خيار في ذلك، بل هو أمر يقيني. وكثيراً ما أفكر بمَثَل يسوع الذي يصف فيه رجلين: الجاهل الذي بني بيته على الرمل، والعاقل الذي بني بيته على الصخر، فسقط بيت الجاهل وثبُتَ بيت العاقل. ولم يكن الفرق يكمن في الصعوبات التي تعرض لها البيتان، فكلاهما تعرض إلى الإمتحان نفسه: الرياح والمطر والعواصف والأمطار. لكن الفرق كان يكمن في الأساس الذي بنى عليه كلاً منهما، أنظر (متى ٧: ٢٤ - ٢٧).

لا تشير كلمة الله من بعيدٍ أو قريب إلى إننا كمؤمنين لن نتعرض إلى الإمتحان؛ لابد أن نواجه «**الْيَوْمِ الشِّرِّيرِ**» لذلك، ينبغي أن نكون مستعدين لإجتيازه. وعلى ضوء هذه الحقيقة يقول بولس: **«احْمِلُوا سِلاَحَ اللهِ الْكَامِلَ.»**

يستعير بولس هذه الصورة من زِي الجيش الروماني الذي عاصره، فيذكر ست قطع من المعدات التي كان يلبسها الجندي الروماني عادةً. فيما يلي قائمة بولس:

- **أولاً:** مِنطَقة الحق.
- **ثانياً:** درع البرّ.
- **ثالثاً:** حذاء استعداد الإنجيل.
- **رابعاً:** ترس الإيمان.
- **خامساً:** خوذة الخلاص.
- **سادساً:** سيف الروح.

حين تتأمل في هذه الأسلحة، تُدرك أن حَمْلها جميعاً يؤمِّن لك الحماية من أعلى رأسك إلى أخمص قدميك، مع استثناء واحد! إنه لا توجد حماية لظهرك! وسنغطي هذه النقطة في نهاية هذا الجزء.

>> الفصل السابع

مِنطقة الحــق

أول الأســـلحة هو مِنطقَة الحق، فلماذا يحتاج الجندي الروماني إلى المنطقة كجزء من ســلاحه؟ تذكر، أن ملابس الرجال وكذلك النســاء في ذلك الوقت كانت عبارة عن أثواب طويلة مرخية تصــل إلى الركبتين على الأقل. أما الجندي الروماني فكان يلبس التُنِك (Tunic) وهو رداء طويل يمكن شـــده بحزام حول الخصـــر، فعندما كان الجندي الروماني يُكلَّف بمهمة تتطلب النشــاط والحركة، كالقتال أو إســتخدام الســلاح لأمرٍ ما، كان عليه أن يجد حلاً لردائه الطويل الســائب. فإن لم يفعل، أعاقت أطراف الرداء حركته، ومنعته من إستخدام سلاحه بفعالية.

فأول ما ينبغي أن يفعله الجندي هو أن يشـــد المِنطقَة حول خصـــره بطريقة تمنع رداءه من الحركة الســـائبة، فلا يعيق حركته بعد ذلك. كان هذا إجراءً ضـــرورياً وأساساً لكل خطوة تليه. لذلك يذكر بولس مِنطَقة الحق قبل أي شيء آخر.

وكثيراً ما يتحدث الكتاب المقدس عن الرجل الذي "يمنطق حقويه"، فما الذي تعنيه هذه العبارة؟

يقول بولس إن الحق هو المِنطَقة بالنسبة لنا، ولا أعتقد أن المقصود بالحق هنا هو الحقائق اللاهوتية، بل هو الحق في سلوكنا اليومي، وذلك يتضمن الصدق والأمانة والإخلاص والإنفتاح والصراحة. كثيراً ما نُثقل كواهلنا بالخجل والرياء بسبب ميلنا إلى التدين، نقول ما لا نعني، لكننا نقوله على أية حال لأنه يُعطي إنطباعاً حسناً. إننا مملوئون بالأكليشيهات (وتعني هنا الصيغ الكلامية الجاهزة) الدينية غير المخلصة. نفعل الكثير لا لأنه يرضي الله أو لأننا نريد أن نفعله حقاً، لكن لأنه يرضي الآخرين. ولكل جماعة متدينة أكليشيهاتها الخاصة، كان تقول: "يسوع سيساعدك يا أخي". ولا يكون هذا أحياناً إلا محاولة للهروب، إذ تكون الحاجة إلى أن تساعد أنت أخاك لا أن يساعده يسوع.

ويشبه هذا النوع من الكلام الديني رداءً سائباً أي فضفاضاً يعيق حركتنا، ويمنعنا من تحقيق ما يطلبه الله. إنه يعيقنا عن أن نكون مؤمنين نشيطين فعالين كما يعيقنا عن إستخدام أسلحتنا الأخرى. إذاً، نحن مطالبون أول كل شيء أن نلبس مِنطَقة الحق؛ ينبغي أن نتخلص من الخجل والرياء، مترفعين عن الأكليشيهات الدينية وعن الأقوال والأفعال التي لا نعنيها.

>> "ينبغي أن يرى الناس أي نوع من المؤمنين أنت."

وكثيراً ما يكون الحق مؤلماً. ينبغي أن يرى الناس أي نوع من المؤمنين أنت. ربما كنت تختبئ خلف حاجز من التدين كل الوقت، والآن أنت في مواجهة الحاجة الملحة إلى الحق الفعلي والإنفتاح والصراحة. ينبغي أن تضع المنطقة وتشدها جيداً حول خصرك، فلا تعود أطراف الرداء، من الخجل والتدين الكاذب متدلية حولك، معيقة إياك عن السير في طريق إرادة الله.

>> الفصل الثامن

دِرع البر

الدرع في اللباس العسكري الروماني، يعمل ـ أولاً وقبل كل شيء على حماية عضو فائق الأهمية في جسم الإنسان، ألا وهو القلب. ويشير الكتاب المقدس إلى ما يحظى به القلب من أهمية فائقة في حياتنا كما تؤكد كلمات سليمان في (أمثال ٤: ٢٣): «فَوْقَ كُلِّ تَحَفُّظٍ احْفَظْ قَلْبَكَ لأَنَّ مِنْهُ مَخَارِجَ الْحَيَاةِ.»

عملت مُعلماً في كينيا (في شرق أفريقيا) مدة خمس سنوات، تعرفت خلالها على عدد من القبائل وتعلمت شيئاً من لغاتهم. ويوماً ما، رأيت على حائط في مبنى سكن الطلاب كلمات (أمثال ٤: ٢٣) مكتوبة بلغة الماراجوليا، فترجمتها لنفسي حرفياً، وأتذكر تلك الترجمة منذ ذلك الحين. "أحرس قلبك بكل قوتك، لأن كل ما في الحياة من أشياء ينبع منه."

ما في قلبك يحدد في النهاية مسار حياتك، خيراً كان ذلك المسار أم شراً. فمن الضروري جداً أن نحفظ قلوبنا ونحميها من كل أنواع الشر. ويتحدث بولس عن درع البر لحماية القلب.

والسؤال الذي يطرح نفسه الآن: "ما المقصود بالبر في هذا السياق؟"، والواقع أن بولس يتحدث عن الدرع في رسالة أخرى، حيث يقول في (١تسالونيكي ٥: ٨):

«وَأَمَّا نَحْنُ الَّذِينَ مِنْ نَهَارٍ، فَلْنَصْحُ لاَبِسِينَ دِرْعَ الإِيمَانِ وَالْمَحَبَّةِ...»

يصف بولس الدرع هنا من وجهة نظر أخرى؛ إنه يدعوه **«دِرْعَ الإِيمَانِ وَالْمَحَبَّةِ»**. وبوضع هاتين التسميتين معاً:

- في (أفسس ٦: ١٤) يقول بولس **«درع البرّ»**
- وفي (١تسالونيكي ٥: ٨) يقول **«درع الإيمان والمحبة»**.

نفهم نوعية البر الذي يقصده بولس، إنه ليس بر الأعمال، أو بر أي ناموس أو شريعة دينية، بل هو البر الذي يتحقق بالإيمان فقط.

كما يتحدث بولس عن هذا النوع من البر في (فيلبي ٣: ٩) أيضاً فيقول:

«وَأُوجَدَ فِيهِ (أي في المسيح)**، وَلَيْسَ لِي بِرِّي الَّذِي مِنَ النَّامُوسِ، بَلِ الَّذِي بِإِيمَانِ الْمَسِيحِ، الْبِرُّ الَّذِي مِنَ اللهِ بِالإِيمَانِ.»**

يضع الرسول بولس هنا نوعين من البر معاً، يتحدث أولاً عن بره الشخصي الذي في الناموس، ويؤكد عدم كفاية ذلك البر. وكبديل، يذكر بولس البر الذي من الله، والذي يتحقق بناء على الإيمان. هذا هو البر الذي يقصده عندما يتحدث عن درع البر الذي يحمي القلب.

إن كنا نلبس درعاً من برنا الشخصي، فإن قلوبنا تكون عرضة للدمار أمام هجمات الشيطان الذي يجد نقاط ضعفٍ كثيرة في ذلك النوع من البر، فينفذ منها

إلى القلب. والحل هو أن نضع درعاً من بر المسيح لا من برنا الشخصي. نقرأ في (٢كورنثوس ٥: ٢١):

«لأَنَّهُ (أي الله) **جَعَلَ الَّذِي لَمْ يَعْرِفْ خَطِيَّةً (أي يسوع)، خَطِيَّةً لأَجْلِنَا، لِنَصِيرَ نَحْنُ بِرَّ اللهِ فِيهِ** (أي في المسيح)**»**.

ينبغي أن نؤمن، بناء على إعلان كلمة الله، أننا صرنا بر الله. هذا هو الدرع الوحيد الكافي والقادر على حماية قلوبنا وحياتنا بطريقة فعَّالة.

ولا يأتي هذا النوع من البر الذي يركز عليه بولس إلا بالإيمان؛ لذلك، هو درع الإيمان والمحبة. ولا مجال لتحقيق هذا البر بأية طريقة أخرى.

نأتي الآن إلى صلاة يسوع من أجل بطرس في الليلة التي سبقت الصلب، وكم تؤثر هذه الصلاة فيَ وتُحرك أعماقي دائماً،

فعندما حذر يسوع بطرس من أنه سينكره في تلك الليلة، نجد في سياق ذلك التحذير قوله لبطرس في (لوقا ٢٢: ٣٢):

«...وَلَكِنِّي طَلَبْتُ مِنْ أَجْلِكَ...».

لم يُصلي يسوع بهدف منع بطرس من خيانته، لكنه صلى صلاة مختلفة، وهي الطلبة الوحيدة التي يمكن أن تكون عوناً لبطرس. قال يسوع في (لوقا ٢٢: ٣١ - ٣٢):

«وَقَالَ الرَّبُّ: «سِمْعَانُ، سِمْعَانُ، هُوَذَا الشَّيْطَانُ طَلَبَكُمْ لِكَيْ يُغَرْبِلَكُمْ كَالْحِنْطَةِ! وَلَكِنِّي طَلَبْتُ مِنْ أَجْلِكَ لِكَيْ لاَ يَفْنَى إِيمَانُكَ...»

لاحظ العبارة: **«لِكَيْ لاَ يَفْنَى إِيمَانُكَ»**، فرغم أن بطرس كان في طريقه إلى إنكار يسوع مُظهراً كم هو ضعيف وجبان، ومازال ممكناً إسترجاع كل شيء

لكيلا يفنى إيمان بطرس. هذا هو درع الإيمان والمحبة، فالإيمان عنصر ضروري جداً في هذا الدرع.

ولا يعمل هذا النوع من الإيمان الذي نبحث فيه إلا من خلال المحبة. يقول بولس في (غلاطية ٥: ٦): **«لأَنَّهُ فِي الْمَسِيحِ يَسُوعَ لاَ الْخِتَانُ يَنْفَعُ شَيْئاً وَلاَ الْغُرْلَةُ، بَلِ الإِيمَانُ الْعَامِلُ بِالْمَحَبَّةِ.»**

وكما أفهم، فإن بولس يقصد أن يقول: "لا كفاية في مراسيم أو في طقوس خارجية، فالإيمان هو الأهم، والذي بدونه لا نجاح لنا في الحياة".

والإيمان المطلوب هو ذاك الذي يعمل من خلال المحبة، فليس هو إيمان نظري جامد، بل إيمان فعال يعمل بالمحبة فقط».

وكلما تأملت في المحبة أكثر، بهرتني قوتها التي لا تُقاوم. وكم أحب كلمات الوحي في (نشيد الأنشاد ٨: ٦ - ٧) حيث يقول:

«اِجْعَلْنِي كَخَاتِمٍ عَلَى قَلْبِكَ، كَخَاتِمٍ عَلَى سَاعِدِكَ، لأَنَّ الْمَحَبَّةَ قَوِيَّةٌ كَالْمَوْتِ. الْغَيْرَةُ قَاسِيَةٌ كَالْهَاوِيَةِ، لَهِيبُهَا لَهِيبُ نَارِ لَظَى الرَّبِّ. مِيَاهٌ كَثِيرَةٌ لاَ تَسْتَطِيعُ أَنْ تُطْفِئَ الْمَحَبَّةَ، وَالسُّيُولُ لاَ تَغْمُرُهَا...»

فكر في هذه العبارة، **«الْمَحَبَّةَ قَوِيَّةٌ كَالْمَوْتِ»**؛ الموت لا يُقاوَم، وله مع كل واحد منا لقاء، لا يمكن لأي منا أن يقاوم الموت عندما يأتي، ولا مجال لتجنبه. وتقول كلمة الله إن المحبة قوية قوة الموت نفسه.

فَكر في هذه الحقيقة، المحبة لا تُقاوَم، تنتصر دائماً، لا يمكن هزيمتها. وتحمينا المحبة من كل القوى السلبية كالحقد والغضب وعدم الغفران والمرارة والفشل واليأس، الأمور التي من شأنها أن تفسد قلوبنا وتُخرّب حياتنا. تذكر: "كل ما في الحياة من أشياء ينبع من القلب".

ويصف بولس هذا النوع من المحبة في (١كورنثوس ١٣: ٤ ـ ٨):

«الْمَحَبَّةُ تَتَأَنَّى وَتَرْفُقُ. الْمَحَبَّةُ لاَ تَحْسِدُ. الْمَحَبَّةُ لاَ تَتَفَاخَرُ، وَلاَ تَنْتَفِخُ، وَلاَ تُقَبِّحُ، وَلاَ تَطْلُبُ مَا لِنَفْسِهَا، وَلاَ تَحْتَدُّ، وَلاَ تَظُنُّ السُّوءَ، وَلاَ تَفْرَحُ بِالإِثْمِ بَلْ تَفْرَحُ بِالْحَقِّ. وَتَحْتَمِلُ كُلَّ شَيْءٍ، وَتُصَدِّقُ كُلَّ شَيْءٍ، وَتَرْجُو كُلَّ شَيْءٍ، وَتَصْبِرُ عَلَى كُلِّ شَيْءٍ. اَلْمَحَبَّةُ لاَ تَسْقُطُ أَبَداً.»

هذا هو الدرع الذي نحتاج إليه، درع لا يسقط أبداً. نحتاج إلى درع ليس فيه نقاط ضعف يخترقها الشيطان. وما يقوله بولس هنا يتوافق تماماً مع صورة الدرع؛ فالمحبة **«تَحْتَمِلُ كُلَّ شَيْءٍ، وَتُصَدِّقُ كُلَّ شَيْءٍ، وَتَرْجُو كُلَّ شَيْءٍ، وَتَصْبِرُ عَلَى كُلِّ شَيْءٍ.»** فعندما تحمل درع الإيمان العامل بالمحبة، يحميك دائماً (إذ يحتمل كل ضربات العدو)، ويحفظ قلبك من كل هجوم شيطاني، يحاول به الشيطان إختراق ذلك الجانب المهم من حياتك.

>> **الفصل التاسع**

حذاء استعداد الإنجيل

كانت الأحذية التي يرتديها الجنود الرومان قوية ومتينة، ولها سيور خاصة تشدها وتثبتها. وكانت تُربط إلى أعلى حتى منتصف عضلة الساق (ما بين الكعب والركبة) بأربطة جلدية. كان الحذاء من أهم أجزاء ملابس الجندي الروماني، لأنه يساعده على السير مسافات طويلة بسرعة. وهذا الأمر يمنحه القدرة على الحركة، ويجعله جاهزاً ليكون في الوقت والمكان المناسب حسب أوامر القائد ومكان وجوده اللازم في المعركة. فكر في الحذاء على إنه وسيلة للتنقل لتحقيق الهجوم والسرعة في الحركة والإستعداد لتنفيذ تعليمات قائدك، الرب يسوع المسيح.

لقد تعلمت معنى ذلك عملياً من تجربتي الشخصية: فلمدة عامين، خلال الحرب العالمية الثانية، عملت في وحدة طبية تابعة للجيش البريطاني في صحراء شمال أفريقيا. جاءت أوقات كنا نعمل فيها مع فرقة المدرعات، وكنا قريبين جداً من

خطوط العدو، وكنا نعمل في الليل أحياناً، ومن الصعب أن تحدد تماماً إتجاه خطوط العدو في الصحراء. وذلك لأن الحرب كانت نشطة وغير مستقرة. في مثل تلك الحالة، كان الضابط المسئول يصدر أوامر لنا بعدم خلع الأحذية العسكرية ليلاً، فكان علينا أن ننام وأحذيتنا في أقدامنا. والسبب واضح بالطبع، فعندما تصحو من نوم عميق، لا تكون في أفضل أحوالك، فإن كنت قد خلعت حذاءك، وكان الوضع مربكاً ومضطرباً من حولك، فإنك تضيع بضع دقائق ثمينة جداً وأنت تبحث عن الحذاء ثم تحاول أن تضعه في قدمك وأن تشد سيوره. أما إن كنت مرتدياً حذاءك أصلاً، فأنت في حالة استعداد. المفتاح إذاً هو الإستعداد سرعة الحركة.

وهذا صحيح أيضاً بالنسبة إلى الأسلحة الروحية المناظرة والتي يتحدث عنها بولس. ويُسمي بولس الحذاء في (أفسس ٦: ١٥):

«...وَحَاذِينَ أَرْجُلَكُمْ بِاسْتِعْدَادِ إِنْجِيلِ السَّلاَمِ...»

حذاء استعداد الإنجيل وهي تسمية تتضمن أن نكون جاهزين لأمر ما. علينا كمؤمنين أن نلتزم ونتمتع بفهم وإدراك لما في الإنجيل. يقول الكثيرين من المسيحيين أنهم مخلصون ومولودون من جديد، لكنهم لا يستطيعون أن يشرحوا بطريقة مفهومة كيفية حصولهم على الخلاص، أو كيف يمكن لآخرين أن يقبلوا الخلاص. وأنا أعتقد أن "الإستعداد" هنا يتضمن دراسة كلمة الله وحفظها والقدرة على توصيل رسالة الإنجيل إلى الآخرين بطريقة منطقية مفهومة. لاحظ أيضاً أن بولس يقول: "حذاء استعداد إنجيل السلام" فالإنجيل يُعطي السلام في قلب وذهن من يؤمن به ويطيعه. هناك شيء واحد مؤكد جداً بشأن السلام: لا يمكن نقل السلام إلى الآخرين، إلا إذا كنا نتمتع به أولاً، لا

>>

"لا يمكن نقل السلام إلى الآخرين، إلا إذا كنا نتمتع به أولاً."

نستطيع نقل شيء لم نختبره. ربما نستطيع أن نتحدث عنه، أن نفكر فيه، لكننا لا نستطيع أن ننقله إلى الآخرين.

فيما يلي مقطع مهم جداً من (متى ١٠: ١٢- ١٣)، حيث أعطى يسوع تعليماته للتلاميذ الذين أرسلهم في المرة الأولى للكرازة بالإنجيل، وهذا بعض ما قاله: **«وَحِينَ تَدْخُلُونَ الْبَيْتَ سَلِّمُوا عَلَيْهِ، فَإِنْ كَانَ الْبَيْتُ مُسْتَحِقاً فَلْيَأْتِ سَلاَمُكُمْ عَلَيْهِ. وَلَكِنْ إِنْ لَمْ يَكُنْ مُسْتَحِقاً فَلْيَرْجِعْ سَلاَمُكُمْ إِلَيْكُمْ.»**

لاحظ هذه العبارة الهامة: **«فَإِنْ كَانَ الْبَيْتُ مُسْتَحِقاً فَلْيَأْتِ سَلاَمُكُمْ عَلَيْهِ.»**، أي أن تنقل هذا السلام إلى البيت. فهل تتمتع بسلام لتنقله عندما تدخل بيتاً ما؟ إذا لا يمكنك أن تنقل شيئاً ما إذا كنت لا تتمتع به أنت نفسك.

دعني أعطيك مثالاً: لنفترض إنك سيدة تشتري بعض الحاجيات من السوق، وها أنتِ تقفين في طابور الخروج بإنتظار دفع الحساب، وها سيدة أخرى تقف إلى جانبك، ويبدو واضحاً عليها إنها على وشك الإنهيار العصبي، إنها متوترة وعصبية جداً. ثم يقودك الرب إلى مساعدتها، فماذا تفعلين؟ هل تقولين لها: "لماذا لا تأتي إلى إجتماع صباح الأحد؟" هل هذا يُسد إحتياجها؟! إذا كان هذا كل ما بحوزتك، فأنت بلا حذاء!

أن تحذي رِجلك بإستعداد إنجيل السلام يعني أن تكوني مستعدة لعمل الشيء المناسب في الوقت والمكان المناسب، وذلك عندما يرشدك الله إلى ذلك.

فأول كل شيء ينبغي أن يكون لديك أنت سلام، ينبغي أن تشعر تلك السيدة أنكِ تملكين شيئاً لا تمتلكه هي، بل تحتاج إليه إحتياجاً شديداً. نعم، يستطيع الناس أن يشعروا بالسلام الذي يتمتع به الآخرون.

وعندما تحاول تلك السيدة أن تنعم بالسلام، ينبغي أن تكوني قادرة على قيادتها إلى الطريق الذي تجد فيه السلام، وذلك بكلمات بسيطة ولغة غير مملوءة بالألفاظ الدينية، ينبغي أن تكوني قادرة على تقديم رسالة الإنجيل إليها. هذا هو "حذاء استعداد إنجيل السلام".

>> الفصل العاشر

تــرس الإيمــان

في اللغة اليونانية المستخدمة في العهد الجديد، هناك كلمتان تشيران إلى الترس: الكلمة الأولى: تعني ترساً دائرياً صغيراً، وهذا يشبه سلة من الخوص المجدول المسطح. الكلمة الثانية تعني ترساً مستطيل الشكل طويلاً، وهي كلمة مشتقة من أصل الكلمة اليونانية التي تعني «باب» لأن هذا الترس يشبه نوعاً ما الباب. وهذا النوع الثاني هو الذي يقصده بولس عندما يقول في (أفسس ٦: ١٦): «... تُرْسَ الإِيمَانِ...»

ويتدرب الجندي الروماني تدريباً جيداً وملائم على هذا الترس لكي يكون جسمه كله محمياً من سهام العدو. وهذا الترس يحميه حماية كاملة. هذا هو الإيمان الذي يقصده بولس وأشار إليه بالترس.

عندما نخرج للحرب ضد الشيطان ونضايقه، تأكد أنه سيهجم هجوماً مضاداً، فسيهاجم أذهاننا وقلوبنا وأجسادنا وأمورنا المالية، لذلك نحتاج

>>

"ينبغي أن تمتلك ترساً كبيراً يكفي لحماية كل الجوانب التي وضع الله مسئوليتها على عاتقك."

إلى ترس يغطينا. ويهاجم الشيطان أية منطقة يمكن الوصول إليها، فإن لم يتمكن من مهاجمتنا، فسوف يهاجم الأشخاص الأقرب إلينا. إن كنت متزوجاً فإن الشيطان يهاجم زوجتك أولاً، فهذه طريقة مضمونة يستطيع بها أن يصل إليك. لذلك ينبغي أن تمتلك ترساً كبيراً يكفي لحماية كل الجوانب التي وضع الله مسئوليتها على عاتقك. ويتضمن ذلك نفسك وعائلتك وكل ما أوكلك الله عليه. لقد تعلمت هذا الدرس يوماً من الأيام بصورة مثيرة وفعَّالة.

كنت أتعامل يوماً مع سيدة يسيطر عليها روح إنتحار، وقد إختبرت تحريراً واضحاً ومُذهلاً وعرفت أنها تحررت بالفعل، فشكرنا الله وسبحناه معاً. وفي اليوم التالي، رجعت هذه السيدة وقصت عليَّ حادثة مدهشة؛ قالت: "إنه في الوقت الذي تحررت فيه، كان زوجها يقود شاحنة نقل صغيرة مفتوحة من الخلف على الطريق السريع، وكان كلبهم الألماني يجلس في الخلف كعادته دائماً. وفجأة، وبلا سبب، قفز الكلب من خلف الشاحنة في حين أن الشاحنة كانت تسير بسرعة عالية وقُتل للوقت".

وبينما هي تخبرني بذلك، أدركت أن روح الإنتحار الذي ترك السيدة قد إنتقل إلى الكلب، إن الشيطان هاجم أقرب شيء تمكن من الوصول إليه. لقد تعلمت درساً أثق بأنني لن أحتاج إلى أن أتعلمه ثانية. وحينما أصلي مع أحدهم لأجل التحرير، أُعلن دائماً حماية الإيمان في دم يسوع على كل الأشياء التي له صلة به. ولم تتكرر مثل تلك الحادثة معي بعد ذلك. لقد تعلمت من هذا أهمية ترس الإيمان بإعتباره ترساً كبيراً يشبه الباب ويحمي كل ما وضعه الله تحت وكالتنا.

يُذكر الإيمان مرتين في قائمة الأسلحة الروحية المذكورة في (أفسس ٦: ١٤، ١٦):

«...وَلاَبِسِينَ دِرْعَ الْبِرِّ،» و **«حَامِلِينَ فَوْقَ الْكُلِّ تُرْسَ الإِيمَانِ...»**

فالدرع هو **دِرْعَ الإِيمَانِ وَالْمَحَبَّةِ،** المذكر في (١تسالونيكي ٥: ٨) **والترس** هو **تُرْسَ الإِيمَانِ،** المذكور في (أفسس ٦: ١٦).

وينبغي أن نفهم الفرق في إستخدام كلمة **«الإِيمَانِ»** في كل حالة من الحالتين. فالدرع هو الإيمان الخاص بالبر الذي نناله شخصياً، أما الترس فهو الإيمان من أجل حمايتنا وحماية كل الذين وضعهم الله تحت مسئوليتنا، فالترس يغطي كل شيء.

لقد تعلمت هذه الحقيقة بطريقة واضحة في بداية خدمتي الإذاعية. فعندما بدأت الخدمة في الإنطلاق، لاحظت أن أموراً كثيرة في وقت واحد وبصورة غريبة كانت تحدث. بعضها في المكتب وبعضها في وحدة الإنتاج، بعض المعدات تعطلت وكان من المفترض إنها تعمل بشكل جيد، مرض بعض الموظفين، ذهبت الرسائل في طريق خطأ، وهكذا عَمَّتْ الفوضى وعدم التنظيم في منظمتنا التي كانت عادة تعرف بالنظام. فكان الشيطان يهجم، ولما لم يتمكن من الوصول إليَّ مباشرةً، بدأ في توجيه هجومه إلى أولئك الذين أعتمد عليهم في تدعيم خدمتي.

فرفعت ترس الإيمان، وإنتهرت قوة الفوضى، فعاد السلام والنظام من جديد. نعم، لقد تعلمت درساً جديداً. ينبغي أن نرفع ترس الإيمان من أجل التمتع بحماية الله الكاملة.

>> الفصل الحادي عشر

خوذة الخلاص

قطعة السلاح الخامسة هي خوذة الخلاص. وسوف أشارك معكم بعض الحقائق الثمينة التي تعلمتها من صراعاتي الشخصية حول هذا الموضوع. عندما أتذكر تلك الصراعات أتذكر كلمات بولس في (رومية ٨: ٣٧) حيث يقول بولس: «وَلَكِنَّنَا فِي هَذِهِ جَمِيعِهَا يَعْظُمُ انْتِصَارُنَا بِالَّذِي أَحَبَّنَا.» وفي الترجمة التفسيرية "كتاب الحياة" يقول: "...ولكننا، في جميع الأمور، نحرز ما يفوق الإنتصار على يد من أحبنا".

ماذا يعني أن نحرز ما يفوق الإنتصار، أو أن نكون أعظم من منتصرين؟ هذا يعني أننا لا نكسب معركة فحسب، لكننا نخرج منها ونحن نمتلك أكثر مما كان لنا قبل المعركة. لقد تبرهنت لي هذه الحقيقة مرات عديدة من واقع خبرتي الشخصية.

<<

"فمن الواضح إننا نحتاج إلى حماية لأذهاننا بشكل خاص."

عندما تحدثنا عن الدرع، رأينا أن الدرع يحمي القلب. والآن نتحدث عن الخوذة، ونرى أنها تحمي الرأس، والرأس يمثل الذهن. إذاً نحن نتحدث عن خوذة تحمي أذهاننا.

وقد سبق لنا ورأينا أن ساحة المعركة الروحية بأكملها هي في الذهن البشري. وإذا كان الذهن هو ساحة المعركة، فمن الواضح إننا نحتاج إلى حماية لأذهاننا بشكل خاص.

تعلمت من خبرتي في العمل الطبي في الحرب العالمية الثانية هذه الحقيقة: إذا أُصيب أحدهم في رأسه، لا يعود قادراً على إستخدام أسلحته ومعداته بفاعلية. ربما يكون جندياً شجاعاً ويحمل معدات ممتازة، لكن عندما تأتي الإصابة في الرأس فإنه يجد صعوبة بالغة في الإستفادة من سلاحه ومن قدراته.

هذا من الناحية الطبيعية، فإذا نظرنا إلى الجانب الروحي، نجد هذا الأمر صحيحاً في حياة كثير من المؤمنين الخدام. لقد كان لي الإمتياز بأن أخدم مع كثيرين من خدام الله الرائعين رجالاً ونساءً في أوقات وأماكن كثيرة. وأعتقد أن بعضاً من المرسلين بالذات يقعون تحت ضغوط روحية هائلة. بعض المرسلين الذين عملت معهم كانوا رجالاً ونساءً مكرسين لله وأكفاء للخدمة، عندهم دعوة حقيقية وقدرة عظيمة. ومع ذلك، فقد سمحوا مرات كثيرة لرؤوسهم أن تُجرح. أي سمحوا لأنفسهم بأن يكونوا ضحية للإكتئاب أو فقدان الثقة في الخدام المؤمنين الآخرين. هذه المشكلة في أذهانهم تمنعهم من أن يكونوا أولئك الخدام والمرسلين الفعالين في حقل خدمة الله، مع إنهم كانوا مؤهلين لذلك. لكن إصابتهم بجروح في الرأس جعلتهم لا يستطيعون إستخدام بقية الأسلحة بفاعلية.

لقد واجهت شخصياً ــ ولعدة سنوات ــ صراعاً هائلاً مع الإكتئاب. كان الأمر يشبه سحابة سوداء إستقرت عليَّ، فجعلتني منطوياً وخاملاً، ومنعتني من التواصل مع الآخرين. لقد شعرت باليأس، مع إنني خادم لله موهوب في أشياء كثيرة، مما جعلني أفكر في نفسي قائلاً: "الآخرون قادرون، لكن أنا غير قادر لذلك لن أنجح أبداً! ينبغي أن أستسلم!"

لقد عانيت من الإكتئاب لعدة سنوات، وكنت أفعل كل ما في طاقتي، صليت وصمت وطلبت الله وقرأت الكتاب المقدس. وفي يوم من الأيام، أعطاني الرب إعلاناً كان هو الطريق إلى حل مشكلتي.

كنت أقرأ في (إشعياء ٦١: ٣):

«... لأَجْعَلَ لِنَائِحِي صِهْيَوْنَ، لأُعْطِيَهُمْ جَمَالاً عِوَضاً عَنِ الرَّمَادِ، وَدُهْنَ فَرَحٍ عِوَضاً عَنِ النَّوْحِ، وَرِدَاءَ تَسْبِيحٍ عِوَضاً عَنِ الرُّوحِ الْيَائِسَةِ...»

عندما قرأت هذه العبارة: «**الرُّوحِ الْيَائِسَةِ**»، قفز شيء في داخلي وقلت: "هذه هي مشكلتي".

فقرأت المزيد من المقاطع الكتابية التي تتحدث عن التحرير، وصليت صلاة إيمان بسيطة، فحررني الله من الروح اليائسة بطريقة فوق طبيعية.

ثم رأيت إنني محتاج إلى حماية خاصة على ذهني، وكنت على معرفة بذلك المقطع من (أفسس ٦)، فقلت لنفسي: "لابد إنني أحتاج إلى خوذة الخلاص". ثم قلت: "لكن هل يعني هذا إنني حصلت على الخوذة لأنني مخلص؟ هل هي عملية أوتوماتيكية تلقائية؟". لكنني اكتشفت إنها ليست كذلك، لأن بولس كان يكتب إلى مؤمنين عندما قال لهم في (أفسس ٦: ١٧):

«وَخُذُوا خُوذَةَ الْخَلاَصِ...»

ثم قادني الرب إلى مقطع مشابه في (١تسالونيكي ٥: ٨):

«وَأَمَّا نَحْنُ الَّذِينَ مِنْ نَهَارٍ، فَلْنَصْحُ لاَبِسِينَ دِرْعَ الإِيمَانِ وَالْمَحَبَّةِ، وَخُوذَةً هِيَ رَجَاءُ الْخَلاَصِ.»

وعندما قرأت العبارة «**رَجَاءُ الْخَلاَصِ**»، أخذت إعلاناً لحظياً من الروح القدس، لقد عرفت أن الرجاء هو حماية للذهن، بينما الإيمان هو حماية للقلب. ونحن غالباً ما نخلط بين هاتين الحقيقتين. الإيمان بحسب الكتاب المقدس يكون في القلب (رومية ١٠: ١٠):

«... الْقَلْبَ يُؤْمَنُ بِهِ لِلْبِرِّ...».

الإيمان هو درع يحمي القلب، أما الذهن فيحميه الرجاء.

فما هي العلاقة بين الإيمان والرجاء؟

هذا ما نجده واضحاً في (عبرانيين ١١: ١):

«أَمَّا الإِيمَانُ فَهُوَ الثِّقَةُ بِمَا يُرْجَى...»

فالإيمان هو قاعدة الحق الأساسية التي يُبنى عليها الرجاء. فإذا كان لدينا إيمان صحيح، لابد أن يكون لنا رجاء صحيح. وإذا لم يكن لدينا إيماناً صحيحاً، فلن يكون لنا أيضاً رجاءاً صحيحاً. ربما يكون رجاؤنا مجرد آمال وأمنيات نفكر فيها، لكن إن كان لنا أساس حقيقي من الإيمان، يمكننا أن نبني عليه رجاء صحيح، فهذا يكون حماية لأذهاننا.

وأود أن أُعرف الرجاء بطريقة بسيطة تتفق مع كلمة الله: الرجاء هو توقع هادئ وثابت لأمور صالحة مبنية على وعود كلمة الله. "فالرجاء هو تفاؤل متواصل (إذا صح التعبير)، هو توقع الخير بناء على كلمة الله، وهو لا يعطي

مجالاً للكآبة أو الشك أو الشفقة على الذات بل دائماً يختار أن يرى الأفضل"، وهذا يعطي حماية للذهن.

وهناك أساس كافي في كلمة الله يدفعنا إلى الرجاء، نجده في (رومية ٨: ٢٨):

«وَنَحْنُ نَعْلَمُ أَنَّ كُلَّ الأَشْيَاءِ تَعْمَلُ مَعاً لِلْخَيْرِ لِلَّذِينَ يُحِبُّونَ اللهَ، الَّذِينَ هُمْ مَدْعُوُّونَ حَسَبَ قَصْدِهِ.»

وإذا كنا نعرف حقاً أن كل ما يحدث في حياتنا، إنما يخضع ليد الله التي تجعل كل الأشياء تعمل معاً لخيرنا، فليس هناك سبب للتشاؤم، بل إن كل ما يحدث ينبغي أن يكون دافعاً للتفاؤل (بمعنى توقع الأفضل). إذاً الرجاء (أي التفاؤل وتوقع الأفضل) هو خوذة، إن لبسناها دائماً، تحمي أذهاننا من هجمات الشيطان الماكرة كالشك والفشل والشفقة على الذات وعدم الثقة بالآخرين وغيرها.

عندما أراني الروح القدس أن الخوذة التي تحمي أذهاننا هي الرجاء، كان قد قدم لي ما يشبه العظة. فتمكنت للوقت من أن أجمع عدة مقاطع كتابية تتحدث عن الرجاء، أضع بعضها أمامكم الآن ففي (رومية ٨: ٢٤):

«لأَنَّنَا بِالرَّجَاءِ خَلُصْنَا...»

ماذا يعني ذلك؟ يعني إنه لا خلاص بلا رجاء، فالرجاء هو جزء أساسي في إختبار الخلاص. قارن هذا مع حالة غير المُخلصين كما يصفها المقطع التالي في (أفسس ٢: ١٢):

«...أَنَّكُمْ كُنْتُمْ فِي ذَلِكَ الْوَقْتِ (أي قبل معرفة المسيح) بِدُونِ مَسِيحٍ، أَجْنَبِيِّينَ عَنْ رَعَوِيَّةِ إِسْرَائِيلَ، وَغُرَبَاءَ عَنْ عُهُودِ الْمَوْعِدِ، لاَ رَجَاءَ لَكُمْ وَبِلاَ إِلَهٍ فِي الْعَالَمِ.»

«بِدُونِ مَسِيحٍ، بلاَ رَجَاءَ، وَبِلاَ إِلَهٍ» هذه هي حالة الضياع. ولا ينبغي أبداً أن تكون حالة المؤمنين هكذا، إذا كان لنا المسيح، فلنا رجاء، ولنا إله.

نقرأ في (كولوسي ١: ٢٧):

«الَّذِينَ أَرَادَ اللهُ أَنْ يُعَرِّفَهُمْ مَا هُوَ غِنَى مَجْدِ هَذَا السِّرِّ فِي الأُمَمِ، الَّذِي هُوَ الْمَسِيحُ فِيكُمْ رَجَاءُ الْمَجْدِ.»

هذا هو السر الحقيقي، سر الإنجيل: **«الْمَسِيحُ فِيكُمْ»** وإن كان المسيح فيكم فلكم رجاء. وإن لم يكن لكم رجاء فكأن المسيح ليس فيكم. ولا أقصد إنك تكون نفساً هالكة، لكني أقصد إنك لا تحيا إختبار الخلاص. إن الرجاء في ذهنك جزء مهم من إختبار خلاصك.

وتقدم لنا (عبرانيين ٦: ١٧ ـ ٢٠) صورتين جميلتين عن الرجاء:

«فَلِذَلِكَ إِذْ أَرَادَ اللهُ أَنْ يُظْهِرَ أَكْثَرَ كَثِيراً لِوَرَثَةِ الْمَوْعِدِ عَدَمَ تَغَيُّرِ قَضَائِهِ، تَوَسَّطَ بِقَسَمٍ، حَتَّى بِأَمْرَيْنِ عَدِيمَي التَّغَيُّرِ، لاَ يُمْكِنُ أَنَّ اللهَ يَكْذِبُ فِيهِمَا، تَكُونُ لَنَا تَعْزِيَةٌ قَوِيَّةٌ، نَحْنُ الَّذِينَ الْتَجَأْنَا لِنُمْسِكَ بِالرَّجَاءِ الْمَوْضُوعِ أَمَامَنَا، الَّذِي هُوَ لَنَا كَمِرْسَاةٍ لِلنَّفْسِ مُؤْتَمَنَةٍ وَثَابِتَةٍ، تَدْخُلُ إِلَى مَا دَاخِلَ الْحِجَابِ، حَيْثُ دَخَلَ يَسُوعُ كَسَابِقٍ لأَجْلِنَا...»

- **الصورة الأولى من الرجاء: هي المذبح**، كان المذبح في العهد القديم مكاناً للحماية من طالبي الدم (أي الذين يقصدون القتل بدافع الثأر)، فعندما تهرب إلى المذبح تكون آمناً. ويقول كاتب الرسالة إلى العبرانيين إننا ينبغي أن نهرب إلى المذبح ونتمسك بقرونه عندما تأتي المصاعب والضغوط، وألا نسمح لشيء أن يسحبنا بعيداً عنه. أما المذبح هنا فهو الرجاء.

- **الصـــورة الثانية من الرجاء:** فهي أن الرجاء **كَمِرْسَـــاةٍ** تجتاز الزمن وتدخل إلى الأبدية، إلى محضـــر الله نفســـه. نحن في هذا العالم أشـــبه بسفينة صغيرة يحملها البحر، وكل ما حولنا مؤقت وغير دائم، ومتقلب لا يُعتمد عليه، وما من شـــيء يمنحنا الثبات والأمان. لذلك نحتاج إلى مرســـاة تعبر حجاب الزمن إلى الأبديـة، وتتثبت بإحكام في صـــخر الدهور. عندما يكون لنا رجاء، تكون لنا هذه المرساة.

أخيراً نقرأ في (عبرانيين ١٠: ٢٣):

«لِنَتَمَسَّكْ بِإِقْرَارِ الرَّجَاءِ رَاسِخاً، لأَنَّ الَّذِي وَعَدَ هُوَ أَمِينٌ.»

واصل التمسك بالرجاء، ولا تتركه أبداً، فهو حماية لذهنك.

>> الفصل الثاني عشر

سيف الروح

يتميز السيف عن الأسلحة الأخرى بشيء واحد، فهو أول قطعة دفاعية وهجومية معاً. من دون السيف، لا نستطيع طرد الشيطان. ربما نستطيع، بإستخدام الأسلحة الباقية معاً، أن نمنع الشيطان من أن يُصيبنا، لكننا لا نستطيع أن نطرده من دائرة وجودنا، أما السيف فهو السلاح الوحيد في قائمة الأسلحة والذي نستطيع به أن نطرد الشيطان، وهو يسمى في (أفسس ٦: ١٧): «...وَسَيْفَ الرُّوحِ الَّذِي هُوَ كَلِمَةُ اللهِ.»

يُشبه الكتاب المقدس كلمة الله بالسيف، ذلك أن كلمة الله قادرة على الإختراق والنفاذ كما تعلن في (عبرانيين ٤: ١٢): **«لأَنَّ كَلِمَةَ اللهِ حَيَّةٌ وَفَعَّالَةٌ، وَأَمْضَى مِنْ كُلِّ سَيْفٍ ذِي حَدَّيْنِ، وَخَارِقَةٌ إِلَى مَفْرَقِ النَّفْسِ وَالرُّوحِ وَالْمَفَاصِلِ وَالْمِخَاخِ، وَمُمَيِّزَةٌ أَفْكَارَ الْقَلْبِ وَنِيَّاتِهِ.»**

تخترق كلمة الله كل مجال من مجالات شخصية الإنسان؛ فهي **وَخَارِقَةٌ** إلى المخاخ (أي نخاع العظم)، أكثر أجزاء الجسم المادي عمقاً. ثم إن كلمة الله **وَخَارِقَةٌ**

إِلَى مَفْرَقِ النَّفْسِ وَالرُّوحِ، وهي أعمق منطقة في شخصية الإنسان. حقاً، إن كلمة الله هي **أَمْضَى مِنْ كُلِّ سَيْفٍ ذِي حَدَّيْنِ**.

في (رؤيا ١: ١٦) حيث رأى يوحنا يسوع في مجده، ورأى يسوع كرب الكنيسة، وأيضاً واحدة من الأشياء التي رآها كان سيفاً يخرج من فم يسوع:

«وَمَعَهُ فِي يَدِهِ الْيُمْنَى سَبْعَةُ كَوَاكِبَ، وَسَيْفٌ مَاضٍ ذُو حَدَّيْنِ يَخْرُجُ مِنْ فَمِهِ،...»

هذا **"سَيْفٌ مَاضٍ ذُو حَدَّيْنِ"** هو كلمة الله الذي يخرج من فم يسوع. وبما أن الكتاب المقدس يحدثنا عن يسوع وكيف إستخدم هو نفسه سيف كلمة الله، فمن المناسب أن ندرس كيف إستخدم يسوع ذلك السيف في حياته على الأرض. نجد أوضح صورة لذلك في (متى ٤: ١ -١١)، حيث نقرأ وصفاً للحادثة التي جرب بها الشيطان الرب يسوع في البرية. ودعوني أشير أن يسوع في كل مرة واجه فيها الشيطان، إستخدم سلاحاً واحداً ضده، وهو **"سَيْفَ الرُّوحِ الَّذِي هُوَ كَلِمَةُ اللهِ"**.

«ثُمَّ أُصْعِدَ يَسُوعُ إِلَى الْبَرِّيَّةِ مِنَ الرُّوحِ لِيُجَرَّبَ مِنْ إِبْلِيسَ. فَبَعْدَ مَا صَامَ أَرْبَعِينَ نَهَاراً وَأَرْبَعِينَ لَيْلَةً جَاعَ أَخِيراً. فَتَقَدَّمَ إِلَيْهِ الْمُجَرِّبُ وَقَالَ لَهُ: «إِنْ كُنْتَ ابْنَ اللَّهِ فَقُلْ أَنْ تَصِيرَ هَذِهِ الْحِجَارَةُ خُبْزاً». فَأَجَابَ: «مَكْتُوبٌ: لَيْسَ بِالْخُبْزِ وَحْدَهُ يَحْيَا الإِنْسَانُ، بَلْ بِكُلِّ كَلِمَةٍ تَخْرُجُ مِنْ فَمِ اللَّهِ». ثُمَّ أَخَذَهُ إِبْلِيسُ إِلَى الْمَدِينَةِ الْمُقَدَّسَةِ وَأَوْقَفَهُ عَلَى جَنَاحِ الْهَيْكَلِ، وَقَالَ لَهُ: «إِنْ كُنْتَ ابْنَ اللهِ فَاطْرَحْ نَفْسَكَ إِلَى أَسْفَلُ لأَنَّهُ مَكْتُوبٌ: أَنَّهُ يُوصِي مَلاَئِكَتَهُ بِكَ فَعَلَى أَيَادِيهِمْ يَحْمِلُونَكَ، لِكَيْ لاَ تَصْدِمَ بِحَجَرٍ رِجْلَكَ». قَالَ لَهُ يَسُوعُ: «مَكْتُوبٌ أَيْضاً: لاَ تُجَرِّبِ الرَّبَّ إِلَهَكَ». ثُمَّ أَخَذَهُ أَيْضاً إِبْلِيسُ إِلَى جَبَلٍ عَالٍ جِدّاً وَأَرَاهُ جَمِيعَ مَمَالِكِ الْعَالَمِ وَمَجْدَهَا، وَقَالَ لَهُ: «أُعْطِيكَ هَذِهِ جَمِيعَهَا إِنْ خَرَرْتَ وَسَجَدْتَ لِي». حِينَئِذٍ قَالَ لَهُ يَسُوعُ: «اذْهَبْ يَا شَيْطَانُ!

لأَنَّهُ مَكْتُوبٌ: لِلرَّبِّ إِلَهِكَ تَسْجُدُ وَإِيَّاهُ وَحْدَهُ تَعْبُدُ». ثُمَّ تَرَكَهُ إِبْلِيسُ، وَإِذَا مَلاَئِكَةٌ قَدْ جَاءَتْ فَصَارَتْ تَخْدِمُهُ.»

وأود أن أُشير هنا إلى بعض الحقائق المهمة التي تتعلق بهذا المقطع الكتابي:

أولاً: لم يشكك الرب يسوع ولا الشيطان نفسه في سلطان كلمة الله. أليس هذا مذهلاً؟! لقد إقتبس يسوع من سفر التثنية بالتحديد، ذلك السفر الذي تعرض إلى هجوم ونقد من قِبل اللاهوتيين المعاصرين. وأنا أعتقد شخصياً بأن يسوع والشيطان كانا أكثر حكمة من أولئك اللاهوتيين المعاصرين، فالشيطان عرف سلطان الكلمة، وبالطبع كانت معرفة الرب يسوع للكلمة وسلطانها عميقة بما لا يقاس.

ثانياً: التجارب الثلاث التي تعرض لها يسوع، كانت ترتكز على إثارة الشك؛ كان الشيطان يبدأ دائماً بالكلمة **«إنْ»** في محاولة لوضع حقيقة ما موضع الشك.

ثالثاً: وكما أشرت سابقاً، لم تختلف طريقة يسوع في أسلوبه بالتعامل مع الشيطان، بل إستخدم دائماً السلاح نفسه ضده، سلاح كلمة الله وهو:

«مَكْتُوبٌ... مَكْتُوبٌ أَيْضاً... لأَنَّهُ مَكْتُوبٌ...»

من المهم أن نلاحظ أيضاً أن الشيطان إقتبس من كلمة الله أيضاً. لكنه يضعها في غير موضعها. لقد إقتبس الشيطان من مزمور ٩١ مُحَرِّفاً تفسير الكلمات، لكن يسوع إقتبس ثانية من سفر التثنية مبيناً خداع الشيطان. فإن كان الشيطان قد تجرأ على إستخدام كلمة الله ضد يسوع، فمن الوارد أن يستخدمها ضدك أو ضدي. لذلك، ينبغي أن نتمكن من كلمة الله المكتوبة، وأن نفهم كيف نطبقها إن كنا نريد أن نتعامل مع هجمات إبليس. ينبغي أن نحذر من أولئك الذين يشوهون مفاهيم الكلمة، ويحاولون جذبنا في الطريق الخطأ.

لم يواجه يسوع الشيطان بإستخدام اللاهوت أو بإعلان نسبه الديني، لم يحدثه عن مجمع يتردد عليه أو معلم تعلم على يديه، لكنه كان يُسرع إلى إقتباس الكلمة المكتوبة قائل:

«**مَكْتُوبٌ... مَكْتُوبٌ... مَكْتُوبٌ...**». وبعد الطعنة الثالثة بهذا السيف الماضي ذو الحدين، تراجع الشيطان، فقد نال كفايته، وأنا وأنت قد أُعطينا إمتيازاً عظيماً بأن نستخدم هذا السلاح نفسه.

عندما يتحدث بولس عن سيف الروح الذي هو كلمة الله في (أفسس ٦: ١٧):

«...وَسَيْفَ الرُّوحِ الَّذِي هُوَ كَلِمَةُ اللهِ.»

فإنه يستخدم الكلمة اليونانية "Rhema"، وهي تعني أساساً "الكلمة المنطوقة"، فمن الأهمية أن نفهم أن **سَيْفَ الرُّوحِ** ليس هو ذلك الكتاب الموضوع على رف المكتب أو على المنضدة، فذلك لا يخيف الشيطان مطلقاً. لكن عندما تأخذ الكلمة المكتوبة وتنطقها بلسانك مباشرة، تصبح الكلمة آنذاك سيفاً للروح.

>> **"الروح القدس يعطينا القوة والحكمة في إستخدام السيف بعد أن نحمله."**

لاحظ أيضاً أهمية هذه العبارة «**سَيْفَ الرُّوحِ**». إنها تُشير إلى التعاون بين المؤمن والروح القدس، نحن نحمل السيف فلا يحمله الروح القدس عوضاً عنا، لكن الروح القدس يعطينا القوة والحكمة في إستخدام السيف بعد أن نحمله.

>> الفصل الثالث عشر

منطقة بلا حماية

لقد غطينا جميع الأسلحة الستة التي تُعطي لنا الحماية، وهي منطقة الحق، درع البر، حذاء إستعداد الإنجيل، ترس الإيمان، خوذة الخلاص وسيف الروح الذي هو كلمة الله. فإذا إرتدينا هذا السلاح الواقي الذي أعده لنا الله، سنتمتع بالحماية الكاملة من قمة الرأس إلى أخمص القدم، ما عدا منطقة واحدة!

الظهر هو المنطقة الوحيدة من الجسم الذي لا توجد حماية له، وأعتقد أن هذه حقيقة مهمة، ولها تطبيق مزدوج:

أولاً: لا تعطي ظهرك لإبليس أبداً، لأنك إن فعلت ذلك تعطيه فرصة لكي يجرحك في منطقة غير محمية. وبعبارة أخرى، لا تستسلم أبداً، لا تستدير أو تتراجع مُعطياً ظهرك للمعركة قائلاً: "لقد عانيت بما في الكفاية، أنا لا يمكن أن أحتمل المزيد". فإذا قلت هكذا فأنت بذلك تُعطي ظهرك المكشوف لإبليس، وتأكد إنه سوف يستفيد من هذه الفرصة ويجرحك.

ثانياً: نحن غير قادرين دائماً على حماية ظهورنا. في الجيوش الرومانية، كان جنود المشاة يحاربون في صفوف متراصة، وكان صف الجنود المتماسك يُدعى "phalanx"، وباليونانية تعني "جماعة منظمة".

كانوا مدربين على القتال بهذه الطريقة، فلا يسمح لأحدهم بأن يخرج عن الصف. وكان كل جندي منهم يعرف الجندي الذي عن يمينه والجندي الذي عن يساره، فكان يعرف أن هناك من يحمي ظهره إذا اشتد عليه ضغط المعركة ولا يقدر على حماية ظهره بنفسه.

وأعتقد أن هذا الشيء نفسه ينطبق علينا أيضاً في حياتنا كمؤمنين. إذ لا يمكن لنا أن نخرج ونواجه تحدي مملكة الشيطان كأفراد معزولين، بل ينبغي أن نأتي تحت هذا الإنضباط، وأن نعرف مواقعنا في الجسد (الذي هو جيش المسيح)، وأن يعرف كلاً منا من يقف عن يمينه ومن يقف عن يساره. ينبغي أن نكون قادرين على الثقة بإخوتنا الجنود الآخرين، فعندما تشتد الضغوط نعرف من سيكون هناك لحماية ظهورنا عندما لا نستطيع نحن حمايتها.

مضت أربعون سنة تقريباً منذ أن انخرطت في خدمة الرب، ولقد رأيت خلالها الكثير والكثير. ورأيت أن المأساة الحقيقية في إختبار الحياة الإيمانية هي أن يجرحك ذلك الإنسان الذي كان ينبغي أن يحمي ظهرك. كم من مرة تعرضنا إلى جرح في الظهر كان سببه أخ مؤمن؟! إنها مواقف ما كان ينبغي لها أن تحدث.

فدعونا نضع في قلوبنا وأذهاننا أن نقف صفاً واحداً جنباً إلى جنب، لا نجرح بعضنا بعضاً، بل نحمي بعضاً البعض خصوصاً في منطقة الظهر.

الجزء الثالث

أسلحة الهجوم

>> الفصل الرابع عشر

المبادرة بالهجوم

تعرضنا في الجزء السابق إلى قائمة الأسلحة الستة التي ذكرها بولس في (أفسس ٦: ١٤ . ١٧) وهم: منطقة الحق، درع البر، حذاء إستعداد الإنجيل، ترس الإيمان، خوذة الخلاص وسيف الروح. وقد أشرت إلى أنه بإستثناء السيف، كل هذه المعدات هى أساساً للحماية أو الدفاع عن النفس. والسيف أيضاً لا يصل إلى أبعد من ذراع الشخص الذي يحمله. وبعبارة أخرى، لا يوجد شيء في قائمة المعدات الدفاعية يؤهلنا من التعامل مع حصون الشيطان كما وصفها بولس في (٢كورنثوس١٠: ٤-٥)، حيث يتحدث عن إلتزامنا بهدم معاقل أو حصون الشيطان. «إِذْ أَسْلِحَةُ مُحَارَبَتِنَا لَيْسَتْ جَسَدِيَّةً، بَلْ قَادِرَةٌ بِاللهِ عَلَى هَدْمِ حُصُونٍ. هَادِمِينَ ظُنُونًا وَكُلَّ عُلْوٍ يَرْتَفِعُ ضِدَّ مَعْرِفَةِ اللهِ، وَمُسْتَأْسِرِينَ كُلَّ فِكْرٍ إِلَى طَاعَةِ الْمَسِيحِ».

فلنتقدم الآن من الدفاع إلى الهجوم، ونتحدث عن الأسلحة الهجومية التي تُمكننا من مهاجمة حصون الشيطان وهدمها. ومن المهم أن ندرك أهمية مبادرتنا بالهجوم، أن نتحرك بنشاط ونهاجم مملكة الشيطان. فالتاريخ يؤكد والتجربة تثبت أنه لم ينتصر جيش قط بإعتماده على أسلوب الدفاع وحده.

في أوائل هذا القرن، سأل أحدهم ضابطاً فرنسياً مشهوراً (برتبة لواء) قائلاً: "أي جيش ينتصر في الحرب؟" فأجاب اللواء: "الذي يبادر بالهجوم!" فمن المؤكد أننا لن نربح حرباً بالتراجع أو حتى بالثبات في مواقعنا. ولن تسقط مملكة الشيطان، إذا بقيت الكنيسة في وضع الدفاع عن النفس فقط بدلاً من وضع الهجوم. لذلك لدينا إلتزاماً مطلقاً من مجرد وضع الدفاع والحماية الذاتية إلى إتخاذ وضع الهجوم.

عندما كشف يسوع ـ للمرة الأولى ـ عن خطته نحو الكنيسة، وضع تصوراً لها بأن تكون في حالة الهجوم على حصون الشيطان. كانت المرة الأولى التي يرد فيها ذكر الكلمة "كنيسة" في العهد الجديد هي في (متى ١٦: ١٨)، حيث كان يسوع يخاطب بطرس قائلاً:

«أَنْتَ بُطْرُسُ، وَعَلَى هَذِهِ الصَّخْرَةِ أَبْنِي كَنِيسَتِي، وَأَبْوَابُ الْجَحِيمِ لَنْ تَقْوَى عَلَيْهَا.»

وفي ترجمة بديلة تقول: "أن جميع أبواب الجحيم لن تكون قوية أبداً عليكي"

أما الكلمة اليونانية المترجمة «**الْجَحِيمِ**» هنا فهي "Hades" وهي كلمة مشتقة من أصل يعني «غير مرئي». **فالْجَحِيمِ** إذاً أو "Hades" هو عالم مملكة الشيطان الغير مرئي.

لقد صور يسوع الكنيسة في ضوء نشاطين رئيسين هما البناء والقتال. وينبغي لهذين النشاطين أن يترافقا دائماً معاً. فما جدوى القتال إن كنا لا نسعى إلى البناء؟

وكيف نبني إن لم نقاتل؟ لذلك، ينبغي أن نفكر دائماً ببناء الكنيســـة وبقتال قوات الشيطان.

وقد فســـر كثيرون كلمات الرب يســـوع في (متى ٦: ١٨) تفســـيراً خاطئاً، فافترضـوا مخطئين أن يسـوع صـور الكنيسـة في وضـع دفاعي، وكأنما هي في مدينة محاصـــرة بقوات الشـــيطان. وفهموا وعد يســـوع على إنه يعني بألا يتمكن الشـــيطان من إختراق بـاب تلك المدينة قبل أن يأتي الرب ويختطف الكنيســـة. هذا هو المفهوم الدفاعي الذي ألصـــقناه بالكنيسة، وهو مفهوم خاطئ تماماً.

<<

"لقد صـــور يســـــوع الكنيســـة في وضـع الهجوم عـلى أبـواب الشيطان."

لقد صـور يسـوع الكنيسـة في وضـع الهجوم على أبواب الشيطان، وكان وعده أن أبواب الشيطان لن تصمد أمام هجوم الكنيســة، وأن الشـيطان لن يتمكن من صــد تقدمها. فليســت الكنيسـة هي التي تحاول صـد الشـيطان ومنعه من الدخول، بل الشيطان الذي يحاول صد الكنيسة فيفشل. ويتضمن وعد يسوع أننا إن أطعناه بإعتباره قائداً أعلى، نستطيع ـ آنذاك ـ أن نتحرك خارج قواقعنا مهاجمين معاقل الشـــيطان، محطمين أبواب الجحيم، محررين أســـرى الظلام ومستردين كل ما سلبه الشيطان. هذه هي مهمة الكنيسـة، وهي مهمة هجومية بالضرورة لا دفاعية.

وكلمـة «بـاب» لهـا معنى ذا أهميـة بـالغـة في الكتـاب المقدس، فـالبـاب أول كل شـيء هو مكان الحكم والمشـاورة. مثلاً نقرأ في (أمثال ٣١: ٢٣) عن زوج المرأة الفاضلة الأمينة ما يلي:

«زَوْجُهَا مَعْرُوفٌ فِي الأَبْوَابِ حِينَ يَجْلِسُ بَيْنَ مَشَايِخِ الأَرْضِ.»

لاحظ أن باب المدينة هو المكان الذي يوجد فيه إجتماع الشيوخ الذين يحكمون المدينة ويديرون شؤونها. فعندما يقول الكتاب إن أبواب الشيطان، أو أبواب الجحيم، لن تقوى على الكنيسة، فهذا يعني أن مشورات الشيطان ضد الكنيسة ستُحبط وتبطل تماماً.

والباب هو المكان الطبيعي الذي يستهدفه الهجوم على مدينة ما، فالباب أضعف من الأسوار. نقرأ في (إشعياء ٢٨: ٦):

«... وَبَأْساً لِلَّذِينَ يَرُدُّونَ الْحَرْبَ إِلَى الْبَابِ.»، فالصورة التي أمامنا إذاً هي صورة الكنيسة التي تنقض على أبواب معاقل الشيطان، وصورة الأبواب الشيطانية التي تعجز عن صد هجوم الكنيسة ومنعها من الدخول. من هنا ينبغي لنا أن نتوقف عن التفكير في وضع الدفاع، وأن نبدأ بالتفكير في الهجوم.

وأعتقد ــ حسب تجربتي وخبرتي ــ أن معظم المؤمنين يعانون من موقف قد تعبر عنه هذه الكلمات: "أين يا ترى سيضرب الشيطان ضربته التالية؟"، وأعتقد أن الحال يجب أن يكون بالعكس، ينبغي أن يتساءل الشيطان عن مكان الضربة القادمة التي ستضربها الكنيسة له.

ولمتابعة دراسة موضوعنا هذا حول الكنيسة المبادرة بالهجوم، أود أن أوضح:

أولاً، القاعدة الكتابية التي نعتمد عليها بهذا الخصوص. ونجد هذه القاعدة ـ بشكل رئيسي ــ في عدد واحد في (كولوسي ٢: ١٥)، حيث يصف بولس ما حققه الله من خلال موت المسيح نيابة عنا على الصليب.

«... إِذْ جَرَّدَ الرِّيَاسَاتِ وَالسَّلاَطِينَ»

الرياسات هنا هي نفسها تلك المُشار إليها في (أفسس ٦: ١٢). وقد جرد الله، بواسطة الصليب، تلك الرياسات والسلاطين من السلاح. هل فكرت يوماً أن

الشـــيطان منزوع الســـلاح؟ نعم، لقد نزع الله أســـلحته، وجرد الرياســـات بعمل الصليب. أما تكملة ذلك العدد في (كولوسي ٢: ١٥) يقول:

«... أَشْهَرَهُمْ جِهَاراً، ظَافِراً بِهِمْ فِيهِ.»

الله من خلال الصـليب نزع سـلاح مملكة الشـيطان، وشـهر بمن يمثلون مملكة الشيطان علناً (أي أعلن هزيمتهم وأذلهم علناً)، وظفر بهم بالصليب.

وكما أشرنا سابقاً فإن الظفر هنا لا يعني واقعة الإنتصـار نفسـها، بل يشير إلى الإحتفال بانتصـار قد سبق وتم، وعلينا إظهار ذلك الإنتصار الكامل. فعلى الصليب لم يكسـب يسـوع المعركة لأجل نفسـه، فهو منتصـر دائماً، لكنه إنتصـر نيابة عنا. وهكذا صار إنتصاره هو إنتصارنا نحن.

ثانياً، ويعلن بولس في (٢كورنثوس ٢: ١٤) قائلاً:

«وَلَكِنْ شُكْراً لِلَّهِ الَّذِي يَقُودُنَا فِي مَوْكِبِ نُصْرَتِهِ فِي الْمَسِيحِ كُلَّ حِينٍ، وَيُظْهِرُ بِنَا رَائِحَةَ مَعْرِفَتِهِ فِي كُلِّ مَكَانٍ.»

«**كُلَّ حِينٍ**» و «**فِي كُلِّ مَكَانٍ**» نحن نمثل إنتصـــار المســيح. وهكذا يظهر الله إنتصـار المسـيح من خلالنا على الرياسـات والسـلاطين والقوات الشـيطانية. ذلك الإنتصار الذي يتحقق فينا ومن خلالنا.

وهـا هـي الإرسـالية الأخيـرة التـي وضـعها يسـوع بـين يـدي تلاميـذه فـي (متى ٢٨: ١٨-١٩):

«فَتَقَدَّمَ يَسُوعُ وَكَلَّمَهُمْ قَائِلاً: «دُفِعَ إِلَيَّ كُلُّ سُلْطَانٍ فِي السَّمَاءِ وَعَلَى الأَرْضِ [إن كان يسوع لديه كل السلطان، فلا سلطان لسواه، إلا إذا أراد هو أن يسلم سلطانه إلى من يريد]، **فَاذْهَبُوا وَتَلْمِذُوا جَمِيعَ الأُمَمِ، وَعَمِّدُوهُمْ بِاسْمِ الآبِ وَالابْنِ وَالرُّوحِ الْقُدُسِ.»**

قال يسـوع: «**...دُفِعَ إِلَيَّ كُلُّ سُـلْطَانٍ... فَاذْهَبُوا...**» فما دلالة حرف الفاء هنا؟ أعتقد أن يسـوع يريد أن يقول: "اذهبوا ومارسـوا السـلطان الذي دُفع إليَّ، مارسـوه نيابة عني." إن مهمتنا هي أن نمارس إنتصــار يســوع بطريقة عملية؛ أن نُظهر غلبته ونعلن سلطانه، وهي الأمور التي كسبها يسوع نيابة عنا. ولا يكون السلطان فعالاً إن لم نمارسه، بل يكون بلا ثمر ويبقى بلا فاعلية.

ولا يستطيع العالم أن يرى إنتصـار المسيح إلا إذا أظهرناه نحن؛ لقد حقق المسيح الإنتصـــار، لكن مهمتنا هي إظهار ذلك الإنتصـــار على الشـيطان وعلى مملكته. ولا يمكن إظهار الإنتصار إلا عندما ننتقل من مواقعنا الدفاعية إلى المبادرة بالهجوم.

>> الفصل الخامس عشر

سلاح الصلاة

لقد وفر لنا الله الأسلحة الروحية المناسبة من أجل أن نتمكن من الهجوم على حصون الشيطان وهدمها. نقرأ في (٢كورنثوس ١٠: ٤):

«**إِذْ أَسْلِحَةُ مُحَارَبَتِنَا لَيْسَتْ جَسَدِيَّةً** [أي ليست مادية كالقنابل والرصاص والدبابات والطائرات الحربية]، **بَلْ قَادِرَةٌ بِاللَّهِ عَلَى هَدْمِ حُصُونٍ.**»

هذه الحصون هي حصون الشيطان بالطبع. وبعبارة أخرى، فقد وفر لنا الله أسلحة روحية، وبِناء على دراستي المكثفة وخبرتي الشخصية، أعتقد أن كلمة الله تعلن عن أربعة أسلحة روحية للهجوم هي: الصلاة، التسبيح، الكرازة، والشهادة، وسوف نتحدث أولاً عن سلاح الصلاة.

وأود أن أؤكد هنا على أن الصلاة هي أكثر من مجرد سلاح، يوجد جوانب مختلفة للصلاة، واحدة منها فقط هي إنها سلاح في الحرب الروحية. وأعتقد إنها السلاح الأقوى من بين جميع الأسلحة التي أوكلنا الله عليها.

في (أفسس ٦: ١٨)، وبعد أن يذكر بولس قائمة الأسلحة الدفاعية يقول:

«مُصَـلِّينَ بِكُلِّ صَـلاَةٍ وَطِلْبَةٍ كُلَّ وَقْتٍ فِي الرُّوحِ...» وهنا ينتقل بولس من الحديث عن الدفاع إلى الهجوم، وليس من قبيل المصادفة أن تأتي هذه الكلمات بعد قائمة الأسلحة الدفاعية مباشرة، فهو يذكر هنا أعظم الأسلحة الهجومية على الإطلاق، ألا وهو الصلاة.

>> **"لا توجد حدود للصلاة بوقت أو مسافة."**

فكر بالصلاة وكأنها صاروخ عابر للقارات؛ إنه صاروخ يُطلق من إحدى القارات، ويوجه بواسطة نظام تكنولوجي متقدم إلى هدف في قارة أخرى، وذلك لتدمير ذلك الهدف المحدد. فلا توجد حدود للصلاة بوقت أو مسافة، فهي تشبه ذلك الصاروخ عابر القارات. وبالصلاة نستطيع أن نهاجم حصون الشيطان أينما كانت، حتى ولو في السماويات.

ومن أمثلة الصلوات الهجومية ما نجده في (أعمال الرسل ١٢: ١-٦). كانت الكنيسة تعاني من إضطهاد الملك هيرودس، وكان يعقوب - أحد القادة - قد أُعدم بالفعل على يد هيرودس. أما بطرس فقد أُعتقل وسُجن ووضع على لائحة الإعدام. فيما يلي وصف تلك الحالة كما يقدمها سفر الأعمال:

«وَفِي ذَلِكَ الْوَقْتِ مَدَّ هِيرُودُسُ الْمَلِكُ يَدَيْهِ لِيُسِيءَ إِلَى أُنَاسٍ مِنَ الْكَنِيسَةِ، فَقَتَلَ يَعْقُوبَ أَخَا يُوحَنَّا بِالسَّيْفِ. وَإِذْ رَأَى أَنَّ ذَلِكَ يُرْضِي الْيَهُودَ عَادَ فَقَبَضَ عَلَى بُطْرُسَ أَيْضاً. وَكَانَتْ أَيَّامُ الْفَطِيرِ. وَلَمَّا أَمْسَكَهُ وَضَعَهُ فِي السِّجْنِ مُسَلِّماً إِيَّاهُ إِلَى أَرْبَعَةِ أَرَابِعَ مِنَ الْعَسْكَرِ لِيَحْرُسُوهُ، نَاوِياً أَنْ يُقَدِّمَهُ بَعْدَ الْفِصْحِ إِلَى الشَّعْبِ [هيرودس لن يقتل بطرس وقت الفصح، لأن ذلك كان سيُعتبر انتهاكاً لقدسية ذلك اليوم في نظر اليهود]. **فَكَانَ بُطْرُسُ مَحْرُوساً فِي السِّجْنِ. وَأَمَّا الْكَنِيسَةُ فَكَانَتْ تَصِيرُ مِنْهَا صَلاَةٌ بِلَجَاجَةٍ إِلَى اللهِ مِنْ أَجْلِهِ. وَلَمَّا كَانَ هِيرُودُسُ مُزْمِعاً أَنْ يُقَدِّمَهُ،**

كَانَ بُطْرُسُ فِي تِلْكَ اللَّيْلَةِ نَائِماً بَيْنَ عَسْكَرِيَّيْنِ مَرْبُوطاً بِسِلْسِلَتَيْنِ. وَكَانَ قُدَّامَ الْبَابِ حُرَّاسٌ يَحْرُسُونَ السِّجْنَ.»

كان بطرس مسجوناً تحت حراسة مشددة جداً، فقد كان هيرودس حريصاً جداً على ألا ينقذه أحد، حتى أنه أمر بأربعة فرق تتناوب الحراسة نهاراً وليلاً، وفي كل فريق أربعة جنود. وواضح أيضاً أن حارساً كان ينبغي أن يكون مقيداً بيدي بطرس أو بقدميه، مما يجعل من المستحيل أن تنجح عملية إنقاذه بطريقة طبيعية. لكن الكنيسة كانت تصلي بلجاجة.

هكذا تعمل الأزمات على تعديل أولوياتنا. لا أعرف كيف كان حال الكنيسة - قبل تلك الأزمة — من جهة اللجاجة والمثابرة في الصلاة، لكن ما حدث هو أن يعقوب أُخذ من بينهم فجأة، وهم يدركون الخطر الذي ينتظرهم إذا فقدوا قائدهم بطرس أيضاً، لقد دفعهم هذا كله إلى اللجاجة في الصلاة. ولم يصلوا في النهار فقط، بل في الليل أيضاً. كذلك من المهم أن نلاحظ أن هناك أوقاتاً مجرد الصلاة في النهار فقط لن تكون كافية.

كما يُشير الكتاب، إذ قال يسوع في (لوقا ١٨: ٧):

«أَفَلاَ يُنْصِفُ اللهُ مُخْتَارِيهِ الصَّارِخِينَ إِلَيْهِ نَهَاراً وَلَيْلاً...؟!»

في بعض الأحيان نحن نحتاج إلى صلاة مكثفة ومستمرة لإطلاق التدخل الإلهي لنا. وكان يسوع قد قدم وعداً لبطرس في (يوحنا ٢١: ١٨-١٩):

«اَلْحَقَّ الْحَقَّ أَقُولُ لَكَ: لَمَّا كُنْتَ أَكْثَرَ حَدَاثَةً كُنْتَ تُمَنْطِقُ ذَاتَكَ وَتَمْشِي حَيْثُ تَشَاءُ. وَلَكِنْ مَتَى شِخْتَ فَإِنَّكَ تَمُدُّ يَدَيْكَ وَآخَرُ يُمَنْطِقُكَ وَيَحْمِلُكَ حَيْثُ لاَ تَشَاءُ». قَالَ هَذَا مُشِيراً إِلَى أَيَّةِ مِيتَةٍ كَانَ مُزْمِعاً أَنْ يُمَجِّدَ اللَّهَ بِهَا. وَلَمَّا قَالَ هَذَا قَالَ لَهُ: «اتْبَعْنِي».»

وأتساءل هل كان بطرس يتأمل في هذا الوعد أثناء وجوده في السجن؟ فقد قال له يسوع: **«... وَلَكِنْ مَتَى شِخْتَ...»** ولم يكن بطرس قد شاخ بعد في ذلك الوقت. وأعتقد أنه كان يتوقع حدوث شيء ما يثبت كلمات الرب يسوع، وقد ثبتت بالفعل، ولكن الأمر إحتاج صلاة الكنيسة لتحقيقه.

وقد إستجاب الله لصلاة الكنيسة، إذ أرسل ملاكاً ليحرر بطرس. هذا ما نجد تفاصيله في (أعمال ١٢: ٧-١١):

«وَإِذَا مَلاَكُ الرَّبِّ أَقْبَلَ، وَنُورٌ أَضَاءَ فِي الْبَيْتِ، فَضَرَبَ جَنْبَ بُطْرُسَ وَأَيْقَظَهُ قَائِلاً: «قُمْ عَاجِلاً». فَسَقَطَتِ السِّلْسِلَتَانِ مِنْ يَدَيْهِ. وَقَالَ لَهُ الْمَلاَكُ: «تَمَنْطَقْ وَالْبَسْ نَعْلَيْكَ». فَفَعَلَ هكَذَا. فَقَالَ لَهُ: «الْبَسْ رِدَاءَكَ وَاتْبَعْنِي». فَخَرَجَ يَتْبَعُهُ. وَكَانَ لاَ يَعْلَمُ أَنَّ الَّذِي جَرَى بِوَاسِطَةِ الْمَلاَكِ هُوَ حَقِيقِيٌّ، بَلْ يَظُنُّ أَنَّهُ يَنْظُرُ رُؤْيَا. فَجَازَا الْمَحْرَسَ الأَوَّلَ وَالثَّانِيَ وَأَتَيَا إِلَى بَابِ الْحَدِيدِ الَّذِي يُؤَدِّي إِلَى الْمَدِينَةِ، فَانْفَتَحَ لَهُمَا مِنْ ذَاتِهِ، فَخَرَجَا وَتَقَدَّمَا زُقَاقاً وَاحِداً. وَلِلْوَقْتِ فَارَقَهُ الْمَلاَكُ.

فَقَالَ بُطْرُسُ وَهُوَ قَدْ رَجَعَ إِلَى نَفْسِهِ: «الآنَ عَلِمْتُ يَقِيناً أَنَّ الرَّبَّ أَرْسَلَ مَلاَكَهُ وَأَنْقَذَنِي مِنْ يَدِ هِيرُودُسَ، وَمِنْ كُلِّ انْتِظَارِ شَعْبِ الْيَهُودِ».»

لقد إستجاب الله لصلاة الكنيسة بتدخل فوق الطبيعي وبواسطة ملاك. لكن تحرير بطرس كان الجزء الأول فقط من نتائج صلواتهم. وينبغي أن نلقي الضوء على الجزء الثاني، الذي يتضمن دينونة نفذها ملاك الرب على الملك المضطهد هيرودس. فلنقرأ في (أعمال ١٢: ١٩-٢٣):

«وَأَمَّا هِيرُودُسُ فَلَمَّا طَلَبَهُ وَلَمْ يَجِدْهُ فَحَصَ الْحُرَّاسَ وَأَمَرَ أَنْ يَنْقَادُوا إِلَى الْقَتْلِ. ثُمَّ نَزَلَ مِنَ الْيَهُودِيَّةِ إِلَى قَيْصَرِيَّةَ وَأَقَامَ هُنَاكَ. وَكَانَ هِيرُودُسُ سَاخِطاً عَلَى الصُّورِيِّينَ وَالصَّيْدَاوِيِّينَ فَحَضَرُوا إِلَيْهِ بِنَفْسٍ وَاحِدَةٍ، وَاسْتَعْطَفُوا بَلاَسْتُسَ النَّاظِرَ عَلَى مَضْجَعِ الْمَلِكِ، ثُمَّ صَارُوا يَلْتَمِسُونَ الْمُصَالَحَةَ لأَنَّ كُورَتَهُمْ تَقْتَاتُ مِنْ كُورَةِ

الْمَلِكِ. فَفِي يَوْمٍ مُعَيَّنٍ لَبِسَ هِيرُودُسُ الْحُلَّةَ الْمُلُوكِيَّةَ وَجَلَسَ عَلَى كُرْسِـــيِّ الْمُلْكِ وَجَعَلَ يُخَاطِبُهُمْ. فَصَرَخَ الشَّعْبُ: «هَذَا صَوْتُ إِلَهٍ لاَ صَوْتُ إِنْسَانٍ!». فَفِي الْحَالِ ضَرَبَهُ مَلاَكُ الرَّبِّ لأَنَّهُ لَمْ يُعْطِ الْمَجْدَ لِلَّهِ، فَصَارَ يَأْكُلُهُ الدُّودُ وَمَاتَ.»

دعنا نبحث كيف عملت الصـلاة، في هذا الوضـع، كسـلاح للهجوم. لقد إخترقت الصـــلاة السـماء وأطلقت الملائكة للتدخل. ويمكن مقارنة ذلك مع ما حدث في أيام دانيال (انظر دانيال ١٠)، إذ صلى دانيال وجاء الملاك من السماء بالإستجابة.

والتعليـق الأخيـر الـذي يخـتم بـه الكتـاب المقـدس حادثـة أعمـال الرسـل فـي (أعمال ١٢: ٢٤) هو كالتالي:

«وَأَمَّا كَلِمَةُ اللهِ فَكَانَتْ تَنْمُو وَتَزِيدُ.»

هذا يصـور نمو كلمة الله التي لا تقاوم، خصوصاً ذلك الوعد الذي أعطاه يسوع لبطرس بـأنـه لن يموت قبل أن يشـيخ. لكن وعود الله تطلبت الصـــلاة من أجل تنفيذها. هذا ما ينبغي علينا أن نفهمه: إن وعود كلمة الله ليست بديلاً عن صـلواتنا، فالوعود تدفعنا إلى الصـلاة، والصـلاة ضـرورية لتحويل تلك الوعود إلى حقيقة فعالة في أرواحنا. كما أن تحرك الملائكة وتدخلها من أجلنا يتطلب الصلاة.

تقول كلمة الله في (عبرانيين ١: ١٤):

«أَلَيْسَ جَمِيعُهُمْ أَرْوَاحًا خَادِمَةً مُرْسَلَةً لِلْخِدْمَةِ لأَجْلِ الْعَتِيدِينَ أَنْ يَرِثُوا الْخَلاَصَ!»

إن الملائكة هي أرواحاً خادمة، أُرسلت لمنفعتنا. لكن الملائكة لا تأتي عادةً إلا متى صلينا؛ فصلواتنا تحرك الملائكة وتجعلها تتدخل كإستجابة إلهية.

تذكر أن الصلاة تخترق مملكة الشيطان في السماويات وتُطْلِق الملائكة لكي تتدخل.

>> الفصل السادس عشر

سلاح التسبيح

السلاح الهجومي العظيم الثاني، والذي يأتي منطقياً بعد الصلاة، هو سلاح التسبيح. يمكنك إعتبار التسبيح شكلاً من أشكال الصلاة بمعنى ما، لكن التسبيح في الكتاب المقدس مرتبط دائماً بخوف الله أو هيبته الفائقة. يعمل التسبيح على تحقيق التدخل الإلهي، وهو أيضاً تجاوبنا المناسب الذي يليق بذلك التدخل. نقرأ في (خروج ١٥: ١٠-١١) تلك التسبيحة التي رفعها الشعب القديم بعد خروجهم أحراراً من مصر، وبعد أن غرق جيش فرعون في البحر الأحمر.

«نَفَخْتَ بِرِيحِكَ فَغَطَّاهُمُ الْبَحْرُ. غَاصُوا كَالرَّصَاصِ فِي مِيَاهٍ غَامِرَةٍ. مَنْ مِثْلُكَ بَيْنَ الآلِهَةِ يَا رَبُّ؟ مَنْ مِثْلُكَ مُعْتَزّاً فِي الْقَدَاسَةِ، مَخُوفاً بِالتَّسَابِيحِ، صَانِعاً عَجَائِبَ؟».

لاحظ عبارة «**مَخُوفاً بِالتَّسَابِيحِ**»، فالتسبيح يعلن ويدعو إلى مخافة الله وهيبته، وخاصة ضد أعداء شعب الله.

ويعلن (مزمور٢٢: ٢٣): **«يَا خَائِفِي الرَّبِّ، سَبِّحُوهُ. مَجِّدُوهُ يَا مَعْشَرَ ذُرِّيَّةِ يَعْقُوبَ، وَاخْشَوْهُ يَا زَرْعَ إِسْرَائِيلَ جَمِيعاً.»**

التسبيح أيضاً هو التجاوب المناسب من جهة شعب الله أمام رهبة الله وأمام أعماله المخوفة في الحرب من أجل شعبه نيابة عنهم.

يقول (مزمور٨: ٢): **«مِنْ أَفْوَاهِ الأَطْفَالِ وَالرُّضَّعِ أَسَّسْتَ حَمْداً...»**

«بِسَبَبِ أَضْدَادِكَ، لِتَسْكِيتِ عَدُوٍّ وَمُنْتَقِمٍ.»

ونرى هنا أن الله وفر لشعبه قوة ضد أعدائهم. وفي هذا العدد توجد كلمتين لوصف العدو:

الكلمة الأولي: «**أَضْدَادِكَ**» بصيغة الجمع، وأعتقد أن هذه الكلمة تعود على مملكة الشيطان بشكل عام، فالأضداد هم الرياسات والسلاطين والولاة وأجناد الشر الروحية التي يتحدث عنها بولس في (أفسس ٦: ١٢).

أما الكلمة الثانية: فهي «**عَدُوٍّ**» بالمفرد، وأعتقد إنها تعود على الشيطان نفسه.

وقد وفر الله لشعبه القوة ليتعامل بها مع مملكة الشيطان بأكملها. ويعلن (متى ٢١: ١٥-١٦) طبيعة هذه القوة بوضوح، حيث كان يسوع يُجري بعض المعجزات في الهيكل، وكان الأطفال يركضون ذهاباً وإياباً بفرح قائلين: **«أُوصَنَّا لابْنِ دَاوُدَ!»** فطلب القادة المتدينون من يسوع أن يُسكت هؤلاء الأطفال.

«فَلَمَّا رَأَى رُؤَسَاءُ الْكَهَنَةِ وَالْكَتَبَةُ الْعَجَائِبَ الَّتِي صَنَعَ، وَالأَوْلاَدَ يَصْرَخُونَ فِي الْهَيْكَلِ وَيَقُولُونَ: «أُوصَنَّا لابْنِ دَاوُدَ» غَضِبُوا، وَقَالُوا لَهُ: «أَتَسْمَعُ مَا يَقُولُ هَؤُلاَءِ؟». فَقَالَ لَهُمْ يَسُوعُ: «نَعَمْ! أَمَا قَرَأْتُمْ قَطُّ: مِنْ أَفْوَاهِ الأَطْفَالِ وَالرُّضَّعِ هَيَّأْتَ تَسْبِيحاً؟».

أجابهم يسوع مقتبساً (مزمور ٨ : ٢)، لكنه غير في الكلمات المقتبسة قليلاً؛ ففي الأصل العبري ترد كلمات المزمور كما يلي: "بأفواه الأطفال والرضع أسست قوة...". وعندما إقتبس يسوع هذه الكلمات قال: **«مِنْ أَفْوَاهِ الأَطْفَالِ وَالرُّضَّعِ هَيَّأْتَ تَسْبِيحاً»**، وكأن هذه الكلمات هي تعليق يسوع الشخصي على منطوق المزمور، وذلك لإعلان أن التسبيح هو قوة شعب الله. نعم، إن التسبيح هو مصدر عظيم للقوة.

وفيما يلي المزيد من الملاحظات حول هذا الإعلان:

أولاً، قرأنا في ذلك المقطع العبارة «**بأفواه...**» أو «**مِنْ أَفْوَاهِ...**»، وهي تشير إلى أن الفم هو القناة الرئيسية لإطلاق أسلحتنا الروحية ضد مملكة الشيطان.

ثانياً، يتحدث النص عن «**الأَطْفَالِ**» و «**الرُّضَّعِ**». وفي ذلك إشارة إلى أولئك الذين لا يتمتعون بقوة في أنفسهم، بل ينبغي أن يعتمدوا على قوة الله.

نقرأ في (متى ١١: ٢٥): **«فِي ذَلِكَ الْوَقْتِ قَالَ يَسُوعُ: «أَحْمَدُكَ أَيُّهَا الآبُ رَبُّ السَّمَاءِ وَالأَرْضِ، لأَنَّكَ أَخْفَيْتَ هَذِهِ عَنِ الْحُكَمَاءِ وَالْفُهَمَاءِ وَأَعْلَنْتَهَا لِلأَطْفَالِ.»**

كان يسوع يتحدث عن تلاميذه في هذا المقطع. «**فالأَطْفَالِ**» ليسوا بالضرورة أولئك المولودين حديثاً بالجسد، بل هم الذين لا يملكون قوة خاصة، وينبغي أن يعتمدوا كلياً على قوة الله.

أما الغرض من إستخدام التسبيح كسلاح فهو إسكات الشيطان. وهذا يتوافق مع (رؤيا ١٢: ١٠)، حيث نجد في هذه الآية إعلاناً لم يتحقق بعد، لكنه يخبرنا الكثير عن نشاط الشيطان في وقتنا الحالي.

«وَسَمِعْتُ صَوْتاً عَظِيماً قَائِلاً فِي السَّمَاءِ: «الآنَ صَارَ خَلاَصُ إِلَهِنَا وَقُدْرَتُهُ وَمُلْكُهُ وَسُلْطَانُ مَسِيحِهِ، لأَنَّهُ قَدْ طُرِحَ الْمُشْتَكِي عَلَى إِخْوَتِنَا الَّذِي كَانَ يَشْتَكِي عَلَيْهِمْ أَمَامَ إِلَهِنَا نَهَاراً وَلَيْلاً.»

من هنا نعرف أن سلاح الشيطان الرئيسي ضدنا ونشاطه الأساسي هو أن

يشـــتكي علينا، إنه يشـــتكي علينا (أي يتهمنا) بإســـتمرار أمام الله نهاراً وليلاً. وهنا يخطر في بالي ما يلي:

• إن كان الشيطان مشغولاً ليلاً نهاراً، فلا يكفي أن ننشغل نحن نهاراً فقط! بل ينبغي أن نواجهه ليلاً ونهاراً.

• يشـــتكي الشـــيطان علينا لكي يدفعنا إلى الشـــعور بالذنب، هذا هو ســـلاحه الرئيسي ضدنا.

وقد تقول: "إذاً، لماذا لا يُسكت الله الشيطان؟" والسبب ببساطة هو أن الله وفر لنا الوسائل لإسكات الشيطان، ولن يفعل هو ذلك نيابة عنا. لقد جعل الله لنا التسبيح **«مِنْ أَفْوَاهِ الأَطْفَالِ وَالرُّضَّعِ»** يصعد التسبيح إلى السماويات، ويرتقي إلى عرش الله، ولتسكيت إتهامات الشيطان ضدنا.

وفي (رؤيا ١٦: ١٣-١٤) نبوة، ولن أحاول أن أشرح الكيفية التي ستتحقق بها هذه النبوة تاريخياً، لكنني أريد أن أُشير إلى مبدأ مهم. يقول يوحنا:

«وَرَأَيْتُ مِنْ فَمِ التِّنِّينِ، وَمِنْ فَمِ الْوَحْشِ، وَمِنْ فَمِ النَّبِيِّ الْكَذَّابِ، ثَلاَثَةَ أَرْوَاحٍ نَجِسَةٍ شِبْهَ ضَفَادِعَ، فَإِنَّهُمْ أَرْوَاحُ شَيَاطِينَ صَانِعَةٌ آيَاتٍ، تَخْرُجُ عَلَى مُلُوكِ الْعَالَمِ وَكُلِّ الْمَسْكُونَةِ لِتَجْمَعَهُمْ لِقِتَالِ ذلِكَ الْيَوْمِ الْعَظِيمِ، يَوْمِ اللهِ الْقَادِرِ عَلَى كُلِّ شَيْءٍ.»

فالأرواح الشيطانية النجسة هنا تعمل بأفواهها أيضاً! التسبيح الذي يُسكت الشيطان يخرج من أفواه شعب الله. القوى الروحية الشيطانية تنطلق من خلال أفواه العاملين إلى جانب الشيطان، فمن فم التنين ومن فم الوحش ومن فم النبي الكاذب تخرج أرواح نجسة. وبصورة ما، يشير هذا إلى أن المنتصر في الحرب الروحية هو ذلك الجانب الذي يستخدم فمه بفاعلية أكبر. فإن لم نتعلم كيف نستخدم أفواهنا، فلن نكسب الحرب.

وتُشبه الأرواح النجسة هنا بالضفادع. ومن الجدير بالملاحظة أن الضفادع تُصدر،

في الليل فقط، ضجيجها الذي لا ينقطع، ونعيبها الرتيب المتكرر طوال ساعات الظلام. وأعتقد أن في ذلك صورة واضحة جداً عن أحد الأساليب التي نعرفها في حضارتنا المعاصرة وهو الدعاية والترويج. وكثيراً ما يكون الترويج أداة شيطانية تهدف إلى نشر أفكار كاذبة، أو تعزيز أهداف سياسية مُغرضة، أو دعم حكام أشرار. أما التسبيح الذي يخرج من أفواه شعب الله، فهو واحد من الأساليب العظيمة للتعامل مع هذه القوى.

مثال آخر على قوة التسبيح في (مزمور ١٤٩: ٦-٩): **«تَنْوِيهَاتُ اللهِ فِي أَفْوَاهِهِمْ، وَسَيْفٌ ذُو حَدَّيْنِ فِي يَدِهِمْ، لِيَصْنَعُوا نَقْمَةً فِي الأُمَمِ، وَتَأْدِيبَاتٍ فِي الشُّعُوبِ. لأَسْرِ مُلُوكِهِمْ بِقُيُودٍ، وَشُرَفَائِهِمْ بِكُبُولٍ مِنْ حَدِيدٍ، لِيُجْرُوا بِهِمُ الْحُكْمَ الْمَكْتُوبَ. كَرَامَةٌ هذَا لِجَمِيعِ أَتْقِيَائِهِ. هَلِّلُويَا!»**

إنه عمل في متناول جميع شعب الله من خلال التسبيح، ويرافق التسبيح سيف ذو حدين الذي هو كلمة الله، وهذا يشير إلى ضرورة ترافق التسبيح والكلمة. فالتسبيح وكلمة الله يجب أن يسيرا جنباً إلى جنب، فالتسبيح المرتبط بكلمة الله يكون أداة للحكم على الملوك والأمم. أما الملوك والشرفاء في هذا النص فهم الرتب الملائكية الشيطانية من ملوك وأمراء. وقد دفع الله إلينا ـ نحن شعبه المؤمن ـــ سلطان إجراء الحكم المكتوب بتلك الرتب الشيطانية، أي أن ننفذ دينونة الله العادلة عليهم، وهو إمتياز منحه الله لجميع قديسيه.

في (١كورنثوس ٦: ٢-٣) يقول بولس للمؤمنين في كورنثوس:

«أَلَسْتُمْ تَعْلَمُونَ أَنَّ الْقِدِّيسِينَ سَيَدِينُونَ الْعَالَمَ؟ فَإِنْ كَانَ الْعَالَمُ يُدَانُ بِكُمْ، أَفَأَنْتُمْ غَيْرُ مُسْتَأْهِلِينَ لِلْمَحَاكِمِ الصُّغْرَى؟ أَلَسْتُمْ تَعْلَمُونَ أَنَّنَا سَنَدِينُ مَلاَئِكَةً؟...»

نحن نمتلك هذا السلطان بواسطة كلمة الله وبواسطة سلاح التسبيح. لقد منحنا الله سلطان إجراء حكم الله على الملائكة والسلاطين والملوك والشعوب والأمم، وهذا يتضمن سلطاناً عظيماً وقوة هائلة.

>> الفصل السابع عشر

ســـلاح الكــرازة

يرتبط هذا السلاح الهجومي بكلمة الله بصورة أكثر مباشرة وتحديداً، فالكرازة هي إعلان كلمة الله بالتحديد ولا شيء غير كلمة الله. ولا تنطبق هذه الكلمة ــ بمعناها الكتابي ــ على الكرازة بأي شيء آخر كالفلسفة البشرية أو الأيديولوجيات السياسية ولا حتى الدراسات اللاهوتية العميقة.

نبدأ بالوصية الجليلة التي يناشد بها بولس تيموثاوس في (٢تيموثاوس ٤: ١-٤): **«أَنَا أُنَاشِدُكَ إِذاً أَمَامَ اللهِ وَالرَّبِّ يَسُوعَ الْمَسِيحِ، الْعَتِيدِ أَنْ يَدِينَ الأَحْيَاءَ وَالأَمْوَاتَ، عِنْدَ ظُهُورِهِ وَمَلَكُوتِهِ: اكْرِزْ بِالْكَلِمَةِ. اعْكُفْ عَلَى ذلِكَ فِي وَقْتٍ مُنَاسِبٍ وَغَيْرِ مُنَاسِبٍ. وَبِّخِ، انْتَهِرْ، عِظْ بِكُلِّ أَنَاةٍ وَتَعْلِيمٍ. لأَنَّهُ سَيَكُونُ وَقْتٌ لاَ يَحْتَمِلُونَ فِيهِ التَّعْلِيمَ الصَّحِيحَ، بَلْ حَسَبَ شَهَوَاتِهِمُ الْخَاصَّةِ يَجْمَعُونَ لَهُمْ مُعَلِّمِينَ مُسْتَحِكَّةً مَسَامِعُهُمْ، فَيَصْرِفُونَ مَسَامِعَهُمْ عَنِ الْحَقِّ، وَيَنْحَرِفُونَ إِلَى الْخُرَافَاتِ.»**

أحب أن أُلقي الضوء هنا على بعض النقاط الهامة:

- **أولاً**، جدية هذه الوصية وهيبتها. لقد قدم بولس وصيته هذه **«أَمَامَ اللهِ**

وَالرَّبِّ يَسُوعَ الْمَسِيحِ». وذلك في ضوء أن يسوع سَيَدِين **«الأَحْيَاءَ وَالأَمْوَاتَ، عِنْدَ ظُهُورِهِ وَمَلَكُوتِهِ»**. إنها واحدة من أكثر الوصايا هيبة قد أُعطيت إلى خادم الله.

- **ثانياً:** محتوى الوصية هو الكرازة بالكلمة. وهذا يبين مسئولية الكارز عن الرسالة التي يكرز بها. والإشارة إلى أن يسوع سيدين الأحياء والأموات تتضمن أن الكارز سيقف أمام الرب ويُسأل عما كرز به.

إننا نقف أمام تحذيراً بعدم مجاملة المتمردين الباحثين عن ملذاتهم، والذين لا يريدون سماع الحق باحثين عمن يكرز لهم بما يريدون سماعه. وينبهنا بولس إلى أن الحق لن يكون مقبولاً من الجميع، مع ذلك، ورغم المعارضة والإنتقاد، تبقى الوصية كما هي: **«اكرز بالكلمة».**

وفي الكتاب المقدس الكثير والكثير عن فاعلية كلمة الله. يقول الله في (إشعياء ٥٥: ١١):

«هَكَذَا تَكُونُ كَلِمَتِي الَّتِي تَخْرُجُ مِنْ فَمِي. لاَ تَرْجِعُ إِلَيَّ فَارِغَةً، بَلْ تَعْمَلُ مَا سُرِرْتُ بِهِ، وَتَنْجَحُ فِي مَا أَرْسَلْتُهَا لَهُ.»

وفي (إرميا ٢٣: ٢٩):

«أَلَيْسَتْ هَكَذَا كَلِمَتِي كَنَارٍ يَقُولُ الرَّبُّ، وَكَمِطْرَقَةٍ تُحَطِّمُ الصَّخْرَ؟»

ثم في (عبرانيين ٤: ١٢) حيث نقرأ:

«لأَنَّ كَلِمَةَ اللهِ حَيَّةٌ وَفَعَّالَةٌ، وَأَمْضَى مِنْ كُلِّ سَيْفٍ ذِي حَدَّيْنِ، وَخَارِقَةٌ إِلَى مَفْرَقِ النَّفْسِ وَالرُّوحِ وَالْمَفَاصِلِ وَالْمِخَاخِ، وَمُمَيِّزَةٌ أَفْكَارَ الْقَلْبِ وَنِيَّاتِهِ.»

تتضمن الكرازة بكلمة الله قوة هائلة، بالإضافة إلى أن نتائجها مضمونة، حيث إنها تحقق مسرة الله ولا ترجع إليه فارغة. إنها **مِطْرَقَةٍ تُحَطِّمُ الصَّخْرَ** الذي يعارض مقاصد الله؛ وإنها مثل **السيف الحاد** الذي يخترق إلى أعماق عمق شخصية

الإنسان، ويكشف أسرار قلوب الناس وعقولهم.

كما نجد في (أعمال ١٩: ٨-١٠) مثالاً على قوة الكرازة بكلمة الله من خدمة بولس في أفسس:

«ثُمَّ دَخَلَ الْمَجْمَعَ وَكَانَ يُجَاهِرُ مُدَّةَ ثَلاَثَةِ أَشْهُرٍ مُحَاجّاً وَمُقْنِعاً فِي مَا يَخْتَصُّ بِمَلَكُوتِ اللهِ. وَلَمَّا كَانَ قَوْمٌ يَتَقَسُّونَ وَلاَ يَقْنَعُونَ شَاتِمِينَ الطَّرِيقَ أَمَامَ الْجُمْهُورِ، اعْتَزَلَ عَنْهُمْ وَأَفْرَزَ التَّلاَمِيذَ مُحَاجّاً كُلَّ يَوْمٍ فِي مَدْرَسَةِ إِنْسَانٍ اسْمُهُ تِيرَانُّسُ. وَكَانَ ذَلِكَ مُدَّةَ سَنَتَيْنِ حَتَّى سَمِعَ كَلِمَةَ الرَّبِّ يَسُوعَ جَمِيعُ السَّاكِنِينَ فِي أَسِيَّا مِنْ يَهُودٍ وَيُونَانِيِّينَ.»

نستطيع أن نصف هذه الخدمة الكرازية التي قدمها بولس في ثلاث كلمات: **مكثفة، متواصلة، واسعة النطاق**. لقد علم بولس بكلمة الله يومياً ولمدة سنتين، وكانت خدمته واسعة النطاق من حيث إنها وصلت إلى جميع الساكنين في مقاطعة أسيا. وكثيراً ما نغفل عن هذه الحقيقة غير مدركين أن بولس أمضى أكثر من سنتين في أفسس كارزاً يومياً بكلمة الله.

وكانت النتائج أشبه ما تكون بإلقاء حجر في بِركة، ثم مراقبة حلقات الماء التي تنطلق من موضع سقوط الحجر وتتسع في كل الإتجاهات إلى أن تصل إلى أبعد الأطراف من البركة.

أما **النتيجة الأولى** لكرازة بولس فكانت تأييداً إلهياً فائقاً، فالكتاب المقدس يقول إن الله يؤيد كلمته. إنه لا يؤيد النظريات والفلسفات البشرية، ولا حتى الألقاب الطائفية، لكنه يؤيد كلمته. وهذا ما عمله الله مع بولس إذ نقرأ في (أعمال ١٩: ١١):

«وَكَانَ اللهُ يَصْنَعُ عَلَى يَدَيْ بُولُسَ قُوَّاتٍ غَيْرَ الْمُعْتَادَةِ».

كم أُحب هذه العبارة: **«قُوَّاتٍ غَيْرَ الْمُعْتَادَةِ»** أتعلم ماذا يتضمن ذلك؟ إنه يتضمن وجود قوات معتادة وأخرى غير معتادة كتلك التي حدثت في أفسس. وقد

سألت نفسي هذا السؤال مراراً: كم هي الكنائس التي فيها اليوم قوات معتادة، بغض النظر عن القوات غير المعتادة؟ ثم يصف لوقا هذه القوات غير المعتادة في (أعمال ١٩: ١٢) قائلاً:

«حَتَّى كَانَ يُؤْتَى عَنْ جَسَدِهِ [أي عن جسد بولس] **بِمَنَادِيلَ أَوْ مَآزِرَ إِلَى الْمَرْضَى فَتَزُولُ عَنْهُمُ الأَمْرَاضُ، وَتَخْرُجُ الأَرْوَاحُ الشِّرِّيرَةُ مِنْهُمْ.»**

وأستطيع أن أشهد من الخبرة الشخصية بأنني قد رأيت قوات كهذه تحدث في أيامنا هذه، فلم ينته زمن المعجزات. أما العامل الرئيسي الذي يفتح الباب أمام هذه الإظهارات، فهو الكرازة بكلمة الله.

إذاً كانت النتيجة الأولى لكرازة بولس في أفسس تأييداً إلهياً فائقاً لرسالته، وكان ذلك التأييد من خلال القوات والمعجزات.

أما **النتيجة الثانية** فكانت إخراج الأرواح الشريرة وكشفها. نقرأ معاً في (أعمال ١٩: ١٣-١٦):

«فَشَرَعَ قَوْمٌ مِنَ الْيَهُودِ الطَّوَّافِينَ الْمُعَزِّمِينَ أَنْ يُسَمُّوا عَلَى الَّذِينَ بِهِمِ الأَرْوَاحُ الشِّرِّيرَةُ بِاسْمِ الرَّبِّ يَسُوعَ قَائِلِينَ: «نُقْسِمُ عَلَيْكَ بِيَسُوعَ الَّذِي يَكْرِزُ بِهِ بُولُسُ!». وَكَانَ سَبْعَةُ بَنِينَ لِسَكَاوَا، رَجُل يَهُودِيٍّ رَئِيسِ كَهَنَةٍ، الَّذِينَ فَعَلُوا هذَا. فَأَجَابَ الرُّوحُ الشِّرِّيرُ وَقَالَ: «أَمَّا يَسُوعُ فَأَنَا أَعْرِفُهُ وَبُولُسُ أَنَا أَعْلَمُهُ. وَأَمَّا أَنْتُمْ فَمَنْ أَنْتُمْ؟». فَوَثَبَ عَلَيْهِمُ الإِنْسَانُ الَّذِي كَانَ فِيهِ الرُّوحُ الشِّرِّيرُ وَغَلَبَهُمْ وَقَوِيَ عَلَيْهِمْ حَتَّى هَرَبُوا مِنْ ذلِكَ الْبَيْتِ عُرَاةً وَمُجَرَّحِينَ.»

من المهم في الخدمة أن ينكشف عملاء الشيطان السريين. فالشياطين والأرواح الشريرة هم عملاء الشيطان السريين، ويُعتبر مرحلة عظيمة من التقدم في خدمة الكلمة أن ينكشف أمر الأرواح الشريرة علناً. هذا ما حدث في أفسس، وكم تثيرني تلك الكلمات التي إعترف بها الروح الشرير عندما قال:

«أما يسوع فأنا أعرفه، وبولس فأنا أعلمه.»

فأنا أعتبرها تشجيعاً غير مباشر عندما يقول ممثل الشيطان عن الكارز: **فأنا أعلمه**؛ إنه يحقق شيئاً ما.

أما **النتيجة الثالثة** لكرازة بولس فهي تحطيم سيطرة السحر في المدينة كلها، ونقرأ هذا في (أعمال ١٩: ١٧-١٩):

«وَصَارَ هَذَا مَعْلُوماً عِنْدَ جَمِيعِ الْيَهُودِ وَالْيُونَانِيِّينَ السَّاكِنِينَ فِي أَفَسُسَ. فَوَقَعَ خَوْفٌ عَلَى جَمِيعِهِمْ، وَكَانَ اسْمُ الرَّبِّ يَسُوعَ يَتَعَظَّمُ. وَكَانَ كَثِيرُونَ مِنَ الَّذِينَ آمَنُوا يَأْتُونَ مُقِرِّينَ وَمُخْبِرِينَ بِأَفْعَالِهِمْ، وَكَانَ كَثِيرُونَ مِنَ الَّذِينَ يَسْتَعْمِلُونَ السِّحْرَ يَجْمَعُونَ الْكُتُبَ وَيُحَرِّقُونَهَا أَمَامَ الْجَمِيعِ. وَحَسَبُوا أَثْمَانَهَا فَوَجَدُوهَا خَمْسِينَ أَلْفاً مِنَ الْفِضَّةِ.»

نرى هنا كَثِيرُينَ مِنَ الَّذِينَ آمَنُوا وهم مازالوا يستعملون أمور السحر، وهو وضع يشبه ما نراه في الكنيسة اليوم؛ لديهم قدم في ملكوت الله والقدم الأخرى في مملكة الشيطان. لكنهم لما رأوا ذلك البرهان المخيف على حقيقة قوة الشيطان، قرروا أن يخضعوا كلياً لله وأعطوا ظهورهم للشيطان. وكدليل على موقفهم ذاك، أحضروا الكتب والمخطوطات التي تحتوي على تعاليم السحر والشعوذة، وأحرقوها علناً أمام الجميع في مدينة أفسس.

كانت قيمة تلك الكتب حوالي خمسين ألفاً من الفضة، وكان درهم الفضة يعادل أجرة يوم واحد من العمل آنذاك. أي إنهم أحرقوا ثروة كبيرة تعادل خمسين ألف يوم عمل!

فلننظر إلى توضيح مختصر لذلك كما تضعه كلمة الله في (أعمال ١٩: ٢٠):

«هَكَذَا كَانَتْ كَلِمَةُ الرَّبِّ تَنْمُو وَتَقْوَى بِشِدَّةٍ.»

>>

"كلمة الله كانت القوة وراء ذلك كله."

فكلمة الله كانت القوة وراء ذلك كله. لقد أنتجت خدمة بولس الكرازية بالكلمة نتائج فعالة وحاسمة لأكثر من عامين، فتحطمت مملكة الشيطان في تلك المدينة من أساسها، وتهدمت حصونها.

وفي (أعمال ٢٠: ٢٠، ٢٦-٢٧) من كلمات بولس نفسه مشيراً إلى خدمته في أفسس:

«(أنتم تعلمون) **كَيْفَ لَمْ أُوَخِّرْ شَيْئاً مِنَ الْفَوَائِدِ إِلاَّ وَأَخْبَرْتُكُمْ، وَعَلَّمْتُكُمْ بِهِ...**»

«**لِذَلِكَ أُشْهِدُكُمُ الْيَوْمَ هَذَا أَنِّي بَرِيءٌ مِنْ دَمِ الْجَمِيعِ، لأَنِّي لَمْ أُوَخِّرْ أَنْ أُخْبِرَكُمْ بِكُلِّ مَشُورَةِ اللهِ.**»

لقد لخص بولس خدمته بأنها لم تخضع للتحفظ والمساومة. تلك هي الكرازة بكلمة الله التي تحقق تأثيرات مماثلة. وكم نحتاج إلى هذا النوع من الكرازة اليوم.

>> الفصل الثامن عشر

سلاح الشهادة

علينا أن نبدأ بالتمييز بين الشهادة والكرازة. فالكرازة هي تقديم حقائق كلمة الله مباشرة، أما الشهادة فهي تتعلق بما نقدمه من تجربتنا الشخصية من أحداث تتعلق بكلمة الله وتؤكد حقائقها. مثلاً، إن كنا نكرز برسالة الشفاء، فنحن نكرز بالمبادئ التي يعتمد عليها الشفاء ونقدم وعود الله المختصة بذلك. لكن إذا أردنا أن نشهد عن الشفاء فيعني ذلك أن نتحدث عن حادثة إختبرنا فيها الشفاء الإلهي لنا. إذاً الكرازة والشهادة مرتبطتان بكلمة الله، لكنهما يقدمان الكلمة من زوايا مختلفة.

الشهادة هي الأساس في إستراتيجية يسوع للوصول إلى العالم كله بالإنجيل. ولقد كشف يسوع هذه الإستراتيجية في كلماته الأخيرة على الأرض، عندما وقف على جبل الزيتون مع تلاميذه، وكان على وشك الرحيل عنهم فقال في (أعمال ١: ٨):

«لَكِنَّكُمْ سَتَنَالُونَ قُوَّةً مَتَى حَلَّ الرُّوحُ الْقُدُسُ عَلَيْكُمْ، وَتَكُونُونَ لِي شُهُوداً فِي أُورُشَلِيمَ، وَفِي كُلِّ الْيَهُودِيَّةِ، وَالسَّامِرَةِ، وَإِلَى أَقْصَى الأَرْضِ».

ونلاحظ:

- **أولاً**: إننا نحتاج إلى قوة فوق طبيعية كي نكون شهود فعالين ليسوع. فشهادتنا فائقة وتحتاج إلى أن تُدعم بقوة الروح القدس الفائقة. ولم يسمح يسوع لتلاميذه بالإنطلاق للشهادة إلى أبعد لبسوا قوة من الأعالي يوم الخمسين.
- **ثانياً:** هي أن يسوع لم يقل: "ستشهدون" كما يعتقد الكثيرون من المتدينين اليوم. لكنه قال: **«تكونون لي شهوداً»** وهذا يتضمن أكثر من الكلمات التي نتحدث بها مع الناس أو النبذ التي نوزعها؛ إنها حياتنا بمجملها تكون شاهدة ليسوع ولحق الإنجيل.
- **ثالثاً**: أن يسوع وضع تصوراً لدائرة دائمة الإتساع، وقال لهم إبدأوا حيث أنتم في أورشليم، إذهبوا وإشهدوا لي لكي يؤمنوا ويمتلئوا بالروح القدس، ثم أطلقوهم لكي يشهدوا بدورهم لآخرين يؤمنون هم أيضاً ويمتلئون من الروح القدس وينطلقون إلى آخرين وهكذا. قال يسوع إن البداية هي في أورشليم، ثم إلى اليهودية من بعدها، ثم إلى السامرة، ولن تتوقف هذه العملية إلا عندما تصل إلى أقصى الأرض.

كانت كلمات يسوع الأخيرة التي تكلم بها على الأرض. كان عقله وقلبه مُعلقين بكل البشر في كل أطراف الأرض، ولن يرضى إلا أن يصل الإنجيل إلى كل واحد منهم. وكانت إستراتيجيته الأساسية للوصول إلى العالم أجمع تتلخص في أن يكون كل المؤمنين شهوداً له، يشهدون للآخرين ويربحونهم إلى الملكوت، حيث يبدأ أولئك بدورهم بالشهادة وربح النفوس، وكتموجات الماء التي تحدث عندما نلقي حجراً في بركة، هكذا تتسع هذه العملية لتشمل الأرض كلها.

وإذا نظرنا إلى التاريخ نرى أن هذه الإستراتيجية قد نجحت بالفعل عندما طبقها شعب الله. فخلال ثلاثمائة عام هزمت شهادة المؤمنين الإمبراطورية الرومانية. وأعتقد أن تلك القوة الروحية الرئيسية التي هزمت تلك الإمبراطورية الوثنية، كانت شهادة الآلاف والآلاف من المؤمنين من مختلف الخلفيات العرقية والمستويات الإجتماعية والمذاهب الدينية المختلفة، والذين صرحوا جميعاً قائلين: "لقد غير يسوع حياتي". وفي النهاية، حطم تأثير هذه الشهادة إمبراطورية الرومان بكل قوتها وقسوتها وجبروتها.

<<

"يشير الكتاب المقدس إلى أن سلاح الشهادة نفسه سيحطم مملكة الشيطان في النهاية."

ويشير الكتاب المقدس إلى أن سلاح الشهادة نفسه سيحطم مملكة الشيطان في النهاية. نرى هذا في صورة نبوية نجدها في (رؤيا ١٢: ٧-١١) حيث تصف هذه الأعداد حرباً عظيمة تمتد على إتساع السماء والأرض في نهاية هذا الدهر، ويخوض تلك الحرب الملائكة والبشر معاً:

«وَحَدَثَتْ حَرْبٌ فِي السَّمَاءِ: مِيخَائِيلُ وَمَلاَئِكَتُهُ حَارَبُوا التِّنِّينَ. وَحَارَبَ التِّنِّينُ وَمَلاَئِكَتُهُ وَلَمْ يَقْوُوا، فَلَمْ يُوجَدْ مَكَانُهُمْ بَعْدَ ذلِكَ فِي السَّمَاءِ. فَطُرِحَ التِّنِّينُ الْعَظِيمُ، الْحَيَّةُ الْقَدِيمَةُ الْمَدْعُوُّ إِبْلِيسَ وَالشَّيْطَانَ، الَّذِي يُضِلُّ الْعَالَمَ كُلَّهُ ــ طُرِحَ إِلَى الأَرْضِ، وَطُرِحَتْ مَعَهُ مَلاَئِكَتُهُ. وَسَمِعْتُ صَوْتاً عَظِيماً قَائِلاً فِي السَّمَاءِ: «الآنَ صَارَ خَلاَصُ إِلهِنَا وَقُدْرَتُهُ وَمُلْكُهُ وَسُلْطَانُ مَسِيحِهِ، لأَنَّهُ قَدْ طُرِحَ الْمُشْتَكِي عَلَى إِخْوَتِنَا الَّذِي كَانَ يَشْتَكِي عَلَيْهِمْ أَمَامَ إِلهِنَا نَهَاراً وَلَيْلاً.»

«الْمُشْتَكِي عَلَى إِخْوَتِنَا» هو الشيطان. وهنا وصف لعملية طرحه من مملكته في السماويات، ويتبعه وصف للكيفية التي يغلب بها المؤمنون الشيطان.

ويقول في (رؤيا ١٢ :١١): **« وَهُمْ (أي المؤمنين) غَلَبُوهُ (أي الشيطان) بِدَمِ الْحَمَلِ وَبِكَلِمَةِ شَهَادَتِهِمْ، وَلَمْ يُحِبُّوا حَيَاتَهُمْ حَتَّى الْمَوْتِ.»**

سلاحهم الرئيسي هو شهادتهم التي ستهز في النهاية مملكة الشيطان بأكملها. وأعتقد أن تلك الشهادة تعتمد على أمرين: **كلمة الله ودم يسوع**، فالشهادة تطلق القوة الكامنة في الكلمة وفي الدم.

ويمكننا تطبيق ذلك بطريقة بسيطة وعملية لأنفسنا: نغلب الشيطان عندما نشهد شخصياً بما تقوله كلمة الله عن عمل دم يسوع لنا.

وسوف ترى أهمية الشهادة الشخصية بما تقوله كلمة الله عن الدم.

وهناك عدة طرق نستطيع أن نشهد من خلالها. إحداها العشاء الرباني أو "الأفخارستيا" ربما لا نرى العشاء الرباني على إنه شهادة في أغلب الأحيان، لكنه - في الواقع - شهادة متواصلة بإيماننا في الكلمة وفي الدم.

يقول بولس في (١كورنثوس ١١: ٢٦) مشيراً إلى العشاء الرباني: **«فَإِنَّكُمْ كُلَّمَا أَكَلْتُمْ هَذَا الْخُبْزَ وَشَرِبْتُمْ هَذِهِ الْكَأْسَ تُخْبِرُونَ بِمَوْتِ الرَّبِّ إِلَى أَنْ يَجِيءَ.»**

نحن نعرف بأن الكأس يشير إلى دم الرب يسوع، لذلك فنحن ــ إذ نتقدم إلى مائدة الرب ونشترك في الخبز والكأس - نشهد ونعلن موت يسوع وقيامته.

ولكي نشهد بفاعلية بما تقوله كلمة الله عن دم يسوع، ينبغي أن نعرف ما تقوله الكلمة بالفعل عن دم يسوع.

وتُعلن كلمة الله خمس عطايا بالغة الأهمية نحصل عليها من خلال دم يسوع:

- **أولاً:** نحن مفديون بالدم، هذا ما نجده في (أفسس ١: ٧): **«الَّذِي فِيهِ لَنَا الْفِدَاءُ...».**

- **ثانياً:** خطايانا قد غفرت، إذ يتابع بولس في العدد السابق قائلاً: **«بِدَمِهِ غُفْرَانُ الْخَطَايَا...»**

إذاً لنا في دم يسوع:

١. الفداء (أي إننا أُفتدينا).

٢. الغفران (أي أن خطايانا قد غفرت).

- **ثالثاً:** يطهرنا الدم بإستمرار، يوفر لنا الدم طهارة روحية متواصلة، حيث نقرأ الكلمات التالية من (١يوحنا ١: ٧):

«وَلَكِنْ إِنْ سَلَكْنَا فِي النُّورِ كَمَا هُوَ فِي النُّورِ، فَلَنَا شَرِكَةٌ بَعْضِنَا مَعَ بَعْضٍ، وَدَمُ يَسُوعَ الْمَسِيحِ ابْنِهِ يُطَهِّرُنَا مِنْ كُلِّ خَطِيَّةٍ.»

- **رابعاً:** تبررنا بالدم. وهذا يعني أن الله قد جعلنا أبراراً، فكأننا لم نخطئ أبداً. وذلك لأننا نصير أبراراً ببر المسيح الذي لم يعرف خطية.

هذا ما نجده في (رومية ٥: ٩): **«فَبِالأَوْلَى كَثِيراً وَنَحْنُ مُتَبَرِّرُونَ الآنَ بِدَمِهِ نَخْلُصُ بِهِ مِنَ الْغَضَبِ.»**

- **خامساً:** يخبرنا الكتاب المقدس في (عبرانيين ١٣: ١٢) إننا نتقدس بدم يسوع، وأن نتقدس يعني أن نتخصص لله:

«لِذَلِكَ يَسُوعُ أَيْضاً، لِكَيْ يُقَدِّسَ الشَّعْبَ بِدَمِ نَفْسِهِ، تَأَلَّمَ خَارِجَ الْبَابِ.»

هذه هي إذاً العطايا الخمس العظيمة التي يوفرها دم يسوع وتعلنها كلمة الله:

- **أولاً:** نحن مفديون.
- **ثانياً:** نحن مُسامحون.
- **ثالثاً:** نحن مُطهرون.
- **رابعاً:** نحن مُبررون.
- **خامساً:** نحن مقدسون.

ولا تكون هذه العطايا فعالة في حياتنا بالكامل، إلا عندما نشهد بها شخصياً.

ينبغي أن نتحلى بالجرأة الكافية لإعلان ما نؤمن به؛ ينبغي أن نعلنه بكلمات كهذه:

أنا مفدي بدم يسوع، اشتراني يسوع وأنقذني من يد الشيطان. خطاياي مغفورة بدم يسوع، طهرني يسوع من كل خطاياي بدمه. أنا مبرر بدم يسوع، فكأني لم أفعل خطية أبداً. أنا مقدس بدم يسوع، أنا مخصص لله، أنا لست تحت سلطان الشيطان فيما بعد.

تأمل في هذه الإمتيازات الخمسة التي يوفرها لك دم يسوع: الفداء، الغفران، التطهير، التبرير، التقديس. ثم آمن بأن هذه العطايا تصير فعالة فيك عندما تشهد عنها شخصياً. فبالشهادة الشخصية بهذه الحقائق نغلب الشيطان كما قالت كلمة الله في (رؤيا ١٢: ١١):

«وَهُمْ غَلَبُوهُ بِدَمِ الْحَمَلِ وَبِكَلِمَةِ شَهَادَتِهِمْ، وَلَمْ يُحِبُّوا حَيَاتَهُمْ حَتَّى الْمَوْتِ.»

فلكي نكون فعالين في مصارعتنا الروحية، ينبغي أن نبادر دائماً بالهجوم مستخدمين الأسلحة التي زودنا بها الله. فلا يكفي أن نلجأ إلى الدفاع عن النفس وننتظر أن ينقذنا الرب. فنحن جيش الغالبين، وأمم العالم قد حان وقتها وتهيأت لمن يفتحها بإنجيل الملكوت.

أسئلة للدراسة

والآن ، رجاء الانتقال الى ملحق أ صفحة (٥٤٦) الخاص بأسئلة كتاب المصارعة الروحية

وستجد إجابات تلك الأسئلة في صفحة (٥٥٤)

>> دراسات شخصية في الكتاب المقدس

>> المقدمة

إرشادات للدارس

إقرأ هذه الإرشادات قبل الإجابة عن آية أسئلة!

الهدف من هذه الدراسة الكتابية:

يوجد أربعة أهداف رئيسية لدورة الدراسة الذاتية وهي:

١. توفيرأساس معرفة الكتاب المقدس لبناء حياة مسيحية قوية.

٢. تدريبك على ممارسة البحث في الكتاب المقدس وإيجاد وعود الله.

٣. تدريبك على تحليل النصوص الكتابية واكتشاف المعنى الصحيح من أجل نفسك.

٤. أن يتأصل لديك عادة أن تقبل الأمور الروحية فقط إذا كانت مؤيدة بنصوص كتابية من الكتاب المقدس.

نظام شواهد الكتاب المقدس:

في صفحة (٣٠٧) ستجد كل أسماء الأسفار الكتابية واختصاراتها. وعادةً تُذكر شواهد الكتاب المقدس كما يلي: أولاً: إسم السفر، ثانيا: الإصحاح، ثالثاً: العدد. وعلى سبيل المثال: (رو٣: ٢٣) هي رومية الإصحاح ٣ والعدد ٢٣.

تعريف الكلمات:

يوجد قاموس للمفردات الصعبة في صفحة (٥٣٥) وهو يقدم تعريفاً بسيطاً لبعض الكلمات الصعبة التي قد تصادفها في هذه الدراسة، أنظر إلى القاموس إن كنت لا تعرف معنى الكلمة، وقد تم وضع علامة النجمة (*) بجوار الكلمات التي يشتمل القاموس على تعريف لها.

كيف تقوم بالدراسة؟

يوجد في بداية كل درس فقرة عنوانها "مقدمة" تقدم لك ملخصاً موجزاً للتعليم الأساسي الذي يتلوها، اقرأ دائماً المقدمة كاملة وبعناية قبل البدء في الإجابة على الأسئلة.

يحتوي الدرس الأول (الدرس رقم ١: الكتاب المقدس: كلمة الله) على أربعة وعشرون سؤالاً، وقد ذُكرت عدة اقتباسات لمقطع أو أكثر من مقاطع الكتاب المقدس بعد كل سؤال، أكتب الإجابات في الأسطر الخالية تحت كل سؤال متبعاً هذه الخطوات:

١. اقرأ السؤال جيدًا.

٢. استخرج المقطع المذكور من الكتاب المقدس، ثم اقرأه قراءة جيدة حتى تجد إجابة السؤال، وقد تحتاج أن تقرأ الأعداد الواردة قبل الآيات المذكورة وما بعدها لكي تعرف المعني الكامل للسياق.

٣. أكتب الإجابة التي توصلت إليها مستخدماً لغة بسيطة.

في بعض الأحيان قد تنقسم إجابة أحد الأسئلة إلى قسمين أو أكثر، وفي هذه الحالة سوف تجد الفراغات مقسمة إلى أرقام.

وها هما السؤالان الأول والثاني من الدرس الأول ومعهما الإجابات الصحيحة.

كمثال على ذلك:

١- ما هو الاسم الذي أطلقه يسوع على أسفار الكتاب المقدس؟ (يوحنا١٠: ٣٥)

كلمة الله

....

٢- ماذا قال يسوع ليؤكد سلطان آيات الكتاب المقدس؟ (يوحنا١٠: ٣٥)

لا يمكن أن يُنقض المكتوب

....

راجع (يوحنا ١٠: ٣٥) للتأكد من صحة الإجابة.

فقرات الحفظ

في بداية كل دراسة يوجد فقرة للحفظ، يجب أن تحفظها عن ظهر قلب وتكتبها في بطاقة ذاكرة. احتفظ بهذه البطاقات لتكن معك أينما تذهب، وكلما سمح الوقت راجع الآيات الخاصة بفقرات الحفظ، فالمراجعة المنتظمة هي سر نجاح عملية الحفظ، وبهذه الطريقة سوف تحفظ كلمة الله عن ظهر قلب، وسوف تقدم لك كلمة الله الإرشاد، القوة، الغذاء الروحي، النصرة على إبليس، وبذار لتغرسها في قلوب الآخرين.

الخطوات المستخدمة خلال هذه الدراسة

أكتب إجابة كل سؤال في الدرس الأول، ثم أغلق الكتاب المقدس وأكتب فقرة الحفظ في المكان المخصص لها في النهاية، بعد ذلك أفتح الصفحة الخاصة بالإجابات الصحيحة لمراجعة إجاباتك، إن كانت إجابتك لا تتفق مع الإجابة الصحيحة، أعد قراءة السؤال ومقطع الكتاب المقدس المسجل بجانبه إلى أن تفهم الإجابة الصحيحة.

في الصفحة التي تتلو الإجابات الصحيحة، سوف تجد ملاحظات على الإجابة الصحيحة، أقرأ هذه الملاحظات كلها وأفحص المقاطع الكتابية المسجلة بجانبها.

أخيراً أعطِ لنفسك الدرجات التي تستحقها عن كل إجابة، إن كانت هناك إجابة يخصص لها أكثر من درجة، فلا تعطي لنفسك الدرجات الكلية ما لم تكن إجابتك كاملة تماماً مثل الإجابة الصحيحة المذكورة، تذكر أن درجات فقرات الحفظ هامة!

أحسب مجموع الدرجات الخاصة بالدرس الأول، وقارنها بالمعايير المذكورة في نهاية الإجابات الصحيحة الآتية: ٥٠ % أو أكثر = "مقبول"، ٧٠ % أو أكثر = "جيد جداً"، ٨٠ % أو أكثر = "ممتاز".

يختلف أسلوب الدراسة في الدرسين رقم ١٨، ٢٠ إختلافاً طفيفاً، وسوف نقدم لك في بداية كل منهما شرحاً واضحاً.

تذكر! أن لا تنظر أبداً إلى الإجابات الصحيحة في أي دراسة، حتى تنتهي أولاً من كتابة إجاباتك عن كل سؤال في تلك الدراسة بما في ذلك فقرات الحفظ!

بعدما تفرغ من الدرس الأخير، أنظر إلى الصفحة التي تحمل عنوان "درجات المنهج الدراسي" (٥٣٣). ثم سجل درجاتك الخاصة بكل درس في الفراغ المحدد، اجمعها، فتكتشف ما حققته في هذا المنهج الدراسي بأكمله.

نصيحة شخصية ختامية:

١. أبدأ كل درس بالصلاة، طالباً من الله أن يرشدك ويعطيك فهماً.

٢. لا تتعجل. ولا تحاول الانتهاء من الدراسة بأكملها في جلسة واحدة، بل أقرأ كل فقرة من الكتاب المقدس بدقة عدة مرات إلى أن تستوعب جيدًا ما تعنيه، وسوف يساعدك كثيراً أن تقرأ عدة أعداد قبل المقطع

الكتابي المذكور أو بعده حتى يمكنك إدراك معناه بالكامل.

٣. أجب بدقة ووضوح، لا تجعل إجابتك أطول مما يجب وأستخدم قلم رصاص ذو سن محدد أو قلم جاف ذو خط واضح.

٤. اهتم بفقرات الحفظ اهتماماً خاصاً.

٥. واظب على الصلاة بشكل يومي لكي يساعدك الله أن تطبق الحقائق التي تتعلمها في حياتك الخاصة.

الاختصارات المستخدمة لأسفار الكتاب المقدس

أسفار العهد القديم

١- أسفار الناموس

تكوين	تك
خروج	خر
لاويين	لا
عدد	عد
تثنية	تث

٢- الأسفار التاريخية

يشوع	يش
قضاة	قض
راعوث	را
صموئيل الأول	١صم
صموئيل الثاني	٢صم
الملوك الأول	١مل
الملوك الثاني	٢مل
أخبار الأيام الأول	١أخ
أخبار الأيام الثاني	٢أخ
عزرا	عز
نحميا	نح
أستير	اس

٣- الأسفار الشعرية

أيوب	أي
مزامير	مز
أمثال	أم
جامعة	جا
نشيد الإنشاد	نش

٤- الأنبياء الكبار

اشعيا	اش
أرميا	ار
مراثي أرميا	مرا
حزقيال	حز
دانيال	دا

٥- الأنبياء الصغار

هوشع	هو
يوئيل	يؤ
عاموس	عا
عوبديا	عو
يونان	يو
ميخا	مى

ناحوم	نا
حبقوق	حب
صفنيا	صف
حجي	حج
زكريا	زك
ملاخي	ملا

أسفار العهد الجديد

١- الأناجيل

متى	مت
مرقس	مر
لوقا	لو
يوحنا	يو

٢- سفر تاريخي

أعمال الرسل	اع

٣- رسائل بولس

الرسالة إلى رومية	رو
رسالة كورنثوس الأولى	١كو
رسالة كورنثوس الثانية	٢كو
غلاطية	غل
أفسس	اف
فيلبي	في
كولوسي	كو
تسالونيكي الأولى	١تس
تسالونيكي الثانية	٢تس
تيموثاوس الأولى	١تي
تيموثاوس الثانية	٢تي
تيطس	تي
فيلمون	فل
عبرانيين	عب

٤- الرسائل عامة

يعقوب	يع
بطرس الأولى	١بط
بطرس الثانية	٢بط
رسالة يوحنا الأولى	١يو
رسالة يوحنا الثانية	٢يو
رسالة يوحنا الثالثة	٣يو
يهوذا	يه

٥- النبوة

رؤيا يوحنا	رؤ

(لاحظ أن "يو" هو إنجيل يوحنا، أما (١يو) فهي رسالة يوحنا الأولى، وهكذا)

الجزء الأول

أســـــس الإيمـــــان

الدرس رقم ١

>> الكتاب المقدس: كلمة الله

مقدمة:

الكتاب المقدس هو كلمة الله ذاته وعطيته لكل الناس في كل مكان، ليساعدهم على التحرر من خطاياهم وتعاستهم وظلامهم، والكتاب المقدس ليس كتاباً عادياً، لأن الناس الذين كتبوه كانوا مُلهمين ومسوقين بروح الله القدوس ليكتبوا بالضبط الحق كما أعطاه الله لهم، وكل كلمة في الكتاب المقدس صادقة ومملوءة من قوة الله ذاته ومن سلطانه، لذا يجب علينا أن نقرأ الكتاب المقدس كما لو أن الله نفسه يتحدث إلينا مباشرة وشخصياً، فهو يهب لنا:

- نوراً
- فهماً
- طعام روحي
- صحة جسدية

كما أن كلمات الكتاب المقدس قادرة أن:

- تطهرنا
- تقدسنا
- تبنينا
- تجعلنا شركاء في طبيعة الله
- تمنحنا قوة وحكمة لنغلب إبليس

فقرة الحفظ: (٢تيموثاوس٣: ١٦ - ١٧) ☐

ضع علامة هنا بعد أن تحفظ هاتين الآيتين.

أسئلة الدراسة

١- ما هو الإسم الذي أطلقه يسوع على أسفار الكتاب المقدس؟ (يوحنا١٠: ٣٥)

....

٢- ماذا قال يسوع ليؤكد سلطان أقوال الكتاب المقدس؟ (يوحنا١٠: ٣٥)

....

٣- أذكر أمرين يخبرنا عنهما داود من جهة كلمة الله.

(مز ١١٩: ٨٩) (١) ....

(مز ١١٩: ١٦٠) (٢) ....

٤- كيف وهبنا الله أسفار الكتاب المقدس؟

(٢تي٣: ١٦) (١) ....

(٢بط١: ٢٠ -٢١) (٢) ....

٥- ما هو نوع البذار التي يجب أن يقبلها الإنسان في قلبه حتى يولد ثانية وتكون له حياة أبدية *؟ (١بط ١: ٢٣)

....

٦- أذكر أربع فوائد للكتاب المقدس يحصل عليها المؤمن. (٢تي٣: ١٦)

(١) ....

(٢) ....

(٣) ....

(٤) ....

٧- مـا هـي النتيجـة النهائيـة لكلمـة الله علـى المـؤمن الـذي يدرسـها ويطيعهـا؟

(٢تي٣: ١٧)

....

٨- ما هو الطعام الروحي الذي أعده الله لأولاده؟ (١بط ٢: ٢)، (مت٤: ٤)

....

٩- إلى أي مدى كانت كلمة الله هامة لأيوب؟ (أي٢٣: ١٢)

....

١٠- عندما تغذى ارميا على كلمة الله، كيف صارت بالنسبة له؟ (أر١٥: ١٦)

....

١١- كيف يمكن للشاب المسيحي أن يحيا حياة طاهرة؟ (مز١١٩: ٩)

....

١٢- لماذا يجب أن يخبئ المؤمن (يختزن) كلمة الله في قلبه؟ (مز١١٩: ١١)

....

١٣- عندما تسـكن كلمة الله في الشـباب؛ فأنها تأتي بنتيجتين رائعتين، أذكرهما؟

(١يو ٢: ١٤)

(١) ....

(٢) ....

١٤- كيف أجاب يسوع الشيطان في كل مرة كان يجربه فيه؟ (مت٤: ٤، ٧، ١٠)

....

١٥- ما هو السيف الذي أعطاه الله للمؤمنين كجزء من سلاحهم الروحي؟ (أف٦: ١٧)

....

١٦- ما هما التشبيهين الذين استخدمهما مزمور ١١٩ ليوضح أن كلمة الله تساعد المؤمنين ليسلكوا في هذا العالم؟ (مز١١٩: ١٠٥)

(١) ....

(٢) ....

١٧- ما هما الشيئان اللذان تقدمهما كلمة الله لذهن المؤمن؟ (مز١١٩: ١٣٠)

(١) ....

(٢) ....

١٨- ماذا تقدم كلمة الله لجسد المؤمن عندما يدرسها بعناية؟ (أم٤: ٢٠ - ٢٢)

....

١٩-عندما كان شعب الله مريضاً ومحتاجاً، ماذا أرسل الله ليشفيهم وينجيهم؟ (مز ١٠٧: ٢٠)

....

٢٠- أذكر أربعة تأثيرات لكلمة الله على شعبه، مسترشدًا بالآيات التالية:

(يو١٥: ٣) (أف ٥: ٢٦) (١) ....

(يو١٧: ١٧) (٢) ....

(أع ٢٠: ٣٢) (٣) ....

(أع ٢٠: ٣٢) (٤) ....

٢١- كيف يبرهن المؤمن على محبته ليسوع المسيح؟ (يو١٤: ٢١)

....

٢٢- من الذين دعاهم يسوع أمه وإخوته؟ (لو٨: ٢١)

....

٢٣- كيف تكتمل محبة الله في المؤمن؟ (١يو٢: ٥)

....

٢٤- ما هما النتيجتان اللتان تتبعان حياتنا عندما نتمسك بمواعيد كلمة الله؟ (٢بط ١: ٤)

(١) ....

(٢) ....

فقرة الحفظ: (٢تي ٣: ١٦ - ١٧)

أكتب هاتين الآيتين من الذاكرة

....

....

....

....

لا تنتقل إلى الصفحة التالية حتى تستكمل جميع الإجابات عن أسئلة هذا الدرس

>> الكتاب المقدس: كلمة الله

الإجابات الصحيحة والدرجات -الدرس رقم ١

السؤال	الإجابات	النقاط
١	كلمة الله	١
٢	لا يمكن أن ينقض	١
٣	(١) مثبتة إلى الأبد في السموات	١
	(٢) رأس كلامك حق	١
٤	(١) موحى به من الله	١
	(٢) تكلم أناس الله القديسون مسوقين من الروح القدس	٢
٥	من زرع لا يفنى(طاهر) بكلمة الله	٢
٦	(١) التعليم	١
	(٢) التوبيخ (التأديب)	١
	(٣) التقويم	١
	(٤) التأديب الذي في البر	١
٧	يكون كاملا (تاماً) متأهباً لكل عمل صالح	٢
٨	كلمة الله	١
٩	فريضته التي تعنى غذاؤه الضروري	١
١٠	الفرح وبهجة قلبه	١
١١	بحفظه كلام الله (الاهتمام بكلمة الله)	٢
١٢	لكيلا يخطئ إلى الله	١
١٣	(١) تجعلهم أقوياء	١
	(٢) يغلبون الشرير (إبليس)	١
١٤	أجابه من كلمة الله	١

١٥	كلمة الله	١
١٦	(١) سراج لأرجلهم (٢) لسبيلهم	١ ١
١٧	(١) النور (٢) الفهم (التعقل)	١ ١
١٨	دواء لكل الجسد (صحة لكل الجسد)	١
١٩	أرسل الله كلمته	١
٢٠	(١) تنقيهم (تغسلهم مثل الماء النقي) (٢) تقدسهم (٣) تبنيهم (تعلمهم) (٤) تعطيهم ميراثا	١ ١ ١ ١
٢١	تكون عنده وصايا المسيح	٢
٢٢	الذين يسمعون كلمة الله ويعملون بها	١
٢٣	بحفظ كلمة الله	١
٢٤	(١) نصير شركاء (مشاركين) الطبيعة الإلهية (٢) هاربين من الفساد الذي في هذا العالم	١ ١

راجع بطاقة الذاكرة لديك لفقرة الحفظ.

إذا كانت فقرة الحفظ صحيحة تماماً، أعط ٤ درجات لكل آية. ٨

(أخصم درجة واحدة عن كل خطأ في كل آية. وإن كان لديك أكثر من ٣ أخطاء لا تسجل أي نقاط أمام تلك الآية).

المجموع ٤٩

٢٥ إجابة صحيحة = ٥٠ ٪

٣٤ إجابة صحيحة = ٧٠ ٪

٣٩ إجابة صحيحة = ٨٠ ٪

>> الكتاب المقدس: كلمة الله
ملاحظات على الإجابات الصحيحة - الدرس رقم ١

(تشـــير الأرقام المكتوبة في هذه الصـــفحة إلى الأرقام المكتوبة في صـــفحة الإجابات الصحيحة)

١-٢: قَبِلَ يســوع أســفار العهد القديم، لقد قبلها دون جدال، وقَبِلَ ســلطان هذه الأســفار على إنها وحي من الله، وبني كل تعليمه على المكتوب فيها، وقضـــى يسوع كل حياته على الأرض حافظاً لهذا المكتوب ومطيعاً لوصاياه.

٣: تبدأ كلمة الله في السـماء وقد وصـلت إلينا هذه الكلمة من خلال أشـخاص، والله هو مصدرها.

٤-(١): **"موحي بـه من الله"** (٢تي٣: ١٦) تعني نفخـة أو نســمـة الله، وكلمة نسمة وروح هما واحد في كل من اللغة العبرية واليونانية.

٥: كيف تعمل فينـا بـذار كلمـة الله "عـديمـة الفســاد"؟ تُقبل البذار بالإيمان* في القلـب، ثم تبـدأ تنمو فيـه بـالروح القـدس وأخيراً تُثمر حيـاة مقدســـة، وأبـديـة*، وعديمة الفساد*، وعدم الفساد يعني عدم إمكانية فسادها.

٦- ٨: لاحظ **"كل الكتاب"** في (٢تي٣: ١٦)، و**" كل كلمة "** في (مت٤: ٤)، فيجب على المؤمن أن يدرس الكتاب المقدس بأكمله، ويطبق تعاليمه.

٨ - ١٠: تقدم كلمة الله غذاءً لكل مرحلة من مراحل النمو الروحي:

١. **"اللبن"** للأطفال المولودين حديثاً (١بط ٢: ٢)

٢. **"خبز"** للذين ينمون (مت٤: ٤)

٣. **"طعام قوي"**(غذاء متكامل) لهؤلاء "البالغين" أو الناضـــجين روحياً (عب ٥: ١٢-١٤).

١١: بحفظه تعني أننا يجب أن نطبق تعاليم كلمة الله على كل دائرة من دوائر حياتنا.

١٢: قال أحدهم "إما أن تبعدك كلمة الله عن الخطية، أو تبعدك الخطية عن كلمة الله".

١٣- ١٥: ذكر بولس في (أف ٦: ٣ - ١٦) ستة أجزاء للسلاح الروحي الذي يوفر الحماية الكاملة للمؤمن، لكن يوجد فيهم ســلاحاً واحداً للهجوم **"ســيف الروح"** (أية ١٦)، ومسئولية كل مؤمن أن يأخذ هذا السيف في (أية ١٦) - الذي هو كلمة الله.

١٦: أنظر في (١يو١: ١٧) **"إن سلكنا في النور ..."** و**"النور"** الذي يجب أن نسلك فيه هو كلمة الله التي تعطينا البصيرة حتى نرى الأمور على حقيقتها أثناء سيرنا.

١٧ -١٩: تقدم كلمة الله الغذاء لروح المؤمن وعقله وجسده.

٢٠-(٤): من خلال كلمة الله وحدها يمكن أن نعرف:
(أ) ميراثنا الحقيقي في المسيح وكذلك (ب) كيف يمكننا أن نمتلك هذا الميراث.

٢١ - ٢٣: أن حفظ كلمة الله هو أهم ما يميزك كتلميذ المسيح فموقفك من كلمة الله هو موقفك من الله ذاته، فلا يمكنك أن تحب الله أكثر مما تحب كلمته، أو أن تطيع الله أكثر مما تطيع كلمتـه، أو أن تكرم الله أكثر ممـا تكرم كلمتــه، أو أن تعطي مساحةً في حياتك لله أكثر مما تعطي كلمته.

٢٤: عندما نؤمن بكلمة الله ونطيعها، ستملأ طبيعة الله قلوبنا وحياتنا وتحل محل الطبيعة الآدمية* العتيقة والفاسدة.

الدرس رقم ٢

>> خطة الله للخلاص (الجزء الأول)

مقدمة:

الخطية هي إتجاه داخلي للتمرد على الله، ويظهر هذا التمرد بأعمال العصيان الخارجية والتي تفصل بيننا وبين الله. وبهذا المعنى نكون جميعنا خطاة، وحياتنا الخاطئة تسلب الله مجده الذي يستحقه ويبتغيه.

وللخطية ثلاث نتائج أو عواقب رئيسية هي:

١. الموت الروحي الداخلي.

٢. الموت الجسدي

٣. البقاء في موضع مظلم بعيداً عن الله حيث العذاب للأبد

ولقد جاء يسوع إلى هذا العالم **قدوساً** بلا شر وبلا دنس ليخلصنا من خطايانا، ورغم أنه لم يعرف خطية ولا كان في فمه غش إلا أنه قبل أن يحمل خطايانا في جسده، ومات على الصليب بدلاً منا، وقام ظافراً في اليوم الثالث، كل هذا لكي **ننال غفراناً لخطايانا ونتمتع بالحياة الأبدية**.

فقرة الحفظ: (رومية ٦: ٢٣)

.

ضع علامة هنا بعد حفظك لهذه الآية. ☐

(راجع يومياً آيات من دراسات سابقة)

أسئلة الدراسة

أ. الخطية وعواقبها

١- من الذي خلق كل الأشياء؟ (رؤ ٤: ١١)

....

٢- أكتب ثلاثة أشياء يستحق الله أن تُقدم له. (رؤ٤: ١١)

....

٣- كم عدد البشر الذين أخطأوا؟ (رو٣: ٢٣)

....

٤- ما هما أول خطيتين اللتين أرتكبهما الإنسان؟ (رو١: ٢١)

(١) ....

(٢) ....

٥- ما هي نتائجها؟ (رو ١: ٢١)

على ذهن الإنسان (١) ....

على قلب الإنسان (٢) ....

٦- أكتب حقيقتين عن قلب الإنسان؟ (إر١٧: ٩)

(١) ....

(٢) ....

٧- من الذي يعرف وحده قلب الإنسان؟ (إر ١٧: ١٠) (لو ١٦: ١٥)

....

٨- أكتب ثلاثة عشر أمراً شريراً يخرج من قلب الإنسان. (مر ٧: ٢١ - ٢٢)

(١) .... (٨) ....

(٢) .... (٩) ....

(٣) .... (١٠) ....

(٤) .... (١١) ....

(٥) .... (١٢) ....

(٦) .... (١٣) ....

(٧) ....

١٠- إن قلنا أننا بلا خطية، ما الذي نفعله بأنفسنا؟ (١يو ١: ٨)

....

١١- إن قلنا إننا لم نخطئ، فما الذي نفعله تجاه الله؟ (١يو ١: ١٠)

....

١٢- ما هي عاقبة الخطية على جميع البشر؟

(رو٥: ١٢) (رو ٦: ٢٣) (يع١: ١٥)

....

١٣- ما هي النهاية الأخيرة لكل من لم يتوبوا* عن خطاياهم؟

(مت ٢٥: ٤١) (رؤ ٢٠: ١٢-١٥)

....

١٤- أكتب ثمانية أنواع من البشر الذين سيطرحون في بحيرة النار؟ (رؤ٢١: ٨)

(١) .... (٥) ....

(٢) .... (٦) ....

(٣) .... (٧) ....

(٤) .... (٨) ....

ب. القصد من موت يسوع وقيامته *

١٥- ما هو الغرض الذي من أجله جاء يسوع إلى العالم؟ (١تي ١: ١٥)

....

١٦- من الذين دعاهم يسوع، ومن الذين قَبِلهم؟ (مت ٩: ١٣) (لو١٥: ٢)

....

١٧- هل ارتكب يسوع نفسه أي خطية؟ (عب ٤: ١٥) (١بط ٢: ٢٢)

....

١٨- ما الذي حمله يسوع على الصليب من أجلنا؟ (١بط ٢: ٢٤)

....

١٩- ما هو الغرض الذي من أجله مات يسوع على الصليب؟ (١بط ٣: ١٨)

....

٢٠- ما هي الحقائق الثلاث التي علمها بولس عن يسوع ومطابقة للإنجيل؟

(اكو ١٥: ٣ - ٤)

(١) ....

(٢) ....

(٣) ....

٢١- بما أن يســـوع الآن حي إلى الأبد، فما الذي يقدر أن يفعله للذين يأتون إليه؟

(عب ٧: ٢٥)

....

٢٢- أكتب ثلاثة أشياء يُقدمها الله الآن بإسم يسوع لجميع البشر. (لو ٢٤: ٤٧)

(أع ٤: ١٢)

(١) ....

(٢) ....

(٣) ....

فقرة الحفظ: (رومية ٦: ٢٣)

أكتب هذه الآية من الذاكرة

....

....

....

....

لا تنتقل إلى الصفحة التالية حتى تستكمل جميع الإجابات عن أسئلة هذا الدرس

>> خطة الله للخلاص (الجزء الأول)
الإجابات الصحيحة والدرجات -الدرس رقم ٢

السؤال	الإجابات	النقاط
١	الله الرب	١
٢	(١) المجد (٢) الكرامة (٣) القدرة	١ ١ ١
٣	الجميع أخطأوا وأعوزهم مجد الله	١
٤	(١) لم يمجدوا الله (٢) لم يكونوا شاكرين	١ ١
٥	(١) أصبحوا حمقى (غير مدققين) في أفكارهم (٢) أصبح قلبهم الغبي مظلما	١ ١
٦	(١) أكثر خداعا (فسادا) من كل شيء (٢) شرير للغاية	١ ١
٧	الرب (الله)	١
٨	(١) أفكار شريرة (٢) زنا (٣) فسق (٤) قتل (٥) سرقة (٦) اشتهاء أملاك الغير (الطمع) (٧) خبث (٨) مكر (خداع -غش)	١ ١ ١ ١ ١ ١ ١ ١

	(٩) عهارة (خلاعة -شهوة) (١٠) عين شريرة (حسد) (١١) تجديف * (إطلاق اللعنات باللسان) (١٢) كبرياء (١٣) جهل -حماقة	١ ١ ١ ١ ١
٩	هذا في نظر الله خطية	١
١٠	نضل أنفسنا (نخدعها)	١
١١	نجعل الله كاذباً	١
١٢	الموت	١
١٣	النار الأبدية، بحيرة النار، الموت الثاني	١
١٤	(١) الجبناء (الخائفون) (٢) غير المؤمنين (٣) الرجسون (المملوئين كراهية) (٤) القاتلون (٥) الزناة (٦) السحرة (العرافون) (٧) الوثنيون (عبدة الأوثان) (٨) جميع الكذبة	١ ١ ١ ١ ١ ١ ١ ١
١٥	ليخلص الخطاة	١
١٦	يسوع دعا الخطاة وقبلهم	١
١٧	أبداً	١
١٨	خطايانا	١
١٩	ليحضرنا لله	١
٢٠	(١) مات المسيح لأجل خطايانا	١

	(٢) ودفن	١
	(٣) وقام في اليوم الثالث	١
٢١	يخلصهم إلى التمام	١
٢٢	(١) التوبة *	١
	(٢) الصفح*	١
	(٣) الخلاص*	١

راجع بطاقة الذاكرة لديك لفقرة الحفظ.

إذا كانت فقرة الحفظ صحيحة تمـاماً، أعط ٤ درجات لكل آية. ٤

(أخصم درجة واحدة عن كل خطأ في كل آية. وإن كان لديك أكثر من ٣ أخطاء لا تسجل أي نقاط أمام تلك الآية).

المجموع ٥٤

٢٧ إجابة صحيحة = ٥٠ ٪

٣٨ إجابة صحيحة = ٧٠ ٪

٤٣ إجابة صحيحة = ٨٠ ٪

>> خطة الله للخلاص (الجزء الأول)

ملاحظات على الإجابات الصحيحة -الدرس رقم ٢

(تشير الأرقام المكتوبة في هذه الصفحة إلى الأرقام المكتوبة في صفحة الإجابات الصحيحة)

١- ٤: خطية الإنسان تعني فشله في تنفيذ المهمة التي كلفه بها الله، فقد خُلِق الإنسان ليمجد الله *، " **الإنسان هو صورة الله ومجده"** (١كو١١: ٧)، وأي شيء يفعله الإنسان ولا يمجد* الله يُعَدُّ خطية.

٣: "الجميع ... أعوزهم مجد الله" (رو٣: ٢٣)، ماذا يعني هذا؟ تخيل صورة سهم مصوبٍ نحو النقطة المرسومة على الهدف ولكنه أخطأ الهدف، كانت "نقطة الهدف" المرسومة للإنسان هي أن يحيا حياة "المجد الله"؛ ولكن الكتاب المقدس يقول أن الجميع قد أخطأوا الوصول إلى نقطة الهدف هذه. (أنظر فيلبي ٣: ١٤)

٦ - ٨: جميع هذه الفقرات تتحدث عن القلب، وهي تُظهر ما بداخل جميع البشر، الجميع " تعني كل شخص وكل قلب بشري.

٨: لم يرتكب جميع البشر كل هذه الخطايا، إلا أن بذار هذه الخطايا موجودة في كل قلب بشري، وهناك عاملان يحددان ما إن كانت هذه البذار تنمو لتتحول إلى خطية فعلية في حياة الإنسان أم لا، وهذان الأمران هما:

أ- حدود الطبيعة الأخلاقية للفرد

ب- مفردات البيئة المحيطة به من أماكن وأحداث وأشخاص.

٩: نرتكب الخطية عندما نفعل أي تصرف ينهانا الله عن فعله، وأيضا نخطئ عندما نهمل أو نرفض عمل شيء يأمرنا الله بعمله، وكذلك نصبح مذنبون

بمجرد أن لا نفعل ما هو صالح ومستقيم. اقرأ متى (٢٥: ٣، ٢٥، ٤٥)، فلقد أُدينت العذارى الجاهلات وكل من الوكيل غير الأمين والأمم الجداء لأنهم امتنعوا عن عمل أمور صالحة كان في مقدورهم أن يعملوها.

١٣: هناك مكانان مختلفان:
أ-الجحيم: (يسمي أيضا شاؤل أو الهاوية) وهو المكان الذي تذهب إليه النفوس قبل القيامة* والدينونة* (لوقا ١٦: ٢٣).
ب-جهنم أو بحيرة النار: وهو مكان العقاب بعد القيامة* والدينونة* (رؤ٢٠: ١٢ -١٥)؛ وبحيرة النار هي المكان النهائي للعذاب الذي لا ينتهي، للأشرار والملائكة الساقطين.

١٤: كل من الخائفين وغير المؤمنين مدانون، فكم من الأشخاص المتدينون سينطبق عليهم هذا الوصف؟

١٨: في ناموس موسى كانت الذبائح "تغطي" الخطية إلى حين (أنظر عبرانيين١٠: ١- ٤)، ولكن بموت يسوع طُرحت الخطية بعيداً إلى الأبد. (أنظر عبرانيين ١٠: ١١ - ١٨)

١٩: الخطية غير المغفورة تفصل الإنسان عن الله (أش ٥٩: ٢)، وقد طُرحت الخطية بعيداً بموت يسوع على الصليب، وبذلك أصبح الطريق مفتوحاً أمام الإنسان لكي يعود إلى الله، وأي حواجز مازالت موجودة الآن هي من صنع الإنسان، والله غير مسئول عنها.

٢٠: يُبني الإيمان* على حقيقة، وقد بُني الإنجيل أو الأخبار السارة على هذه الحقائق الثلاث البسيطة، والتي تمثل أحداثاً تاريخية ثابتة.

٢١: **"إلى التمام"** (عب ٧: ٢٥) تعني **"تماماً"** وذلك يشمل كل إحتياج لكل خاطئ الآن وإلى الأبد، فيسوع فيه **الكفاية** لكل شخص حتى نهاية الزمان وطوال الأبدية *.

الدرس رقم ٣

>> خطة اللّه للخلاص (الجزء الثاني)

مقدمة:

يقدم الله الآن خلاصـاً لنا من خلال **إيماننا الشـخصـي بيسـوع المسـيح**، ليس بالتدين أو الأعمال صالحة، ولكن من خلال إيماننا الشخصي في المسيح.

فلكي نخلص علينا أن:

١. نعترف بخطايانا ونتوب عنها (أي نرجع عن خطايانا)

٢. نؤمن أن يسوع مات عن كل واحد منا وقام ثانية

٣. نقبل المسيح القائم بالإيمان كمخلصنا الشخصي

٤. نعترف* علانية بيسوع المسيح رباً على حياتنا

وعندما نقبل يسوع في حياتنا على ذلك النحو فسوف نتمتع بما يلي:

- يأتي يسوع ليحيا إلى الأبد في قلوبنا
- يهبنا حياة أبدية *
- يعطينا القوة لنحيا حياة البر
- يعطينا النصرة على الخطية

فقرة الحفظ: (يوحنا ١: ١٢ - ١٣)
ضع علامة هنا بعد حفظك هاتين الآيتين. ☐
(راجع يومياً آيات من دروس سابقة)

أسئلة الدراسة

ج. كيف يمكننا أن ننال الخلاص*

٢٣- متى يجب أن نطلب الخلاص *؟ (٢كو ٦: ٢) (أم ٢٧: ١)

....

٢٤- هل يمكننا أن نُخلص أنفسنا بأعمالنا الصالحة؟ (أف ٢: ٨ -٩) (تي٣: ٥)

....

٢٥- هل يمكن أن نخلص بحفظ الناموس؟ (رو٣: ٢٠)

....

٢٦- إن كنا نتوق إلى رحمة الله، فما هما الأمران اللذان يجب أن نعملهما؟

(أم ٢٨: ١٣)

(١) ....

(٢) ....

٢٧- إن اعترفنا* بخطايانا، فما هما الشيئان اللذان سيعملهما الله لنا؟ (١يو١: ٩)

(١) ....

(٢) ....

٢٨- ما هي الوسيلة التي يستخدمها الله ليطهر قلوبنا من كل خطية؟ (١يو١: ٧)

....

٢٩- إن كنا نريد أن نخلص، فما هما الأمران اللذان يجب أن نعملهما؟

(رو١٠: ٩ - ١٠)

بقلوبنا: (١) ....

بأفواهنا: (٢) ....

٣٠- هل يرفضنا يسوع، إذا أتينا إليه؟ (يو٦: ٣٧)

....

٣١- ما هو الوعد الذي أعطاه المسيح لنا إذا فتحنا قلوبنا لنقبله؟ (رؤ٣: ٢٠)

....

٣٢- إن قبلنا يسوع، فماذا سيمنحنا؟ (يو١: ١٢)

....

٣٣- ما هو الاختبار الذي نحصل عليه نتيجة لذلك؟ (يو١: ١٣) (يو٣: ٣)

....

٣٤- ماذا يعطينا الله عن طريق المسيح إذا كنا نقبله؟ (رو٦: ٢٣)

....

٣٥- هل في الإمكان معرفة أن لنا حياة أبدية *؟ (١يو٥: ١٣)

....

٣٦- ما هي الشهادة التي يعطينا الله إياها عن يسوع؟ (١يو٥: ١١)

....

٣٧- ماذا يكون لنا إن قبلنا يسوع ابن الله؟ (١يو٥: ١٢ - ١٣)

....

د. الخلاص* يمنحنا القوة أن نغلب العالم وإبليس

٣٨- من يسكن في قلوبنا بالإيمان* بعد أن نقبل يسوع؟

(غلا ٢: ٢٠) (أف ٣: ١٧)

....

٣٩- ما الذي نستطيع فعله بالقوة التي يمنحها لنا يسوع؟ (في٤: ١٣)

....

٤٠- ماذا سيفعل المسيح لنا إن اعترفنا* به علانية أمام الناس؟ (مت ١٠: ٣٢)

....

٤١- ماذا سيفعل المسيح لنا إن أنكرناه أمام الناس؟ (مت١٠: ٣٣)

....

٤٢- ما هو نوع الشخص الذي يقدر أن يغلب العالم وإغراءاته؟

(١يو ٥: ٤) (١) ....

(١يو ٥: ٥) (٢) ....

٤٣- لماذا يستطيع أولاد الله أن يغلبوا العالم؟ (١يو٤: ٤)

....

٤٤- ما هما الأمران اللذان يغلب بهما شعب الله إبليس؟ (رؤ١٢: ١١)

....

....

٤٥- من الذي وعده الله أن يقبله في السماء كأبنه؟ (رؤ٢١: ٧)

....

فقرة الحفظ: (يوحنا ١: ١٢- ١٣)

أكتب هاتين الآيتين من الذاكرة.

....

....

....

....

لا تنتقل إلى الصفحة التالية حتى تستكمل جميع الإجابات عن أسئلة هذا الدرس

>> خطة الله للخلاص (الجزء الثاني)
الإجابات الصحيحة والدرجات -الدرس رقم ٣

السؤال	الإجابات	النقاط
٢٣	الآن، اليوم	١
٢٤	لا	١
٢٥	لا	١
٢٦	(١) نعترف* بخطايانا (٢) نترك (ننبذ ونتخلى عن) خطايانا	١ ١
٢٧	(١) يغفر لنا خطايانا (٢) يطهرنا من كل إثم	١ ١
٢٨	دم يسوع المسيح، ابن الله	١
٢٩	(١) نؤمن أن الله أقام يسوع من الأموات (٢) نعترف* بيسوع رباً	١ ١
٣٠	لا	١
٣١	"أدخل إليه"	١
٣٢	الحق أن نكون أبناء الله	١
٣٣	نولد من الله (الميلاد الثاني)	١
٣٤	الحياة الأبدية*	١
٣٥	نعم (يوحنا كتب لهذا الغرض)	١
٣٦	وهبنا الله حياة أبدية* في المسيح يسوع	٢
٣٧	حياة أبدية*	١

٣٨	يحيا يسوع المسيح في قلوبنا	١
٣٩	كل الأشياء (التي يريد الله أن نعملها)	١
٤٠	يعترف* بنا أمام أباه السماوي	١
٤١	ينكرنا أمام أباه السماوي	١
٤٢	(١) المولود من الله (بإيمانه*) (٢) الذي يؤمن أن يسوع هو ابن الله	١ ١
٤٣	لان الذي فيهم (الله) أعظم من الذي في العالم (إبليس)	٢
٤٤	(١) بدم الحمل (يسوع المسيح) (٢) بكلمة شهادتهم	١ ١
٤٥	الذي يغلب	١

راجع بطاقة الذاكرة لديك لفقرة الحفظ.

إذا كانت فقرة الحفظ صحيحة تماماً، أعط ٤ درجات لكل آية. ٨

(أخصم درجة واحدة عن كل خطأ في كل آية. وإن كان لديك أكثر من ٣ أخطاء لا تسجل أي نقاط أمام تلك الآية).

المجموع ٣٨

١٩ إجابة صحيحة = ٥٠ ٪

٢٧ إجابة صحيحة = ٧٠ ٪

٣٠ إجابة صحيحة = ٨٠ ٪

>> خطة الله للخلاص (الجزء الثاني)

ملاحظات على الإجابات الصحيحة - الدرس رقم ٣

(تشير الأرقام المكتوبة في هذه الصفحة إلى الأرقام المكتوبة في صفحة الإجابات الصحيحة)

٢٤ - ٢٥: تدين كلمة الله أي محاولة يبذلها الإنسان لكي يخلص نفسه أو يجعل نفسه باراً*، فلا يمكن للإنسان أن يخلص بدون نعمة الله، ونحن نقبل نعمة الخلاص بالإيمان* بيسوع المسيح.

٢٥: لم يُعط الناموس ليجعل الإنسان باراً* لكن ليُظهر للإنسان أنه خاطئ وأنه لا يستطيع أن يخلص نفسه. (رو ٣: ٢٠؛ ٧: ٧ - ١٣).

٢٦: لا يحصل الإنسان على نعمة الله لمجرد الاعتراف* بالخطية **دون التخلي عنها وتركها**. أنظر وقارن (إشعياء ٥٥: ٧)، يتخلى عن يعني " يترك الشيء خلفه تماماً ".

٢٧: عندما يغفر الله الخطية فهو يغسل قلب الخاطئ ويطهره أيضاً، وبمجرد أن يتطهر الخاطئ، يجب عليه ألا يستمر في الخطية التي اعترف* بها.

٢٨: ليس لدي الإنسان أي علاج من نفسه لقلبه الخاطئ، فقط **دم يسوع المسيح** هو الذي يقدر أن يطهره ويجدده.

٢٩- (٢): **"يعترف* بيسوع رباً"** هي الترجمة الأدق للأصل اليوناني. (أنظر وقارن ١كو ١٢: ٣، فيلبي ٢: ١١).

٣١: وجه يسوع كلماته في (رؤيا ٣: ٢٠) إلى كنيسة لاودكية، وكانت هذه الكنيسة تَدَّعي الإيمان المسيحي إلا أن يسوع المسيح نفسه كان قد تُرك خارج كنيستهم، طالباً الدخول إليها، فكم من الكنائس المسيحية التي ينطبق عليها ذلك، اليوم؟ وعْد يسوع بالدخول خاص بالفرد وليس بالجماعة ككل، فقبول يسوع هو دائماً قرار فردي.

٣٢: "حق" والأكثر دقة هي كلمة "سلطان ".

٣٣: يخبرنا (يوحنا ٣: ١- ٧) أننا يجب أن نولد ثانية ويخبرنا (يوحنا ١: ١٢- ١٣) كيف يمكن أن نولد ثانية (من الله)، وذلك بأن نقبل المسيح يسوع **مخلصاً شخصياً ورباً**.

٣٤: قارن معنى كلمتي "أجرة" مع "هبة" في (رومية ٦: ٢٣) ولاحظ الفرق: "أجرة" تعني الجزاء العادل للخطايا التي ارتكبناها، بينما "هبة" تعني العطية التي تقدمها نعمة الله مجاناً وبدون إستحقاق.

٣٨: تستمر حياة الإيمان المسيحي كما بدأت، وذلك بالإيمان* **"فكما قبلتم المسيح يسوع الرب اسلكوا فيه"** (كو٢: ٦)، فنحن نقبل يسوع بالإيمان* ونسلك في يسوع بالإيمان * (٢كو ٥: ٧).

٣٩: تُقرأ (فيلبي ٤: ١٣) حرفياً كالتالي "أستطيع أن أعمل كل شيء بالمسيح الذي فيّ والذي يعطيني القوة ".

٤٠ -٤١: يسوع هو "رسول اعترافنا* ورئيس الكهنة " (عب٣: ١)، هذا يعني أن يسوع يقوم بدور رئيس الكهنة فهو يذكُرنا بأسمائنا أمام الله أبيه، ولكنه يفعل هذا فقط عندما نعترف* به، فإن لم نعترف* لا يكون لنا رئيس كهنة يمثلنا جهاراً. قارن (عبرانيين ٤: ١٤) و(عبرانيين ١٠: ٢١-٢٣) أخيراً، ليس أمامنا سوي اختيارين: أن نعترف* أو أن ننكر ولا يوجد بديل بينهما.

٤٤: "بدم الحمل وبكلمة شهادتنا" (رؤ٢١: ١١)، يجب أن نشهد شخصياً لما تقوله كلمة الله عن دم المسيح يسوع وما فعله لنا، ومن النتائج العظيمة التي نحصل عليها من خلال دم يسوع: الفداء*(أف ١: ٧)، والتطهير (١يو١: ٧)، والتبرير* (رو٥: ٩) والتقديس* (عب ١٣: ١٢).

٤٥: قارن (رومية ١٢: ٢١)، ففي النهاية، يوجد اختيارين فقط: إما أن تغلب وتنتصر وإما أن تنهزم، ومرة أخري لا يوجد شيء بينهما.

الدرس رقم ٤

>> معمودية الماء: كيف؟ ومتى؟ ولماذا؟

مقدمة:

قال يسوع: **"من آمن واعتمد خلص"** (مر١٦: ١٦) ولا يزال طريق الله للخلاص* كما هو، الإيمان أولاً ثم المعمودية.

فالإيمان بيسوع يُحدث تغييراً داخلياً في قلوبنا، ومعمودية الماء هي فعل خارجي دليل الطاعة والذي نشهد به عن ذلك التغيير الذي حدث في قلوبنا.

بالمعمودية نحن نَتّحِد مع المسيح في دفنه وقيامته*، وننفصل عن حياة الخطية والهزيمة القديمة، فنخرجُ من الماء لنحيا حياة البر* والنصرة، والتي أصبحت ممكنة بقوة الله العاملة فينا.

تقدم الفقرات الكتابية في هذه الدراسة شرحاً دقيقاً عن كيف ومتى ولماذا يجب أن نعتمد.

فقرة الحفظ: (رومية ٦: ٤)
ضع علامة هنا بعد حفظك لهذه الآية. ☐
(راجع يومياً آيات من دروس سابقة)

أسئلة الدراسة

١- ما هو السبب وراء إصرار يسوع لأن يعتمد؟ (مت ٣: ١٥)

....

٢- كيف أعلن الروح القدس عن سروره بمعمودية يسوع؟ (مت ٣: ١٦)

....

٣- بماذا شهد الآب عن يسوع بعدما اعتمد؟ (مت ٣: ١٧)

....

٤- هل نزل يسوع في الماء ليعتمد؟ (مت ٣: ١٦)

....

٥- إن أراد أحد أن يخلص فماذا يجب عليه أن يفعل بعد إيمانه بالإنجيل حسب قول يسوع؟ (مر ١٦: ١٦)

....

٦- ماذا طلب يسوع من تلاميذه أن يفعلوا للناس قبل أن يعمدوهم؟ (مت ٢٨: ١٩)

....

٧- لمن أرسل يسوع تلاميذه بهذه الرسالة؟ (مت ٢٨: ١٩)

....

٨- ماذا يتوقع يسوع من الناس أن يفعلوا بعد أن يعتمدوا؟ (مت ٢٨: ٢٠)

....

٩- بماذا طالب بطرس الجمع أن يفعلوا قبل أن يعتمدوا؟ (أع ٢: ٣٨)

....

١٠- كم عدد الذين أوصاهم بطرس بأن يعتمدوا؟ (أع ٢: ٣٨)

....

١١- كيف تصرف الناس الذين قبلوا كلمة الله بفرح؟ (أع ٢: ٤١)

....

١٢- ما الذي فعله شعب مدينة السامرة بعد أن آمنوا بكرازة فيلبس لهم؟ (أع ٨: ١٢)

....

١٣- ماذا طلب فيلبس من الخصي أن يفعل قبل أن يعتمد؟ (أع ٨: ٣٧)

....

١٤- بم أجاب الخصي؟ (أع ٨: ٣٧)

....

١٥- هل نزل الخصي تحت الماء لكي يعتمد؟ (أع ٨: ٣٨)

....

١٦- ما هو شعور الخَصِيِّ بعد أن أعتمد؟ (أع ٨: ٣٩)

....

١٧-بعد أن خلص كرنيليوس وأصدقائه وقبلوا الروح القدس، بماذا أمرهم بطرس الرسول أن يفعلوا بعد ذلك؟ (أع ١٠: ٤٤-٤٨)

....

١٨- ماذا فعل سجان فيلبي وعائلته بعد إيمانهم بالرسالة التي قدمها لهم بولس؟

(أع١٦: ٢٩ - ٣٣)

....

١٩- ماذا فعل التلاميذ في أفسس بعد إيمانهم بالرسالة التي قدمها لهم بولس؟

(أع ١٩: ٤ - ٥)

....

٢٠- ما هما الإختباران اللذان نشارك فيهما يسوع عندما نعتمد؟ (رو٦: ٤)

(كو ٢: ١٢)

(١) ....

(٢) ....

٢١- ماذا قال بولس عن نوعية الحياة التي يجب أن يحياها المؤمن بعد أن يعتمد؟

(رو٦: ٤)

....

٢٢- هل يوجد أي تمييز أو فرق بين المؤمنين من الأجناس المختلفة بعد أن يعتمدوا؟ (غلا٣: ٢٦ - ٢٨)

....

٢٣- اذكر صورتين لمعمودية الماء وردتا في العهد القديم وأُشير إليهما في العهد الجديد؟

(اكو١٠: ١ - ٢) (خر١٤: ١٢ - ٢٢) (١)

....

....

(١بط ٣: ٢٠ - ٢١) (تك ٦ - ٧) (٢)

....

....

فقرة الحفظ: (رومية ٦: ٤)

أكتب هذه الآية من الذاكرة.

....

....

....

....

لا تنتقل إلى الصفحة التالية حتى تستكمل جميع الإجابات عن أسئلة هذا الدرس

>> معمودية الماء: كيف؟ ومتى؟ ولماذا؟

الإجابات الصحيحة والدرجات -الدرس رقم ٤

السؤال	الإجابات	النقاط
١	لأنه هكذا يليق بنا أن نكمل كل بر	٢
٢	نزل (الروح القدس) مثل حمامة وأتى عليه	٢
٣	هذا هو ابني الحبيب الذي به سررت	٢
٤	نعم	١
٥	يجب أن يعتمد	١
٦	أن يتلمذوا الناس	١
٧	لجميع الأمم	١
٨	أن يطبقوا وصايا يسوع ويحفظوا جميع ما أوصى به	٢
٩	أن يتوبوا*	١
١٠	الجميع	١
١١	اعتمدوا	١
١٢	اعتمدوا	١
١٣	يؤمن بكل قلبه	١
١٤	أؤمن أن يسوع المسيح هو ابن الله	١
١٥	نعم	١
١٦	ذهب في طريقه فرحاً	١
١٧	أن يعتمدوا	١
١٨	اعتمدوا	١
١٩	اعتمدوا	١

٢٠	(١) دفنه (٢) قيامته من الأموات (قيامته*)	١ ١
٢١	يجب أن يسلكوا في جدة الحياة	٢
٢٢	لا يوجد أي فرق	١
٢٣	(١) عبور بني إسرائيل في البحر الأحمر (٢) نجاة نوح وعائلته بالفلك في الطوفان	٢ ٢

راجع بطاقة الذاكرة لديك لفقرة الحفظ.

إذا كانت فقرة الحفظ صحيحة تماماً، أعط ٤ درجات لكل آية. ٤

(أخصم درجة واحدة عن كل خطأ في كل آية. وإن كان لديك أكثر من ٣ أخطاء لا تسجل أي نقاط أمام تلك الآية).

المجموع ٣٦

١٨ إجابة صحيحة = ٥٠ ٪

٢٥ إجابة صحيحة = ٧٠ ٪

٢٩ إجابة صحيحة = ٨٠ ٪

>> معمودية الماء: كيف؟ ومتى؟ ولماذا؟

ملاحظات على الإجابات الصحيحة - الدرس رقم ٤

(تشير الأرقام المكتوبة في هذه الصفحة إلى الأرقام المكتوبة في صفحة الإجابات الصحيحة)

١- ٤: كانت معمودية يوحنا **"معمودية توبة*"** مصحوبة بإعتراف* بالخطايا (مر١: ٤-٥)، إلا أن يسوع لم يكن لديه أي خطية يعترف* بها أو يتوب* عنها، بل بالحري، أظهر يسوع بمعموديته طاعة لإرادة الله، وبذلك قدم يسوع مثالاً للآخرين، وقد قدم يسوع السبب وهو **"لأنه هكذا يليق بنا أن نتمم كل بر* "** (مت٣: ١٥).
كلمة "هكذا" تشير إلى المثال الكامل الذي قدمه يسوع للمعمودية؛ النزول إلى الماء والخروج منه، وكلمة " يليق " تشير إلى المثال الكامل الذي قدمه يسوع للطاعة لكي يتبعه جميع المؤمنين المخلصين، وتقدم عبارة **" نتمم كل بر"** السبب الكامل وهو إتمام كل بر*. أولاً، يصير المؤمن باراً* بإيمانه * بالمسيح، ثم بعد ذلك، يُكمل البر*الداخلي بالإيمان* بواسطة فعل خارجي يدل على الطاعة وهو أن يعتمد، ويُفهم ضمناً أن المعمودية هي إقرار واضح المعالم للأقانيم الثلاثة: الآب والإبن والروح القدس.

٥ - ٦، ٩، ١٣: يجب على كل شخص أن يتمم الثلاثة شروط التالية قبل أن يعتمد:

١) أن يتعلم عن طبيعة المعمودية والغرض منها.

٢) أن يتوب* عن خطاياه.

٣) أن يؤمن أن يسوع المسيح ابن الله.

٧، ١٠- ١٢، ١٧ - ١٩: أخبر يسوع تلاميذه أن المعمودية هي "لجميع الأمم" ولا يجب أن تُستثنى أية أمة، ويُوضح العهد الجديد أن جميع الذين أمنوا يجب أن يعتمدوا دون تأجيل، وفي معظم الأحيان كان يحدث هذا في نفس اليوم الذي يؤمن فيه الشخص بالمسيح، ولم يكن أبداً هناك أي تأخير لمدة طويلة بين إيمان الشخص بالمسيح وبين المعمودية، ولا يوجد أي سبب يمنع إتباع هذا النموذج الآن، كما كان يحدث في الكنيسة الأولى.

٨، ٢٠، ٢١: بالمعمودية يعلن المؤمنون علانيةً إتحادهم مع المسيح في دفنه وقيامته*، ومن الضروري أن يحيوا حياة البر* بعد المعمودية، وقد أصبحت الحياة الجديدة ممكنة بالنعمة وبقوة الروح القدس.

٢٣- (١): توضح (اكو ١٠: ١-٢) نوعين مختلفين من المعمودية اختبرهم شعب الله: "تحت السحابة " وفي البحر، فالمعمودية "تحت السحابة" هي صورة للمعمودية بالروح القدس، والمعمودية " في البحر" هي صورة لمعمودية الماء.

٢٣- (٢): بالإيمان* نوح وأسرته دخلوا الفلك (= المسيح)، ثم اجتازوا وهم في الفلك في مياه الطوفان (= المعمودية) وبهذا نَجوا من قضاء* الله. فقد انفصلوا عن العالم القديم الآثم وانقادوا إلى حياة جديدة تماماً.

الدرس رقم ٥

<< الروح القدس

مقدمة:

كان يسوع في خدمته الأرضية معتمداً تماماً على الروح القدس. حل الروح القدس على يسوع في نهر الأردن، لم يعظ يسوع ولم يُجْرِ آية معجزة قبل حلول الروح القدس عليه، ولكن بعد ذلك، كل ما عمله كان بقوة الروح القدس.

أعطي يسوع وعداً لتلاميذه عندما اقترب موعد صعوده للسماء، فقد وعدهم أنه سيرسل لهم الروح القدس من السماء، وقد فعل ذلك حتى يكون لهم الروح القدس كما كان له، وقد تم هذا الوعد في يوم الخمسين عندما اعتمدوا جميعاً بالروح القدس، وأصبح الروح القدس معزياً لهم ومسدداً كل إحتياجاتهم الروحية.

ملاحظة: تستخدم اللغة الانجليزية أسمين للروح القدس وهما "Holy Ghost"و "Holy Spirit" وهما لهما نفس المعنى.

فقرة الحفظ: (أعمال ٢: ٣٨ - ٣٩)

ضع علامة هنا بعد حفظك هاتين الآيتين. ☐

(راجع يومياً آيات من دروس سابقة)

أسئلة الدراسة

١- بماذا مسح الله الآب يسوع لخدمته الأرضية؟ (أع١٠: ٣٨)

....

٢- ما الذي رآه يوحنا المعمدان نازلاً ومستقراً على يسوع؟ (يو١: ٣٢ - ٣٣)

....

٣- ماذا قال يسوع عن ما حل عليه وجعله قادراً على أن يبشر ويخدم من هم في احتياج؟ (لو٤: ١٨)

....

٤- بأية قوة قال يسوع إنه يُخرج الشياطين؟ (مت ١٢: ٢٨)

....

٥- من الذي قال عنه يسوع أنه سيرسله لتلاميذه من الآب، بعد عودته إلى السماء؟ (يو١٤: ١٦، ٢٦)، (يو١٥: ٢٦)

....

٦- ما هما التعبيران الآخران اللذان استخدمهما يسوع لوصف المعزي (الروح القدس)؟ (يو١٤: ١٧؛ ١٥: ٢٦)

(١) ....

(٢) ....

٧- اذكر شيئين قال يسوع أن الروح القدس سيعمله للتلاميذ؟ (يو١٤: ٢٦)

(١) ....

(٢) ....

٨- ما هي الطريقة الأخرى التي قال يسوع أن الروح القدس سيعين بها التلاميذ؟

(يو١٦: ١٣)

....

٩- اذكر طريقتين سيعلن بهما الروح القدس شخص يسوع لتلاميذه؟

(يو١٥: ٢٦) (١) ....

(يو ١٦ : ١٤) (٢) ....

١٠- متى قال يسوع أن التلاميذ سينالون قوة ليصيروا شهوداً له في أورشليم؟

(أع ١: ٨)

....

١١- ماذا أخبر يوحنا المعمدان الناس بأن يسوع سيعمله لهم؟ (مر ١: ٨)

....

١٢- ما هو الوعد الذي أعطاه يسوع لتلاميذه قبل صعوده إلى السماء مباشرة؟

(أع ١: ٥)

....

١٣- ماذا طلب يسوع من تلاميذه أن يفعلوه إلى أن يتحقق ذلك الوعد؟

(لو٢٤: ٤٩)

....

١٤- في أي يوم حلَّ الروح القدس على التلاميذ كما وعد يسوع؟ (أع ٢: ١-٤)

....

١٥- لماذا لم يكن ممكناً أن يُعَطي الروح القدس للتلاميذ أثناء خدمة يسوع الأرضية؟ (يو٧: ٣٩)

....

١٦- بعد أن عاد يسوع إلى مكانته في المجد وجلوسه عن يمين الله، ماذا قَبِل من الآب؟ (أع ٢: ٣٣)

....

١٧- كيف أستطاع الحاضرون من غير المؤمنين أن يعرفوا أن يسوع سكَب الروح القدس على تلاميذه؟ (أع ٢: ٣٣)

....

١٨- ماذا استطاع أن يسمعه هؤلاء غير المؤمنين، ما كان التلاميذ يعملونه بقوة الروح القدس؟ (أع ٢: ٧ - ١١)

....

١٩- من الذين وعد الله أن يسكب عليهم الروح القدس في آخر هذا الدهر؟ (أع ٢: ١٧)

....

٢٠- لمن قال بطرس أن الوعد الممنوح بحلول الروح القدس متاح لهم؟ (أع ٢: ٣٩)

....

٢١- ما هي العطية الصـالحة التي سـيعطيها الآب لجميع أولاده الذين يسـألونه؟

(لو ١١: ١٣)

....

فقرة الحفظ: (أعمال ٢: ٣٨ - ٣٩)

أكتب هاتين الآيتين من الذاكرة.

....

....

....

....

لا تنتقل إلى الصفحة التالية حتى تستكمل جميع الإجابات عن أسئلة هذا الدرس

>> الروح القدس

الإجابات الصحيحة والدرجات -الدرس رقم ٥

السؤال	الإجابات	النقاط
١	بالروح القدس والقوة	١
٢	الروح (القدس) على هيئة حمامة	١
٣	روح الرب	١
٤	بروح الله	١
٥	المعين (الروح القدس)	١
٦	روح الحق	٢
٧	(١) سيعلمكم كل شيء (٢) سيذكركم بكل ما قلته لكم	١ ٢
٨	سوف يرشدكم إلى جميع الحق	١
٩	(١) سيشهد لي (يسوع) (٢) سيمجدني* (يسوع)	١ ١
١٠	متى حل الروح القدس عليكم	١
١١	سيعمدكم بالروح القدس	١
١٢	ستتعمدون بالروح القدس ليس بعد هذه الأيام بكثير	٢
١٣	فأقيموا (انتظروا) في مدينة أورشليم إلى أن تُلبَسوا(تعطوا) قوة من الأعالي	٢
١٤	يوم الخمسين (يسمى شابوث) shabouth بالعبرية	١
١٥	لأن يسوع لم يكن قد مجد* بعد	١
١٦	موعد الروح القدس	١
١٧	تمكنوا أن يروه ويسمعوه	١

١٨	سمعوهم يتكلمون بلغات البلدان التي جاء منها هؤلاء غير المؤمنين	٢
١٩	على كل جسد (جميع الناس)	١
٢٠	لكم ولأولادكم ولكل الذين على بعد، كل من يدعوه الرب إلهنا	٣
٢١	الروح القدس	١

راجع بطاقة الذاكرة لديك لفقرة الحفظ.

إذا كانت فقرة الحفظ صحيحة تماماً، أعط ٤ درجات لكل آية. ٨

(أخصم درجة واحدة عن كل خطأ في كل آية. وإن كان لديك أكثر من ٣ أخطاء لا تسجل أي نقاط أمام تلك الآية).

المجموع ٣٨

١٩ إجابة صحيحة = ٥٠ ٪

٢٧ إجابة صحيحة = ٧٠ ٪

٣٠ إجابة صحيحة = ٨٠ ٪

>> الروح القدس
ملاحظات على الإجابات الصحيحة - الدرس رقم ٥

(تشير الأرقام المكتوبة في هذه الصفحة إلى الأرقام المكتوبة في صفحة الإجابات الصحيحة)

١ - ٥: كلمة "مسيح" هي مأخوذة من كلمة يونانية تعني "ممسوح"، وهي ذاتها للكلمة العبرية "مسيَّا" والتي تعني أيضاً "ممسوح"، صار يسوع المسيا "الممسوح" عندما نزل الروح القدس عليه من السماء وقد حدث ذلك بعد معموديته بواسطة يوحنا المعمدان في نهر الأردن، ويوضح لنا لقب "المسيح" أو "المسيا" أن خدمة يسوع على الأرض كانت مُمَكنة وفعالة "بمسحة" الروح القدس، وقصد الله أن ذات المسحة التي للروح القدس تكون من نصيب جميع المؤمنين **"ولكن الذي يثبتنا معكم في المسيح وقد مسحنا هو الله"** (٢كو١: ٢١)، **"وأما أنتم فالمسحة التي أخذتموها منه ثابتة (تحيا) فيكم"** (١يو٢: ٢٧)، والمؤمنون هم حرفياً " الأشخاص الممسوحين"، لذا يجب على المؤمنين أن يعتمدوا بالروح القدس لكي يصيروا تلاميذ حقيقيين ليسوع الذي سبق واعتمد هو نفسه به، وبذلك صار يسوع مثالاً نحتذي به.

٥ -٦: كلمة أخرى تستخدم عن الروح القدس وهي " المحامي"، والمحامي هو الشخص الذي يترافع عن شخص آخر في قضية، وقد استخدمت هذه الكلمة في سياق الحديث عن يسوع في (١يو ٢: ١) فيسوع المسيح يشفع في المؤمن في السماء، والروح القدس من خلال المؤمن يدافع عن قضية المسيح على الأرض (أنظر متى١٠: ١٩- ٢٠).

٦- ٩: قال يسوع في (يو١٦: ٧) **" إنه خير لكم أن أنطلق لأنه إن لم أنطلق لا يأتيكم المعزي ولكن إن ذهبت أرسله إليكم"**، أرسل يسوع الروح القدس إلى التلاميذ بعد عودته إلى السماء، وبمجرد حلول الروح

القدس على التلاميذ نالوا على الفور معرفة وفهماً أعمق ليسوع؛ أفضل مما كان معهم على الأرض، وبهذا يتمم الروح القدس خدمته على الأرض، فقد أُرسِل الروح القدس ليعلن ويفسر ويمجد* شخص وعمل المسيح ورسالته، وهذا هو عمله فينا اليوم.

١١: تشير مقدمة يوحنا المعمدان عن يسوع الذي **"سيعمدكم بالروح القدس"** في بداية الأناجيل الأربعة، وقد أعطى العهد الجديد مكانة عظمى لهذا الجانب من خدمة المسيح، ويجب أن تقوم الكنيسة المسيحية بعمل نفس الشيء.

١٢ -١٣: اختتمت الأناجيل مثلما افتتحت بالوعد بمعمودية الروح القدس.

١٥- ١٦: دفع يسوع بموته على الصليب ثمن عطية الروح القدس لكل مؤمن (أنظر غلاطية ٣: ١٣ - ١٤) فقد أصبح ليسوع بعد قيامته* وصعوده* الامتياز الخاص لقبول تلك الهبة من الآب ثم تقديمها عطية لتلاميذه.

١٧- ١٨: في العهد الجديد كله يتم التصديق على معمودية الروح القدس بظاهرة خارقة للطبيعة وهى التكلم بألسنة أخري.

١٨- ٢١: لقد وعد الله أنه سيسكب الروح القدس على كل بشر مرة أخيرة في نهاية هذا الجيل، وكل مؤمن لديه الحق الكتابي لأن يطلب هذه العطية.

الدرس رقم ٦

<< نتائج معمودية الروح القدس

مقدمة:

معمودية الروح القدس هي عطية من الســـماء، والمؤمن الذي يقبل هذه العطية يحصل على قوة فائقة للطبيعة لكي يشهد ويخدم كتلميذ ليسوع.

ويتميز المؤمنون الذين ينالون هذه العطية بأنهم يستطيعون التكلم أو الصلاة بلغة غير معلومـة لـديهم، وهذه العلامة أو الموهبة قد وهبها لهم الروح القدس، ولهذا فهي تســـمي أحياناً الصـــلاة في الروح القدس، ويســـميها الكتاب المقدس أيضـــاً "التكلم بألســـنة أخرى" (أع ٢: ٤) ويعتبر هذا الإختبار عادياً لكل المؤمنين في كنيسة العهد الجديد

ويتمكن المؤمن الذي يصلى بتلك اللغة من بنيان حياته الروحية بالإتحاد المباشر والمســـتمر مع الله، وهي طريق ســـماوي إلى حياة تُتيح لكل من مواهب الروح القدس وثماره لأن تعمل في حياة المؤمن.

فقرة الحفظ: (أعمال ٢: ١٧ - ١٨)
ضع علامة هنا بعد حفظك لهاتين الآيتين. ☐
(راجع يومياً آيات من دروس سابقة)

أسئلة الدراسة

١- ماذا حدث للتلاميذ في يوم الخمسين عندما امتلأوا جميعاً بالروح القدس؟ (أع٢: ٤)

....

٢- من الذي بشر شعب مدينة السامرة ليؤمنوا أن يسوع هو المسيا؟ (أع ٨: ١٢)

....

٣- عندما ذهب بطرس ويوحنا إلى مدينة السامرة، فلأجل أي أمر صلوا للمؤمنين هناك؟ (أع ٨: ١٥)

....

٤- كيف قَبل المؤمنون في مدينة السامرة الروح القدس؟ (أع ٨: ١٧)

....

٥- كيف قَبل شاول الطرسوسي (بولس) الروح القدس؟ (أع ٩: ١٧)

....

٦- ماذا حدث لجميع الذين استمعوا لعظة بطرس في بيت كرنيليوس؟ (أع١٠: ٤٤)

....

٧- كيف عرف بطرس ورفقاؤه أن كل هؤلاء الناس الذين كانوا في بيت كرنيليوس قد قبلوا الروح القدس؟ (أع١٠: ٤٥ - ٤٦)

....

٨- ما هو السؤال الذي سأله بولس للتلاميذ في أفسس؟ (أع ١٩: ٢)

....

٩- متى قَبِل هؤلاء التلاميذ الذين في أفسس الروح القدس؟ (أع ١٩: ٦)

....

١٠- ماذا حدث بعد حلول الروح القدس على هؤلاء التلاميذ؟ (أع ١٩: ٦)

....

١١- إلى أي درجة قال بولس أنه هو نفسه تكلم بالألسنة؟ (١كو١٤: ١٨)

....

١٢- أذكر ثلاثة أشياء تحدث للمؤمن عندما يتكلم بلسان غير معروف؟

(١كو١٤: ٢، ٤)

(١) ....

(٢) ....

(٣) ....

١٣- عندما يصلي المؤمن بلسان غير معروف، فأي جزء من كيانه يصلي؟

(١كو١٤: ١٤)

....

١٤- ما هي الكيفية التي قال يسوع أن الساجدون الحقيقيون ينبغي أن يسجدوا لله

بها؟ (يو٤: ٢٣ - ٢٤)

....

١٥- كيف يحث يهوذا المؤمنون ليبنوا أنفسهم في إيمانهم*؟ (يهوذا ٢٠)

....

١٦- عندما يتكلم المؤمن بلسان غير معروف، فلأي شيء ينبغي أن يصلي بعد ذلك مباشرة؟ (اكو١٤: ١٣)

....

١٧- في الإجتماع العام الذي لا يوجد فيه مترجم، كيف يمكن للمؤمن أن يتكلم بلسان غير معروف؟ (اكو ١٤: ٢٨)

....

١٨- هل قال بولس أنه يرغب في أن يتكلم جميع المؤمنين بألسنة؟ (اكو١٤: ٥)

....

١٩- كم عدد المؤمنين الذين قال بولس بأنهم يُمكن أن يتنبأوا*؟ (اكو ١٤: ٣١)

....

٢٠- هل يجوز أن يجهل المؤمنون عن المواهب الروحية؟ (اكو١٢: ١)

....

٢١- أكتب قائمة لمواهب الروح التسعة؟ (اكو١٢: ٨ - ١٠)

(١) ....

(٢) ....

(٣) ....

(٤) ....

(٥) ....

(٦) ....

(٧) ....

(٨) ....

(٩) ....

٢٢- ما هي ثمار الروح التسعة؟ (غلا ٥: ٢٢ - ٢٣)

(١) ....

(٢) ....

(٣) ....

(٤) ....

(٥) ....

(٦) ....

(٧) ....

(٨) ....

(٩) ....

٢٣- هل يمكن للمؤمن الحصـــول على المواهب الروحية بدون ثمار الروح؟ (اكو١٣: ١ - ٢)

....

٢٤- هل يمكن للمؤمن الحصـــول على ثمار الروح دون المواهب الروحية؟ (اكو١٢: ٣١)، (اكو١٤: ١)

....

٢٥- ما هي الثلاثة أشياء الفائقة للطبيعة التي ستحدث نتيجة لسكيب الروح القدس في نهاية هذا الجيل؟ (أع ٢: ١٧)

(١) ....

(٢) ....

(٣) ....

٢٦- اذكر خمس مواهب روحية يمكن للمؤمن أن يســتخدمها لتشــجيع إخوته المؤمنين في اجتماع ما؟ (اكو١٤: ٢٦)

(١) ....

(٢) ....

(٣) ....

(٤) ....

(٥) ....

فقرة الحفظ: (أعمال ٢: ١٧- ١٨)

أكتب هاتين الآيتين من الذاكرة.

....

....

....

....

لا تنتقل إلى الصفحة التالية حتى تستكمل جميع الإجابات عن أسئلة هذا الدرس

>> نتائج معمودية الروح القدس

الإجابات الصحيحة والدرجات - الدرس رقم ٦

السؤال	الإجابات	النقاط
١	كانوا يتكلمون بألســـنة أخرى كما أعطاهم الروح أن ينطقوا	٢
٢	فيلبس	١
٣	أن يقبلوا الروح القدس	١
٤	وضع بطرس ويوحنا أيديهما عليهم	١
٥	وضع حنانيا يده عليه	١
٦	حل الروح القدس عليهم جميعا	١
٧	سمعوهم يتكلمون بألسنة ويعظمون الله	١
٨	هل قبلتم الروح القدس عندما أمنتم	١
٩	عندما وضع بولس يديه عليهم	١
١٠	كانوا يتكلمون بألسنة ويتنبأون*	١
١١	أكثر من جميعكم (يعنى أكثر من جميع المؤمنين في كورنثوس)	١
١٢	(١) يتكلم إلى الله (ليس للبشر) (٢) يتكلم بأسرار (٣) يبني (يشجع وينعش نفسه)	١ ١ ١
١٣	روحه	١
١٤	بالروح والحق	١
١٥	بالصلاة في الروح القدس	١
١٦	لكي يمكنه أن يفسر أو (يترجم)	١
١٧	يمكنه أن يكلم نفسه والله	١
١٨	نعم	١

١٩	الجميع	١
٢٠	لا	١
٢١	(١) كلام حكمة (٢) كلام علم (٣) إيمان* (٤) مواهب شفاء (٥) عمل قوات (٦) نبوة (٧) تمييز أرواح (٨) أنواع ألسنة (٩) ترجمة (تفسير) ألسنة	١ ١ ١ ١ ١ ١ ١ ١ ١
٢٢	(١) محبة (٢) فرح (٣) سلام (٤) طول أناة (صبر) (٥) لطف (٦) صلاح (٧) أمانة (٨) وداعة (٩) تعفف	١ ١ ١ ١ ١ ١ ١ ١ ١
٢٣	لا	١
٢٤	لا	١
٢٥	(١) يتنبأ*بنوكم وبناتكم (٢) يرى شبابكم رؤى (٣) يحلم شيوخكم أحلاما	١ ١ ١
٢٦	(١) مزمور	١
	(٢) تعليم	١

	(٣) لسان (٤) إعلان (بصيرة روحية) (٥) ترجمة (تفسير)	١ ١ ١

راجع بطاقة الذاكرة لديك لفقرة الحفظ.

إذا كانت فقرة الحفظ صحيحة تمـاماً، أعط ٤ درجات لكل آية. ٨

(أخصم درجة واحدة عن كل خطأ في كل آية. وإن كان لديك أكثر من ٣ أخطاء لا تسجل أي نقاط أمام تلك الآية).

المجموع **٥٩**

٣٠ إجابة صحيحة = ٥٠ ٪

٤١ إجابة صحيحة = ٧٠ ٪

٤٧ إجابة صحيحة = ٨٠ ٪

>> نتائج معمودية الروح القدس

ملاحظات على الإجابات الصحيحة -الدرس رقم ٦

(تشير الأرقام المكتوبة في هذه الصفحة إلى الأرقام المكتوبة في صفحة الإجابات الصحيحة)

١: "لأنه من فضلة (فيض) القلب يتكلم الفم" (مت١٢: ٣٤)، يظهر الفيض الأول للروح القدس من فم المؤمن.

٢- ٤: بشر فيلبس شعب السامرة، وقد خلص الكثير منهم ونالوا الشفاء، إلا أن هذا لم يكن كافياً بالنسبة للرسل، فقد توقعوا أن ينال جميع المؤمنين الجدد معمودية الروح القدس، فلقد اعتمد المؤمنون لاحقا في السامرة بالروح القدس بعد خلاصهم وقد تحقق ذلك من خلال خدمة بطرس ويوحنا.

٥: لاحظ أن حنانيا كان يدعى تلميذاً (أع ٩: ١٠) وهو الذي اعتمد الرسول بولس على يديه ونال موهبة الروح؛ فقد كان تلميذاً عادياً ولم يكن من الرسل، وبالتالي فإن وضع الأيدي لقبول الروح القدس لم يكن مقصوراً على الرسل وحدهم، كما أن وضع الأيدي لقبول الروح القدس لم يكن أمراً حتمياً في كل الحالات فقد قبل المؤمنون الروح القدس دون أن يضع أحد يده عليهم كما في (أع ٢: ٢- ٤) وفي (أع ١٠: ٤٤ -٤٦).

٨ -١٠: قبل التلاميذ الذين في أفسس معمودية الروح القدس في شكل اختبار شخصي متميز تماماً كما حدث مع التلاميذ الذين في السامرة، وقد حدث هذا بعد أن نالوا الخلاص، وكما حدث في (أع٢: ٤) و(أع١٠: ٤٦) فقد أدى ذلك الإختبار إلى التكلم بألسنة أخرى (وكذلك في أع ١٩: ٢ -٦ تنبأوا*).

١١- ١٥: تستخدم موهبة التكلم بألسنة أساساً في العبادة والصلاة الشخصية، فالمؤمن لا يفهم بذهنه ما الذي يقوله لكن روحه تدخل في تواصل مباشر مع الله، وبهذه الطريقة يكون قادراً أن يبني نفسه (يستنير).

١٦- ١٧: من خلال موهبة الترجمة يمكن للمؤمنين أن يفهموا ما يُنطق به بلغة غير معلومة، فيجب أن يترجم أحدهم الكلمات التي تُنطَق بلغة غير معلومة في أثناء الاجتماع العام، أما إن لم يكن هناك مترجم، فيجب على المؤمن أن يُكلم **"نفسه والله"** بهذه اللغة الغير معلومة (١كو١٤: ٢٨).

١٩: التنبؤ* هو التكلم بإلهام فوق الطبيعة بالروح القدس، بلغة مفهومة لدى المتكلم والمستمعين.

٢١- ٢٤: يوجد فرق بين المواهب والثمار، فالموهبة تُعطَى وتُقبَل بشكل مباشر وفوري، أما الثمر فيأتي بالعمل والإنتظار (أنظر٢تي ٢: ٦)، تأمل وجه الإختلاف الموجود بين شجرة الكريسماس بهداياها (هباتها) وشجرة تفاح بثمارها، روحياً المواهب ليست بديلة للثمار، والثمار ليست بديلة للمواهب، فالله يريد لكل المؤمنين أن يمتلكوا الإثنين. (لاحظ أن المحبة لا تسمى موهبة أبداً).

٢٥- ٢٦: هناك الكثير من النتائج التي تحدثها معمودية الروح القدس، فهناك مواهب فائقة للطبيعة وثمار، ويمكن للمؤمنين من خلال هذه المواهب والثمار أن يخدموا بعضهم البعض، وكل هذا يفوق قدرات الشخص الخاصة الطبيعية أو الدراسية.

<< تقييم التقدم الأول

أهنئك!

لقد أكملت الآن الســـتة دروس الأولى، تأمل للحظة ما الذي يعنيه هذا! لقد بدأ تدريبك في البر* بمقدمة في الموضوعات التالية:

- الكتاب المقدس ككلمة الله.
- خطة الله لخلاص البشـــر وكيف يمكنك الدخول لهذه الخطة والتمتع بجميع بركات الخلاص.
- تعليم عن أهمية معمودية الماء.
- تعليم عن الروح القدس وثماره ومواهبه.

وفي أثناء هذه الدراسة قمت بالبحث في أسفار الكتاب حتى تستطيع الإجابة على الأسئلة، وبالتالي استخرجت أكثر من ١٧٠ آية! وقد أختزنت في ذاكرتك عشر آيات هامة من الكتاب المقدس.

وربما تجد أثناء هذا التقدم أن الأمر كان أحياناً صـــعباً، وقد تسأل نفسك هل يستحق الأمر كل هذا الوقت والمجهود؟ لكن هذا ما يؤكده الكتاب المقدس على

فم سليمان عندما يشبه البحث عن الحكمة: بالحفر للتنقيب عن الكنوز المدفونة في الأرض، (أنظرأم ٢: ١- ٥)، كما أن حفر الأرض يعتبر عملاً صعباً قاصماً للظهر، وهو يؤدي إلى آلام في العضلات وانتفاخات في الأيدي، كذلكً لا تندهش إن أُصبت ببعض الآلام الذهنية أثناء اجتهادك في هذه الدروس الستة الأولى.

ومن جهة أخري، فقد نَمت "عضلاتك" الذهنية والروحية، كما قويت قدرتك الداخلية على الإحتمال وإزدادت شخصيتك قوة. فالإجهاد وقتي وسوف يزول، أما الشخصية التي قمت بتنميتها في داخلك فسوف تظل معك إلى الأبد، فهي الأساس الجوهري للنجاح المستقبلي بغض النظر عما تجوز فيه في حياتك. لذا لا تضحي بما هو دائم لأجل ما هو وقتي!

إستمر في التنقيب!

فالكنز فعلاً في متناول يدك.

المراجعة الأولى

قبل أن تستكمل المادة الدراسية المثيرة التالية، سوف يكون أمراً مشجعاً ومقوياً لك أن تختزن ما درسته حتى الآن، وإليك بعض الطرق التي ستساعدك على ذلك:

أولاً: اقرأ جميع الأسئلة الخاصة بالست دروس السابقة قراءة متمعنة وبنفس الطريقة اقرأ معها الإجابات الصحيحة المصاحبة لها، راجع معرفتك وفهمك للإجابة الصحيحة لكل سؤال.

ثانياً: راجع جميع آيات الكتاب المقدس التي حفظتها من فقرات الحفظ.

ثالثاً: اقرأ بتمعن الأسئلة التالية وتأمل في كيفية إجابتك لها، فكل سؤال منها مرتبط بطريقة ما بالمادة الدراسية التي تدرسها.

١. كيف طبقت علاج الله للخطية في حياتك الشخصية؟

٢. ما هي الفوائد التي تتوقعها في حياتك عندما تدرس كلمة الله وتطيعها؟

٣. اذكر بعض الطرق التي يمكن للروح القدس أن يساعدك بها في حياتك الروحية؟

٤. كيف كان عبور بني إسرائيل في البحر الأحمر نموذجاً يتبعه أولئك الذين يتبعون يسوع في المعمودية؟

أخيراً، أكتب إجاباتك عن الأسئلة السابقة في ورقة منفصلة.

*****

لا تخصص أي درجات لهذه المراجعة، فالغرض منها هو مساعدتك في تدعيم ما اكتشفته، وعندما تقتنع بما قد أنجزته، انتقل إلى الصفحة التالية لتبدأ في الدرس السابع.

الجزء الثاني

حياة أعمق

الدرس رقم ٧

>> العبادة والصلاة

مقدمة:

الصلاة هي الوسيلة التي وضعها الله للمؤمنين ليدخلوا بها إلى محضره، وهي الطريقة التي يحصل بها المؤمنون على ما يحتاجونه من الله.

فمن خلال الصلاة يحصل المؤمنين على ما يلي:

- الإرشاد الذي يحتاجونه
- المعونة
- القوة لحياتهم

وكل مؤمن يجب أن يخصص أوقاتاً معينة كل يوم، ليصرفها في صلاة شخصية وقراءة الكتاب المقدس.

أن أعظم الأشخاص في العالم قوة وتأثيراً هو المؤمن الذي يعرف **كيف يصلي** ويحصل على إستجابات لصلواته

ولكي نقدر أن نصلي بهذه الطريقة، يجب الحصول على معونة الروح القدس ويجب علينا أن نتبع بعناية تعليمات كلمة الله، والتي سُجلت في هذه الدراسة.

فقرة الحفظ: (يوحنا ١٥ : ٧)

ضع علامة هنا بعد حفظك لهذه الآية. ☐

(راجع يومياً آيات من دروس سابقة)

أسئلة الدراسة

١- أي نوع من الناس يطلبه الله؟ (يو ٤: ٢٣ - ٢٤)

....

٢- بصلاة من يرضي الله؟ (أمثال ١٥: ٨)

....

٣- أي نوع من الصلاة يأتي بنتائج عظيمة؟ (يع ٥: ١٦)

....

٤- ما هما الأمران اللذان يجب أن نقوم بهما إن أردنا أن يسمع الله لصلواتنا؟ (يو٩: ٣١)

(١) ....

(٢) ....

٥- ما الذي يُمكّننا من التقدم بثقة إلى أقداس حضرة الله؟ (عب ١٠: ١٩)

....

٦- ما هما الشيئان اللذان يجب أن ندخل بهما إلى محضر الله؟ (مز ١٠٠: ٤)

(١) ....

(٢) ....

٧- ما الذي يجب أن يعمله المؤمن بدلاً من القلق والإهتمام بالماديات؟ (في٤: ٦)

....

٨- بإسم من يجب أن نصلي وبأي دافع نصلي؟ (يو ١٤: ١٣)

....

٩- ما هما الشرطان اللذان يمكننا بهما أن نطلب ما نريد من الله؟ (يو ١٥: ٧)

(١) ....

(٢) ....

١٠- أكتب أربعة أمور مسجلة في هذه الآيات تعيق إستجابة صلواتنا؟

(١) (مز ٦٦: ١٨)

....

(٢) (يع ١: ٦-٧)

....

(٣) (يع ٤: ٣)

....

(٤) (١بط ٣: ٧)

....

١١- ما الذي يجب أن نفعله أحياناً ونحن نصـلي حتى نستطيع أن نغلب القوي الشيطانية؟ (مر ٩: ٢٩)

....

١٢- ما الذي يجب أن نفعله لكي يمكننا أن ننال الأشياء التي نطلبها؟

(مر ١١: ٢٤)

....

١٣- ما هو أول شئ ينبغي أن نفعله عندما نصلي إن كان لدينا أي شيء ضد الآخرين؟ (مر ١١: ٢٥)

....

١٤- كيف سيتعامل الله معنا، إن غفرنا للآخرين عندما نصلي؟ (مر ١١: ٢٥)

....

١٥- كيف سيتعامل الله معنا، إن لم نغفر للآخرين؟ (مر ١١: ٢٦)

....

١٦- ما هما الأمران اللذان يكون لنا ثقة من جهتهما إن صلينا حسب مشيئة الله؟ (١يو٥: ١٤ - ١٥)

(١) ....

(٢) ....

١٧- ماذا قال داود عن كيفية بدءه لكل يوم؟ (مز٥: ٣)

....

١٨- ما هي الأوقات الثلاث التي قرر داود أن يصلي فيها يومياً بإنتظام؟ (مز٥٥: ١٧)

(١) ....

(٢) ....

(٣) ....

١٩- متى ينبغي أن نصلي بالإضافة إلى تلك الأوقات المنتظمة؟

(أف ٦: ١٨، ١تس ٥: ١٧)

....

٢٠- عندما نكون ضعفاء ولا نعلم كيف نصلى، من الذي يساعدنا حتى نصلي حسب مشيئة الله؟ (رو ٨: ٢٦ - ٢٧)

....

٢١- ما هي الخطوات التي يجب أن نتبعها لكي نصلي في الخفاء؟ (مت ٦: ٦)

....

٢٢- بماذا وصف يسوع مجازاة هذا النوع من الصلاة؟ (مت ٦: ٦)

....

٢٣- إن إتفقنا مع مؤمنين آخرين لكي نصلي في اسم يسوع، ما هو الوعد الذي أعطاه لنا الله؟ (مت ١٨: ٢٠)

....

٢٤- ما هو التوجه القلبي الذي يجب أن يكون داخل قلوبنا نحو إخوتنا المؤمنين الذين نصلي معهم؟ (مت ١٨: ١٩)

....

٢٥ - لمن يجب أن نصلي أولاً؟ (١تي ٢: ١ - ٢)

....

٢٦- ما هو وضع الجسد الذي يزكيه بولس هنا للصلاة؟ (١تي ٢: ٨)

....

٢٧- ما هما الموقفان الخاطئان اللذان يجب أن نحترس منهما عندما نصلي؟

(اتي ٢: ٨)

(١) ....

(٢) ....

٢٨- ما هي نتيجة استجابة صلواتنا؟ (يو١٦: ٢٤)

....

فقرة الحفظ: (يوحنا ١٥: ٧)

أكتب هذه الآية من الذاكرة.

....

....

....

....

لا تنتقل إلى الصفحة التالية حتى تستكمل جميع الإجابات عن أسئلة هذا الدرس

>> العبادة والصلاة

الإجابات الصحيحة والدرجات -الدرس رقم ٧

السؤال	الإجابات	النقاط
١	الساجدون(العابدون) الحقيقيون الذين يسجدون لله (يعبدونه) بالروح والحق	٢
٢	صلاة الشخص المستقيم	١
٣	طلبة البار* (الفعالة والحارة والمتقدة)	٢
٤	(١) يعبد الله (٢) يفعل مشيئة الله	١ ١
٥	بدم يسوع	١
٦	(١) الحمد (الشكر)	١
	(٢) التسبيح	١
٧	في كل شيء بالصلاة والدعاء مع الشكر لتعلم طلباتكم لدى الله	٣
٨	في اسم يسوع حتى يتمجد الله الأب	٢
٩	(١) إن ثبتنا (إن كنا نحيا) في يسوع (٢) إن ثبت كلمته (إن كانت تحيا) فينا	١ ١
١٠	(١) إن راعينا اثماً (سمحنا بخطية معروفة) في قلوبنا (٢) إن شككنا ولم نطلب بإيمان* (٣) إن طلبنا ردياً (بروح خاطئة) لأجل لذاتنا (٤) العلاقة الغير صحية بين الزوج والزوجة	١ ١ ١ ١
١١	الصوم	١

١٢	نثق أننا ننالها (في وقت الصلاة)	١
١٣	يجب أن نغفر لهم	١
١٤	سوف يغفر الله الآب لنا	١
١٥	لن يغفر الله الآب لنا	١
١٦	(١) أن الله يسمع لنا	١
	(٢) أن لنا الطلبات (الإلتماسات) التي طلبناها منه	١
١٧	يوجه صلاته نحو الله وينتظر	٢
١٨	(١) مساءاً	١
	(٢) صباحاً	١
	(٣) ظهراً	١
١٩	دائما ودون توقف	١
٢٠	الروح القدس	١
٢١	الدخول إلى المخدع، وإغلاق الباب، والصــــلاة في الخفاء	١
٢٢	أبونا السماوي سوف يجازينا علانية	١
٢٣	يكون يسوع معنا	١
٢٤	نتفق معهم بخصوص كل ما نصلي لأجله	٢
٢٥	للملوك وجميع الذين هم في منصب	١
٢٦	رافعين أيادي طاهرة	١
٢٧	(١) الغضب	١
	(٢) الجدل (الشك)	١
٢٨	الفرح -الفرح الكامل	١

راجع بطاقة الذاكرة لديك لفقرة الحفظ. ٤

إذا كانت فقرة الحفظ صحيحة تماماً، أعط ٤ درجات لكل آية.

(أخصم درجة واحدة عن كل خطأ في كل آية. وإن كان لديك أكثر من ٣ أخطاء لا تسجل أي نقاط أمام تلك الآية).

المجموع ٤٩

٢٥ إجابة صحيحة = ٥٠ ٪

٣٤ إجابة صحيحة = ٧٠ ٪

٣٩ إجابة صحيحة = ٨٠ ٪

>> العبادة والصلاة
ملاحظات على الإجابات الصحيحة - الدرس رقم ٧

(تشير الأرقام المكتوبة في هذه الصفحة على الأرقام المكتوبة في صفحة الإجابات الصحيحة)

يستطيع الله أن يستجيب الصلاة، وهو يريد ذلك، ورغبته في الاستجابة أكثر من رغبة البشر في الصلاة، وهذا ما يعلنه الكتاب المقدس بوضوح ولا سيما في العهد الجديد، (أنظر متى٧: ٧ - ٨)، ولكن لكي ننال الاستجابة لصلواتنا، يجب علينا أولاً أن نتمم شروط الله، ومعظم الإجابات في هذا الدرس تتناول هذه الشروط، وها هو ملخص لها:

٥، ٨، ٢٣: بسبب طبيعتنا الخاطئة، لا يمكننا التقدم إلى الله إلا بذبيحة **يسوع المسيح الكفارية،** فنحن نتكل على يسوع الذي يشفع لنا أمام الآب السماوي، وبإيماننا بعمل المسيح نستطيع أن نتقدم إلى عرش النعمة اعتماداً على اسم يسوع ودمه.

١، ٤(١)، ٦، ٧: المدخل الصحيح هو: العبادة والشكر والتسبيح.
١، ٢، ٣، ٤(٢)، ٩(١): الصفات الصحيحة هي: الحق والإستقامة والبر* والطاعة (لا يمكن تحققهم جميعاً إلا بالثبات [الحياة] في المسيح).

٨، ١٠(٣-٤)، ١٣- ١٥، ٢٤، ٢٧(١): الحافز الصحيح: لمجد الله وليس لإشباع شهواتنا، وكذلك العلاقات الصحيحة مع الآخرين، وخصوصاً القريبين منا.

٩(٢)، ١٦، ٢٥: الصلاة حسب مشيئة الله المعلنة في كلمته.

١٠(٢)، ١٢، ١٦(٢)، ٢٧(٢): نمتـــــلك بالإيمـــــان * إســـــتجابة صــلواتنا **فـــي اللحظـــة الفعليـــة** التـــي نصـــلي فيهـــا، **"هـــوذا الآن وقـــت مقبـــول"** (٢كو ٦: ٢).

١٧- ١٩: بإنتظام وإصرار -لا تتوقف (قارن لوقا ١٨: ١).

٣، ١١، ٢١، ٢٦: الصـــلاة بحـــرارة وإنكـــار الـــذات والتكـــريس (تكـــريس النفس للصلاة بقلب مُتضع على إنفراد مع الله).

٢٠: فـي كـل هـذا، لا يمكننـا الإتكـال علـى مجـرد إرادتنـا الذاتيـة أو قوتنـا أو فهمنا الذاتي، بل يجب أن تكون لنا معونة **الروح القدس** الفوق الطبيعية.

٢٢، ٢٨: مكافآت الصلاة الصحيحة.

الدرس رقم ٨

<< **خطة اللّه لشفاء أجسادنا** (**الجزء الأول**)

مقدمة:

عندما انفصل الإنسان عن الله وسار في طريق العصيان فقَد بركة الله وحمايته، وأصبح الإنسان تحت لعنة وسلطان إبليس، وهكذا، إستطاع إبليس أن يأتي بالألم والضعف والمرض لجسد الإنسان.

ورغم ذلك فالله في **رحمته** لايزال يشتاق أن يبارك الإنسان وأن يخلصه من خطاياه وأمراضه، وقد حمل يسوع المسيح خطايانا وأيضاً أمراضنا عندما مات لأجلنا على الصليب، وهذه هي أخبار الخلاص* السارة، ولذلك -بالإيمان -يمكننا أن نستقبل الآن شفاء لأجسادنا، كما يمكننا أيضاً أن نتمتع بالغفران والسلام لأرواحنا.

فقرة الحفظ: (١بط ٢: ٢٤)

ضع علامة هنا بعد حفظك لهذه الآية. ☐

(راجع يومياً آيات من دروس سابقة)

أسئلة الدراسة

أ. من يجلب المرض ومن يأتي بالصحة؟

١- من الذي خدع الإنسان وأغراه منذ البدء أن يعصي الله؟ (تك ٣: ١ -١٣) (١يو ٣: ٨) (رؤ ١٢: ٩)

....

٢- لماذا دخل الألم والمرضِ والموتِ للإنسان منذ البداية؟ (تك ٣: ١٤ -١٩)

....

٣- من الذي جلب المرض لأيوب؟ (أي ٢: ٧)

....

٤- من الذي سـبب المرض للمرأةِ المذكورة في (لو ١٣: ١١، ١٦) وكيفَ كانت مُقَيَّدَةَ؟

....

٥- من الذي يتسلط* على الناس بالمرض؟ (أع ١٠: ٣٨)

....

٦- ما هو الوعد الذي قَدمه الله لشعبه الذي يطيعه؟ (خر ١٥: ٢٦)

....

٧- ما هما الأمران اللذان يعد الله أن يعملهما لشعبه الذي يعبده ويخدمه؟

(خر٢٣: ٢٥)

(١) ....

(٢) ....

٨- هل تتبع الأمراض شعب الله أم أعدائهم؟ (تث ٧: ١٥)

....

٩- ما هما الشيئان اللذان قال عنهما داود بأن الله عملهما معه؟ (مز ١٠٣: ٣)

(١) ....

(٢) ....

١٠- ما هي الأشياء الثلاث التي تمناها الرسول يوحنا لصديقه المؤمن؟ (٣ يو ٢)

(١) ....

(٢) ....

(٣) ....

١١- كم من مواعيد الله التي يمكننا أن نمتلكها بقولنا "نعم" و"آمين" في اسم يسوع؟ (٢كو١: ١٩- ٢٠)

....

١٢- ما هو الغرض من مجيء يسوع إلى العالم؟ (١يو ٣: ٨)

....

١٣- ما هو الغرض الذي لأجله مسَح الله يسوعَ بالروحِ القدسِ؟ (أع ١٠: ٣٨)

....

١٤- مشيئة من، التي جاء يسوع ليتمِّمهَا؟ (يو٥: ٣٠) (يو٦: ٣٨)

....

١٥- مع من كان يسوع متحد وهو يصنع المعجزات؟ (يو١٠: ٣٧-٣٨)

(يو١٤: ١٠)

....

١٦- كم عددَ الذيَن جاءوا ليسوعَ وشفاهُمْ؟ (مت ٨: ١٦) (مت ١٢: ١٥)

(مت ١٤: ٣٥ - ٣٦) (لو٤: ٤٠؛ ٦: ١٩)

....

١٧- كم نوع من الأمراض، شَفَاها يسوع؟ (مت ٤: ٢٣- ٢٤) (مت ٩: ٣٥)

....

١٨- متى لم يشف يسوع أناساً كثيرين وماذا كان السبب؟ (مت١٣: ٥٨)

(مر ٦: ٥ -٦)

....

١٩- هل يتغيَر الله؟ (ملا ٣: ٦) (يع ١: ١٧)

....

٢٠- هل يتغيَر المسيح يسوع؟ (عب ١٣: ٨)

....

ب . القصد مِنْ موتِ المسيحِ عَلَى الصليبِ

٢١-اذكر ثلاثة أشياء حمَّلها المسيح يسوع بدلاً عنا؟ (مت ٨: ١٧) (١بط ٢: ٢٤)

(١) ....

(٢) ....

(٣) ....

٢٢- ما هي النتائج الثلاث التي ترتبت على ذلك ويمكن الحصـــول عليها في حياتنا؟ (١بط ٢: ٢٤)

(١) ....

(٢) ....

(٣) ....

٢٣- من الذي صارَ لعنةً بدلاً منَّا؟ (غل ٣: ١٣)

....

٢٤- من أي شيء إفتدانا يسوع؟ (غل ٣: ١٣)

....

٢٥- كم نوع من المرض، كان متضمناً في لعنة الناموس؟

(تث ٢٨: ١٥،٢١-٢٢، ٢٧-٢٨، ٣٥، ٥٩-٦١)

....

٢٦- ماذَا أوصَانَا الله أَن نختار - البركةَ أم اللعنةَ؟ (تث ٣٠: ١٩)

....

فقرة الحفظ: (**١بط ٢: ٢٤**)

(هذه الآية تشير إلى يسوع) أكتب هذه الآية من الذاكرة.

....

....

....

....

لا تنتقل إلى الصفحة التالية حتى تستكمل جميع الإجابات عن أسئلة هذا الدرس

>> خطة الله لشفاء أجسادنا (الجزء الأول)
الإجابات الصحيحة والدرجات ـالدرس رقم ٨

السؤال	الإجابات	النقاط
١	الحية، إبليس، الشيطان	١
٢	لأن الإنسان تمرد على الله	١
٣	الشيطان، إبليس	١
٤	ربطها الشيطان بروح ضعف	٢
٥	إبليس	١
٦	ألا يضع عليهم أيا من أمراض مصر - وأن يشفيهم	٢
٧	(١) يبارك خبزهم وماءهم (٢) يزيل المرض من بينهم	١ ١
٨	لأعداء شعب الله	١
٩	(١) غفر الله جميع آثامه (خطاياه) (٢) شفى الرب كل أمراضه	١ ١
١٠	(١) أن يكون ناجحاً (يحيا في رخاء) (٢) أن يكون صحيحاً (يحيا في صحة جيدة) (٣) أن تكون نفسه صحيحة ومزدهرة	١ ١ ١
١١	كل وعود الله	١
١٢	لكي ينقض أعمال إبليس	١
١٣	ليصنع خيرا ويشفي جميع الذين يتسلط عليهم إبليس	١
١٤	مشيئة الله الآب	١
١٥	الله الآب	١

١٦	الجميع -كل واحد	١
١٧	جميع أنواع الأمراض والأوجاع	١
١٨	لعدم إيمان الشعب	١
١٩	لا - لن يحدث هذا أبداً	١
٢٠	أبداً	١
٢١	(١) أسقامنا (٢) أمراضنا (٣) خطايانا	١ ١ ١
٢٢	(١) يمكننا أن نموت عن الخطية (٢) يمكننا أن نحيا للبر (٣) يمكننا أن نُشفَى	١ ١ ١
٢٣	يسوع	١
٢٤	لعنة الناموس	١
٢٥	جميع أنواع الأمراض	١
٢٦	البركة	١

راجع بطاقة الذاكرة لديك لفقرة الحفظ.

إذا كانت فقرة الحفظ صحيحة تماماً، أعط ٤ درجات لكل آية. ٤

(أخصم درجة واحدة عن كل خطأ في كل آية. وإن كان لديك أكثر من ٣ أخطاء لا تسجل أي نقاط أمام تلك الآية).

المجموع ٤٠

٢٠ إجابة صحيحة = ٥٠ ٪

٢٨ إجابة صحيحة = ٧٠ ٪

٣٢ إجابة صحيحة = ٨٠ ٪

>> خطة الله لشفاء أجسادنا (الجزء الأول)
ملاحظات على الإجابات الصحيحة - الدرس رقم ٨

(تشير الأرقام المكتوبة في هذه الصفحة على الأرقام المكتوبة في صفحة الإجابات الصحيحة)

١ -٢: يُعلن الأصحاح الثالث من سفر التكوين أن السبب الرئيسي لكل معاناة البشر هو إبليس، وقد أكد الرب يسوع ذلك حين قال عنه **" ذاك كان قتالاً من البدء "** (يو٨: ٤٤).

٣- ٥: يمكن أن نُرجِع جميع الأمراض إلى مصدرٍ واحد وهو إبليس، حيث أن المرض جزء من **" أعمال إبليس "** (١يو٣: ٨).

٦: يمكن أن تترجم (خر ١٥: ٢٦) بطريقة أخرى " أنا هو الرب (يهوه) طبيبك".

٩: لاحظ الكلمة "كل" في (مز ١٠٣: ٣) فهو يقول **" كل ذنوبك"** و**"كل أمراضك"**.

١٠: لاحظ أن يوحنا كان يكتب لغايس كنموذج للمؤمن الذي يسلك بالحق ويؤدي دوره بأمانة كشخص مؤمن (٣يو٣ - ٥).

١١: تعارض (كورنثوس الثانية ١: ٢٠) الإعتقاد بان الوعد بالشفاء الجسدي ليس لمؤمني هذه الأيام، فجميع وعود الله هي لنا (الآن)، ويشمل ذلك جميع المؤمنين، وهي تعني أن " كل وعدٍ يناسب ظروفي ويسدد إحتياجاتي هو لي الآن".

١٣: يتواجد كل من الثلاث أقانيم الإلهية بفاعلية في خدمة الشفاء فالآب يمسح

الأبن بالروح القدس والنتيجة: الشفاء للجميع.

١٤-١٥: كشف لنا الآب إرادته بصورةٍ تامةٍ وكاملة في حياة يسوع، وهذا ينطبق على الشفاء وعلى كل شيء آخر فعله يسوع.

١٦ -١٨: شفى يسوع كل من جاء إليه طالباً الشفاءَ، وهذا هو ما تعلنه لنا الأناجيل في كل الحالات التي ذكرتها.

١٩ -٢٠: صدق كلمات الإنجيل ثابتة كالصخر وغير قابلة للتغيير، فصحة الإنجيل غير المتغيرة تستند على طبيعة الله الثابتة والغير قابلة للتغير.

٢١: اقتبسَ كل من متى وبطرس من (إشعياء ٥٣: ٤ -٥)، والقراءة الدقيقة لـ (إشعياء ٥٣: ٤) هي **"بالحقيقة هو تحمل أمراضنا وحمل أوجاعنا"** و **"هو"** أي يسوع المسيح، وفي (١بط ٢: ٢٤) إقْتُبِسَتْ كلمة "شَفَي" من الكلمة اليونانية التي تعني في الإنجليزية "طبيب"، وبالحقيقة يسوع هو طبيُبنَا.

٢٤: تعني "لعنة الناموس" (غل ٣: ١٣) اللعنة التي تَنْتُجُ عن كَسْرِ الناموسِ، وقد شُرِحت تفصيلياً في (تثنية ٢٨: ١٥-٦٨) وهي تشملُ جميع أشكال المرض.

٢٦: يوجد طريقين متضادين، فإما (أ) الحياة والبركة أو (ب) الموت واللعنة، والأمر متروك للإنسان ليختار بينهما.

الدرس رقم ٩

>> خطة الله لشفاء أجسادنا (الجزء الثاني)

مقدمة:

شفاء أجسادنا هو عطية من الله، ويمكننا أن ننال الشفاء عن طريق:

أولاً: سماعنا لكلمة الله

ثانياً: نصدق كلمة الله

ثالثاً: إيماننا بكلمة الله والسماح لروح الله أن يملأ أجسادنا بحياة قيامة المسيح، ونحن لا نحصل فقط على الشفاء الإلهي بهذه الطريقة، ولكن يمكن لنا أيضاً أن نقدم لآخرين شفاء وتحرير* بإسم يسوع، والتحرير* هو أن تتحرر من الأرواح النجسة، وتوجد طريقتان أساسيتان يمكننا بهما أن نقدم الشفاء والتحرير للآخرين وهما:

- وضع أيدينا على المرضى والصلاة من أجلهم
- أن ندعوا شيوخ الكنيسة ليصلوا لأجلهم ويدهنوهم بزيت باسم الرب يسوع

فإن قمنا بعمل ذلك **بالإيمان*** سيعمل الله معنا ويُثبت الحق المعلن في كلمته بمعجزات شفاء وتحرير*.

فقرة الحفظ: (مرقس ١٦: ١٧ - ١٨)

ضع علامة هنا بعد حفظك لهاتين الآيتين. ☐

(راجع يومياً آيات من دروس سابقة)

أسئلة الدراسة

ج. ثلاث وسائل للشفاء:

١- كلمة الله

٢- روح الله

٣- إيماننا *

٢٧- ماذا يرسل الله ليشفينا ويحررنا *؟ (مز ١٠٧: ٢٠)

....

٢٨- ما هما البركتان اللتان تقدمهما كلمة الله لأولاده؟ (أم ٤: ٢٠ - ٢٢)

(١) ....

(٢) ....

٢٩- إذا كان روح الله يحيا فينا، ما الذي سيفعله لأجسادنا المائتة؟ (رو ٨: ١١)

....

٣٠- ما هو الشيء المجيد الذي يريد الله أن يظهره في أجسادنا المائتة؟

(٢كو ٤: ١٠ -١١)

....

٣١- عن أي شيء كان يسوع يبحث في أولئك الذين آتوا إليه للشفاء؟

(مت ٩: ٢٨ - ٢٩) (مر٢: ٥) (مر ٩: ٢٣) (لو ٨: ٥٠)

....

٣٢- كيف فسَّر بطرس شفاء الرجل الأعرج؟ (أع ٣: ١٦)

....

٣٣- ماذا رأي بولس في مُقعد لسترا، والذي جعله قادراً على الحصول على الشفاء؟ (أع ١٤: ٨ - ١٠)

....

٣٤- كيف نحصل على الإيمان *؟ (رو١٠: ١٧)

....

د. السلطان المُعطى للمؤمنين:

٣٥- أذكرْ نوعين من القوة أعطاهُمَا يسوع لتلاميذه؟ (مت ١٠: ١)

(١) ....

(٢) ....

٣٦- أذكر أربعة أشياء أوصى المسيح يسوع تلاميذه بعملها؟ (مت ١٠: ٨)

(١) ....

(٢) ....

(٣) ....

(٤) ....

٣٧- ما هما السببان اللذان فسَّر بهما يسوع فشل تلاميذه في شفاء المصاب بالصرع؟ (مت ١٧: ٢٠ - ٢١) (مر٩: ٢٩)

(١) ....

(٢) ....

٣٨- قال يسوع أن الذي يؤمن به يمكُنه عمل شيئين، فما هما؟ (يو ١٤: ١٢)

(١) ....

(٢) ....

٣٩- ماذا يمكن للمؤمنَين أن يعملوه للمرضى بإسم يسوع؟ (مر ١٦: ١٧ - ١٨)

....

٤٠- ماذا يحدث لهؤلاء المرضى؟ (مر١٦: ١٨)

....

٤١- ما الذي يجب على المؤمن أن يفعله عندما يمرض؟ (يع ٥: ١٤)

....

٤٢- ما هما الأمرانِ اللذان يجب أن يعملهما شيوخ الكنيسة للمؤمن حين يمرض؟

(يع ٥: ١٤)

(١) ....

(٢) ....

٤٣- ما هما الأمران اللذان سيعملهما الرب للمؤمن المريض؟ (يع ٥: ١٥)

(١) ....

(٢) ....

٤٤- ما هي نوع الصلاة التي تشفي المريض؟ (يع ٥: ١٥)

....

٤٥- ما هما الطلبتان اللتان رفعهما التلاميذ إلى الله في اسم يسوع؟

(أع ٤: ٢٩ - ٣٠)

(١) ....

(٢) ....

٤٦- عندما خرج التلاميذ ليكرزوا، ما هما الأمران اللذان عملهما الرب لهم؟

(مر١٦: ٢٠)

....

فقرة الحفظ: (مرقس ١٦: ١٧- ١٨)

أكتب هاتين الآيتين من الذاكرة.

....

....

....

....

لا تنتقل إلى الصفحة التالية حتى تستكمل جميع الإجابات عن أسئلة هذا الدرس

>> خطة الله لشفاء أجسادنا (الجزء الثاني)
الإجابات الصحيحة والدرجات -الدرس رقم ٩

السؤال	الإجابات	النقاط
٢٧	كلمته (كلمة الله)	١
٢٨	(١) الحياة (٢) الصحة لأجسادهم بالكامل	١ ١
٢٩	سوف تعطى حياة لأجسادنا المائتة	١
٣٠	حياة يسوع	١
٣١	الأيمان* الثقة	١
٣٢	أن الأيمان* باسم يسوع هو الذي شفاه	٢
٣٣	كان للمقعد إيمان* في الشفاء	١
٣٤	بسماع كلمة الله	٢
٣٥	(١) السلطان على الأرواح النجسة لكي يخرجوها (٢) السلطان لشفاء كل مرض وكل ضعف	٢ ٢
٣٦	(١) أن يشفوا مرضى (٢) أن يطهروا برصاً (٣) أن يقيموا موتى (٤) أن يخرجوا شياطين	١ ١ ١ ١
٣٧	(١) لسبب عدم إيمانهم (٢) لا يمكن أن يخرج إلا بالصلاة والصوم	١ ١
٣٨	(١) الأعمال التي عملها (٢) أعظم من الأعمال التي عملها	١ ١

٣٩	يمكن للمؤمنين أن يضعوا أيديهم على المرضى بإسم يسوع	١
٤٠	سوف يشفون	١
٤١	يجب أن يطلبوا شيوخ الكنيسة	١
٤٢	(١) يصلون عليهم (٢) يمسحوهم بالزيت في اسم يسوع	١ ١
٤٣	(١) تقيمه (٢) إن كان قد فعل خطية تُغفر له	١ ١
٤٤	صلاة الأيمان	١
٤٥	(١) يمنحهم أن يتكلموا بمجاهرة (٢) يمنحهم أن تُجرى آيات وعجائب	١ ١
٤٦	(١) كان الرب يعمل معهم (٢) كان يؤيد كلمته بالآيات التابعة	١ ٢

راجع بطاقة الذاكرة لديك لفقرة الحفظ.

إذا كانت فقرة الحفظ صحيحة تماماً، أعط ٤ درجات لكل آية. ٨

(أخصم درجة واحدة عن كل خطأ في كل آية. وإن كان لديك أكثر من ٣ أخطاء لا تسجل أي نقاط أمام تلك الآية).

المجموع ٤٤

٢٢ إجابة صحيحة = ٥٠ ٪

٣١ إجابة صحيحة = ٧٠ ٪

٣٥ إجابة صحيحة = ٨٠ ٪

>> خطة الله لشفاء أجسادنا (الجزء الثاني)
ملاحظات على الإجابات الصحيحة - الدرس رقم ٩

(تشير الأرقام المكتوبة في هذه الصفحة إلى الأرقام المكتوبة في صفحة الإجابات الصحيحة)

٢٧ -٣٤: يقول (مز ٣٣: ٦) أن الله قد استخدم كلمته ونسمته ليخلق السموات، ولا فرق بين " نسمة الله" و"روح الله"، فقد تكونت كل الخليقة بعمل كلمة الله وروحه معاً، وهو ذات الحق عندما يقوم الله بعملية إعادة خلق حتى يتم الشفاء، ويتم هذا بكلمته وروحه معاً، ونحن ننال الشفاء بإيماننا *.

٢٨: (أمثال ٤: ٢٠- ٢٢) تقدم هذه الآيات "مكونات زجاجة الدواء" العظيمة التي يقدمها الله، وعليك أن تأخذ دواء الله كما يصفه لك لكي تنال الشفاء، فأتبع إرشاداته الأربعة:

١- إنتبه لكلمة الله
٢- "أمل أذنك" وهي تعني أن تكون متضعاً مستعداً للتعلم
٣- إجعل كلمة الله أمام عينيك
٤- إحفظ كلمة الله في قلبك

ونحن نتناول دواء الله الشافي عن طريق الذهن، والأذن، والعين، والقلب.

٣٠: يريد الله أن "تُستعل" (تتجلى بوضوح) حياة القيامة* التي ليسوع (٢كو ٤: ١٠ -١١)، والله يعطينا - **من خلال يسوع** - الشفاء والصحة والقوة لأجسادنا في هذه الحياة الحاضرة.

٣٤: (رومية ١٠: ١٧) أولاً تقدم لنا كلمة الله "الخبر" (السمع)، ثم نتيجة "الخبر" (السمع) ينمو " إيماننا "* وتصف (أمثال ٤: ٢٠-٢١) عملية السمع في مراحلها الأربعة.

٣٥ - ٣٦: فكر في هذا: عندما أرسل المسيح يسوع تلاميذه ليبشروا، كان من المتوقع دائماً منهم أن يشفوا الناس ويحرروه من الأرواح الشريرة، قارن (مت ١٠: ٨) مع (مت ٢٨: ٢٠) **"لموهم أن يحفظوا جميع ما أوصيتكم به؛ وها أنا معكم كل الأيام، إلى انقضاء الدهر"،** و**"إنقضاء الدهر"** يعني الزمان الحاضر، وقد أمر يسوع أن تستمر نفس هذه الخدمة بلا تغيير لكل جيل من التلاميذ، وحتى الزمن الحاضر وهذا يشملنا نحن اليوم أيضاً حيث أننا تلاميذ ليسوع.

٣٧ (٢): لقد مارس يسوع نفسه الصوم، وكان يتوقع من تلاميذه أن يتبعوا مثاله (أنظر مت ٦: ١٦ -١٨) ورغم ذلك لم يفعل التلاميذ هذا طوال فترة بقاء يسوع (العريس) معهم على الأرض (أنظر مرقس ٢: ١٨ -٢٠).

٣٨: تبقي خدمة يسوع هي **النموذج الأمثل** لكل خدمة مسيحية، فقد أرسل يسوع الروح القدس بعد عودته إلى الآب، ويعمل **الروح القدس** اليوم من خلال التلاميذ المؤمنين لتتميم العمل الذي وعد به يسوع.

٣٩: تنطبق الوعود المسجلة في (مرقس ١٦: ١٧ - ١٨) عادةً على جميع المؤمنين، أولئك الذين يؤمنون.

٤١: إنها مسئوليتنا أن ندعوا شيوخ الكنيسة ليصلوا لأجلنا إذا كنا نعاني من أي مرض.

٤٥: مازالت الصلاة المذكورة في (أعمال ٤: ٣٠) هي نموذج لصلاة الكنيسة.

الدرس رقم ١٠

>> الشهادة وربح النفوس

مقدمة:

جعل يسوع بموته الكفاري على الصليب **الخلاص** ممكناً لكل الناس في كل زمان ومكان، ولكن لكي يقبل الإنسان الخلاص عليه أن يسمع أولاً كلمة الله وشهادة يسوع المسيح.

ويجب على كل من نال الخلاص أن يمتلئ من الروح القدس، وأن يعتمد على قوة الروح في الشهادة للآخرين عن المسيح يسوع، وحين يفعل كل مؤمن هذا الأمر بإخلاص وأمانه فإن شهادة المسيح لن تتوقف حتى تصل البشارة إلى كل أنحاء المسكونة وتسمع كل الأمم بها، وهذه هي خطة الله.

وتعتبر هذه هي الوسيلة العظمى التي يمكن لكل المؤمنون أن يعملوا من خلالها معاً ليعدوا الطريق لمجيء المسيح، وسينال المؤمنون الأمناء في الشهادة عن يسوع مكافأتهم من يسوع نفسه، وسوف يتمتعون في السماء برؤية النفوس التي رُبحت عن طريق شهادتهم، أما المؤمنين الغير أمناء تقع عليهم مسئولية أمام الله من أجل النفوس الهالكة التي قصروا في تقديم الشهادة لهم.

فقرة الحفظ: (أعمال ١: ٨)

ضع علامة هنا بعد حفظك لهذه الآية. ☐

(راجع يومياً آيات من دروس سابقة)

أسئلة الدراسة

١- ماذا أخبر يسوع تلاميذه بأنهم سيكونون له؟ (أع ١: ٨)

....

٢- إلى أي مدي قال يسوع لتلاميذه أن يذهبوا بشهادتهم؟ (أع ١: ٨)

....

٣- لمن يجب أن تصل الشهادة قبل إنقضاء هذا الدهر؟ (مت ٢٤: ١٤)

....

٤- ما هي الأمور الثلاث الخاصة بيسوع التي قال بطرس أنه هو وباقي التلاميذ شهود عليها؟ (أع ١٠: ٣٩ - ٤١)

(١) ....

(٢) ....

(٣) ....

٥- ما هو الأمر الذي أخبر الله بولس أنه سيقوم به لأجل للمسيح؟ (أع ٢٢: ١٥)

....

٦- ما هو الأمر الذي واظب عليه بولس منذ أن تقابل مع الرب يسوع؟ (أع ٢٦: ٢٢)

....

٧- ما الذي يفعله الشاهد الحقيقي بشهادته؟ (أم ١٤: ٢٥)

....

٨- ماذا يجب على المؤمن الحكيم أن يسعى لعمله؟ (أم ١١: ٣٠)

....

٩- بعد ما تقابل أندراوس مع يسوع من هو الشخص الذي قام بإحضاره بدوره ليسوع؟ (يو ١: ٣٥ - ٤٢)

....

١٠- بعد ما وجد يسوع فيلبس، من هو الشخص الذي أحضره فيلبس بدوره ليسوع؟ (يو ١: ٤٣- ٤٧)

....

١١- بماذا أجاب المولود أعمي-من واقع اختباره الشخصي -الفريسيين عندما سألوه؟ (يو ٩: ٢٥)

....

١٢- ما هما الحقيقتان اللتان يجب أن نتكلم عنهما ونعلنهما للآخرين؟ (١أخ ١٦: ٨ - ٩)

(١) ....

(٢) ....

١٣- ماذا قال الله لبولس عندما قاوم شعب كورنثوس شهادته لهم؟ (أع ١٨: ٩)

....

١٤- أي روح قال بولس لتيموثاوس أنه ليس من الله؟ (٢تي ١: ٧)

....

١٥- ما الذي يسببه خوف الإنسان؟ (أم ٢٩: ٢٥)

....

١٦- ما هي التعليمات المتعلقة بشهادة المسيح والتي أعطاها بولس لتيموثاوس؟ (٢تي١: ٨)

....

١٧- ما هما الإجابتان اللتان قدمهما بطرس ويوحنا عندما أُمرا ألا يتكلما عن يسوع؟

(أع ٤: ٢٠) (١) ....

(أع ٥: ٢٩) (٢) ....

١٨- ماذا فعل جميع التلاميذ عندما سمعوا أن بطرس ويوحنا قد مُنِعوا من التكلم عن يسوع؟ (أع٤: ٢٤)

....

١٩- ماذا فعل جميع التلاميذ عندما صلوا وإمتلأوا بالروح القدس؟ (أع ٤: ٣١)

....

٢٠- ما هو الدور الخاص الذي أعطاه الله لحزقيال بين شعبه؟ (حز ٣: ١٧)

....

٢١- ماذا قال الرب لحزقيال بأنه سيحدث له إذا قَصر في تحذير الخطاة؟ (حز٣: ١٨)

....

٢٢- ما هما الأمران اللذان شـــهد بولس عنهما لجميع الشـــعب في أفســـس؟

(أع ٢٠: ٢١)

(١) ....

(٢) ....

٢٣- لماذا أستطاع بولس أن يعلن إنه برئ من دم جميع الشعب الذين في أفسس؟

(أع ٢٠: ٢٦ - ٢٧)

....

٢٤- ما هي المكافأة النهائية الموضوعة لكل شهود المسيح الأمناء؟ (٢تي ٤: ٨)

....

فقرة الحفظ: (أعمال ١: ٨)

أكتب هذه الآية من الذاكرة.

....

....

....

....

لا تنتقل إلى الصفحة التالية حتى تستكمل جميع الإجابات عن أسئلة هذا الدرس

>> الشهادة وربح النفوس

الإجابات الصحيحة والدرجات -الدرس رقم ١٠

السؤال	الإجابات	النقاط
١	شهوداً	١
٢	إلى أقصى الأرض	١
٣	لكل العالم - لجميع الأمم	١
٤	(١) كل الأشياء التي فعلها	١
	(٢) موته	١
	(٣) قيامته*	١
٥	إنه سيكون شاهداً عنه أمام جميع الناس عما رآه وسمعه	١
٦	شهد للكبير والصغير أن الأسفار (موسى والأنبياء) هي حق	٣
٧	هو يخلص* النفوس	٣
٨	ربح النفوس	١
٩	أخوه سمعان	١
١٠	نثنائيل	١
١١	إنما أعلم شيئا واحداً أنى كنت أعمى والآن أبصر	٢
١٢	(١) أعمال الله	١
	(٢) أعماله العجيبة	١
١٣	لا تخف بل تكلم	٢
١٤	روح الخوف	١
١٥	شركاً (فخاً)	١

١٦	لا تخجل بشهادة ربنا	٢
١٧	(١) نحن لا يمكننا أن نتكلم بما رأينا وسمعنا (٢) ينبغي أن يطاع الله أكثر من الناس	٢ ١
١٨	رفعوا بنفس واحدة صوتاً (صلوا) إلى الله	٢
١٩	كانوا يتكلمون بكلام الله بمجاهرة	١
٢٠	حارساً	١
٢١	يطلب الله دمهم من يده	٢
٢٢	(١) بالتوبة* إلى الله (٢) الإيمان* الذي بربنا يسوع المسيح	١ ١
٢٣	لأنه لم يؤخر (يتجنب)أن يعلن لهم كل مشورة (تعليم)الله	٢
٢٤	إكليل البر*	١

راجع بطاقة الذاكرة لديك لفقرة الحفظ.

إذا كانت فقرة الحفظ صحيحة تماماً، أعط ٤ درجات لكل آية. ٤

(أخصم درجة واحدة عن كل خطأ في كل آية. وإن كان لديك أكثر من ٣ أخطاء لا تسجل أي نقاط أمام تلك الآية).

المجموع ٤٤

٢٢ إجابة صحيحة = ٥٠ ٪

٣١ إجابة صحيحة = ٧٠ ٪

٣٥ إجابة صحيحة = ٨٠ ٪

>>الشهادة وربح النفوس

ملاحظات على الإجابات الصحيحة - الدرس رقم ١٠

(تشير الأرقام المكتوبة في هذه الصفحة على الأرقام المكتوبة في صفحة الإجابات الصحيحة)

١: قصد الله للمؤمنين أن يكونوا شهوداً للمسيح نفسه وليس لإحدى العقائد أو الطوائف أو الاختبارات، فقد قال يسوع **"وأنا إن ارتفعت عن الأرض أجذب إليَّ الجميع"** (يو ١٢: ٣٢)، فيجب أن تعلي شهادة المؤمنين **اسم يسوع**، ولكي تكون الشهادة ذات تأثير يجب أن تكون بقيادة وبتأييد الروح القدس.

٢: قارن (أع ١: ٢١ - ٢٢) مع (أع ٤: ٣٣)، فالحقيقة المحورية لكل شهادة عن المسيح هي قيامته* من الموت.

٥ -٦: شهادة بولس هي مثال لجميع المؤمنين، فقد اعتمدت على إختباره الشخصي، وكانت تشير إلى المسيح يسوع، كما كانت تؤكد صحة ما سجلته الأسفار المقدسة.

٧ - ٨: الشهادة الشخصية الأمينة هي الوسيلة الأكثر فاعلية لربح النفوس البعيدة للمسيح.

٩ - ١٠: مع أن بطرس صار القائد المعترف به بين الرسل والواعظ الأساسي، إلا أن أخاه اندراوس هو الذي جاء إلى المسيح أولاً ثم بدوره جاء ببطرس بعد ذلك، وبعدها أيضاً جاء فيلبس بنثنائيل بنفس الطريقة، وبذلك وضع الرسل أنفسهم المثال لربح النفوس.

١١: قال أحدهم " الشخص ذو الإختبار ليس تحت رحمة المُجادل والمُعَارض

"، ويعني هذا أن صوت الإختبار الشخصي يعلو فوق صوت الكلمات وحدها.

١٢: يجب أن تكون كلمات المؤمن إيجابية وتمجد* الله، وبهذا يبني إيمانه* وإيمان الآخرين.

١٣: أكثر عائق للشهادة المسيحية الفعالة هو "روح الخوف" (روح الجبن) الذي أشار إليه بولس في (٢تيموثاوس ١: ٧) ويُعلِّم الكتاب المقدس بوضوح أن هذا الروح ليس من الله ويجب على المؤمن ألا يسمح له أن يربطه أو يقيده، والعلاج هو الملء بالروح القدس.

١٧(٢): يكون الاختيار بين طاعة الله وطاعة البشر دائماً واضح المعالم، ومازالت الإجابة التي قدمها بطرس ويوحنا صالحة لأن نستخدمها أيضاً اليوم كما كانت عندما قدماها.

١٨: الصلاة هي السلاح العظيم الذي أعطاه الله للمؤمنين ليحطموا الحواجز التي تعيق شهادتهم.

٢٠ - ٢٣: نصبح مُلامين أمام الله إن إمتنعنا عن تقديم شهادتنا للآخرين من حولنا عندما تتاح لنا الفرص لكي نشهد لهم، وقد أدرك حزقيال هذا في العهد القديم وأيضاً بولس في العهد الجديد، فقد طلب الله من بولس ألا يؤخر شيئاً، فقد أراد الله منه أن يتكلم علانية "بكل مشورة الله" (أع ٢٠: ٢٧)، ومازال الله يطلب نفس الشيء من المؤمنين اليوم.

الدرس رقم ١١

>> خطة اللّه للنجاح

مقدمة:

يعد الله في كل الكتاب المقدس أن يُبارك شعبه ويهب خيراً وفيراً لمن يثق به ويخدمه، ولكي نتمتع ببركات الله الروحية والمادية يجب أن نتعلم كيف نتبع قاعدة الله للإيمان* والتي تقول: "أعطوا تعطوا" (لو٦: ٣٨)

فنحن نبدأ بالعطاء للرب مما سبق وأعطانا إياه، فنعطي العُشر الأول من كل ما نحصل عليه من مال أو نتاج، ويسمي هذا العُشر الذي يخصص لله "عشوراً"، وما يفوق هذا العُشر الذي نأتي به للرب يسمى "تقدمة"، وهو كما يرشدنا الروح القدس إليه، وإذ نفعل هذا **بالإيمان*** يباركنا الله بوفرة ويسدد كل إحتياجاتنا.

فقرة الحفظ: (متى ٦: ٣٣)
ضع علامة هنا بعد حفظك لهذه الآية. ☐
(راجع يومياً آيات من دروس سابقة)

أسئلة الدراسة

أ. أمثلة لخدام الله الذين تمتعوا بالبركة والنجاح

١- ماذا قدم إبراهيم لملكي صادق كاهن الله، عندما أعطاه الله النصرة في المعركة؟ (تك ١٤: ١٩-٢٠)

....

٢- كيف تعامل الله بدوره مع إبراهيم في مقابل ذلك؟ (تك ٢٤: ١)

....

٣- ما هي الأربعة أمور التي طلب يعقوب من الله أن يحققها له؟ (تك ٢٨: ٢٠)

(١) ....

(٢) ....

(٣) ....

(٤) ....

٤- بماذا وعد يعقوب اللهَ أن يقدم له مقابل ذلك؟ (تك ٢٨: ٢٢)

....

٥- كيف تعامل الله بدوره مع يعقوب؟ (تك ٣٣: ١١)

....

٦- ماذا كانت مواصفات شخصية يوسف؟ (تك ٣٩: ٢)

....

٧- ما هو السر في الرخاء الذي كان يتمتع به يوسف؟ (تك ٣٩: ٢، ٢٣)

....

٨- ما هي الثلاثة أمور التي أوصى بها الله يشوع أن يلتزم بها فيما يتعلق بناموس الله؟ (يش١ : ٨)

(١) ....

(٢) ....

(٣) ....

٩- بماذا وعد اللهُ يشوعَ إذا قام بعمل هذه الثلاث أمور؟ (يش ١ : ٨)

....

١٠- بماذا وعد داود سليمان إن أطاع الفرائض والأحكام* التي يتضمنها ناموس الله؟ (١ أخ ٢٢: ١٣)

....

١١- ماذا فعل الله لعزيا طوال فترة طلبه للرب؟ (٢ أخ ٢٦: ٥)

....

١٢- ماذا حدث لحزقيا عندما طلب وخدم الله بكل قلبه؟ (٢أخ ٣١: ٢١؛ ٣٢: ٣٠)

....

ب. شروط الإزدهار والوعود به

١٣- قال الله عن نوع من البشر أن "كل ما يصنعه ينجح"؟ (مز ١: ٣)

(أ) اذكر ثلاثة أمور يجب أن يتجنبها هذا الإنسان. (مز ١: ١)

(١) ....

(٢) ....

(٣) ....

(ب) والآن أذكر أمرين يجب أن يفعلهما هذا الإنسان. (مز ١: ٢)

(١) ....

(٢) ....

١٤-في أي مجالين قال الله أن بني إسرائيل قد سلبوه فيهما؟ (ملا ٣: ٨)

(١) ....

(٢) ....

١٥- ماذا حدث لبني إسرائيل نتيجة سلبهم الله؟ (ملا ٣: ٩)

....

١٦- ما هي الطريقة التي قال الله لبني إسرائيل أن يجربوه بها (يضعوه موضع إختبار)؟ (ملا ٣: ١٠)

....

١٧- ما هو الوعد الذي قدمه الله في مقابل هذا؟ (ملا ٣: ١٠)

....

١٨- ما هما الشـيئان اللذان بخبر يسـوع المؤمنين أن يطلبوهما قبل كل شـيء؟

(مت ٦: ٣٣)

(١) ....

(٢) ....

١٩- ما هو الوعد الذي قدمه يسوع للمؤمنين نتيجة لذلك؟ (مت ٦: ٣٣)

....

٢٠- بأي كيل سوف يُعطَي لنا عوضاً عما أعطيناه؟ (لو ٦: ٣٨)

....

٢١- ما هو معيار العطاء الذي وضعه بولس للمؤمنين؟ (١كو ١٦: ٢)

....

٢٢- ما هو الغرض الذي لأجله صار المسيح فقيراً؟ (٢كو ٨: ٩)

....

٢٣- من هو الشخص الذي يحبه الله؟ (٢كو ٩: ٧)

....

٢٤- لكي نحصد بالبركات، ماذا علينا أولاً أن نفعل؟ (٢كو ٩: ٦)

....

٢٥- عندما تفيض نعمة الله في حياتنا، ما هما النتيجتان اللتان تتبعا ذلك؟

(٢كو ٩: ٨)

(١) ....

(٢) ....

٢٦- ما هي نوعية الأشخاص الذين لن يمنع الله عنهم خيراً؟ (مز ٨٤: ١١)

....

٢٧- ما هي نوعية الأشخاص الذين لن يعوزهم شيء من الخير؟ (مز ٣٤: ١٠)

....

٢٨- بأي شيء يُسَر الله؟ (مز ٣٥: ٢٧)

....

فقرة الحفظ: (متى ٦: ٣٣)

أكتب هذه الآية من الذاكرة.

....

....

....

....

لا تنتقل إلى الصفحة التالية حتى تستكمل جميع الإجابات عن أسئلة هذا الدرس

>> خطة الله للنجاح
الإجابات الصحيحة والدرجات -الدرس رقم ١١

السؤال	الإجابات	النقاط
١	عشور (عُشر) كل شئ	١
٢	بارك الله إبراهيم في كل شيء	١
٣	(١) يكون معه	١
	(٢) يحفظه في الطريق الذي يسير فيه	١
	(٣) يعطيه خبزاً ليأكل	١
	(٤) يعطيه ثياباً ليلبس	١
٤	عشر كل ما يعطيه له الله	١
٥	تعامل الله مع يعقوب بالنعمة	١
٦	رجلاً ناجحاً	١
٧	كان الرب معه وكان يُنجح كل ما يفعله	١
٨	(١) لا تفارق فمه	١
	(٢) يلهج*فيها نهاراً وليلاً	١
	(٣) يتحفظ لأن يعمل كل شـيء حسـب كل ما هو مكتوب فيها	١
٩	سوف يصلح طريقه (يجعله ناجحاً ويتمتع بالازدهار ويجعله ناجحاً (يفلح)	٢
١٠	حينئذ تفلح (يكون لك خيراً)	١
١١	أنجحه الله (متعه بالخير والازدهار)	١
١٢	نجح (تمتع بالخير والازدهار) في كل طرقه	١

١٣-أ:	(١) لا يسلك في مشورة الأشرار (٢) لا يقف في طريق الخطاة (٣) لا يجلس في مجلس المستهزئين	١ ١ ١
١٣-ب:	(١) يجب أن يكون مسرته في ناموس الرب (٢) يجب أن يلهج* في الناموس نهاراً وليلاً	١ ١
١٤	(١) في العشور (٢) في التقدمات	١ ١
١٥	لُعنت الأمة كلها بلعنة	١
١٦	بإحضار جميع العشور إلى المخازن	١
١٧	يفتح كوى السموات ويفيض عليهم بركة حتى لا توسع	٢
١٨	(١) ملكوت الله (٢) بر* الله	١ ١
١٩	هذه كلها (الأمور المادية) تزاد لهم	١
٢٠	بنفس الكيل الذي تستخدمه عندما تعطى الآخرين	١
٢١	حسبما تيسر لهم من خير أعطاه إياهم الرب	١
٢٢	لكي نستغني نحن بفقره	٢
٢٣	المعطي المسرور	١
٢٤	يجب أن نزرع بالبركات (بسخاء)	١
٢٥	(١) سوف يكون لنا اكتفاء (كثرة) في كل شيء (٢) سوف يكون لنا وفرة لأجل كل عمل صالح	١ ١
٢٦	هؤلاء السالكون بالكمال (أخلاقياً)	١
٢٧	الذين يطلبون الله	١
٢٨	بسلامة عبده (بخير وازدهار خادمه)	١

راجع بطاقة الذاكرة لديك لفقرة الحفظ.

إذا كانت فقرة الحفظ صحيحة تمـاماً، أعط ٤ درجات لكل آية. ٤

(أخصم درجة واحدة عن كل خطأ في كل آية. وإن كان لديك أكثر من ٣ أخطاء لا تسجل أي نقاط أمام تلك الآية).

المجموع ٤٧

٢٤ إجابة صحيحة = ٥٠ ٪

٣٣ إجابة صحيحة = ٧٠ ٪

٣٨ إجابة صحيحة = ٨٠ ٪

>> خطة الله للنجاح

ملاحظات على الإجابات الصحيحة -الدرس رقم ١١

(تشير الأرقام المكتوبة في هذه الصفحة على الأرقام المكتوبة في صفحة الإجابات الصحيحة)

١ -٥: لاحظ أن ممارسة دفع العشور لم تبدأ مع ناموس موسى، فقد سجل الكتاب المقدس أن أول شخص قدم عشوراً هو إبراهيم، وقد دُعي إبراهيم في (رومية ٤: ١١ - ١٢) **" أباً لجميع الذين يؤمنون ... بل أيضاً يسلكون في خطوات إيمان* أبينا إبراهيم."** وبالتأكيد يسلك المؤمنون الذين يقدمون عشورهم لله اليوم في خطوات إيمان* إبراهيم، لاحظ أيضاً أن الكاهن الذي قدم له إبراهيم العشور كان هو ملكي صادق، وطبقاً للمكتوب في (عبرانيين ٥: ٧) فيسوع هو **" رئيس كهنتنا على رتبة ملكي صادق "**، ولأن يسوع مازال رئيس كهنتنا اليوم، فهو مازال يقبل عشور شعبه المؤمن، وقد أختبر كل من إبراهيم ويعقوب بركات الله المادية نتيجة لتقديمهم العشور، فقد قال يعقوب في (تكوين ٣٢: ١٠) **" فإني بعصاي عبرت هذه الأردن والآن قد صرت جيشين "** فعندما بدأ يعقوب في تقديم العشور لله، لم يكن يمتلك إلا عصاه في يده، ولقد أصبح قائداً غنياً بعد عشرين سنة لعائلة كبيرة ومزدهرة.

٦ -٧: لا تستطيع للظروف الخارجية أن تمنع الله من تحقيق وعوده، فقد كان يوسف ناجحاً رغم وجوده في السجن، وقد نجح أكثر عندما أصبح قائداً عظيماً في مصر، وقد جاء نجاح يوسف نتيجةً لصفاته وعلاقته مع الله.

٨ -٩: كانت دعوة الله ليشوع أن يقود شعب الله إلى أرض الموعد، والمؤمنون اليوم مدعوون لدخول **" أرض الموعد "**، وكما كان في الماضي لاتزال القواعد الإلهية للإزدهار كما هي حتى الآن، لاحظ أن اللهج * (التأمل) الصحيح لكلمة الله هو المفتاح لذلك، قارن ذلك بإجابة السؤال ١٣ب (٢).

١٠ -١٢: بارك الله بغنى جميع ملوك يهوذا الذين كانوا طائعين للناموس وأمناء في خدمة الهيكل.

١٣: لاحظ أن (مزمور ١: ١ -٣) كتب لأجل كل مؤمن يحيا بهذه الكلمات.

١٤-١٥: يمكن أن تأتي اللعنة على إحدى الأمم إن كان شعب الله فيها غير أمين في عطائه لله، ومازال هذا المبدأ يطبق اليوم.

١٦ -٢١: الأساس الوحيد للبر المقبول لدي الله هو الإيمان*، **" كل ما ليس من الإيمان فهو خطية "** (رو ١٤: ٢٣)، (قارن هذا بعبرانيين ١١: ٦) وهذا ينطبق على طريقة تصرفنا في الأمور المادية وأيضاً على كل جوانب حياتنا.

٢٢: يعلن الكتاب المقدس بوضوح أن الفقر هو لعنة، ويذكر (تثنية ٢٨: ١٥ -٦٨) جميع اللعنات التي تنتج عن كسر ناموس الله، وفي آية ٤٨ يُذكر التالي " تستعبد لأعدائك ... في جوع وعطش وعري وعوز كل شيء "، وهذا هو الفقر المدقع، وقد أخذ يسوع على الصليب كل واحدة من هذه اللعنات في جسده (أنظر غلاطية ٣: ١٣-١٤) فقد كان جائعاً، وعطشاناً، وعرياناً، ومعوزاً في كل شيء، وقد فعل هذا لكي ينال كل مؤمن غنى الله لتسديد كل إحتياجاته (فيلبي ٤: ١٩).

٢٣: تعني " المعطي المسرور" (٢كو ٩: ٧) حرفياً " المعطي الفَرِح ".

٢٤: يجب أن يعطي المؤمنون بنفس الطريقة التي يبذر بها الزارع بذاره، أي باهتمام وإجتهاد في المنطقة التي يتوقع منها أن تقدم أفضل محصول لملكوت الله.

٢٦ - ٢٨: االنجاح هو إرادة الله لشعبه المؤمن الذي يطيعه.

التقييم الثاني للتقدم

أهنئك! .... مرة أخرى!

لقد انتهيت من دراستك للأحد عشر دراسة الأولى. وهذا يُمثِّل أكثر من نصف المنهج الدراسي، وقد ركزت الدراسات الستة الأولى حول رسالة الخلاص ووضع الأسس الكتابية لحياتك المستمرة مع المسيح، وقد تعلمت عن أهمية معمودية الماء وماذا تعني معمودية الروح القدس.

وقد بدأت من خلال الخمس دراسات التي قد انتهيت من دراستها في الدخول إلى **حياة أعمق** في المسيح، وقد تعرفت ايضاً من خلالها على موضوعات العبادة والصلاة والشهادة، كما تَجلت أمامك بوضوح حقيقة تسديد الله لكل إحتياجاتك المالية والجسدية.

فكر في هذا، فلديك الآن الإجابة ليس فقط على تساؤلاتك الشخصية العميقة، بل أيضًا على تساؤلات الآخرين الذين لا حصر لهم ولا يزالون يصارعون ويعانون كما كنت تصارع وتعاني، كما أنك لم تعد الآن جزءاً من المشكلة، بل أصبحت جزءاً من الحل لها! فيمكنك الآن أن تكون نوراً للمحيطين بك من الذين مازالوا في ظلمة، فقد أصبح لديك الآن قدراً من المعرفة الكتابية

يمكنك من قيادة الآخرين إلى المسيح مستشهداً باختبارك الشخصي.

يالها من مسئولية عظيمة! فلو كنت قد تُركت وشأنك لما كنت ستواجه مثل هذا التحدي، إلا أن الله لم يتركك وشأنك، فقد قدم لك كل ما تحتاجه لتحيا حياة تعكس نعمته ومجده في جميع الظروف.

وعند هذه النقطة تكون قد بحثت في الكتاب المقدس ووجدت الإجابة على ١٧٠ سؤالاً محدداً، كما أنك قد ألتزمت بحفظ ستة عشر آية من الكتاب المقدس، وهكذا تنمو معرفتك بالكتاب المقدس بقفزات وخطوات ثابتة!

وبإنتقالك للخمس دروس التالية سوف تبدأ في رؤية أهمية شعب إسرائيل في الكتاب المقدس، وماذا كانت خطة الله لشعبه؟ وسوف تري كيف تحققت نبوات العهد القديم في العهد الجديد، وسوف تري ما الذي جعل خدمة يسوع وخدمة موسى متشابهتان.

المراجعة الثانية

قبل الدخول في القسم التالي من هذا المنهج، قم بمراجعة ما درست لكي تتأكد أنك قد استوعبت جيدًا كل المادة التي قد تم تقديمها بدءاً من الدرس السابع وحتى الحادي عشر، فبإدراكك للمعاني التي قدمتها لك تلك الدراسات التي انتهيت منها بالفعل، سوف تصبح مستعدًا لمواصلة الدراسات التالية، والوسائل المتبعة في هذه المراجعة الثانية تشبه تلك المتبعة في المراجعة الأولى:

أولاً: اقرأ بعناية جميع أسئلة الدراسات الخمس السابقة وفي نفس الوقت اقرأ معها الإجابات الصحيحة الخاصة بها، تأكد وراجع إن كنت الآن تعرف وتفهم الإجابات الصحيحة لكل سؤال.

ثانياً: راجع جميع الفقرات المذكورة في تلك الدراسات الخمسة السابقة التي حفظتها في فقرات الحفظ.

ثالثاً: اقرأ بعناية الأسئلة التالية وفكر في كيفية إجابتك لها، فكل سؤال منها مرتبط بطريقة ما بالمادة التي قمت بدراستها.

١. ما هو السند الكتابي الذي تبني عليه ثقتك في أن الله لايزال يشفي هؤلاء الذين يثقون فيه اليوم؟

٢. ما هي الثلاث وسائل التي يستخدمها الله للشفاء؟ وكيف يمكنك أن تستفيد بها؟

٣. أكتب شهادة قصيرة عن كيف لمس الله حياتك من خلالها وشارك بها الآخرين.

٤. تكلم بإختصار عن صفات الشخص الذي يعطيه الله الوعد بأن "كل ما يصنعه ينجح" (مز ١: ٣).

أخيراً: أكتب في ورقة منفصلة إجاباتك الشخصية عن الأسئلة السابقة.

* * *

لا تُخَصص أي درجات لهذه المراجعة الثانية، فالغرض منها هو مساعدتك في مراجعة ما قمت بدراسته والتأكد من استيعابك التام له، وعندما تشعر بالرضا أنه قد تم تحقيق ذلك، أقلب الصفحة للدرس رقم ١٢.

الجزء الثالث

بني إســـرائيـــل

شعب الله المختار

الدرس رقم ١٢

>> خطة اللّه الخاصة

مقدمة:

حوالي سنة ١٩٠٠ قبل الميلاد أختار الله رجلاً يدعي إبرام (تغير اسمه بعد ذلك إلى إبراهيم) لكي يجعله أباً لأمة، قد وضع الله خطة خاصة لمصيرها، وقد قطع الله عهداً مع إبراهيم، وعده بموجبه أن **تتبارك في نسله** جميع الأمم.

وقد أكد الله هذا العهد مع إسحق ابن إبراهيم ومع حفيده يعقوب (الذي تغير أسمه إلى إسرائيل).

وبعد أربعمائة وثلاثين سنة قطع الله بواسطة موسى عهداً أمتد مع بني إسرائيل، نسل يعقوب، أعطاهم الله من خلاله مجموعة متكاملة من الوصايا مع صورة أكثر شمولاً ووضوحاً لمصيرهم، وأرسل الله بعد ذلك إلى إسرائيل الأنبياء الذين تنبأوا عن كيفية تحقيق هذا المصير.

فقرة الحفظ: (خروج١٩: ٥ - ٦)

ضع علامة هنا بعد حفظك لهاتين الآيتين. ☐

(راجع يومياً آيات من دروس سابقة)

أسئلة الدراسة

أ. قصد الله المعلن لإبراهيم

١- كم عدد البشر الذي وعد الله إبراهيم أن يتباركوا فيه؟ (تك١٢: ٢- ٣)

....

٢- على أي أساس قبل الله إبراهيم باعتباره شخصاً باراً*؟ (تك ١٥: ٦)

....

٣- لكم من الشعوب وعد الله إبراهيم أن يجعله أباً؟ (تك ١٧: ٤ -٥)

....

٤- مع من صنع الله عهداً أبدياً؟ (تك ١٧: ٧)

....

٥- ما هو الوعد الذي أعطاه الله لإبراهيم من خلال هذا العهد؟ (تك ١٧: ٧)

....

٦- اثنان من نسل إبراهيم تم ذكر اسميهما لاحقاً في هذا العهد، من هما؟

(خر ٦: ٣ -٤) (لا٢٦: ٤٢)

(١) ....

(٢) ....

٧- ما هو الاسم الجديد الذي أعطاه الله ليعقوب؟ (تك ٣٥: ١٠)

....

٨- ما هما الصــورتان اللتان أســتخدمهما الله ليظهر لإبراهيم كثرة نســله الذي سيكون له؟ (تك٢٢: ١٧)

(١) ....

(٢) ....

٩- كم عدد الشعوب الذين وعد الله إبراهيم أن يتباركوا في نسله؟ (تك ٢٢: ١٨)

....

١٠- لماذا وعد الله إبراهيم بهذا؟ (تك ٢٢: ١٨)

....

١١- مـاذا طلب الله من إبراهيم أن يفعلـه لأبنـائـه وكـل بيتـه لكي ينال ما وعده به الله؟ (تك ١٨: ١٩)

....

ب. قصد الله المعلن لموسى

١٢- ما هما الوصـيتان اللتان أوصـى بهما الرب بني إسـرائيل عندما جاءوا إلى جبل سيناء؟ (خر١٩: ٥)

(١) ....

(٢) ....

١٣- ما هي الثلاث بركات التي وعد الله بها بني إســرائيل شــرط حفظهم هاتين الوصيتين؟ (خر١٩: ٥ - ٦)

(١) ....

(٢) ....

(٣) ....

١٤- بماذا وعد الله بني إسرائيل أيضاً بذات الشروط؟ (تث ٢٨: ١)

....

١٥- أذكر طريقتين أثرت بهما هذه الأمور على موقف الشعوب الأخرى تجاه بني إسرائيل؟ (تث٢٨: ١٠)

(١) ....

(٢) ....

١٦- ماذا ستكون نتيجة حفظ بني إسرائيل لعهد الله؟ (تث ٢٩: ٩)

....

<u>جـ. غرض الله المعلن في المزامير والأنبياء</u>

١٧- ما هما الأتجاهان اللذان سيؤثر بهما الله وبركته لبني إسرائيل على باقي العالم؟ (مز٦٧: ١- ٢)

(١) ....

(٢) ....

١٨- وعد الله أن يحل بروحه على عبده المختار (الرب يسوع)، فما الذي سيفعله هذا الخادم للأمم*؟ (إش ٤٢: ١)

....

١٩- اذكـر أمـرين مـن أجلهمـا عـين الله هـذا العبـد لبنـي إسـرائيل وللأمـم*؟ (إش ٤٢: ٦)

(١) ....

(٢) ....

٢٠- ما هما الأمران اللذان لأجلهما أختار الله بني إسرائيل ليصيروا له؟ (إش ٤٣: ١٠)

(١) ....

(٢) ....

٢١- أذكر ثلاثة طرق أراد الله أن يتجاوب بها بني إســـرائيل مع إعلان الله عن نفسه؟ (إش٤٣: ١٠)

(١) ....

(٢) ....

(٣) ....

يعطي الأنبياء صـورة لفترة مسـتقبلية يتحقق فيها قصـد الله لبني إسـرائيل، الأسـئلة التالية مرتبطة بهذه الفترة الزمنية.

٢٢- اذكر الهدفان اللذان لأجلهما سيصعد الكثيرون لجبل الرب؟ (إش ٢: ٢ - ٣)

(١) ....

(٢) ....

٢٣- ما هما الأمران اللذان سيخرجان من صهيون ومن أورشليم؟ (إش ٢: ٣)

(١) ....

(٢) ....

٢٤- ماذا سيفعل الله لصهيون عندما يغطي الظلام الدامس شعوب الأرض؟ (إش ٦٠: ٢)

....

٢٥- كيف ستتجاوب الأمم الأخرى ورؤساؤها؟ (إش ٦٠: ٣)

....

٢٦- ما هما اللقبان اللذان سيُطَلَقَان على بني إسرائيل في زمن الإسترداد وإعادة بناء أرضهم؟ (إش٦١: ٤ - ٦)

(١) ....

(٢) ....

٢٧- ما هما الغرضان اللذان لأجلهما سوف يصعد الكثير من الشعوب والأمم القوية إلى أورشليم؟ (زك ٨: ٢٢)

(١) ....

(٢) ....

٢٨- ما الذي سيقوله الرجال من الأمم للرجل اليهودي؟ (زك ٨: ٢٣)

....

فقرة الحفظ: (خروج ١٩: ٥ - ٦)

أكتب هاتين الآيتين من الذاكرة.

....

....

....

....

لا تنتقل إلى الصفحة التالية حتى تستكمل جميع الإجابات عن أسئلة هذا الدرس

<< خطة الله الخاصة

الإجابات الصحيحة والدرجات -الدرس رقم ١٢

السؤال	الإجابات	النقاط
١	جميع قبائل الأرض	١
٢	آمن إبراهيم بالله (وثق إبراهيم)	١
٣	أمم كثيرة	١
٤	مع إبراهيم ونسله	١
٥	أن يكون له ولنسله إلهاً	١
٦	إسحق ويعقوب	١
٧	إسرائيل	١
٨	(١) نجوم السماء (٢) الرمل الذي على شاطئ البحر	١ ١
٩	جميع امم الأرض	١
١٠	لأن إبراهيم أطاع صوت الله	١
١١	أوصاهم أن يحفظوا طريق الله بصنع البر * والعدل	٢
١٢	(١) أن يطيعوا صوت الله (٢) أن يحفظوا عهده	١ ١
١٣	(١) أن يكونوا له خاصة (كنز خاص) من بين جميع الشعوب (٢) أن يكونوا مملكة كهنة (٣) أن يكونوا أمة مقدسة	١ ١ ١
١٤	أن يجعلهم الرب مستعلياً على جميع قبائل (أمم) الأرض	١

١٥	(١) يرون أن اسم الرب قد دُعي على بني إسرائيل	١
	(٢) يخافون من بني إسرائيل	١
١٦	ينجحون في كل ما يفعلون	١
١٧	(١) يُعرف في الأرض طريق الله	١
	(٢) يُعرف في كل الأمم خلاص* الله	١
١٨	يُخرج الحق للأمم* (العدل)	١
١٩	(١) عهد للشعب (إسرائيل)	١
	(٢) نوراً للأمم	١
٢٠	(١) شهوده	١
	(٢) عبده (خادمه)	١
٢١	(١) ليعرفوا	١
	(٢) ليؤمنوا	١
	(٣) ليفهموا	١
٢٢	(١) لكي يعلمهم الرب طرقه	١
	(٢) لكي يسيروا (يسلكوا) في سبله	١
٢٣	(١) الناموس (الشريعة)	١
	(٢) كلمة الرب	١
٢٤	يشرق الرب ومجده عليها يرى	٢
٢٥	تسير الأمم في نورها والملوك في ضياء إشراقها	٢
٢٦	(١) كهنة الرب	١
	(٢) عبيد (خدام) إلهنا	١
٢٧	(١) ليطلبوا رب الجنود	١
	(٢) يترضوا وجه الرب (يصلوا أمامه)	١

٢٨	لنذهب معكم لأننا سمعنا أن الله معكم	٢

راجع بطاقة الذاكرة لديك لفقرة الحفظ.

إذا كانت فقرة الحفظ صحيحة تمـاماً، أعط ٤ درجات لكل آية. ٨

(أخصـــم درجة واحدة عن كل خطأ في كل آية. وإن كان لديك أكثر من ٣ أخطاء لا تسجل أي نقاط أمام تلك الآية).

المجموع ٥٤

٢٧ إجابة صحيحة = ٥٠ ٪

٣٨ إجابة صحيحة = ٧٠ ٪

٤٣ إجابة صحيحة = ٨٠ ٪

>> خطة الله الخاصة
ملاحظات على الإجابات الصحيحة - الدرس رقم ١٢

(تنطبق الأرقام المكتوبة في هذه الصفحة على الأرقام المكتوبة في صفحة الإجابات الصحيحة)

١: منذ البدء، كان قصد الله يشمل جميع الأمم الذين على الأرض.

٢: كان **إيمان*** إبراهيم هو أساس علاقته مع الله.

٣: يعني أسم إبرام **"أب ممجد"**، ويعنى أسم إبراهيم **"أب لجمهور"**، ومنذ البدء كانت خطة الله تتجاوز النسل المباشر لإبراهيم لكي **تشمل** شعوباً **من كل أمة**.

٤- ٥: العهد هو أقوى الالتزامات التي يمكن الله أن يقدمها، ويجب أن تؤسس أي علاقة دائمة مع الله على **عهدٍ**. (أنظر مزمور ٥٠: ٥).

٦ -٧: قد تأكد عهد الله أولاً مع إسحق (وليس إسماعيل)؛ ثم مع يعقوب (الذي أسماه إسرائيل) ثم مع الأمة التي جاءت من نسل يعقوب وسُمِّيَت بني إسرائيل.

٨ - ٩: أكد الله أن عدد الشعوب - الذين سيتباركون في إبراهيم - أكثر مما يمكن لإبراهيم أن يتخيله أو يحصيه.

١٠: عبر إبراهيم عن إيمانهِ* **بطاعته** لله حتى عندما كان ذلك يعني ذلك تقديم أبنه ذبيحة لله. (أنظر تكوين ٢٢: ١ - ١٨).

١١: عبرت طريقة إرشاد وقيادة إبراهيم لأسرته عن معايير الله لجميع الآباء، وكان هذا هو السبب الذي لأجله أختاره الله.

١٢: الطاعة لصوت الله هو **المفتاح** لجميع بركات الله (قارن خروج ١٥: ٢٦) و(تثنية ٢٨: ١ -٢).

١٣: تلخص هذه الوعود الثلاث قصد الله نحو بني إسرائيل.

١٤- ١٥: كان قصد الله لبني إسرائيل أن يكون قائداً ونموذجاً تحتذي به الأمم الأخرى.

١٦: أنظر الملاحظة المسجلة على السؤال ١٢.

١٧: كان قصد الله أن يجعل البركات التي منحها لبني إسرائيل تُمنح من خلالهم لجميع الأمم الأخرى.

١٨ - ١٩: سوف تتحقق مقاصد الله نحو بني إسرائيل في النهاية عن طريق (الرب يسوع) المختار الموصوف هنا.

٢٠: أنظر الملاحظات المسجلة على الأسئلة ١٤- ١٥ و ١٨- ١٩.

٢١: يعد هذا التجاوب ذو الأبعاد الثلاث الأساس لتحقيق وعود الله لبني إسرائيل.

٢٢ - ٢٣: قصد الله أن يجعل أورشليم مركزاً للتعليم الروحي لكل الأمم.

٢٤- ٢٥: سوف ينتهي هذا الجيل بضيقة عظيمة وظلمة في كافة أرجاء العالم، وسوف يعلن الله عن مجده أولاً لصهيون ثم بواسطتها لباقي الأمم وحكامهم.

٢٦: سوف يحقق الاسترداد لبني إسرائيل قصد الله الأصلي المذكور في (خروج ١٩: ٦).
٢٧ - ٢٨: أنظر الملاحظة المسجلة على الأسئلة ٢٢ - ٢٣.

الدرس رقم ١٣

>> الفشل والفداء

مقدمة:

أقام الله عهداً مع بني إسرائيل عن طريق موسى وكان لهذا العهد وجهان فإن كان الشعب أميناً نحو العهد فسوف يكون مباركًا أكثر من سائر الأمم الأخرى، أما إن كان غير أميناً فسوف يأتي الله عليه بسلسلة من الأقضية* ذات قسوة متزايدةً، وقد برهن بني إسرائيل لاحقاً عبر التاريخ عن عدم أمانته فجاءت عليهم جميع تلك الأقضية* التي سبق وأنبأ بها الله.

ومع ذلك، فقد وعدهم الله بأن يأتي الفادي إلى صهيون في الأيام الأخيرة وسوف ينال إسرائيل غفراناً لخطاياهم وتطهيراً منها ويصبحون أمة مقدسة مرة أخري.

فقرة الحفظ: (إشعياء ٤٣: ٢٥)

ضع علامة هنا بعد حفظك لهذه الآية. ☐

(راجع يومياً آيات من دروس سابقة)

أسئلة الدراسة

أ. فشـل إسـرائيل

١- ماهو التصـــرف الذي حذر موســـى شـــعب إســـرائيل من فعله بعد أن يموت (موسى)؟ (تث ٣١: ٢٩)

....

٢- لماذا ستأتي عليهم الكوارث في الأيام الأخيرة؟ (تث ٣١: ٢٩)

....

٣- حذر الله بني إسرائيل ثلاثة مرات من طريقة ما في سلوكهم تجاهه، فما هي؟ (لا ٢٦: ٢١، ٢٣، ٢٧)

....

٤- إن رفض بني إسرائيل تحذيرات الله، فسوف تأتي عليهم سلسلة من العواقب الشريرة، أذكر ما هو مسجل منها في الآيات التالية من (لا ٢٦).

(لا٢٦: ٢٥):

(١) ....

(٢) ....

(٣) ....

(لا ٢٦: ٢٩):

(١) ....

(لا ٢٦: ٣١):

(١) ....

(٢) ....

(٣) ....

(لا ٢٦: ٣٢):

(١) ....

(٢) ....

(لا ٢٦: ٣٣):

(١) ....

(٢) ....

٥- أي من هذه الشدائد التي ذُكِرت في الإجابات على الأسئلة من ١-٤ قد تحققت فعلاً على بني إسرائيل؟

....

٦- اعترف* دانيال بالعديد من الخطايا التي أرتكبها شعبه، فما هي الخطايا التي ذكرها بالتحديد في (دانيال ٩: ٥)؟

(١) ....

(٢) ....

(٣) ....

(٤) ....

٧- كيف عصي إسرائيل صوت الرب؟ (دا ٩: ١٠)

....

٨- لو كان دانيال يحيا اليوم فكم من الخطايا كان سيعترف* بها بالنيابة عن الشعب اليهودي؟

....

ب. خلاص* الله

٩- حذر الله بني إسرائيل أنهم سوف يطردون من أرضهم إلا أنه وعدهم بأن هناك أمران لن يفعلهما معهم، فما هما؟ (لا ٢٦: ٤٤)

(١) ....

(٢) ....

١٠- ما الذي سوف يتذكره الله فيرحم بني إسرائيل بسببه؟ (لا ٢٦: ٤٥)

....

١١- ما الذي طلبه داود من الله ليُخرج من صهيون؟ (مز ١٤: ٧)

....

١٢- عندما يأتي اليوم الذي يرتد فيه غضب الله، ماذا سيقول بني إسرائيل بخصوص خلاص* الله؟ (إش ١٢: ١ - ٢)

....

١٣- ما هما الصـــورتان اللتان يعلن بهما الله عن نفســـه لبني إســـرائيل؟ (إش ٤٣: ٣)

(١) ....

(٢) ....

١٤- هل يوجد أي مخلص آخر؟ (إش ٤٣: ١١)

....

١٥- بماذا وعد الله تجاه ذنوب* بني إسرائيل؟ (إش ٤٣: ٢٥)

....

١٦- بماذا وعد الله تجاه خطايا بني إسرائيل؟ (إش ٤٣: ٢٥)

....

١٧- لمن في صهيون وعد الله بمجيء الفادي؟ (إش ٥٩: ٢٠)

....

١٨- ماذا سيأتي إلى صهيون؟ (إش ٦٢: ١١)

....

١٩- ماذا سيكون معه؟ (إش ٦٢: ١١)

....

٢٠- ماذا سيكون أمامه؟ (إش ٦٢: ١١)

....

٢١- عندما يأتي اليوم الذي يرد فيه الله بني إســـرائيل، ســـيتعامل مع آثامهم بطريقتين، ماهما؟ (إر ٣٣: ٧ - ٨)

(١) ....

(٢) ....

٢٢- عندما يأتي يوم إعادة الله إسـرائيل لأرضـهم، كيف سـيعلن ذاته بهم للأمم؟

(حز ٣٩: ٢٧)

....

فقرة الحفظ: (إشعياء٤٣: ٢٥)

أكتب هذه الآية من الذاكرة.

....

....

....

....

لا تنتقل إلى الصفحة التالية حتى تستكمل الإجابة على جميع أسئلة هذا الدرس.

>> الفشل والفداء

الإجابات الصحيحة والدرجات -الدرس رقم ١٣

السؤال	الإجابات	النقاط
١	أنهم سيفسدون تماماً ويزيغون عن الطريق الذي أمرهم به موسى	٢
٢	لأنهم سيعملون الشر أمام الرب فيغضبوه ويغيظوه بأعمال أيديهم	٢
٣	ليسلكوا بالخلاف مع الله	١
٤	(١)أ سيفاً (حرباً) ضدهم	١
	(١)ب يضربهم بالوبأ	١
	(١)ج يدفعهم بيد أعدائهم	١
	(٢) يأكلون لحم بنيهم وبناتهم أثناء الحصار	١
	(٣)أ تصير المدن خربة	١
	(٣)ب المقادس موحشة (مدَمرة)	١
	(٣)ج لا يقدمون تقدماتهم للرب	١
	(٤)أ تترك الأرض موحشة (مهجورة)	١
	(٤)ب يسكن الأعداء أرض بني إسرائيل ويستوحشون منها	١
	(٥)أ يذريهم (يفرقهم) بين الأمم	١
	(٥)ب يجرد ورائهم السيف (يطاردهم بالحرب)	١
٥	جميعها	١
٦	(١) أخطأنا	١
	(٢) أثمنا	١

	(٣) عملنا الشر (٤) تمردنا (٥) حدنا عن وصاياك وعن احكامك*	١ ١ ١
٧	ولم يسلكوا في شرائعه التي جعلها أمامهم على يد أنبيائه	٢
٨	جميعها	١
٩	(١) لا يأباهم (يطردهم) (٢) لا يكرههم ولا يبيدهم أو يكسر عهده معهم	١ ٢
١٠	العهد مع آبائهم الذين أخرجهم من أرض مصر	٢
١١	خلاص* إسرائيل	١
١٢	صار خلاصي*	١
١٣	(١) قدوس إسرائيل (٢) مخلصهم	١ ١
١٤	لا	١
١٥	يمحوها	١
١٦	لا يذكرها	١
١٧	إلى التائبين عن المعصية*في يعقوب	١
١٨	الخلاص*	١
١٩	أجرته	١
٢٠	جزاؤه (تعويضه)	١
٢١	(١) يطهرهم (٢) يغفر لهم	١ ١
٢٢	يتقدس فيهم	١

راجع بطاقة الذاكرة لديك لفقرة الحفظ. ٤

إذا كانت فقرة الحفظ صحيحة تماماً، أعط ٤ درجات لكل آية.

(أخصم درجة واحدة عن كل خطأ في كل آية. وإن كان لديك أكثر من ٣ أخطاء لا تسجل أي نقاط أمام تلك الآية).

المجموع ٤٨

٢٤ إجابة صحيحة = ٥٠ ٪

٣٤ إجابة صحيحة = ٧٠ ٪

٣٨ إجابة صحيحة = ٨٠ ٪

>> الفشل والفداء
ملاحظات على الإجابات الصحيحة - الدرس رقم ١٣

(تنطبق الأرقام المكتوبة في هذه الصفحة على الأرقام المكتوبة في صفحة الإجابات الصحيحة)

١ - ٢: كان الله يعرف أن بني إسرائيل سوف ينقضون عهده حتى قبل أن يقطع معهم ذلك العهد، وقد أعد أيضاً طريقة يمكنهم بها أن ينالوا الغفران والاسترداد.

٣: كان الاتجاه الخاطئ لبنى إسرائيل هو الجذر الحقيقي لأفعالهم الخاطئة وهو السير بخلاف مع الله وتقول ترجمة أخري "السلوك بعداء تجاه الله (لو ٢١: ٢٦).

٤ -٥: النتائج الشريرة التي حلت على بني إسرائيل تجدها بصورة دقيقة مسجلة جزئياً في الكتاب المقدس، وأيضاً في كتابات المؤرخ يوسيفوس، كما إستمر تسجيلها في التاريخ الحديث.

٦ -٨: يمكن أن يتم تلخيص الخطايا التي أعترف* بها دانيال في كلمة واحدة وهي التمرد.

٩: حذر الله بني إسرائيل أنه سيعاقب جميع أعمالهم الشريرة إلا أنه وعدهم أيضاً بأنه لن يرفضهم نهائياً عن أن يكونوا شعبه. (قارن إرميا ٣٣: ٢٣ -٢٦).

١٠: سوف يظل الله أميناً لعهده حتى إن كان شعبه غير أمناء. (قارن مزمور٨٩: ٣٤).

١١ - ١٤: يتلخص علاج الله لفشل بني إسرائيل في كلمة واحدة وهي: الخلاص*،

ولا يمكن سوى لله وحده أن يكون مُخلصاً دون أن يتعارض ذلك مع قداسته.

١٥ -١٦: أن خلاص* الله كامل إلى الدرجة التي تجعل الله يمحو خطايانا حتى لا يعود يذكرها ثانية.

١٧: يقدم الله في **رحمته** الفادي لإسرائيل، إلا أنهم يجب أن يتجاوب مع ذلك بأن يرجعوا عن آثامهم*.

١٨ -٢٠: يُحضر هذا الفادي معه ثلاثة بركات وهي: الخلاص*، والمكافأة، والتعويض*.

٢١: يشمل الخلاص* كل من التطهير والصفح.

٢٢: كان قصد الله منذ البدء أن يكون بني إسرائيل بركة لباقي الأمم وأن يعلن الله قداسته بواسطتهم.

الدرس رقم ١٤

<< وصف يسوع المسيح (الجزء الأول)

مقدمة:

عرف الله مسبقاً أن شعب إسرائيل سوف يحيد عنه نحو الخطية وسوف يفشل في تحقيق القصد الإلهي، إلا أن الله في رحمته وعد بأن يرسل لهم **فاديًا** من نسل داود، وسوف يكون هذا الفادي ممسوحاً بروح الله القدوس مثل داود، ولهذا السبب سوف يسمي **"المسيا"** (الممسوح)، ويعني اسم **"المسيح"** الوارد في العهد الجديد نفس المعني الذي يحمله اسم **"المسيا"** في العهد القديم، ومجيء المسيا هو الموضوع المحوري للعهد القديم. ("يسمي العهد القديم تاناش Tanach باللغة العبرية) ويصف أنبياء العهد القديم كل التفاصيل الخاصة بمجيئه وأعماله بطريقة غاية في الدقة.

وقد كتب اليهود الذين آمنوا بهذه الوعود في القرن الأول عن هذا الشخص الذي تحققت فيه هذه الوعود، والذين عرفوه **"بالمسيا"**، لقد جُمعت كتاباتهم في العهد الجديد.

وترتبط أسئلة هذه الدراسة بأجزاء من العهدين العهد القديم والعهد الجديد.

فقرة الحفظ: (ملاخي ٣ : ١)

ضع علامة هنا بعد حفظك لهذه الآية. ☐

(راجع يومياً آيات من دروس سابقة)

أسئلة الدراسة

أ. سلسلة نسب المسيا

١- من الذي وعده الله بنسل خاص؟ (تك ٢٢: ١٥ - ١٨)

....

٢- ماذا وعد الله أن يهب لكل الأمم، من خلال هذا النسل؟ (تك ٢٢: ١٨)

....

٣- هل جاء يسوع من هذا النسل؟ (مت١: ١)

....

٤- ما الذي يهبه يسوع الآن للأمم*؟ (غل ٣: ١٣ - ١٤)

....

٥- من أي من ابنِّي إبراهيم كان الوعد بمجئ هذا النسل؟ (تك ١٧: ١٩، ٢١)

....

٦- هل جاء يسوع من نسل إسحق؟ (مت ١: ٢)

....

٧- لأي من ابنّيه نقل إسحق بركة إبراهيم؟ (تك ٢٨: ١ - ٤)

....

٨- هل أمتدت هذه البركة لأحفاد هذا الأبن؟ (تك ٢٨: ٤)

....

٩- هل جاء يسوع من نسل يعقوب؟ (لو ٣: ٣٤)

....

١٠- من أي أسباط بني إسرائيل كان الرئيس (المسيا) سيأتي؟ (تك ٤٩: ١٠)

....

١١- من أي سبط جاء يسوع؟ (لو ٣: ٣٣)

....

١٢- من أي ملوك بني إسرائيل كان سيأتي المسيّا؟ (مز ٨٩: ٣٥ - ٣٦)

(إش ٩: ٦ - ٧)

....

١٣- هل جاء يسوع من نسل هذا الملك؟ (مت ١: ٦ - ١٦)

....

ب. ميلاد المسيا

١٤- أين كان يجب أن يولد المسيا؟ (مي ٥: ٢)

....

١٥- أين ولد يسوع؟ (مت ٢: ١) (لو ٢: ٤ - ٧)

....

١٦- ما هو الأمر الفريد الذي كان مرتبطاً بمولد المسيا؟ (إش ٧: ١٤)

....

١٧- ما هو الأمر الفريد الذي أرتبط بميلاد يسوع؟ (مت ١: ١٨ ، ٢٢ - ٢٣)

(لو ١: ٢٦ - ٣٥)

....

١٨- هل قدم دانيال طريقة لحساب زمن مجيء المسيا؟ (دا ٩: ٢٥ - ٢٦)

....

١٩- كم مضـــى من الوقت بين صـــدور الأمر الملكي بإعادة بناء أورشـــليم وبين مجيء المسيا؟ (دا ٩: ٢٥)

....

٢٠- هل جاء يسوع في الوقت الذي تنبأ به دانيال؟

....

جـ. خدمة المسيا

٢١- هل كان يجب أن يسبق مجئ المسيا أي رسول؟ (ملا ٣: ١)

....

٢٢- ماذا كانت مهمة هذا الرسول؟ (ملا ٣: ١)

....

٢٣- من هو الرسول الذي سبق مجئ يسوع؟ (مت ٣: ١ - ٣) (مت ١١: ٧ - ١٠)

....

٢٤- ماذا كانت مهمة هذا الرسول؟ (مت ٣: ١- ٣) (مت ١١: ٧ - ١٠) (لو ١: ٧٦)

....

٢٥- لماذا كان من اللازم أن يأتي الرب كرسول؟ (ملا ٣: ١)

....

٢٦- هل وعد الله بإقامة عهدٍ جديدٍ لبني إسرائيل؟ (إر ٣١: ٣١ - ٣٤)

....

٢٧- هل يقدم هذا العهد غفراناً كاملاً للخطايا؟ (إر ٣١: ٣٤)

....

٢٨- هل جاء يسوع وسيطاً لهذا العهد؟ (عب ٩: ١٣ - ١٥)

....

٢٩- ما الذي رآه يوحنا المعمدان نازلاً على يسوع على هيئة حمامة؟

(يو ١: ٢٩ - ٣٣)

....

٣٠- قدم إشعياء وصفاً لرجُلٍ ممسوحٍ بالروح القدس، أذكر أربعة أشياء سوف تمكنه هذه المسحة من عملها؟ (إش ٦١: ١)

(١) ....

(٢) ....

(٣) ....

(٤) ....

٣١- بعد قراءة يسوع لهذه الكلمات في المجمع، ماذا قال عن نفسه؟

(لو ٤: ١٦ - ٢١)

....

٣٢- بماذا مسح الله يسوع الناصري؟ (أع ١٠: ٣٨)

....

٣٣- أذكر أمرين مكنت هذه المسحة يسوع من عملهما؟ (أع ١٠: ٣٨)

(١) ....

(٢) ....

٣٤- تنبأ إشعياء أن الله سوف يأتي ليخلص بني إسرائيل ويأتي بالشفاء لأربعة أنواع من المرض، أذكر هذه الأربعة أنواع. (إش٣٥: ٤ - ٦)

(١) ....

(٢) ....

(٣) ....

(٤) ....

٣٥- أذكر أربعة أنواع من الأمراض شفاها يسوع. (مر٧: ٣٢ - ٣٧)

(مر ٨: ٢٢ - ٢٥)، (يو٥: ٥ - ٩)، (مت ٩: ٣٢ - ٣٣)

(١) ....

(٢) ....

(٣) ....

(٤) ....

٣٦ - ذكرت النبوات حيوانًا سيركبه المسيّا عند دخوله إلى أورشليم، فما هو؟

(زك ٩: ٩)

....

٣٧- على أي حيوان (أو حيوانات) أركب التلاميذ يسوع في دخوله إلى أورشليم؟

(مت٢١: ٦ - ١١) (مر ١١: ١- ١١)

....

فقرة الحفظ: (ملاخي ٣: ١)

أكتب هذه الآية من الذاكرة.

....

....

....

....

لا تنتقل إلى الصفحة التالية حتى تستكمل الإجابة على جميع أسئلة هذا الدرس.

>> وصف يسوع المسيح
الإجابات الصحيحة والدرجات -الدرس رقم ١٤

السؤال	الإجابات	النقاط
١	لإبراهيم	١
٢	البركة	١
٣	نعم	١
٤	بركة إبراهيم	١
٥	إسحق	١
٦	نعم	١
٧	يعقوب	١
٨	نعم	١
٩	نعم	١
١٠	يهوذا	١
١١	يهوذا	١
١٢	داود	١
١٣	نعم	١
١٤	بيت لحم التي ليهوذا	١
١٥	بيت لحم التي ليهوذا	١
١٦	كان يجب أن يولد من عذراء	١
١٧	ولد من عذراء	١
١٨	نعم	١
١٩	عدد ٦٩ أسبوع (٤٨٣ سنة يهودية)	١

٢٠	نعم	١
٢١	نعم	١
٢٢	ليعد الطريق أمام المسيا	١
٢٣	يوحنا المعمدان	١
٢٤	ليعد الطريق أمام يسوع	١
٢٥	العهد	١
٢٦	نعم	١
٢٧	نعم	١
٢٨	نعم	١
٢٩	الروح القدس	١
٣٠	(١) ليبشر المساكين (٢) ليشفي منكسري القلب (٣) لينادي للمسبيين بالعتق (٤) لينادي للمأسورين بالإطلاق	١ ١ ١ ١
٣١	اليوم قد تم هذا المكتوب في مسامعكم	١
٣٢	بالروح القدس والقوة	١
٣٣	(١) أن يجول يصنع خيراً (٢) يشفي جميع المتسلط* عليهم إبليس	١ ١
٣٤	(١) العمى (٢) الصمم (٣) العَرَج (٤) البكم (الخَرس)	١ ١ ١ ١
٣٥	(١) العمى	١
	(٢) الصمم	١

	(٣) العَرَج	١
	(٤) البكم (الخَرس)	١
٣٦	على أتان (حمار) وعلى جحش ابن أتان	١
٣٧	على أتان (حمار) وعلى جحش ابن أتان	١

راجع بطاقة الذاكرة لديك لفقرة الحفظ.

إذا كانت فقرة الحفظ صحيحة تماماً، أعط ٤ درجات لكل آية. ٤

(أخصم درجة واحدة عن كل خطأ في كل آية. وإن كان لديك أكثر من ٣ أخطاء لا تسجل أي نقاط أمام تلك الآية).

المجموع ٥١

٢٦ إجابة صحيحة = ٥٠ ٪

٣٦ إجابة صحيحة = ٧٠ ٪

٤١ إجابة صحيحة = ٨٠ ٪

>> وصف يسوع المسيح
ملاحظات على الإجابات الصحيحة -الدرس رقم ١٤

(تنطبق الأرقام المكتوبة في هذه الصـــفحة على الأرقام المكتوبة في صـــفحة الإجابات الصحيحة)

١ - ٦: وعد الله إبراهيم بأن يعطيه نسلاً من خلال إسحق، وبهذا النسل سوف تتبارك كل الأمم، وقد كان **يسوع المسيا** الذي جاء من نسل إبراهيم من خلال إسحق هو النسل الذي تحقق به الوعد بالبركة لجميع الأمم.
(أنظر غلاطية ٣: ١٦)

٧ -٩: أنتقل الوعد بالنسـل الذي سـيأتي بالبركة للأمم إلى يعقوب، لذا فقد كان لابد أن يأتي المسيا من سلسلة نسب الشعب اليهودي.

١٠ -١٣: قَصَـد الله أن الملك لبني إسـرائيل يجب أن يأتي من سـبط يهوذا، وقد تحقق هذا أولاً في داود، ثم في يسوع الذي جاء من نسل يهوذا.

١ -١٣: لم يستطع أحد أن يطعن في سلسلة نسب يسوع أو أنتسابه إلى داود طوال حياته على الأرض، وقد دُمِرت جميع سجلات أنساب بني إسرائيل عندما تم تدمير الهيكل الثاني في عام ٧٠ ميلادية، لذا فقد أصـبح من مسـتحيل لأي شخص وُلِد بعد هذا التاريخ أن يثبت ادعاؤه أنه المسيا. وفي سلسلة نسب يسوع المسـجلة في لوقا قال: أن يسـوع هو **"وَكَانَ مَعْرُوفاً أَنَّهُ ابْنُ يُوسُـفَ"** (أنظر لوقا ٣: ٢٣).

١٤ -١٥: كان قادة اليهود المتدينون في زمن ميلاد يسـوع يتوقعون أن يولد المسيا في بيت لحم التي ليهوذا. (أنظر متى ٢: ١ - ٦).

١٦ -١٧: لاحـظ الأسـباب التالية لترجمـة كلمـة "almah" فـي

هذه الفقرة إلى "عذراء" (إش ٧: ١٤): (١) قام كُتّاب الترجمة السبعينية اليهود بترجمتها إلى "parthenos" وهي الكلمة اليونانية الدقيقة لكلمة "عذراء" (٢) لم تذكر أي من نبوات العهد القديم "Tanach" أباً بشرياً للمسيا فلم تذكر له إلا الأم (أنظر إش٤٩: ١، ٥)، (مز ٢٢: ٩). (٣) تصف كلمة "almah": السيدة الصغيرة التي لم تتزوج بعد مما ينطبق تماماً على العذراء مريم. (٤) في العهد القديم "Tanach" لا تستخدم كلمة "almah" إلا للحديث عن عذراء (أنظر تكوين ٢٤: ٤٣، خروج ٢: ٨). (٥) تُستخدم الكلمة العبرية البديلة "Bethulah" المذكورة في (يوئيل١: ٨) تشير لإمرأة كان لديها زوج، وفضلا عن ذلك فكلمة "Bethulah" تُستخدم أحياناً لوصف إحدى الأمم (انظر إشعياء ٢٣: ١٢؛ ٤٧: ١)، (إر١٨: ١٣؛ ٣١: ٤، ٢١)

١٨ -٢٠: طبقاً للمكتوب في (دانيال٩: ٢٥ - ٢٦): يجب أن يأتي "المسيا" ثم يُقطع بعد ٦٩ أسبوعاً (حرفياً سبعات) من السنين، وحيث أن السنة اليهودية هي ما يعادل ٣٦٠ يوماً فسوف يصبح العدد الفعلي للسنين تبعاً للتاريخ الغربي حوالي ٤٧٧ سنة وقد صدر المرسوم الملكي لإسترداد أورشليم في عهد "أرتاكسيركسز" (Artaxerxes) ملك فارس، حوالي سنة ٤٤٥ قبل الميلاد، ويقدم لنا هذا سنة ٣٢ بعد الميلاد لمجيء المسيا، وقد دخل يسوع إلى أورشليم ذلك الدخول المبهج تقريباً في ذلك الوقت، ثم بعد ذلك بفترة قصيرة "قُطع"، وقد دمر "شعب رئيس آتٍ" وهو الجيوش الرومانية تحت قيادة "القائد الروماني تيطوس" أورشليم في سنة ٧٠ بعد الميلاد.

٢٥ -٢٨: كان للعهد الجديد الذي وعد به الله في (إرميا ٣١: ٣١ - ٣٤) ثلاث خصائص وهي:

(١) طبيعة جديدة داخليًا (**"اجعل شريعتي في داخلهم وأكتبها على قلوبهم"**).

(٢) علاقة شخصية مع الله (**"لأنهم كلهم سيعرفونني"**).

(٣) غفران الخطايا (**"لأني أصفح عن إثمهم ولا أذكر خطيتهم بعد"**)

وقد أشتمل **العهد الذي أسسه يسوع** على جميع هذه الخصائص، وأيضاً في (حزقيال ١٦: ٥٩ - ٦٠) أتهم الله إسرائيل بكسر العهد الأول ولكنه وعدهم بإستبداله بعهد أبدي.

٢٩-٣٥: حل الروح القدس على يسوع وأعطاه العلامة المميزة بأنه المسيا المنتظر حسب الوعد، وقد جعله هذا قادراً على أن يكون المحرر لشعب الله من كل من الخطية والمرض.

٣٤-٣٥: أكدت معجزات الشفاء التي فعلها يسوع على **شخصيته** بأنه المسيا.

٣٦-٣٧: كان من المألوف لأي ملك أن يركب على حمار (أنظر ١مل ١: ٣٣ - ٣٤)

الدرس رقم ١٥

<< وصف يسوع المسيح (الجزء الثاني)

مقدمة:

كتب بطرسُ الرسول عن أنبياء العهد القديم معلنًا أن روح المسيح الذي فيهم تنبأ عن الآم المسيح وعن الأمجاد التي بعدها (١بط ١: ١٠ - ١١)، لقد تحدث هؤلاء الأنبياء عن بعض الأحداث التي لم تحدث في زمانهم فعلياً إلا أنها تحققت لاحقاً في حياة يسوع. فقد وصفوا أولاً الآم المسيح (المسيا) ثم المجد الأبدي* الذي سيناله، وقد جاءت مثل هذه النبوات بصورة متكررة في مزامير داود وفي سفر إشعياء، ويشمل هذا الدرس أمثلة متنوعة من هذه النبوات.

فقرة الحفظ: (إشعياء ٥٣: ٤ - ٥)

ضع علامةً هنا بعد حفظك لهاتين الآيتين. ☐

(راجع يومياً آيات من دروس سابقة)

أسئلة الدراسة

د. آلام المسيا

٣٨- هل كان المسيا سَيُقبَل من شعبه الخاص أم سَيُرفض؟ (إش ٥٣: ١ - ٣)

....

٣٩- هل قبلت الأمة الإسرائيلية يسوع أم رفضته؟ (يو ١: ١١) (يو ١٢: ٣٧ - ٣٨)

....

٤٠- بأي نوع من البشر كانت ستتم خيانة المسيا؟ (مز ٤١: ٩)

....

٤١- من الذي خان يسوع؟ (مر ١٤: ١٠)

....

٤٢- هل كان هذا الشخص صديق يسوع؟ (مت ٢٦: ٤٧، ٥٠)

....

٤٣- ماذا كان الثمن لخيانة يسوع؟ (زك ١١: ١٢)

....

٤٤- ما هو الثمن الذي قبضه الخائن ليسوع؟ (مت ٢٦: ١٥)

....

٤٥- ما الذي كان سيُفعَل بالمال المدفوع لخيانة المسيا؟ (زك ١١: ١٣)

....

٤٦- ما الذي تم عمله بالمال المدفوع لخيانة يسوع؟ (مت ٢٧: ٣٧)

....

٤٧- هل كان المسيا سيدافع عن نفسه أمام متهميه؟ (إش ٥٣: ٧)

....

٤٨- كيف كان رد فعل يسوع نحو متهميه؟ (مت٢٦: ٦٢ -٦٣)

(مت ٢٧: ١٢ - ١٤)

....

٤٩- هل كان المسيا سيُضرَب ويُبصَق عليه؟ (إش ٥٠: ٦)

....

٥٠- أذكر طريقتين عاني بهما يسوع على أيدي مضطهديه*؟ (مر ١٤: ٦٥)،

(يو ١٩: ١)

(١) ....

(٢) ....

٥١- ما هي نوعية الأشخاص الذين كانوا سيحكم عليهم مع المسيا؟

(إش ٥٣: ١٢)

....

٥٢- من هما الرجلان اللذان صُلبا مع يسوع؟ (مت ٢٧: ٣٨)

(١) ....

(٢) ....

٥٣- أذكر الموضعين من جسد المسيا اللذان كانا سيتعرضان للثقب؟

(مز ٢٢: ١٦)

(١) ....

(٢) ....

٥٤- هل ثُقِبت يدا يسوع ورجلاه؟ (لو ٢٤: ٣٩ - ٤٠) (يو ٢٠: ٢٥ - ٢٧)

....

٥٥- ماذا كان سيحدث لثياب المسيا وردائه؟ (مز ٢٢: ١٨)

....

٥٦- ما الذي فعله الجنود الرومان بثياب يسوع وقميصه؟ (يو ١٩: ٢٣ - ٢٤)

....

٥٧- ما الذي كان سيعطوه للمسيا لكي يشربه؟ (مز ٦٩: ٢١)

....

٥٨- ما الذي أعطوه ليسوع لكي يشربه؟ (يو ١٩: ٢٩)

....

٥٩- ماذا كان يجب ألا يحدث لعظام المسيا؟ (مز ٣٤: ١٩ - ٢٠)

....

٦٠- هل كُسِرت عظام يسوع؟ (يو ١٩: ٣٣ ، ٣٦)

....

٦١- ما الذي كان سيضعه الرب على المسيا؟ (إش ٥٣: ٦)

....

٦٢- ما الذي كان سيحدث للمسيا نتيجة لذلك؟ (إش ٥٣: ٨)

....

٦٣- ما الذي حمله يسوع على الصليب؟ (١بط ٢: ٢٤)

....

٦٤- ما الذي حدث ليسوع نتيجة لذلك؟ (١بط ٣: ١٨)

....

٦٥- لأيٍّ طبقة كان ينتمي صاحب القبر الذي كان سيدفن فيه المسيّا؟

(إش ٥٣: ٩)

....

٦٦- في قبر من دُفِن يسوع؟ (مت ٢٧: ٥٧ - ٦٠)

....

٦٧- كيف يوصف هذا الشخص؟ (مت ٢٧: ٥٧)

....

هـ. نصرة المسيا على الموت

٦٨- بعد أن أصبحت نفس المسيا ذبيحة إثم، ما هي الثلاث أمور التي وُعِدّ بها؟

(إش ٥٣: ١٠)

(١) ....

(٢) ....

(٣) ....

٦٩- هل كانت ستحقق هذه الوعود إن ظل المسيا ميتاً؟

....

٧٠- ما هما الأمران اللذان وعد الله بهما قدوسه؟ (مز ١٦: ١٠)

(١) ....

(٢) ....

٧١- هل تحقق هذان الأمران في حياة داود؟ (١مل ٢: ١٠) (أع ٢: ٢٩)

....

٧٢- في حياة من تحقق هذين الوعدين؟ (أع ٢: ٣٠ - ٣٢)

....

٧٣- في أي موضع من السلطان وعد الله المسيّا أن يعطيه؟ (مز ١١٠: ١)

....

٧٤- هل كان هذا سيتحقق إذا ما ظل يعيش على الأرض؟

....

٧٥- في أي موضع من السلطان رَفّع الله يسوع؟ (أع ٢: ٣٣ - ٣٦)

....

٧٦- حتى متى ينبغي ليسوع أن يبقى في السماء؟ (أع ٣: ١٩ - ٢١)

....

٧٧- كيف سيأتي المسيا لتأسيس ملكوته؟ (دا ٧: ١٣)

....

٧٨- كيف سيعود يسوع من السماء؟ (مت ٢٦: ٦٣ - ٦٤)

....

٧٩- على أي الجبال ستقف قدما المسيا؟ (زك ١٤: ٤)

....

٨٠- إلى أي جبل سيعود يسوع؟ (أع ١: ٩ - ١٢)

....

فقرة الحفظ: (إشعياء ٥٣: ٤ - ٥)

أكتب هاتين الآيتين من الذاكرة.

....

....

....

....

لا تنتقل إلى الصفحة التالية حتى تستكمل الإجابة على جميع أسئلة هذا الدرس

>> وصف يسوع المسيح (الجزء الثاني)
الإجابات الصحيحة والدرجات -الدرس رقم ١٥

السؤال	الإجابات	النقاط
٣٨	كان يجب أن يكون مرفوضاً	١
٣٩	رفضوه	١
٤٠	صديق حميم (أو مقرب له)	١
٤١	يهوذا الإسخريوطي	١
٤٢	نعم	١
٤٣	ثلاثون من الفضة	١
٤٤	ثلاثون من الفضة	١
٤٥	كان يجب أن تلقى إلى الفخاري في بيت الرب	٢
٤٦	ألقيت في الهيكل واستخدمت في شراء حقل الفخاري	٢
٤٧	لا	١
٤٨	ظل صامتاً	١
٤٩	نعم	١
٥٠	ضُرِب وبُصِق عليه	٢
٥١	مذنبون*	١
٥٢	إثنان من اللصوص (مذنبان*)	١
٥٣	يداه ورجلاه	٢
٥٤	نعم	١
٥٥	كان يجب أن يُقَسّموا وتلقى عليهم القرعة	٢

٥٦	قسموا ثيابه وألقوا قرعة على ردائه	٢
٥٧	الخل	١
٥٨	خمر مر	١
٥٩	لا يمكن أن تنكسر	١
٦٠	لا	١
٦١	إثم جميعنا	١
٦٢	يُقطع من أرض الأحياء	٢
٦٣	خطايانا	١
٦٤	وُضِع للموت	١
٦٥	رجل غنى	١
٦٦	يوسف الرامي	١
٦٧	رجل غنى	١
٦٨	(١) يرى نسلاً له (٢) تطول أيامه (٣) مسرة الرب بيده تنجد	١ ١ ١
٦٩	لا	١
٧٠	(١) لا يترك نفسه في الهاوية (٢) لا يدعه يرى فساداً	١ ١
٧١	لا	١
٧٢	خبرة يسوع	١
٧٣	أن يجلس على يمين الله	١
٧٤	لا	١
٧٥	يمين الله	١
٧٦	وقت استرداد كل شيء	١

٧٧	يأتي مع سحاب السماء	١
٧٨	يأتي على سحاب السماء	١
٧٩	جبل الزيتون	١
٨٠	جبل الزيتون	١

راجع بطاقة الذاكرة لديك لفقرة الحفظ.

إذا كانت فقرة الحفظ صحيحة تمـاماً، أعط ٤ درجات لكل آية. ٨

(أخصم درجة واحدة عن كل خطأ في كل آية. وإن كان لديك أكثر من ٣ أخطاء لا تسجل أي نقاط أمام تلك الآية).

المجموع ٥٣

٣١ إجابة صحيحة = ٥٠ ٪

٤٣ إجابة صحيحة = ٧٠ ٪

٤٩ إجابة صحيحة = ٨٠ ٪

>> وصف يسوع المسيح (الجزء الثاني)
ملاحظات على الإجابات الصحيحة -الدرس رقم ١٥

(تنطبق الأرقام المكتوبة في هذه الصـــفحة على الأرقام المكتوبة في صـــفحة الإجابات الصحيحة)

٣٨، ٤٧، ٥١، ٦١، ٦٥،٦٢، ٦٨: إشـــــعياء ٥٢: ١٣ و٥٣: ١٢ هما من النبوات العظيمة في العهد القديم التي تتكلم عن المسيا، وهما تصفان عبد (خادم) الرب الذي رُفِض من شـــعبه مع أنه في ذاته بلا خطية، والذي تحمل عقوبة الموت من أجل آثامهم، وقد بذل المفســـرون اليهود جهداً ليُعرفوا كلمة "العبد" (الخادم) الذي ذكره (إشـــعياء ٥٢: ١٣) بأنه هو شـــعب الله، الذي عاني على يد الأمم الأخرى، إلا أن هذا التفسير لا يمكن أن يكون مقبولاً للأسباب التالية:

١. كانت صـــورة "العبد" (الخادم) الموصـــوف هنا غير مذنب بأي عنف أو خداع، (أنظر إشعياء٥٣: ٩) ولا ينطبق هذا على الشعب اليهودي.

٢. جُرح ذلك "العبد" (الخادم) لأجل ذنوب* الآخرين، (انظر الآيات ٤ -٦) أما معاناة شعب إسرائيل فقد سببتها خطاياهم كما سبق موسى وحذرهم. (أنظر لاويين ٢٦: ١٤- ٤٣).

٣. بالمعرفة الشخصية لهذا "العبد" (الخادم) (الذي حمل آثام الآخرين على نفســـه) ســـوف يتبرر* الكثيرين أمام الله، ولن يتحقق هذا إلا بالإيمان* الشخصي بالمسيا. (انظر رومية ٣: ٢١ - ٢٤).

٣٩: رفضت الأمة الإسرائيلية يسوع، إلا أنه كان هناك بقية منهم قد تبعوه، فقد تكونت أول جماعة من المؤمنين أساساً من اليهود المنتظرين للمسيّا.

٥٩-٦٠: لم يكن من الممكن أن تُكسَر أي من عظام خروف الفصح الذي أحتمي

بدمائه بني إسرائيل من الملاك المهلك (خر١٢: ٤٦)، وكذلك أيضاً لم يكن من الممكن ليسوع كحمل الله الـمُقَدَم ذبيحة أن تنكسر أي من عظامه (يو ١: ٢٩)، (١كو ٥: ٧).

٦١- ٦٤: عندما يضع رئيس الكهنة خطايا الشعب على التيس المطلق في يوم الكفارة من كل عام فهو بذلك يتنبأ عن ذبيحة يسوع (لا ١٦: ٢١- ٢٢)، فقط دم الذبيحة هو الذي يصنع كفارة للخطايا (لا ١٧: ١١)، وبذلك لم يحمل يسوع خطايا الشعب فحسب بل **سفك دمه** أيضاً ليصنع بذلك كفارة **كاملة ونهائية إلى الأبد**. (عب ٩: ١٣- ٢٢).

٦٨- ٧٢: كانت قيامة* يسوع من الأموات هي برهان الله له بأنه **المسيا والرب** (رو١: ٣ -٤)

٧٣- ٧٥: لم يقم يسوع من الأموات فحسب بل أنه أرتفع إلى الله الآب في السماء، ويمثِّلُ يمين الله **مركز كل سلطان وقوة في العالم**، قد أخذ يسوع مكانه هناك متسلطاً في وسط أعدائه إلى أن يخضع الكل لسلطانه. (أنظر مز ١١٠: ٢).

٧٦: وعد الله بزمنٍ للتعويض في نهاية هذا الجيل، ويتركز هذا في استرداد شعب إسرائيل وتبلغ قمته عند مجيء المسيا في المجد. (أنظر مزمور ١٠٢: ١٦).

٧٧ - ٨٠: النبوات التي تخبر بعودة المسيا في مجد، أكثر بكثير في العدد من تلك التي تخبر عن مجيئه الأول في بشريته بإتضاع.

الدرس رقم ١٦

<< نبي مثل موسى

مقدمة:

أرسل الله وعوده إلى بني إسرائيل من خلال موسى في (تثنية ١٨: ١٨ - ١٩): **"أقيم لهم نبياً من وسط أخوتهم مثلك وأجعل كلامي في فمه فيكلمهم بكل ما أوصيه به ويكون أن الإنسان الذي لا يسمع لكلامي الذي يتكلم باسمي أنا أطالبه".**

وقد أعلنت تلك الكلمات التي قالها موسى عن ثلاث حقائق وهي:

أولاً: يصف موسى هنا نبياً معيناً وعد الله أن يرسله لبني إسرائيل في المستقبل، وقد استخدم موسى صيغة المفرد على مدار هذا الوعد فقال: **"نبياً"** و**"فمه"** و**"فيكلمهم"**، ولا يمكن أن تصف هذه الكلمات بشكل عام الأنبياء الذين جاءوا لاحقاً في إسرائيل، فلابد أن هذه الكلمات تشير إلى نبيٍ بعينه.

ثانياً: كان يجب أن يكون لهذا الشخص **سلطان فريد** عن جميع من سبقوه، فإن رفض أي إنسان أن يسمع له سوف يأتي الله عليه بقضاء*.

ثالثاً: كان يجب أن يشبه هذا الشخص موسى في أمور ستميزه عن سائر الأنبياء الذين سيأتون في أي وقت لشعب إسرائيل.

أقتبس الرسول بطرس هذه الكلمات التي قالها موسى وطبقها مباشرة على يسوع الناصري في (أعمال ٣: ٢٢ - ٢٦)، وتُظهِر المقارنة الدقيقة للعهد القديم والعهد

الجديد بطريقة عظيمة نقاط التشـــابه بين موســـى والرب يســـوع في أكثر من عشرين صفة مميزة. ويمكن تقسيم الأسئلة التالية والتي تتناول أوجه التشابه بين موســـى والرب يســـوع وفقاً لثلاث عناوين رئيســـية وهي: الطفولة والخبرات الشخصية والخدمة.

فقرة الحفظ: (تثنية ١٨: ١٨)

ضع علامة هنا بعد حفظك لهذه الآية. ☐

(راجع يومياً آيات من دروس سابقة)

أسئلة الدراسة

أ. طفولتهما

١- أذكر اسم الأمبراطور الأممي الذي فرض سيادته على بني إسرائيل في زمن ميلاد كلٍّ من موسى والرب؟ (خر ١: ٨ - ١٤) (لو ٢: ١- ٧)

موسى (١) ....

الرب يسوع (٢) ....

٢- كيف تعرضت حياة كل من موسى ويسوع للخطر في طفولتهما؟

(خر ١: ١٥ - ١٦) (مت ٢: ١٦)

....

٣- من الذي عمل على إنقاذ حياة كل منهما؟ (خر ٢: ١ - ٥) (عب ١١: ٢٣)

(مت ٢: ١٣ - ١٤)

....

٤- في أي الشعوب وجد كل منهما ملجأ له لفترة من الزمن؟ (خر ٢: ١٠)

(مت ٢: ١٤ - ١٥)

....

٥- ما هي القدرات الذهنية التي أظهرها كل منهما؟ (أع ٧: ٢٢)

(لو ٢: ٤٦- ٤٧) (مت ١٣: ٥٤)

....

ب. خبراتهما الشخصية

٦- أذكر أثنين من السمات الشخصية المشتركة لكلا الرجلين؟ (عد ١٢: ٣، ٧) (مت ١١: ٢٩) (عب ٣: ١ -٦)

(١) ....

(٢) ....

٧- هل كانا كل منهما مقبولين دائماً من شعب إسرائيل؟ (خر ٢: ١٤؛ ٣٢: ١) (عد ١٦: ٤١) (يو ٧: ٥٢) (مت ٢٧: ٢١- ٢٢)

....

٨- كيف تعامل معهم إخوتهم وأخواتهم في بعض الأوقات؟ (عد ١٢: ١) (مر ٣: ٢١) (مت ١٣: ٥٤ - ٥٧) (يو ٧: ٣ - ٥)

....

٩- كيف كان رد فعل كل منهما أمام الله فيما يتعلق بخطية بني إسرائيل؟ (خر ٣٢: ٣١ - ٣٢)، (لو ٢٣: ٣٤)

....

١٠- كيف كان كلاهما على استعداد لعمل ما يرد غضب الله تجاه خطية الشعب؟ (خر ٣٢: ٣١ - ٣٢)، (لو ٢٣: ٣٤)

....

١١- ماذا فعل كلا منهما عند لحظة حاسمة في حياتهما؟

(خر ٣٤: ٢٨) (مت ٤: ٢)

....

١٢- هل تمتع كلٌ منهما بعلاقة حميمة مع الله؟ (عد ١٢: ٧ - ٨) (يو ١: ١٨)

(مت ١١: ٢٧)

....

١٣- لأي نوع من الأماكن ذهب كل منهما ليكون في شركة مع الله؟

(خر ٢٤: ١٢) (مت ١٧: ١، ٥)

....

١٤- هل كانا يأخذان أي من التلاميذ معهما؟ (خر ٢٤: ١٣) (مت ١٧: ١)

....

١٥- كيف كان تأثير هذه الخبرة على جسديهما؟ (خر ٣٤: ٢٩ - ٣٠)

(مت ١٧: ٢)

....

١٦- اذكر مناسبة واحدة على الأقل تكلم الله مع كل منهما بطريقة خاصة فيها؟

(خر ١٩: ١٩- ٢٠) (يو ١٢: ٢٨ - ٣٠)

....

١٧- ما هي المخلوقات الفائقة للطبيعة التي كانت تحرس الأماكن التي دفن بها

كلا منهما؟ (يه ٩) (مت ٢٨: ٢ - ٧)

....

ج. خدمتهما

١٨- أذكر نوعين آخرين من الخدمة بجانب النبوة قام بممارستها كلا الرجلين.

(١) (تث ٤: ١، ٥) (مت ٥: ١ - ٢) (يو ٣: ١ -٢)

....

(٢) (مز ٧٧: ٢٠) (إش ٦٣: ١١) (يو ١٠: ١١، ١٤، ١٧)

....

١٩- ما هو الحق الخاص والهام عن الله والذي كان كل منهما يعلنه لشعب الله؟

(خر ٣: ١٣ - ١٥) (يو ١٧: ٦)

....

٢٠- أي أنواع الطعام قدمه الله بصورة فائقة للطبيعة لشعبه عن طريق كلا منهما؟ (خر ١٦: ١٤ - ١٥) (مز ٧٨: ٢٤) (يو ٦: ٣٢ - ٣٣ ، ٥١)

....

٢١- من أي نوع من العبودية حرّر موسى بني إسرائيل؟ (خر ٣: ١٠) (تث ٦: ٢١)

....

٢٢- من أي نوع من العبودية حرّر يسوع هؤلاء الذين آمنوا به؟

(يو ٨: ٣١ -٣٦)

....

٢٣- كيف ساعد كلا منهما المرضي؟

(خر ١٥: ٢٥ - ٢٦) (عد ٢١: ٦- ٩) (مت ٤: ٢٣ ؛ ٨: ١٦- ١٧)

....

٢٤- هل تواجد أي نبي آخر فعل مثل تلك المعجزات التي عملاها؟

(تث ٣٤: ١٠ - ١٢) (يو ٥: ٣٦ ؛ ١٥: ٢٤) (أع ٢: ٢٢)

....

٢٥- ما الذي أسسه كلاً منهما بين الله وشعبه؟

(خر ٢٤: ٧ - ٨) (مت ٢٦: ٢٦ - ٢٨)

....

٢٦- بما خُتم هذا؟ (عب ٩: ١١- ٢٢)

....

فقرة الحفظ: (تثنية ١٨: ١٨)

أكتب هذه الآية من الذاكرة.

....

....

....

....

لا تنتقل إلى الصفحة التالية حتى تستكمل الإجابة على جميع أسئلة هذا الدرس.

>> نبي مثل موسى
الإجابات الصحيحة والدرجات -الدرس رقم ١٦

السؤال	الإجابات	النقاط
١	(١) فرعون (٢) أوغسطس قيصر	١ ١
٢	تم صدور حكم بالقتل على كلٍّ منهما من قِبلِ ملوك أشرار	١
٣	بأعمال والديهما	١
٤	شعب مصر	١
٥	حكمة وفهم بشكل فريد	١
٦	(١) الاتضاع (٢) الأمانة	١ ١
٧	لا	١
٨	انتقدوهما / رفضوهما	١
٩	كلاهما صلى لله لكي يغفر للشعب	١
١٠	كلاهما كان على استعداد أن يحمل عقاب الشعب	١
١١	كلاهما صام اربعين يوماً	١
١٢	نعم	١
١٣	جبل عال	١
١٤	نعم	١
١٥	وجهاهما كانا يلمعان	١
١٦	تكلم الله بصوت مسموع من السماء	١

١٧	ملائكة	١
١٨	(١) معلم	١
	(٢) راعى	١
١٩	اسم الله	١
٢٠	خبز من السماء	١
٢١	من العبودية لفرعون في مصر	١
٢٢	من العبودية للخطية	١
٢٣	قاما بشفائهم	١
٢٤	لا	١
٢٥	عهد	١
٢٦	دم الذبيحة (صلب يسوع)	١

راجع بطاقة الذاكرة لديك لفقرة الحفظ.

إذا كانت فقرة الحفظ صحيحة تماماً، إعط ٤ درجات لكل آية. ٤

(إخصم درجة واحدة عن كل خطأ في كل آية. وإن كان لديك أكثر من ٣ أخطاء لا تسجل أي نقاط أمام تلك الآية).

المجموع ٣٣

١٧ إجابة صحيحة = ٥٠ ٪

٢٣ إجابة صحيحة = ٧٠ ٪

٢٦ إجابة صحيحة = ٨٠ ٪

>> نبي مثل موسى
ملاحظات على الإجابات الصحيحة -الدرس رقم ١٦

(تنطبق الأرقام المكتوبة في هذه الصفحة على الأرقام المكتوبة في صفحة الإجابات الصحيحة)

١-٤: في كلا الحالتين سعي الشيطان العدو الخطير لشعب إسرائيل إلى القضاء على الشخص الذي عينه الله لتحريرهم قبل أن يتمم مهمته، وقد حُفِظ كلاهما بإيمان* وشجاعة والديهما.

٥: وهب الله كل من موسى ويسوع مواهب وقدرات ذهنية خاصة.

٦: لم يتكل كلاهما على قدراته الطبيعية بل على قدرة الله الفائقة للطبيعة.

٧ - ٨: قد تحرم الدوافع الخاطئة شعب الله من أن يميز ويقدر المخلص الذي أرسله لهم الله ليحررهم.

٩ - ١٠: كان كل من موسى ويسوع على استعداد لتحمل عقوبة الله للشعب إلا أن الله لم يقبل ذلك إلا من **يسوع وحده** لأنه الوحيد الذي بلا خطية (عب ٧: ٢٦- ٢٧).

١٢- ١٦: أعتمد كل من موسى ويسوع على الشركة الشخصية مع الله وظهرت نتيجة هذه الشركة بعدة طرق فريدة.

١٩: يُعلن اسم الله طبيعته، فقد أعلن الله عن ذاته من خلال موسى باعتباره الإله الأبدي* والإله الذي لا يتغير، وأعلن عن ذاته من خلال **يسوع** أنه **الآب**. (أنظر مت ١١: ٢٧، رو ٨: ١٥)

٢٠: كان المن الممنوح بواسطة موسى قادراً على الحفاظ على حياتهم الجسدية لفترة وقتية فقط، ولاحقاً هلك بعضاً منهم تحت قضاء* الله (أنظر عد ٢٢:١٤-٣٢،٢٣ ؛ ٢٦: ٦٣- ٦٥)، أما المقدم من خلال **يسوع** فينال المؤمنون به **حياة أبدية*** لن تفقد منهم. (أنظر يو ٦: ٤٧ - ٥١)

٢١-٢٢: كانت العبودية التي حرر منها موسى الشعب عبودية جسدية، أما العبودية التي يحرر منها **يسوع** المؤمن فهي **عبودية روحية**.

٢٥-٢٦: كسر بني إسرائيل العهد الأول الذي أقامه الله معهم، إلا أن الله وعد بأن يقطع معهم عهداً جديداً والذي سيمنحهم غفراناً لجميع خطاياهم (إر٣١: ٣١ - ٣٤)، وقد جاء **يسوع** لكي **يؤسس هذا العهد**.

الخاتمة

قدمت هذه الدراسة ستة وعشرين نقطة من نقاط التشابه الواضحة بين موسى ويسوع، ولقد كان من المستحيل العثور على أي نبي آخر ممن قاموا في شعب إسرائيل بإستثناء يسوع يمكن أن يشبه موسى ولو في بعض من كل هذه النقاط، لذلك فمن غير المعقول أن ننكر أن يسوع هو ذلك الشخص الذي كان موسى قد سبق وأخبر عنه الشعب في (تثنية ١٨: ١٨- ١٩)

وعلى الرغم من ذلك، فإن كان يسوع هو الشخص الذي سبق وأخبر عنه موسى، لذا فمن الأهمية القصوى لنا أن نعترف بهذه الحقيقة ونتصرف بموجبها، فقد قال الله في (تث ١٨: ١٩) **"وَيَكُونُ أَنَّ الإِنْسَانَ الَّذِي لاَ يَسْمَعُ لِكَلاَمِي الَّذِي يَتَكَلَّمُ بِهِ بِاسْمِي أَنَا أُطَالِبُهُ"**، إذاً فالأختيار هنا بين **دينونة الله** أو **التمتع ببركات الله؛** الدينونة إن رفضنا يسوع، والبركة إن إعترفنا به.

التقييم الثالث للتقدم

أهنئك ! .... مرة أخرى!

لقد انتهيت الآن من دراسة ست عشرة درس ولم يتبقَ إلا قسم واحد لكي تستكمله، فتأمل للحظة ماذا يعني ذلك!

يعني أنك بالقسم الذي انتهيت من دراسته للتو، قد قمت بإجراء تحليل لعددٍ من أكثر الموضوعات عمقاً وأهمية، بما يفوق الكثير من المؤلفات الأدبية في العالم ويشمل هذا:

- تاريخ ومصير بني إسرائيل.
- حياة وشخصيات ثلاثة من أعظم الرجال الذي ظهروا على مسرح التاريخ البشري وهم: إبراهيم، موسى، ويسوع.
- الموضوع المحوري لكل نبوات الكتاب المقدس وهو حياة المسيا الفادي وعمله.

وبعملك هذا تكون قد بحثت واكتشفت بنفسك في الكتاب المقدس عن الإجابات لحوالي مائتين من الأسئلة المحددة. كما أنك اختزنت في ذاكرتك ما يعادل ثلاثة وعشرين آية من الأسفار المقدسة.

تشجع! فلم يتبق إلا دروساً قليلة لإستكمال هذا المنهج الدراسي، ثم ستجد نفسك بعد ذلك مؤهلاً أكثر لكي تذهب وتتمتع بامتيازات معرفة الله في هذا العالم.

أما بخصوص القسم المتبقي، فسوف تقودك الدروس رقم ١٧، ١٨، ١٩ إلى أعظم حدث في تاريخ البشرية بعد صليب المسيح وهو المجيء الثاني ليسوع، وهنا سوف تجد عدد من العلامات التي تشير إلى مجيئه الثاني، ثم تجيب على الأسئلة المذكورة في المراجعة النهائية ثم آخر الكل يجمع لك الدرس رقم ٢٠ جميع الخيوط معاً في تطبيق شخصي.

واصل الدراسة!

فأنت تؤدي أداءاً جيداً!

المراجعة الثالثة

قبل أن تواصــل دراســتك للمادة الجديدة التي تقدمها الدراســات المتبقية ســوف تحتاج أن تتأكد من إنك قد استوعبت تماماً المادة الغنية التي شملتها الدروس من ١٢ إلى ١٦، فكلما كان فهمك لها بشــكل أفضــل، كلما أصــبحت قادراً على إستيعاب المادة الشيقة التي بإنتظارك. والطريقة المتبعة في هذه المراجعة الثالثة هي مثل الطريقتين السابقتين تماماً:

أولاً: أقرأ بعناية جميع أسـئلة الدروس الخمس السـابقة مع إجاباتهم الصـحيحة وتأكد أنك فهمت كل إجابة صحيحة.

ثانياً: قم بمراجعة كل من فقرات الكتاب المقدس التي شــملتها هذه الدروس الخمس والتي قمت بحفظها في ذاكرتك.

ثالثاً: أقرأ بعناية جميع الأسئلة التالية وتأمل كيف ستجيب عنها، فكل سؤال منها يرتبط بصورةٍ ما بالمادة التي قمت بدراستها.

١. أي من الدروس عن تاريخ شــعب بني إســرائيل يمكنك أن تقول انها مازالت تنطبق على بني إسرائيل والأمم الأخرى حتى الآن؟

٢. ما هي أعمال الرحمة التي تمكن يسوع من عملها بسبب مسحة الروح القدس عليه؟

٣. أذكر عشرة مواقف في حياة يسوع تحققت بها نبوات محددة في العهد القديم.

٤. أذكر عشر نقاط هامة للتشابه بين موسى ويسوع.

وأخيراً: أكتب إجاباتك الخاصة عن الأسئلة السابقة في ورقة منفصلة.

لا تخصص أي درجات لهذه المراجعة الثالثة، فالغرض منها هو مساعدتك على تدعيم كل ما قد درسته، وعندما تشعر بالرضا عن ما تم إنجازه، إنتقل إلى الصفحة التالية إلى الدرس رقم ١٧.

الجزء الرابع

المستقبل

الدرس رقم ١٧

>> المجيء الثاني للمسيح

مقدمة:

جاء يسوع المسيح في المرة الأولى إلى الأرض منذ أكثر من ألفّي عام، وقد أُخبرت نبوات الأسفار المقدسة مسبقاً عن تفاصيل مجيئه، لقد تمم بمجيئه الأول كل النبوات في الكتاب المقدس المتعلقة بذلك الحدث، وعندما ترك يسوع هذه الأرض ليعود إلى السماء، وعد تلاميذه بشكل محدد بأنه سيعود إلى الأرض مرة أخري. وبالإضافة إلى هذه المواعيد التي أعطاها يسوع نفسه، توجد نبوات كثيرة في الكتاب المقدس تتحدث عن المجيء الثاني ليسوع المسيا، وفي الواقع النبوات التي تتحدث عن المجيء الثاني أكثر من تلك التي وردت عن مجيئه الأول.

وبما أن النبوات عن مجيئه الأول قد تحققت بالضبط كما هو مكتوب، فمن المنطقي أن نؤمن أن النبوات التي تتحدث عن مجيئه الثاني سوف تتحقق بنفس الطريقة.

وتشمل فقرات الكتاب المقدس المذكورة في هذا الدرس المواعيد الواضحة عن عودة المسيح، وهي تخبرنا أيضاً عما سيحدث للمؤمنين في ذلك الوقت وكيف أن المؤمنين يجب أن يستعدوا من الآن.

فقرة الحفظ: (لوقا ٢١: ٣٦)

ضع علامة هنا بعد حفظك لهذه الآية. ☐

(راجع يومياً آيات من دروس سابقة)

أسئلة الدراسة

أ. وعود عن عودة المسيح

١- ما هو السبب الذي لأجله أخبر المسيح تلاميذه أنه سيتركهم؟ (يو ١٤: ٢)

....

٢- ما هو الوعد الذي أعطاه المسيح لتلاميذه عندما تركهم؟ (يو ١٤: ٣)

....

٣- ما هو الوعد الذي نطق به الملاكان عندما صعد المسيح إلى السماء؟ (أع ١: ١١)

....

٤- ما هو "الرجاء المبارك" الذي ينتظره جميع المؤمنين الحقيقيين؟ (تي ٢: ١٣)

....

٥- ما هي الثلاثة أصوات التي ستُسمع عند مجئ المسيح من السماء؟ (اتس ٤: ١٦)

(١) ....

(٢) ....

(٣) ....

ب. ماذا سيحدث للمؤمنين

٦- هل سـيكون جميع المؤمنين قد ماتوا (رقدوا) عندما يأتي المسيا؟ (اكو ١٥: ٥١)

....

٧- ماذا سيحدث في ذلك الوقت للمؤمنين الذين قد ماتوا؟ (اتس ٤: ١٦)

....

٨- ما هما الأمران اللذان سـيحدثان عندئذ لكل المؤمنين سـواء الذين ماتوا أو الأحياء منهم؟

(اكو ١٥: ٥١) (١) ....

(اتس ٤: ١٧) (٢) ....

٩- هل سينفصل هؤلاء المؤمنون في أي وقت عن الرب مرة ثانية؟ (اتس ٤: ١٧)

....

١٠- ما هو التغيير الذي سيحدث لنا عندما نري الرب فعلياً؟ (ايو ٣: ٢)

....

١١- كيف سيصبح جسد الشخص المؤمن عندئذ نتيجة لهذا التغيير؟ (في ٣: ٢١)

....

١٢- ما هما الكلمتان اللتان إستخدمهما بولس لوصف جسد الشخص المؤمن بعد القيامة *؟ (اكو ١٥: ٥٣)

(١) ....

(٢) ....

١٣- كيف وصـف الكتاب المقدس ذلك الحفل الذي سـيتمتع المؤمنون به عندئذ؟ (رؤ ١٩: ٩)

....

جـ. كيف يجب أن يستعد المؤمنون

١٤- ماذا فعلت عروس الخروف قبل عشاء العُرس؟ (رؤ ١٩: ٧)

....

١٥- ما نوع الملابس التي ارتدتها؟ (رؤ ١٩: ٨)

....

١٦- ما الذي يشير إليه الكتان (البز) النقي؟ (رؤ ١٩: ٨)

....

١٧- مَنْ مِنْ العشر عذارى دخلن إلى العُرس؟ (مت ٢٥: ١٠)

....

١٨- كيف يجب أن يسـتعد ذلك الشـخص الذي لديه الرجاء ليرى يسـوع عند عودته؟ (١يو ٣: ٣)

....

١٩- من هم الذي سيظهر لهم يسوع في المرة الثانية ليخلصهم*؟ (عب ٩: ٢٨)

....

٢٠- ما هما الأمران اللذان يجب أن نفعلهما إذا كنا نريد أن نري الرب؟

(عب ١٢: ١٤)

(١) ....

(٢) ....

٢١- ما هي الثلاث علامات التي ستميز المؤمنين الحقيقيين عند عودة يسوع؟

(٢بط ٣: ١٤)

(١) ....

(٢) ....

(٣) ....

٢٢- ما هي الكلمات التي أستخدمها يسوع لتوضيح مجيئه المفاجيء؟ (رؤ ٣: ٣)

(رؤ ١٦: ١٥)

....

٢٣- من الذي يعرف يوم مجيء يسوع وساعته؟ (مر ١٣: ٣٢)

....

٢٤- ما الذي أنذر به يسوع جميع المؤمنين أن يفعلوه بخصوص مجيئه؟

(مر١٣: ٣٥ - ٣٧)

....

٢٥- ما الذي نبه يسوع المؤمنين إلى فعله بجانب السهر والانتظار بترقب؟ (لو٢١: ٣٦)

....

٢٦- ما هي الثلاث أشياء التي حذر يسوع منها المؤمنين والتي قد تمنعهم من أن يكونوا مستعدين؟ (لو٢١: ٣٤)

(١) ....

(٢) ....

(٣) ....

فقرة الحفظ: (لوقا ٢١: ٣٦)

أكتب هذه الآية من الذاكرة.

....

....

....

....

لا تنتقل إلى الصفحة التالية حتى تستكمل جميع الإجابات عن أسئلة هذا الدرس

>> المجيء الثاني للمسيح

الإجابات الصحيحة والدرجات -الدرس رقم ١٧

السؤال	الإجابات	النقاط
١	ليذهب ويعد لهم مكاناً	١
٢	أنه سيأتي ثانية ويأخذهم إليه	٢
٣	أن يسوع هذا الذي ارتفع عنكم سيأتي هكذا كما رأيتموه منطلقاً إلى السماء	٢
٤	الظهور المجيد لألهنا العظيم ومخلصنا يسوع المسيح	٢
٥	(١) هتاف (٢) صوت رئيس ملائكة (٣) بوق الله	١ ١ ١
٦	لا	١
٧	سوف يقومون (من الأموات)	١
٨	(١) جميعهم سيتغيرون (٢) سيخطفون جميعاً في السحب لملاقاة الرب في الهواء	١ ١
٩	لا، أبداً	١
١٠	سوف نصير مثله	١
١١	مثل جسد المسيح المجيد (الممجد)*	١
١٢	(١) عدم فساد* (٢) عدم الموت*	١ ١
١٣	عشاء عرس الخروف (يسوع)	١
١٤	أعدت نفسها	١
١٥	بزاً (كتاناً) نقياً بهياً (أبيض)	١
١٦	الأعمال البارة* للقديسين	١

١٧	اللواتي كن مستعدات	١
١٨	يطهر نفسه كما هو (يسوع) طاهر	٢
١٩	لهؤلاء الذين ينتظرونه بشوق	١
٢٠	(١) نتبع السلام مع الجميع (٢) نتبع القداسة	١ ١
٢١	(١) في سلام (٢) بلا عيب (٣) بلا دنس	١ ١ ١
٢٢	كلص	١
٢٣	لا أحد يعرف سوى الله الآب	١
٢٤	أن يسهروا	١
٢٥	أن يصلوا دائماً	١
٢٦	(١) التمتع بالملذات (الولائم) (٢) السُكر (٣) هموم الحياة	١ ١ ١

راجع بطاقة الذاكرة لديك لفقرة الحفظ.

إذا كانت فقرة الحفظ صحيحة تماماً، أعط ٤ درجات لكل آية. ٤

(أخصم درجة واحدة عن كل خطأ في كل آية. وإن كان لديك أكثر من ٣ أخطاء لا تسجل أي نقاط أمام تلك الآية).

المجموع ٤٣

٢٢ إجابة صحيحة = ٥٠ ٪

٣٠ إجابة صحيحة = ٧٠ ٪

٣٤ إجابة صحيحة = ٨٠ ٪

>> المجيء الثاني للمسيح

ملاحظات على الإجابات الصحيحة -الدرس رقم ١٧

(تشير الأرقام المكتوبة في هذه الصفحة على الأرقام المكتوبة في صفحة الإجابات الصحيحة)

١- ٥: " لكي تقوم (تثبت) كل كلمة على فم شاهدين أو ثلاثة " (مت ١٨: ١٦) ونحن لدينا ثلاثة شهود فيما يتعلق بعودة المسيح وهم:

١. المسيح نفسه (يو ١٤: ٣).

٢. الملائكة (أع ١: ١١)

٣. الرسول بولس (١تس ٤: ١٦)

لاحظ التأكيد على عودة المسيح **بشخصه**: "**أن يسوع هذا**" (أع ١: ١١)، "**الرب نفسه**" (١تس ٤: ١٦)، فهذا "**الرجاء المبارك**" (تي ٢: ١٣) هو الهدف الأسمى للحياة المسيحية.

٥: الهتاف سيأتي من:

١. الرب نفسه، **فصوته وحده** هو الذي له **القدرة على إقامة الأموات** (أنظر يو٥: ٢٨ - ٢٩).

٢. رئيس ملائكته والمفترض أنه جبرائيل، فمهمته الخاصة هي إعلان تداخلات الله العجيبة في شئون البشر (أنظر لو١: ١٩، ٢٦). يُستَخدم البوق لدعوة شعب الله للاجتماع معاً (أنظر عدد ١٠: ٢ - ٣).

٦: تعني كلمة "**نرقد**" المذكورة في (١كو ١٥: ٥١) أن نموت، (قارن أع٧: ٦٠ مع ١كو١١: ٣٠) تُستَخدم هذه الكلمة للحديث عن موت

المؤمنين لأنهم يتوقعون أن يستيقظوا مرة أخري في صباح يوم القيامة *.

٦ - ٨: ترتيب الأحداث هو:

١. سيقام المؤمنون الموتى (الراقدون) بأجساد جديدة ممجدة *.

٢. المؤمنون الأحياء سوف تتغير أجسادهم فوراً إلى **أجساد ممجدة*** شبيهة.

٣. يُخطَف جميع المؤمنين في السحاب معاً **لملاقاة الرب** وهو قادم من السماء.

١٠- ١٢: سيكون الجسد الممجد* للشخص المؤمن مثل الجسد الممجد* للرب نفسه (لدراسة كاملة حول هذا الموضوع، أنظر كتابي " دليل المؤمن الممتلئ بالروح "، الجزء السادس، قيامة الأموات).

١٣: قارن (متى ٨: ١١) و(متى ٢٦: ٢٩).

١٤- ٢١، ٢٤- ٢٥: يُعلم الكتاب المقدس بوضوح شديد أن المؤمنين يجب أن يعملوا باجتهاد في إعداد أنفسهم حتى يكونوا على استعداد لعودة المسيح، ففي (رؤيا ١٩: ٨) يقصد برداء "البَز" وهو الكتان النقي "تبررات* القديسين" أي أعمالهم البارة*، وهذا هو بر* المسيح الذي نناله بالإيمان * الذي يعمل في حياة المؤمنين يوماً فيوماً (قارن فيلبي٢: ١٢- ١٣: **"تمموا ... لأن الله هو العامل فيكم"**)، وفيما يتعلق بهذا الأمر ترشد كلمة الله المؤمنين لأن يعدوا أنفسهم بأعمال البر* التي هي:

١. النقاوة " أن يكونوا بلا دنس " (١يو ٣: ٣، ٢بط ٣: ١٤)

٢. القداسة (عب ١٢: ١٤)

٣. السلام (العلاقات الصحيحة مع الجميع) (عب ١٢: ١٤، ٢بط ٣: ١٤).

٤. بلا عيب (أن يكونوا أمناء في جميع جوانب الحياة المسيحية) (٢بط ٣: ١٤).

٥. الرجاء (انتظار يسوع بشوق) (عب ٩: ٢٨).

٦. السهر (مر١٣: ٣٧).

٧. الصلاة (لو٢١: ٣٦).

٢٢: سيكون مجيء المسيح كلص في الليل، ولكنه سيأخذ خاصته فقط **"الذين للمسيح في مجيئه"** (١كو ١٥: ٢٣).

٢٣: عندما يأتي الوقت، سوف يخبر الآب الأبن، ثم يبدأ كل من في السماء بالحركة استعدادا لهذا الحدث.

٢٦: (١) كثيراً ما حذر يسوع من الأكل والشرب الزائد قبل أن يأتي تحذيره عن السُكْر.
(٢) قارن (لو ١٧: ٢٧ - ٢٨)، فالأشياء المذكورة هنا ليست خاطئة في ذاتها، ولكن الخطية توجد من خلال الانغماس فيها واستحواذها على النفس.

الدرس رقم ١٨

>> علامات المجيء الثاني للمسيح

مقدمة:

يخبرنا الكتاب المقدس عن الكثير من الأمور الخاصة والتي سوف تحدث في العالم قبل المجيء الثاني للمسيح مباشرة، وستكون لنا هذه الرموز بمثابة العلامات التي تحذرنا أن المسيح آتٍ سريعاً، وتقوم هذه الدراسة بتقديم بعض من أهم هذه العلامات وهي مقسمة إلى مجموعتين هما:

أ- علامات في المجال الروحي.

ب- علامات في العالم بأكمله.

وسوف تجد أسفل كل مجموعة من العلامات ما يشير إلى المقاطع الكتابية التي ذُكرت بها هذه العلامات، والمطلوب منك في هذه الدراسة هو أن تقوم بعمل ما يلي:

١. قراءة العلامات المذكورة في المجموعة أ بصورة كامل.

٢. قراءة فقرات الشواهد الكتابية أسفل المجموعة أ بصورة كاملة.

٣. كتابة الشاهد الذي ذكرت فيه هذه العلامات من الشواهد المذكورة في السطر المخصص الذي يلي كل علامة.

٤. تكرار نفس العملية للمجموعة ب.

٥. سوف تجد مربعاً فارغاً في نهاية كل من هذه العلامات، وعندما تنتهي من باقي الدراسة، أقرأ العلامات مرة أخري بصورة كاملة، وضع علامة في كل مربع إن كنت تشعر أن هذه العلامة جاري حدوثها في العالم اليوم بحسب علمك.

(ملاحظة: هناك شاهد واحد في الكتاب المقدس يتفق مع كل علامة، ومن ناحية أخرى، نجد (متى ٢٤: ٧) في المجموعة ب تنطبق على ثلاث علامات مختلفة، فأكتب (متى ٢٤: ٧) بعد كل من العلامات التي ينطبق عليها).

فقرة الحفظ: (لوقا ٢١: ٢٨)

ضع علامة هنا بعد حفظك لهذه الآية. ☐

(راجع يومياً آيات من دروس سابقة)

أسئلة الدراسة

أ- علامات في المجال الروحي

١ سكيب للروح القدس يشمل العالم أجمع ☐

....

٢ الكرازة وإنتشار العمل المرسلي على مستوى العالم ☐

....

٣ يتعرض المؤمنون بالمسيح للإذلال، والكره والتعذيب والقتل في كل الأمم ☐

....

٤ أنبياء كذبة كثيرون ☐

....

٥ إرتداد شديد عن الإيمان * المسيحي ☐

....

٦ يضل إبليس الكثير من المؤمنين ويسلمهم لأرواح خادعة ☐

....

٧ تبرد محبة الكثير من المؤمنين ☐

....

الشواهد الكتابية (متى ٢٤: ٩، ١١-١٢، ١٤)
(١تيموثاوس ٤: ١) (أعمال ٢: ١٧) (٢تسالونيكي ٢: ٣)

ب- علامات في العالم بأكمله

٨ حروب عالمية خطيرة؛ تقوم أمة على أمة ☐

....

٩ تزايد السفر والمعرفة ☐

....

١٠ نهضة الحركة الصهيونية * وإعادة بناء إسرائيل ☐

....

١١ تحرر أورشليم من سيادة الأمم * ☐

....

١٢ ينكر الكثير كلمة الله والوعد بعودة المسيح. ☐

....

١٣ ينغمس الناس في الملذات المادية وينسون دينونة* الله ☐

....

١٤ إنهيار ضخم في الأخلاقيات والحياة المستقيمة يصاحبه إنهيار في المظاهر الخارجية للممارسات الدينية ☐

....

١٥ إزدياد مظاهر التمرد على القانون وسيادته وكذلك عدم الخضوع له ☐

....

١٦ المجاعات والأوبئة ☐

....

١٧ الزلازل في عدة أماكن ☐

....

١٨ قلق وإرتباك (غيّ) في الأمم ☐

....

الشواهد الكتابية
(متى ٢٤: ١٢) (لوقا ٢١: ٢٤)
(١يوحنا ٢: ١٨) (٢بطرس ٣: ٢ -٧) (دانيال ١٢: ٤)
(متى ٢٤: ٧) (لوقا ١٧: ٢٦ - ٣٠) (مزمور ١٠٢: ١٦)
(٢تيموثاوس ٣: ١- ٥) (لوقا ٢١: ٢٥)

فقرة الحفظ: (لوقا ٢١: ٢٨)

أكتب هذه الآية من الذاكرة.

....

....

....

....

لا تنتقل إلى الصفحة التالية حتى تستكمل جميع الإجابات عن أسئلة هذا الدرس

>> علامات المجيء الثاني للمسيح

الإجابات الصحيحة والدرجات -الدرس رقم ١٨

السؤال	الإجابة	النقاط
١	أعمال ٢ : ١٧	١
٢	متى ٢٤ : ١٤	١
٣	متى ٢٤ : ٩	١
٤	متى ٢٤ : ١١	١
٥	٢تسالونيكي ٢ : ٣	١
٦	١تيموثاوس ٤ : ١	١
٧	متى ٢٤ : ١٢	١
٨	متى ٢٤ : ٧	١
٩	دانيال ١٢: ٤	١
١٠	مزمور ١٠٢ : ١٦	١
١١	لوقا ٢١ : ٢٤	١
١٢	٢بطرس ٣ : ٢ - ٧	١
١٣	لوقا ١٧ : ٢٦ - ٣٠	١
١٤	٢تيموثاوس ٣ : ١ - ٥	١

١٥	متى ٢٤ : ١٢	١
١٦	متى ٢٤ : ٧	١
١٧	متى ٢٤ : ٧	١
١٨	لوقا ٢١ : ٢٥	١
١٩	١يوحنا ٢ : ١٨	١

راجع بطاقة الذاكرة لديك لفقرة الحفظ.

إذا كانت فقرة الحفظ صحيحة تماماً، أعط ٤ درجات لكل آية ٤

أخصم درجة واحدة عن كل خطأ في كل آية. وإن كان لديك أكثر من ٣ أخطاء لا تسجل أي نقاط أمام تلك الآية).

المجموع ٢٣

١٢ إجابة صحيحة = ٥٠ ٪
١٦ إجابة صحيحة = ٧٠ ٪
١٨ إجابة صحيحة = ٨٠ ٪

ثلاثة أسئلة نهائية هامة:

هناك تسعة عشر علامة مختلفة عن مجيء المسيح مذكورة في هذا الدرس.

١. كم عدد العلامات التي وضعت بجانبها علامة في المربع؟

٢. هل يعني هذا بالنسبة لك اقتراب مجيء المسيح؟

٣. إن كان الأمر كذلك، فهل أنت مستعد؟

>> علامات المجيء الثاني للمسيح
ملاحظات على الإجابات الصحيحة -الدرس رقم ١٨

(تشـــير الأرقام المكتوبة في هذه الصـــفحة على الأرقام المكتوبة في صـــفحة الإجابات الصحيحة)

١: يعني تعبير " كل جسـد" الجنس البشـري بأكمله، وكثيراً ما أسـتخدم الأنبياء هذا المعني في أسفار العهد القديم (إش ٤٠: ٥ - ٦) (إر٢٥: ٣١) (حز ٢١: ٤ - ٥)، فسوف يشعر كل أطياف الجنس البشري بتأثير هذا **السكيب العظيم الأخير لروح الله**.

٢: أن الإمتداد الكرازي هو النتيجة الطبيعة لإنســكاب روح الله، لاحظ التعليق الخاص بعد هذه العلامة: **" ثم يأتي المنتهي "**.

٣: فاق عدد الشهداء* المسيحيين في هذا القرن أي قرن آخر، ففي البلاد الملحدة (ثلث سكان العالم) تُضطهد المسيحية بإنتظام.

٤- ٦: تشـــير هذه العلامات الثلاث إلى زيادة هائلة في نهاية هذا الجيل في الضغوط والخدع الشيطانية والتي تهدف أساساً إلى إغراء المؤمنين تبعدهم عن الولاء للمسيح، فيشير الكتاب المقدس إلى أنه في النهاية سوف لا يوجد سوى مجموعتين أسـاسـيتين من المؤمنين، الأولى موصـوفة " كالعروس" والأخرى "كالزانية"، وتعرف العروس **بأمانتها** للعريس (المسيح)، وعلى النقيض من ذلك تعرف الزانية بخيانتها للمسيح (أنظر رؤيا ١٧- ١٨).

٧: توافق هذه العلامة صـــورة كنيســـة لاودكية، فالخطية التي أُدين هؤلاء المؤمنين بها هي أنهم **"فاترين"** فهم ليسوا حارين أو باردين (رؤ ٣: ١٤- ٢٢)، ويعود هذا التراجع في محبة المؤمنين أساساً إلى واحد أو أكثر من هذه العوامل:
(١) اضطهاد شديد.

(٢) خداع الشيطان للمؤمنين.
(٣) يحيا المؤمنون بشكل أساسي لأجل المال والماديات.

٨: شـهد القرن الماضـي من الحروب ما هو أشـد وأكثر عدداً من أي قرن آخر وخصوصاً الحربين العالميتين.

٩: لاحظ كيف يرتبط هـذان العـاملان إرتبـاطـاً منطقيـاً، فـالزيـادة في المعرفـة (العلوم) ســهلت الزيادة في التنقلات، وكذلك فزيادة التنقلات تســهم في زيادة المعرفة.

١٠ - ١١: قيام حركات بين شـعب الله والحروب المتعلقة بها كانت بين الأمور العظمى في التاريخ الحديث.

١٢: شـهد القـرن الأخيـر بشـكل متكـرر هجمـات منتظمـة ضـد الكتـاب المقـدس، لـم يحـدث لهـا مثيـل فـي أي قـرن آخـر، ومـن المثيـر للسـخرية أن هـذه الإنتقـادات إنمـا تؤكـد فعليـاً دِقـة الكتـاب المقـدس، حيـث أن الكتـاب المقدس سبق وتنبأ عنها بوضوح.

١٣- ١٥، ١٨: تثبت صـحة هذه العلامات يومياً في صـحف العالم الحديث (قارن لوقا ١٧: ٢٦ مع تك ٦: ٥، ١٢ -١٣)، فقد كانت الثلاث سمات الأساسية للشر في أيام نوح هي:

١. التصورات الشريرة
٢. الفساد الجنسي
٣. العنف.

١٦: غالبـاً مـا تـأتي المجاعـات والأوبئـة معـاً وكثيـراً مـا تكـون الحـروب هي السبب فيها.

١٧: تظهر سجلات القرن الماضي الزيادة المثيرة للإنتباه في عدد الزلازل.

١٩: يظهر عمل "روح ضد المسيح" (١يو ٤: ٣) بشكل مزدوج: فأولاً: تجريد المسيح من مركز السلطان الأسمى المعطى له من الله، ثانياً: قيام شخص أخر مكانه. وفي إطار هذا المعنى فإن الأيديولوجيات السياسية الرئيسية المنتشرة في هذا الجيل والأجيال السابقة من ديانات أخرى بالإضافة إلى الفاشية والنازية والشيوعية كلها ضد المسيحية (كما هو الحال مع العديد من القوي السياسية والدينية التي تعمل في العالم اليوم)، ومع هذا، فالعالم في طريقه إلى ضد المسيح الأخير كما وصفته (٢تسالونيكي ٢: ٣ - ١٢).

الدرس رقم ١٩

>> تأسيس ملكوت المسيح على الأرض

مقدمة:

سيواكب ملكوت المسيح على الأرض قضاءه* على كل الذين رفضوا رحمة الله وقاوموا مقاصده في العصور السابقة. ومن ناحية أخرى وقت مجيئه سواء الذين قاموا* من الأموات أو الذين تغيرت أجسادهم بطريقة معجزية سوف يكون مخصص لهم مواضع للسلطان مختلفة في ملكوته.

وسوف يملك يسوع على كل الأمم لمدة ألف عام، وستكون أورشليم عاصمة ملكه، وسيأتي بالعدل والسلام والرخاء ومعرفة الله في كل الأرض، وعند النهاية سوف يقدم ذاته ومملكته في طاعة لله الآب.

فقرة الحفظ: (٢تيموثاوس ٢: ١١ - ١٢)

ضع علامة هنا بعد حفظك لهاتين الآتين. ☐

(راجع يومياً آيات من دروس سابقة)

أسئلة الدراسة

أ. القضاء* الذي يصاحب ملكوت المسيا

١- تصف (٢تسالونيكي ١: ٦ - ١٠) مجئ يسوع الثاني من السماء.

(١) كيف سيتعامل مع الأشرار وغير الطائعين؟ (آية ٨)

....

(٢) ماذا سيكون عقابهم؟ (آية ٩)

....

٢- ماذا سيحدث للوحش (ضد المسيح) والنبي الكذاب؟ (رؤ ١٩: ٢٠)

....

٣- كيف سيحكم يسوع الأمم على الأرض؟ (مز ٢: ٧ - ٩) (رؤ ١٩: ١١- ١٥)

....

٤- عندما يُثَبت يسوع عرشه على الأرض، من هم الذي سيجتمعون أمامه للدينونة*؟ (مت ٢٥: ٣١ - ٣٢) (يؤ ٣: ١ - ٢)

....

٥- سوف تُدان هذه الأمم بناءً على الطريقة التي تعاملوا بها مع فئة معينة من البشر، فكيف وصف يسوع هؤلاء؟

(مت ٢٥: ٤٠) (١)

....

(يؤ ٣: ٢) (٢)

....

٦- ما هي المكافأة المضاعفة التي ستنالها تلك الأمم التي أتممت ما طلبه يسوع؟

(مت ٢٥: ٣٤) (١) ....

(مت ٢٥: ٤٦) (٢) ....

٧- مـا هـو العقـاب الـذي سـيحل علـى الأمـم التـي لـم تفعـل مـا طلبـه يسـوع؟

(مت ٢٥: ٤١، ٤٦)

....

<u>ب. مكانة المؤمنين المقامين* من الأموات</u>

٨- ما هما المكافأتان اللتان يمكننا أن تتوقعهما إن تحملنا الألم لأجل المسيح؟

(رو ٨: ١٧) (١) ....

(٢تي ٢: ١٢) (٢) ....

٩- مـا هـي المكانـة التـي وعـد بهـا يسـوع الرسـل الـذين أسـتمروا أمنـاء معـه؟

(مت ١٩: ٢٧ - ٢٨)

....

١٠- لأي نوع من المؤمنين سـوف يعطي يسـوع السـلطان ليحكموا الأمم معه؟

(رؤ ٢: ٢٦ - ٢٧)

....

١١- ما هي المكافأة المضاعفة التي سينالها هؤلاء المؤمنين الذين قطعت رؤوسهم لسبب شهادتهم عن يسوع من قبل ضد المسيح؟ (رؤ ٢٠: ٤ - ٥)

....

١٢- أعطى يسوع مثلاً عن العبيد الذين وكل إليهم سيدهم مالاً ليقوموا بإدارته. (أنظر لو ١٩: ١٢ - ٢٧). فماذا كانت مكافأة:

(١) العبد الذي ربح عشر وزنات إضافية؟ (لو ١٩: ١٦ - ١٧)

....

(٢) العبد الذي ربح خمس وزنات إضافية؟ (لو ١٩: ١٨ - ١٩)

....

١٣- أذكر مجالين سوف يحكم فيها المؤمنون المقامون* من الأموات كقضاة في الزمن الآتي؟

(١) (اكو ٦: ٢) ....

(٢) (اكو ٦: ٣) ....

جـ. نظرة نبوية مسبقة عن ملكوت المسيا

١٤- بأي نوع من الصولجان (قضيب الملك) يحكم المسيح؟ (مز ٤٥: ٦) (عب ١: ٨)

....

١٥- لماذا مسح الله يسوع أكثر من الآخرين جميعاً؟ (مز ٤٥: ٧) (عب ١: ٩)

....

١٦- في أي مكان أختار الرب أن يسكن إلى الأبد؟ (مز ١٣٢: ١٣ - ١٤)

....

١٧- ما هي الأسماء التي أطلقت على المكان الذي سيملك عليه الرب كملك؟ (إش ٢٤: ٢٣)

(مز ٤٨: ١ - ٢) (١) ....

(مت ٥: ٣٤ -٣٥) (٢) ....

١٨- ما هو الجبل الذي سيعلو فوق الجبال المحيطة به في الأيام الأخيرة؟

(إش ٢: ٢) (مي ٤: ١)

....

١٩- من الذي سيجري إلى هذا الجبل؟ (إش ٢: ٢) (مي ٤: ١)

....

٢٠- ما الذي سيعلِّمُه الله لهؤلاء الأمم؟ (إش ٢: ٣) (مي ٤: ٢)

....

٢١- ما هما الأمران اللذان سيخرجان من صهيون ومن أورشليم؟ (إش ٢: ٣)

(مي ٤: ٢)

(١) ....

(٢) ....

٢٢- عندما يحكم المسيا الأمم، ما هما الأمران اللذان لن يقوموا بفعلهما بعد؟

(إش ٢: ٤) (مي ٤ : ٣)

(١) ....

(٢) ....

٢٣- ما هو العيد الخاص الذي ستصعد فيه جميع الأمم إلى أورشليم كل عام؟ (زك ١٤: ١٦)

....

٢٤- يعلن (مزمور٧٢) مسبقاً خصائص مختلفة لملك المسيا ابن داود. فعلى سبيل المثال:

(١) كيف سيحكم الفقراء المساكين؟ (الآيات ٢، ٤)

....

(٢) من هم الثلاثة أنواع من البشر الذين سيحررهم* المسيا (آية ١٢)

(١) ....

(٢) ....

(٣) ....

(٣) من هو الشخص الذي سيزدهر أثناء ملك المسيا؟ (آية ٧)

....

(٤) في أي مجال سوف يحدث الغِنى؟ (آية ٧)

....

(٥) ما هما الأمران اللذان ستفعلهما كل الأمم للمسيا؟

(آية ١١) (١) ....

(آية ١٧) (٢) ....

٢٥- ما هي الثلاث نتائج الدائمة لحكم المسيا البار*؟ (إش ٣٢: ١٧)

(١) ....

(٢) ....

(٣) ....

٢٦- ما هي الفترة الزمنية التي سيدوم فيها حكم المسيح هذا؟ (رؤ ٢٠: ٤، ٥)

....

٢٧- ما الذي سيفعله المسيح عند نهاية هذه المدة؟ (١كو ١٥: ٢٤ ، ٢٨)

....

٢٨- ما هو قصد الله النهائي في كل هذا؟ (١كو ١٥: ٢٨)

....

فقرة الحفظ: (٢تيموثاوس ٢: ١١ - ١٢)

أكتب هاتين الآيتين من الذاكرة.

....

....

....

....

لا تنتقل إلى الصفحة التالية حتى تستكمل الإجابة على جميع أسئلة هذا الدرس.

>> ملكوت المسيح المؤسس على الأرض
الإجابات الصحيحة والدرجات -الدرس رقم ١٩

السؤال	الإجابات	النقاط
١	(١) سوف ينتقم منهم بنار مشتعلة (٢) هلاك أبدى من وجه الرب ومن مجد قوته	١ ٢
٢	سوف يطرحان في بحيرة النار المتقدة بالكبريت	١
٣	بعصا من حديد	١
٤	كل الأمم	١
٥	(١) أخوتي (٢) شعبي، إسرائيل ميراثي	١ ٢
٦	(١) سوف يرثون ملكوت المسيح (٢) سوف ينالون حياة أبدية*	١ ١
٧	العقاب الأبدي في النار الأبدية المعدة لإبليس وملائكته	٢
٨	(١) سوف نتمجد* معه (٢) سوف نملك معه	١ ١
٩	أن يجلسوا على أثنى عشر كرسيا ليحكموا أسباط إسرائيل الأثنى عشر	٢
١٠	الذي يغلب ويحفظ أعمال المسيح إلى النهاية	٢
١١	(١) أن يملكوا مع المسيح ألف عام (٢) أن يكون لهم نصيب في القيامة* الأولى	١ ١
١٢	(١) سلطان على عشر مدن (٢) سلطان على خمس مدن	١ ١

١٣	(١)	العالم	١
	(٢)	الملائكة	١
١٤		قضيب البر	١
١٥		لأنه أحب البر * وأبغض الشر (الإثم)	٢
١٦		صهيون	١
١٧	(١)	جبل صهيون	١
	(٢)	أورشليم	١
١٨		جبل بيت الرب	١
١٩		كل الأمم (الشعوب)	١
٢٠		طرقه	١
٢١	(١)	الشريعة	١
	(٢)	كلمة الرب	١
٢٢	(١)	يرفعون سيوفهم على أمم أخرى	١
	(٢)	يتعلمون الحرب فيما بعد	١
٢٣		عيد المظال	١
٢٤	(١)	بالعدل	١
	(٢)	أ-المحتاجين	١
		ب-الفقراء (المساكين)	١
		ج-الذين لا معين لهم	١
	(٣)	البار *	١
	(٤)	السلام	١
	(٥)	أ-تخدمه	١
		ب-يطوبونه	١
٢٥	(١)	السلام	١

	(٢) السكون (٣) الطمأنينة	١ ١
٢٦	ألف عام	١
٢٧	يسلم الملك لله الآب ويخضع له	٢
٢٨	أن يكون الله الكل في الكل	١

راجع بطاقة الذاكرة لديك لفقرة الحفظ.

إذا كانت فقرة الحفظ صحيحة تماماً، أعط ٤ درجات لكل آية. ٨

(أخصم درجة واحدة عن كل خطأ في كل آية. وإن كان لديك أكثر من ٣ أخطاء لا تسجل أي نقاط أمام تلك الآية).

المجموع ٦٢

٣١ إجابة صحيحة = ٥٠ ٪

٤٣ إجابة صحيحة = ٧٠ ٪

٥٠ إجابة صحيحة = ٨٠ ٪

>> ملكوت المسيح المؤسس على الأرض
ملاحظات على الإجابات الصحيحة -الدرس رقم ١٩

(تنطبق الأرقام المكتوبة في هذه الصفحة على الأرقام المكتوبة في صفحة الإجابات الصحيحة)

١: تصور (رسالة تسالونيكي الثانية ١: ٦- ١٠) **مجد مجيء المسيح وقدرته،** فسوف يقضي على أعدائه إلى الأبد* إلا أن مجده سوف يري على كل من الملائكة الذين يرافقونه والمؤمنين الذين سيُخطَفون لملاقاته.(قارن ١تسالونيكي ٤: ١٦ - ١٧).

٢: تكشف رؤيا ١٣ أنه عندما يقترب هذا الزمن من الانتهاء، سوف يبلغ الشر البشري أقصاه متمثلاً في شخص شرير ولكنه جبار وحاكم قوي يوصف بأنه "الوحش" (رؤ ١٣: ٧ - ١١)، وهو يُسَمي أيضاً "إنسان الخطية [الأثيم]" (٢تس ٢: ٣) "إبن الهلاك" (آية ٣) و"ضد المسيح" (١يو ٢: ١٨)، وسوف يعضده قائد ديني شرير يسمي "النبي الكذاب" (رؤ ١٦: ١٣)، وسوف يسعون معاً لإهلاك جميع أتباع يسوع. (قارن دا ٨: ٢٣ - ٢٥).

٣: تصور (رؤيا ١٩: ١١ - ١٥) مجيء المسيح كملك ديان **بقدرة وسلطان** ساميين ليقضي على كل الشرور.

٤ - ٧: سوف تُحدد دينونة* الأمم المشار إليها هنا أيٍّ من الأمم سوف تُقبَل ويُعترف بها في ملكوت الرب وأي منهم سوف تُستَبعَد، وسوف يكون الأساس في دينونتهم هي الطريقة التي قد تعاملوا بها مع أخوة يسوع بني إسرائيل.

٨ - ١٣: عندما يرجع يسوع ويؤسس مملكته فإنه سوف يرفع جميع المؤمنين الذين خدموه بأمانة في هذه الحياة إلى مراكز للكرامة والسلطان، وسوف يشاركون يسوع في حكم العالم، (قارن رؤيا ٣: ٢١)، وسوف تتحدد درجة

الكرامة والسلطان التي سينالها المؤمنون طبقاً **لأمانتهم** في خدمة يسوع في هذا الزمن.

١٤ - ١٥: سوف تنعكس السمة المميزة لشخصية المسيح وهي **البر*** على ملكوته، فبدون البر* لن يكون هناك أبداً سلام حقيقي ودائم. (قارن رومية ١٤: ١٧).

١٦-١٧: سوف تكون العاصمة الأرضية لملكوت الرب في أورشليم أو صهيون، وهذا سبب هام للصلاة من أجل سلام أورشليم (أنظر مز١٢٢: ٦) ولن يعرف العالم السلام الحقيقي إلى أن تقيم أورشليم في سلام.

١٨: أن جبل صهيون في العصر الحالي أقل إرتفاعاً من الجبال المحيطة به إلا أنه عند مجئ الرب سوف تحدث تغيرات چيولوچية مذهلة تجعل جبل صهيون يعلو عن الجبال المحيطة به. قارن (زكريا ١٤: ٣ - ١١).

١٩- ٢٣: سوف تصبح أورشليم حينئذ مركزاً للعبادة وللحكم والإرشاد لطرق الله، وسوف يُسبب هذا نزع للسلاح، وأيضاً سلام دائم للعالم كله.

٢٤ - ٢٥: الخصائص التالية هي الخصائص الأساسية التي تميز ملك المسيح: **البر* والعدل (وخصوصاً للمحرومين) والسلام، والأزدهار ومعرفة العالم للمسيح بأنه الحاكم المعيَّن من الله**، فتأسيس مملكته هو **الحل الوحيد** الواقعي لمشاكل المرض، والمجاعات، والظلم، والحرب.

٢٦: ذُكِرت المدة المحددة لحكم المسيح ست مرات في (رؤيا ٢٠) في الأعداد من ٢ - ٧.

٢٧- ٢٨: يحقق تسليم الملك لله الآب المبدأ المذكور في (رومية ١١: ٣٦)، لأن مصدر كل الأشياء هي من الله الآب، وسوف تتم كل الأشياء فيه، ومن ناحية أخرى، فالآب يتعامل مع العالم عن طريق ابنه المسيا.

التقييم النهائي للتقدم

لقد تمت مكافأة إيمانك* ومثابرتك!

فأنت الآن قد أستكملت الدروس التسع عشر الأساسية، والدرس الوحيد المتبقي هو تمرين للتطبيق الشخصي. وقد حان الوقت لكي تتوقف وتنظر للوراء لتري إلى أي مدي أظهرت تقدماً.

فلقد رأيت كيف يمكن لكلمة الله وروح الله عندما يعملان معاً أن يؤهلاك بكل ما تحتاج إليه لحياة الثمر والنصرة في خدمته.

وقد تعلمت في الدرس رقم ٤ أهمية معمودية الماء ودلالتها، ثم تعلمت في الدرسين رقمي ١٠، ١١ مسئوليتك لأخذ مكانك في مصاف الشهود ممتد ومُكرَّم عبر القرون، وكذلك تعلمت عن تسديد الله لإحتياجاتك المادية بفيض.

وكما رأيت، فقد قدمت كفارة **المسيا العلاج الإلهي** لمشكلتي الجنس البشري الأساسيتين وهما: الخطية والمرض، وقد تعلمت كيف تطبق هذا العلاج في حياتك وفي حياة الآخرين.

وقد تابعت الخطة الأصلية للتاريخ منذ بدايتها البسيطة عند إبراهيم ومنه إلى

الأنبياء ثم رؤساء بني إسرائيل إلى أستعلان **المسيا** الفادي المنتظر.

ثم أخيراً حصلت على نظرة تمهيدية مختصرة ولكنها مثيرة عن الأحداث التي سينتهي بها هذا الدهر وهي عودة يسوع بالجسد في قوة ومجد لكي يؤسس مملكته على الأرض.

وبمتابعتك لكل هذا، فقد بحثت بنفسك في الكتاب المقدس عن إجاباتٍ لأكثر من ٦٥٠ سؤالاً محدداً، كما أنك قد حفظت في ذاكرتك سبعة وعشرين آية محورية من الأسفار المقدسة. والآن ينتظرك تحدي الدرس رقم ٢٠، ولكن، قبل أن تنتقل لتلك الدراسة تأكد من أنك ستقوم بالعمل **بدقة** أثناء المراجعة النهائية في الصفحة التالية.

المراجعة النهائية

من المهم لك، قبل أن تنتقل إلى الدراسة رقم ٢٠، أن تتأكد أنه قد تم استيعاب وفهم كل المادة التي تحتويها الدروس من رقم ١٧ إلى رقم ١٩ تماماً وبشكل كامل، وسوف يساعدك هذا على الاستعداد للتطبيق الشخصي النهائي. وتشبه الطريقة المتبعة في المراجعة النهائية تلك الطريقة المتبعة في المراجعات السابقة.

أولاً: اقرأ جميع الأسئلة الخاصة بالدروس الثلاث السابقة مع إجاباتها من البداية إلى النهاية، وراجع معرفتك وفهمك للإجابة الصحيحة لكل سؤال.

ثانياً: قم بمراجعة لكل فقرات الكتاب المقدس المسجلة التي شملتها هذه الدروس الثلاث والتي قمت بحفظها في ذاكرتك.

ثالثاً: أقرأ بعناية جميع الأسئلة التالية وفكر ملياً كيف ستُجيب عنها، فكل سؤال منها يرتبط بصورة ما بالمادة التي قمت بدراستها.

١. ما هي الأمور الأساسية التي يجب أن تقوم بها لكي تعد نفسك لعودة المسيح؟

٢. أذكر عشر علامات تحدث في العالم وتشير إلى قرب مجيء المسيح.

٣. على ماذا يشـير "بَزاً نقياً بهياً" الذي ترتديه العروس في (رؤ ١٩: ٨)؟ هل رداءك مهيأً؟

٤. ما هي الأوجه التي ستتغير فيها عند القيامة؟

وأخيراً: أكتب إجاباتك على الأسئلة السابقة في ورقة منفصلة.

* * *

لا تخصـص أي درجات لهذه المراجعة النهائية، فالغرض منها مسـاعدتك على تعزيز كل ما قد توصـلت إليه، فعندما تكون مقتنعاً بتحقيق هذا، انتقل إلى للدراسة رقم ٢٠ وهي **التطبيق الشخصي**.

الدرس رقم ٢٠

>> مراجعة وتطبيق شخصي

مقدمة:

الغرض من هذا الدرس الأخير هو أن تتثبت في ذهنك مجموعة الحقائق الهامة التي تعلمتها، والمراجعة هي جزء أساسي لأي تعليم ناجح ويدوم، فبإتباع أسلوب الخطوات المتدرجة ستري أنك أضفت الكثير للفائدة والبركة التي نلتها من هذا المنهج الدراسي، وأيضاً سوف تكتشف بنفسك كم تعلمت بالفعل، ولا تنسي أن تقوم بمراجعة فقرات الحفظ!

فقرة الحفظ النهائية: (يعقوب ١: ٢٥)

ضع علامة هنا بعد حفظك لهذه الآية ☐

أولاً: اقرأ جميع أسئلة الدروس التسعة عشر مع إجاباتهم الصحيحة من البداية إلى النهاية، وتأكد أنك تعرف الإجابة الصحيحة لكل سؤال وتفهمها جيداً.

ثانياً: راجع جميع آيات الكتاب المقدس التي تعلمتها في فقرات الحفظ.

ثالثاً: أكتب الإجابة على القسمين (أ) و(ب) التاليين.

أسئلة الدراسة

القسم أ:

في المساحة الخالية التالية، أكتب أربع حقائق هامة من الكتاب المقدس والتي سبق وتعلمتها من هذا المنهج الدراسي، وفي كل حالة، أذكر الشاهد من آيات الكتاب المقدس الذي يوجد فيه هذا الحق.

- **الحق الأول**

....

....

....

شاهد الكتاب المقدس

....

....

....

- **الحق الثاني**

....

....

....

شاهد الكتاب المقدس

....

....

....

- **الحق الثالث**

....

....

....

شاهد الكتاب المقدس

....

....

....

- **الحق الرابع**

....

....

....

شاهد الكتاب المقدس

....

....

....

القسم ب:

في المساحة الخالية هنا، صف بإختصار التغيرات الهامة التي قد حدثت في حياتك بسبب هذه الدراسة في الكتاب المقدس.

....

....

....

ملاحظة: لا تعطي أي نقاط للأقسام (أ) و(ب) السابقة.

فقرة الحفظ النهائية: (يعقوب١: ٢٥)

أكتب هذه الآية من الذاكرة.

....
....
....
....

الإجابات الصحيحة والدرجات -الدرس رقم ١٤

راجع بطاقة الذاكرة لديك لفقرة الحفظ.

إذا كانت فقرة الحفظ صحيحة تماماً، ضع٤ درجات. ٤

(أخصم درجة واحدة عن كل خطأ في كل آية. وإن كان لديك ٣ أخطاء لا تسجل أي نقاط أمام الآية).

———

٤

درجات المنهج الدراسي

أكتب درجاتك لكل درس في الفراغ الموجود في العمود الذي على اليسار، أجمع الدرجات الإجمالية وقارنها بالمعيار الخاص بمقبول، وجيد جداً، وممتاز.

رقم الدرس		الدرجات	
الدرس رقم	١	٤٩	....
الدرس رقم	٢	٥٤	....
الدرس رقم	٣	٣٨	....
الدرس رقم	٤	٣٦	....
الدرس رقم	٥	٣٨	....
الدرس رقم	٦	٥٩	....
الدرس رقم	٧	٤٩	....
الدرس رقم	٨	٤٠	....
الدرس رقم	٩	٤٤	....
الدرس رقم	١٠	٤٤	....
الدرس رقم	١١	٤٧	....
الدرس رقم	١٢	٥٤	....
الدرس رقم	١٣	٤٨	....
الدرس رقم	١٤	٥١	....
الدرس رقم	١٥	٦١	....
الدرس رقم	١٦	٣٣	....
الدرس رقم	١٧	٤٣	....
الدرس رقم	١٨	٢٣	....
الدرس رقم	١٩	٦٢	....
الدرس رقم	٢٠	٤	....
المجموع		**٨٧٧**	

مقبول = ٥٠٪ أو أكثر (٤٣٩)
جيد جداً = ٧٠٪ أو أكثر (٦١٤)
ممتاز = ٨٠٪ أو أكثر (٧٠٢)

أهنئك
على إستكمال
المنهج الدراسي

*والآن ستري في نفسك الرغبة في اكتشاف الحقائق الروحية المعلنة في الكتاب المقدس من خلال **مواصلة دراسة منتظمة** وأكثر عمقًا. سوف تجد قائمة بمواد دراسية أخري ستساعدك في دراسة الكتاب المقدس وسوف تقودك لفهم أكثر لخطة الله وتسديده لإحتياجاتك كشخص مؤمن في عائلة الله.*

قاموس الكلمات الصعبة

الصعود	الذهاب الى أعلى وخصوصاً صعود يسوع من الأرض الى السماء
التجديف	كلمات القذف أو الإهانة.
يعترف -معترف به -الاعتراف	الأعلان بالمجاهرة
يحرر تحرير	يطلق الى الحرية -الإنقاذ من البؤس أو الشر
أبدي-الأبدية-إلى الأبد	الوقت الذي يستمر إلى الأمد
الإيمان	الإعتقاد الراسخ أو الثقة أو التصديق أو اليقين
الأمم	الأمم الوثنية وخصوصاً غير اليهودية
يمجد -تمجيد -ممجد	إظهار أحد جوانب عظمة الله
يتقدس	تستخدم لوصف شيء مقدس أو مخصص
عدم الموت	حالة الحياة الى الأبد وعدم التعرض للموت
عديم الفساد -عدم الفساد	لا يمكن أن يتم تدميره أو إفساده
الدينونة (القضاء -الحكم)	إتخاذ قرار يحدد ذنب شخص ما
التبرير	التحرر من دين أو اتهام والأعلان بالتبرئة
الشهداء	الذين يموتون لأجل إيمانهم
يتأمل (يلهج) -التأمل (اللهج)	التفكير كثيراً أو بعمق في شيء ما
يتسلط (يضطهد) -متسلط (مضطهد)	معاملة الناس بوحشية وحرمانهم من الحرية ومن الحقوق التي يتمتع بها الآخرون.
يتنبأ -متنبأ به -التنبؤ	تقديم رسالة مباشرة من الله وغالباً ما تكون بخصوص المستقبل
التعويض	شيء ما يُحصَل عليه في شكل أجر أو مكافأة للتعويض.
الفداء	الحصول على الحرية نتيجة قيام شخص ما بدفع فدية، أو التحرر من الشر وعقوبة الخطية.
الصفح [عن الخطايا]	إلغاء لجميع الأحكام أو المديونية.
يتوب -التوبة	تغيير الاتجاه عن طريق تغيير للذهن والقلب مصحوبًا بتغيير السلوك
القيامة -المقام	القيامة -المقام
البار -البر	سمة أن تكون مستقيماً بسبب نعمة الله.
الخلاص الإنقاذ والتحرير	وهو ايضاً يشمل في الأسفار المقدسة: الغفران، والشفاء، والازدهار، والتحرير، والأمان، والإنقاذ، والعتق والإسترداد.
يقدس -تقديس	الانفصال عن، أو تخصيص، أو تقديس، أو أن يجعل شيئاً مقدساً، أو أن يصير مقدساً.
شهادة	الدليل أو البرهان أو ما يمكن لشخص أن يقوله من واقع خبرته الشخصية ليثبت ما يؤمن به ويؤكد صحته.
معصية-(إثم - ذنب)- مذنبون	كسر أحد قوانين الأخلاق أو قوانين السلوكيات والمعاملة

>> ملحق أ

أسئلة الدراسة

المبادلة الإلهية العظمى

الجزء الأول

إملا الفراغات التالية:

١- تدور رسالة الأنجيل بالكامل حول حدث تاريخي فريد: الموت الفدائي ليسوع على ....

٢- تغطي هذه الذبيحة ....إحتياج الجنس البشري كله ويشمل الاحتياجات الروحية والجسدية وكل جانب من جوانب حياتك جسدك ونفسك وفكرك ومشاعرك وكذلك احتياجك المادي و..........

٣- هذه الذبيحة الكاملة مستمرة الى ....وفي الأبدية.

٤- إن المعنى الحقيقي للمبادلة الإلهية التي حدثت على الصليب هو أن يسوع نفسه تحمل ....الجنس البشري. وأخذ عقابنا ، حيث إننا جميعاً ....وفي المقابل ، منحنا ....وسلام مع الله.

٥- لقد مات ....موتنا (بدلاً عنا) حتى نستقبل نحن حياته.

الجزء الثاني

ضع علامة صواب أو خطأ:

٦- لابد أن يكون لدينا إيماناً حتى نستطيع أن ننتفع بالنتائج الكاملة لما صنعه المسيح على الصليب.

٧- لم يصنع أي شخص منا أي شيء يجعله مستحقاً لما فعله المسيح لأجله كما أنه لن يستطيع أبداً أن يقوم بأي شيء حتى يحصل عليه. كل شيء هو بنعمة الله.

٨- الذين قبلوا ذبيحة المسيح الكفارية على الصليب ، لهم عطية الحياة الأبدية.

الجزء الثالث

إختار الإجابة الصحيحة:

٩- تحمل يسوع خزينا حتى نشاركه ......

(أ) الذنب (ب) المجد

(ج) الخطايا (د) الرفض

١٠- حمل يسوع شعورنا بالرفض حتى نتمتع بقبوله من ....

(أ)البشر (ب) المؤمنين

(ج) الآب (د) غير المؤمنين

١١- حمل يسوع ....حتى نشاركه في غناه

(أ) فقرنا (ب) جهودنا

(ج) كسلنا (د) نوايانا

١٢- صار يسوع لعنة حتى ندخل إلى ....

(أ) غناه (ب) المجد

(ج) الإيمان (د) البركة

الجزء الرابع

املأ الفراغات التالية:

١٣- لقد جرح يسوع لكي ....

١٤- جُعل يسوع ....بسبب آثامنا حتى نصير نحن أبراراً بواسطة ....

كيف تعبر من اللعنة إلى البركة

املأ الفراغات التالية:

١. هنـاك قوتـان تعملان في حيـاة كـل إنســان: البركـات واللعنـات. إحـداهمـا نـافعـة والأخرى ....وذكر الكتاب المقدس الكثير عن كلاً من القوتين.

٢. يريد الله أن يتمتع شــعبه بفهم واضــح لهذه الأمور حتى يعيشــوا في ....ويختبروا ملء ....الله.

٣. تتعلق البركات واللعنات بأبعاد روحية غير مرئية. وهناك إثنين من الملامح الهامة لكل منهما:

أ- يمكن انتقالهم من ....إلى آخر يليه.

ب- تنتقل تأثيراتها من شخص إلى آخرين في نفس .... ، .... ، .... وحتى إلى الأمة كلها.

٤. تطلق البركات واللعنات بواسطة قوات فوق الطبيعية – إما قوة .... أو قوة .... نفسه. .... هو المصدر الوحيد الأعظم لكل البركات.

٥. إن السبب في أن إبراهيم استطاع أن يستقبل بركات الرب لأجل نفسه ولأجل نسله من بعده هو إنه .... صوت الله وقدم إبنه إسحاق ذبيحة لله. ونحن نحتاج أن نسمع صوت الرب عن طريق كلمة الله المكتوبة في الكتاب المقدس و ....

٦. إحدى طرق جلب اللعنات على حياتنا هو .... سماع صوت .... وعدم طاعتها. وهو ما يسمى ....

٧. لقد ذكر الرب أثني عشر لعنة يمكن أن تأتي على الإسرائيليين عندما لا يطيعوا الله بعد دخولهم أرض الموعد. وتندرج هذه الاثني عشر لعنة تحت أربعة فئات:

أ- الوثنية وعبادة ألهة ....

ب- .... الوالدين.

ج- .... غير المشروع أو غير الطبيعي.

د- ظلم .... والبائسين.

٨. يحذر الكتاب المقدس من القوى الغيبية بأنواعها .... ، بما فيها من شعوذة وسؤال للشيطان مما يعتبر عصيان للرب (حيث أن أول الوصايا العشر تقول إن الرب هو الإله الحقيقي الوحيد).

وضح الصواب والخطأ لكل من النقاط التالية:

٩. من الممكن أن تأتي اللعنة على حياتك من خلال الأشخاص الذين لديهم سلطان عليك ، وأيضاً عن طريق أشخاص آخرين مثل:

- الوالدين.
- القادة.
- الإعتماد على الذات.
- الأعضاء الأصغر سناً في العائلة.
- الحكومة.
- المجموعات الدينية.
- المدرسين أو المدرسات.
- خدام إبليس.

- التركيز على الذات من خلال الحديث أو الصلوات النفسانية.
- المجتمعات السرية مثل الماسونية الحرة.

١٠. بالنسبة للسؤال السابق، بالنظر إلى النقاط التي وضعت عليها علامة الصواب، بحسب ما جاء في الكتاب المقدس، ما هي أصعب لعنة بالنسبة للرب لحماية شعبه منها؟

....

أكتب أي من السبع مؤشرات لاحتمال وجود لعنة في حياتك. أو حياة أحد أحبائك وتحتاج أن تتحرر منها (قد تذكر حتى إلى ٤ مؤشرات).

١١. السبع مؤشرات لوجود لعنة في حياة الإنسان هي:

- انهيار ذهني أو عاطفي.
- مرض مزمن متكرر.
- عدم الإنجاب، أو عدم إتمام الحمل (الإجهاض) أو مشاكل نسائية تتعلق بالإنجاب.
- انهيار الزواج أو الإنفصال الأسري.
- عوز مادي مستمر.
- التعرض المستمر للحوادث.
- وجود تاريخ في العائلة لحوادث انتحار او الموت المبكر او بطريقة غير طبيعية.

الإسم: .... اللعنة المراد كسرها: ....

الإسم: .... اللعنة المراد كسرها: ....

الإسم: .... اللعنة المراد كسرها: ....

الإسم: .... اللعنة المراد كسرها: ....

ضع دائرة امام الإجابة الصحيحة:

١٢. ان الأخبار السارة هي أن الرب لم يسمح أن يترك خدامه ليبقوا تحت اللعنة. وأساس حريتنا هو:
أ- الأعمال الصالحة
ب- اتجاه القلب
ج- دراسة كلمة الله
د- الإيمان بعمل فداء المسيح على الصليب

١٣. تحرير الرب لنا من اللعنات، يغطي أي من الجوانب التالية من حياتنا؟
أ- أرواحنا فقط
ب- كل جوانب النفس والجسد والروح
ج- شفاء أجسادنا
د- نفوسنا

١٤. لا بد أن نقوم بدورنا لكي نتحرر من اللعنات وذلك عن طريق:

أ- الصلاة

ب- المعرفة الكتابية والإصغاء إلى كلمة الرب وطاعتها من خلال الكلمة المكتوبة

ج- الذهاب دائما إلى أحد قادة الكنيسة للصلاة معنا

د- التحدث مع آباءنا وأجدادنا عن ماضيهم

بين الصواب والخطأ فيما يلي:

١٥. أي من الخطوات السبع التالية يطالبنا بها الرب لكي ما تتحرر من اللعنات؟

الذهاب إلى الكنيسة بانتظام

- الاعتراف بإيمانك بالمسيح وعمله الكفاري على الصليب من أجلك
- الندم على عصيانك وخطاياك
- قبول غفرانا عن كل خطاياك
- الأعمال الصالحة ومساعدة الآخرين يحققان الإطلاق
- اغفر لكل من تسبب في ايذاءك او أخطأ في حقك
- إعلن مقاطعتك لكل انواع السحر والغيبيات والأمور الشيطانية
- صلي صلاة التحرير التي كتبها ديريك برنس في صفحة ١٠٠
- آمن أنك نلت الحرية وسر في طريق البركة
- احفظ الوصايا العشر

إملأ الفراغات

١٦. إنه ....أن نعلن حريتنا من حياتنا السابقة. كما أن اختيارنا قد يؤثر على مصير ....

١٧. أن ملخص بركات الرب لحياتنا جاء ذكره في سفر التثنية ٢٨ : ٢- ١٣ وهي

- ....
- ....
- القدرة على الانجاب
- ....
- ....
- ....الله

١٨. إذا سألت ....فإنه سوف يظهر لك أي المجالات في حياتك التي تحتاج إلى تحرير. ولكن سرعة الحصول على التحرير تختلف من شخص إلى آخر. وأحيانا يحدث التحرير ....

١٩. بمجرد أن نأخذ خطوات نحو التحرير لابد أن .... بكلمة الرب. وهذا الاعتراف لا يعمل في حياتنا إلا عندما تتحقق فينا بقية الشـــروط الملازمة للوعد. فالاعتراف وحده لن يكون البديل عن ....

٢٠. إن اعلان وعود الرب الكتابية بصـــوت مســـموع هي .... محملة بســـلطان. لابد أن نقدم .... دائما للرب من أجل البركة والنصرة.

أكتب أي من المؤشرات السبع التي تشير إلى احتمال وجود لعنة في حياتك أو حياة أحد أحباءك وتحتاج أن تتحرر منها:

الإسم: .... اللعنة المراد كسرها: ....

الإسم: .... اللعنة المراد كسرها: ....

الإسم: .... اللعنة المراد كسرها: ....

الروح القدس فينا

وضح الصواب والخطأ في كل مما يلي

- لم يكن الروح القدس حيا وفعالا في العهد القديم.
- الروح القدس هو شخص.
- الأقانيم الثلاثة هي الآب والابن والروح القدس.
- استخدم يسوع قوة الروح القدس لإجراء المعجزات وذلك قبل أن يعتمد بالروح القدس في نهر الأردن.
- الروح القدس يمثل حضور الله في الكون.
- وعد يسوع تلاميذه بالروح القدس ليعينهم في الأرض ويكون لهم مشيرا ومعزيا.
- لم يكن الروح القدس متاحا لنا كمؤمنين إلا بعد موت المسيح على الصليب.
- الكنيسة هي التي تمثل ألوهية الله على الأرض.
- يحيا الروح القدس في الكنيسة والمؤمنين.
- لقد امتلأ التلاميذ بالجرأة وتمتعوا بفهم جديد عن يســـوع وخدمته بمجرد أن امتلئوا بالروح القدس.
- لقد كنا أفضل حالا عندما كان المسيح يعيش على أرضنا وقبل حلول الروح القدس.

٢- صل النقاط التالية بالإجابات الصحيحة:

١	يعلن الروح القدس طبيعة ....وشخصيته وخدمته.	أ)	شخص
٢	الكاتب الحقيقي للكتاب المقدس هو	ب)	معلم الكتاب المقدس
٣	الروح القدس هو ....الله.	ج)	الله
٤	الروح القدس هو	د)	الروح القدس
٥	جاء الروح القدس في يوم العنصرة على الأرض ك	هـ)	يسوع
٦	هو الممثل الشخصي ل..................على الأرض.	و)	أنفاس

ضع دائرة على الإجابة الصحيحة:

(قد تحتاج لاستخدام كتابك المقدس. أنظر ١كو ٣: ١٦ ترجمة NIV)

٣. الروح القدس يحيا في:

أ) الكنيسة

ب) كلمة الله المكتوبة

ج) المؤمن

د) أ، ج

هـ) كل ما ذكر سابقا

٤. الكلمة اليونانية "بارقليط" المستخدمة لوصف الروح القدس ، تعني:

أ) يبقى معكم دائما

ب) سوف يمجد الله

ج) أنهار ماء حي

د) شخص يلازمكم ليعينكم

املأ الفراغات:

٥. ظهرت ثلاث نتائج مباشرة بعد حلول الروح القدس على الأرض في يوم العنصرة. أولا ، أصبح الناس أكثر فهما ل ....المسيح ورسالته ، ثانيا ، أصبح التلاميذ .... وثالثا ، ظهرت تأكيدات للخدمة ....

صل النقاط التالية بالإجابات الصحيحة:

٦. يساعدنا الروح القدس أن نصلي بالأساليب التالية:

١	التشفع بحسب كلمة الله	أ)	نبتدئ نتعلم كيف نصلي
٢	ينير عقولنا	ب)	أنات لا ينطق بها
٣	يعطنا لغة جديدة غير معروفة	ج)	ما يريدنا الله أن نصلي به في ذلك الوقت
٤	يضع الكلمات الصحيحة في أفواهنا	د)	لغة للصلاة لا يدركها الذهن الطبيعي

املأ الفراغات التالية:

٧. حياة يسوع تستعلن في أجسادنا بالروح القدس. القوة تعمل فينا ....

٨. انسكبت محبة الله في .... ب..................

كلمة "أجابي" المترجمة إلى الحب الذي يعطي نفسه وبدون وضع أي ....مسبقة. (رو ٥ : ١-٥)

٩. يظهر الشخص المولود ثانية الحب "الأجابي."اكتب وصفا مختصرا عن كيفية تأثير هذا الحب على حياتك ، مستخدما العبارات المفتاحية المدونة لاحقا

....

تعليق: هدف الخدمة المسيحية هي الحب. المقصود من كل اظهارات الروح القدس هي أن تكون قنوات حب للآخرين (مثل التنبؤ ، العطاء للفقراء ، الشفاء ، وهكذا.) لأن محبة الله في قلوبنا ، نحن نملك سلام الله ولنا نعمة من الله ونفرح بالرجاء في المستقبل. كما أننا أيضا نفرح في الضيقات.

أكمل العبارات التالية:

١٠. نحتاج أن ننفتح على الروح القدس ، لكن هذا الأمر يحتاج إلى انضباط وتدريب. وقد ذكر ديريك سبعة شروط من الكلمة المقدسة.

- نحتاج أن ....و ....

- أنت تحتاج أن ....الآب السماوي في الصلاة أن تمتلئ بالروح القدس.
- تحتاج أن تكون ....لأن الرب لا يدفع ببركاته إلى حياة أشخاص لا يشعرون بالحاجة إليها. تعال إلى ....هو الذي يعمد بالروح القدس.
- نحتاج أن ....من الروح القدس ونستقبله فعليا في حياتنا و ....له بتقديم أجسادنا أدوات للبر.

الدواء الإلهي

املأ الفراغات:

١. في أمثال ٤ : ٢٠ – ٢٢ يوضح لنا الكتاب كيفية اتخاذ الدواء من كلمة الرب.
   - أصغ إلى ....
   - أمل ....إلى أقوالي
   - لا تبرح عن ....
   - احفظها في وسط ....

٢. "أصغ إلى كلامي" -نحتاج أن ندرك أنه عندما يتكلم الرب إلينا، فهو يريد ....الكامل.

٣. يريد الرب أن يكون هو طبيبنا. فإن الشرط الأول والمفتاح الأساسي لنوال الشفاء هو ....كلمة الله. والتوكيد هنا على عملية الإصغاء. لا بد أن نعطي الرب ....الكامل.

٤. رو ١٠ : ١٧ يقول لنا الكتاب أن ....يأتي بسماع كلمة الرب. فهو الإيمان الذي يجعلنا قادرين على استقبال ....فهو يأتي بسماع كلمة الله.

٥. " أمل أذنك" تعني أن يكون لك اتجاه جيد عند قراءة كلمة الرب. لابد ان نكون ....ولدينا ....

بين الصواب والخطأ فيما يلي:

٦. "يجب أن نستقبل كلمة الرب بوداعة ونطرح كل وقاحة."

أ) الوداعة تعني أن تكون:
   - متواضعا
   - متكبرا
   - قابل للتعلم
   - الاحترام

- شجاع
- فقير

ب) الوقاحة تعني أن تكون:

- مجادل
- متكبر
- قابل للتعلم
- غير قابل للتعلم
- متحاملا
- لك قناعات مسبقة

إملأ الفراغات:

٧. " لا تبرح عن عينيك " هو الشرط الثالث الذي يتحدث عن رؤيتنا. في انجيل لوقا ١١ : ٣٤ يقول يسوع أن .... هي سراج الجسد. فإن كانت رؤيتك أحادية الاتجاه ، بمعنى مركزة ، فإن .... يكون نيرا.

٨. إذا كان الجسد كله نيرا ، تصبح النتيجة برا وشفاء ، ولذلك فإن الخطية والمرض من أعمال ....

صواب أم خطأ:

٩. يجب أن نقرأ الكتاب المقدس بعين بسيطة وبإخلاص.

املأ الفراغات:

١٠. لقد تحدانا كاتب هذا الكتاب ، ديريك برنس ، بأن نتخلى عن كل .... عالمية. نحن نحتاج أن نصير أغبياء في أعين .... حتى ندخل بالحقيقة في مجال حكمة الله.

١١. اننا نستخدم بوابات الأذن والعين في الامتصاص الصحيح لكلمة الله ، حتى تصل إلى المنطقة الحية المركزية في الكيان الإنساني ، وهي ما يسميها الكتاب المقدس ....

١٢. لا يصبح الدواء الإلهي فعالا إلا حينما يصل إلى ....

١٣. يخبرنا سفر الأمثال ٤ : ٢٣ أنه من القلب مخارج الحياة. يجب أن .... بها هناك.

١٤. إن كلمة الرب تخترق أجسادنا ونفوسنا وأرواحنا ، بل وأعمق مجالات شخصياتنا. لذلك ليس من مرض لا تستطيع .... أن تصل إليه.

المصارعة الروحية

١. صل النقاط التالية بالإجابات الصحيحة:

١	عدونا هو	أ)	حكام أشرار للعالم غير المرئي
٢	محاربتنا ليست مع بشر بل ضد	ب)	في السماويات
٣	صراعنا يتضمن	ج)	تحت سلطان مملكة الله
٤	مقر مملكة ابليس	د)	ابليس نفسه
٥	يتم طرد الأرواح الشريرة	هـ)	كل المؤمنين
٦	مملكة ابليس	و)	على درجة عالية من التنظيم

إملأ الفراغات:

٢. يرى ديريك برنس أن مقر ابليس هو في السماء ....(الأولى أم الثانية أم الثالثة). لأن الحرب في هذا المجال الروحي من شأنها أن تؤخر استجابة ....المؤمنين.

٣. تحدث الحروب الروحية في ....أثناء تحقيق مقاصد الرب وشعبه. وتتضمن الحرب ....التي تتحرك بفعل ....المؤمنين.

٤. إن ذهن الإنسان هو أرض المعركة. أذكر باختصار في جملة أو اثنين لماذا يهاجم ابليس هذه المنطقة بالتحديد.

....

٥. الحصن في الذهن هو شيء ....ذهن الإنسان حتى لا يضيء له نور الانجيل.

٦. يستخدم ابليس حصنين هما التحامل و ....

٧. إن سلاحنا لكي نهزم ابليس ينقسم إلى جزئين ، درع دفاعي وسلاح ....

٨. إن الحقيقة الأهم والأساسية في نصرتنا هو .... لقد غلب بالفعل ....وكل قواته وسلاطينه تماما وإلى الأبد.

ضع دائرة على الإجابة الصحيحة:

٩. السلاح الأولي لإبليس ضدنا هو:
أ- الخطية
ب- عدم الإيمان
ج- الذنب
د- نقص الصلاة

١٠. تم التعامل مع هذا الذنب عن طريق:
أ- البر هو مفتاحنا إلى النصرة
ب- غفر الرب لنا خطايانا
ج- ايماننا بيسوع المسيح
د- كل ما سبق

١١. مسئوليتنا أن نعلن ....يسوع ونظهرها.

سلاح الله – دفاع

صل النقاط التالية بالإجابات الصحيحة:

١٢. في أفسس ٦ : ١٠- ١٧ ، يعلمنا بولس الرسول أن نلبس سلاح الله الكامل. صل العبارات التالية بالجزء الملائم من السلاح. قد تحتاج أن ترجع إلى التدوينات الخاصة بك.

١. الإيمان والحب يحميان القلب. ونحن الآن بر المسيح ، فإن الأعمال التي نقوم بها هي من منطلق الحب وبدافع الإيمان. إن الإيمان العامل بالمحبة هو العنصر الأساسي.
٢. الأمانة والإخلاص والانفتاح والصدق ولنطرح جانبا الرياء والإدانة.
٣. الاستعداد لتوصيل رسالة الانجيل بدراسة الكلمة وحفظها.
٤. " رجاء الخلاص" يحمي الرأس والذهن. الرجاء هو توقع للخير في ثبات وهدوء مبني على كلمة الله.
٥. تؤخذ كلمة الله بالإيمان.
٦. الإيمان-لأجل توفير الحماية والمعونة لنا ولمن هم تحت مسئوليتنا. الرجاء ، أن تكون متفائلا.

اختار من القائمة التالية ما يتفق مع كل عبارة مما سبق:

أ) = حذاء استعداد الانجيل مثال: رقم ٣

ب) = درع البر ....

ج) = سيف الروح ....

د) = ترس الإيمان ....

هـ) = منطقة الحق ....

و) = خوذة الخلاص ....

ضع دائرة أمام الإجابة الصحيحة:

١٣. من وجهة نظر ديريك ، كيف نحمي ظهرنا من هجمات الشرير ؟ أو من المسئول عن هذه الحماية ؟
أ) الروح القدس
ب) الأصدقاء من المؤمنين
ت) الكتاب المقدس
ث) الرب يسوع

أسلحة الهجوم

١٤. المهمة الأساسية للكنيسة هي الهجوم وليس الدفاع. حتى يظل العدو يتساءل من أي جهة ستأتيه الكنيسة بالضربة القادمة. تذكر أن الرب جرد لحسابنا رياسات ابليس وسلاطينه على الصليب. (أف ٦ : ١٥).
استخدم المثال التالي في كتابة عبارات تمثل أربع هجمات تمارس من خلالها السلطان الذي منحك المسيح اياه. يمكنك المناقشة مع صديق إذا كان الأمر صعب بالنسبة لك.

الأسلحة الأربعة للهجوم:

١. الصلاة

....

٢. التسبيح

....

٣. التعليم / الوعظ

....

٤. الشهادة (نموذج للإجابة)
سوف أخبر صديقي المفضل كيف خلصني المسيح وأنقذ حياتي. وأساعده أن يصلي لكي يقبل المسيح حتى يختبر نفس الحب الغامر الذي أختبره أنا.

....

ضع دائرة أمام الإجابة الصحيحة

١٥. يتطلب الأمر منا .... لكي تفعل وعود الله في أرواحنا ، ولكي تطلق الملائكة لتدخل في المواقف لحسابنا.
أ- شجاعة
ب- مثابرة
ج- صلاة
د- الروح القدس

١٦. إن الفم هو القناة الأساسية لإطلاق أسلحتنا الروحية ، هذا بخلاف الصلاة ، .... هو سلاح لإسكات .... ، الذي يشتكي علينا نهارا و .... عن طريق استخدام الاحساس بالذنب.

١٧. يكون التسبيح أكثر فاعلية عندما يكون مصاحبا ب ....

١٨. إن أسمى مسئولية في حياتنا هي أن نعظ الناس ب ....

ضع علامة خطأ أمام العبارة الخاطئة

١٩. يشرح سفر الأعمال الأمور الفائقة للطبيعة المصاحبة لتبشير بولس الرسول بكلمة الله. وهي:

- طرد الأرواح الشريرة
- الأموال التي تم الحصول عليها بعد حرق كتب السحر
- المعجزات
- كسر سيطرة السحر على المدينة كلها.

املأ الفراغات

نحن نغلب ابليس عندما نشهد بما تقوله كلمة الرب عما فعله دم المسيح من أجلنا.

نحن مفتدين

.... لنا ....

نحن ....

نحن .... (أصبحنا أبرارا)

نحن .... (قدسنا)

<< ملحق ب

الإجابات

المبادلة الإلهية

١. الصليب
٢. كل ، مالي
٣. للأبد
٤. الخطايا ، الخطاة ، الغفران
٥. يسوع
٦. صواب
٧. صواب
٨. صواب
٩. (ب) المجد
١٠. (ج) الآب
١١. (أ) فقرنا
١٢. (د) البركة
١٣. نشفى
١٤. خطية ، بره

كيف تعبر من اللعنة إلى البركة

١. ضار
٢. نصرة ، البركة
٣. (أ) جيل
(ب) العائلة ، المجتمع

٤. الرب ، ابليس ، الرب

٥. أطاع ، الطاعة

٦. عدم ، صوت الرب ، التمرد

٧. أ) مزيفة

ب) عدم اكرام

ج) الجنس

د) الضعفاء

٨.السحر

٩ . صواب

صواب

صواب

خطأ

صواب

صواب

صواب

صواب

صواب

صواب

١٠ . الذات

١١ . غير مطابق

١٢ . (د) الإيمان في عمل المسيح الفدائي على الصليب

١٣ . (ب) جميع جوانب النفس ، والجسد والروح

١٤ . (ب) معرفة كلمة الله وصوته والإصغاء اليه وطاعته

١٥ . خطأ

صواب

صواب

صواب

خطأ

صواب

صواب

صواب

صواب

خطأ

١٦ .انه اختيارنا ، نسلنا

١٧ . أن تكون في الإرتفاع ، الصحة ، الازدهار ، النصرة ، أن يكون الله في صفك (فضل الله)

١٨ . الروح القدس ، في الحال

١٩ . الاعتراف ، الطاعة

٢٠. *كلمات ، الشكر*

الروح القدس فينا

١. خطأ
صواب
صواب
خطأ
صواب
صواب
صواب
خطأ (الروح القدس هو ، أنظر صفحة ١٢١)
صواب
صواب
خطأ

٢. ١-هـ
٢-د

٣- و
٤- ب
٥- أ
٦- ج
٣. *(د)*
٤. *(د)*
٥. *الخدمة ، شجاع ، فائق للطبيعة*
٦. ١. ب
٢. أ
٣. د
٤. ج

٧. *لتستردنا*

٨. القلب ، الروح القدس ، شروط

٩. لا بد أن تكون اجابتك موضوعية. على أن تكون النقطة الأساسية هو مدى ادراكك لكيفية تطبيق هذا الحب "الأجابي" في الخدمة أو في حياتك اليومية. اقرأ من صفحة ١٥٩ - ١٦٤

الشواهد الكتابية: (رو ٥ : ١ — ٨)، (١بط ١ : ٢٢- ٢٣)، (١يو ٤: ٧-٨)، (يو ٧ : ٣٧-٣٩)

مثال: التخلي عن كل أحكام مسبقة عند الصلاة أو التعامل مع الآخرين. ونحن نقترح أن تطلب الصلاة مع أحد قادة كنيستك أو صديق مقرب لك عندما تشعر بعدم القدرة على الامتلاء بالروح القدس.

١٠. *نتوب ، نعتمد*

تسأل

عطشان ، يسوع

تشرب ، تخضع

الدواء الإلهي

١. *كلماتي ، أذنك ، عينيك ، قلبك*
٢. *انتباه*
٣. *سماع ، انتباه*
٤. *إيمان ، شفاء*
٥. *قابل للتعلم ، متضع*

٦. (أ) متكبر ، شجاع ، يكون فقيرا = خطأ
متضع ، قابل للتعلم ، يحترم الآخرين = صواب
(ب) قابل للتعلم: هي الاجابة الوحيدة الخطأ

٧. عين ، الجسد كله

٨. ظلمة

٩. صواب

١٠. حكمة ، العالم

١١. القلب

١٢. القلب

١٣. احفظ

١٤. كلمة ، الله

المصارعة الروحية

١- د
٢- أ
٣- هـ
٤- ب
٥- ج
٦- و

٢. الثانية ، الصلاة

٣. السماويات ، الملائكة ، صلوات

٤. حتى يمنع الناس من قبول البشارة وكلمة الله

٥. عميان

٦. تحيز

٧. هجوم

٨. *المسيح ، ابليس*

٩. ت

١٠. ث

١١. نصرة

١٢. أ- ٣

ب- ١

ج- ٥

د- ٦

هـ- ٢

و- ٤

١٣. ب

١٤. يجب *أن تكون اجابتك موضوعية. وستكون النقطة الأساسية هي فهمك لكيفية تطبيق أسلحة الهجوم، التي هي الصلاة والتسبيح والوعظ والشهادة، كأسلحة هجوم على ابليس في مجال خدمتك وحياتك اليومية.* في صفحة ٢٧٧ ، يتضح بدقة كيفية وتوقيت تنفيذ هذه الأفكار.

١٥. الصلاة ، (ت)
١٦. التسبيح ، ابليس ، ليلا
١٧. كلمة الله
١٨. كلمة ، الله
١٩. المال الذي تم الحصول عليه بسبب حرق كتب السحر
٢٠. مغفورة لنا خطايانا
مطهرين
مبررين
مقدسين

<< نبذة عن المؤلف:

وُلد ديريك برنس (١٩١٥ – ٢٠٠٣) في الهند لأبوين بريطانيَّين. ودرس اللغات الكلاسيكية (اليونانية واللاتينية والعبرية والآرامية) في كلية إيتون وفي جامعة كمبريدج ثم فى الجامعة العبرية. ثم حصل على درجة الزمالة في الفلسفة من كلية كنغ التابعة لجامعة كمبريدج ، وفضلاً عن ذلك ، يتحدث ديريك عدداً من اللغات الحديثة الآخرى.

أثناء الحرب العالمية الثانية كان يعمل في القوة الطبية للجيش البريطاني عندما بدأ يدرس الكتاب المقدس ، وتغيرت حياته إذ اختبر مواجهة قوية مع يسوع المسيح ، وقد قاده ذلك الإختبار إلى إستنتاجين: أولاً أن يسوع المسيح حي ، وثانياً: أن الكتاب المقدس صادق عملي وعصري ، وقد غير هذان الإستنتاجان مسار حياته بشكل جذري ودائم ، فكرس نفسه لدراسة الكتاب المقدس وتعليمه.

في نهاية الحرب العالمية الثانية عام ١٩٤٥ تزوج ديريك من ليديا كرستنس التي كانت تشرف على ملجأ للأطفال ، وبعد زواجه صار أباً بالتنبي لثماني فتيات ، وفي عام ١٩٥٠ تبنى ديريك وليديا فتاة تاسعة أثناء خدمتهما التعليمية في كينيا ، وقد ماتت ليديا عام ١٩٧٥. وفي عام ١٩٧٨ تزوج ديريك من روث بيكر ، ولمدة ٢٠ سنة سافرا معاً في كل أنحاء العالم يعلمان الحق الكتابي ويشاركان الرؤية النبوية في أحداث العالم في ضوء الكتاب المقدس ، وماتت روث عام ١٩٩٨.

اتجاه ديريك المتجرد من الطائفية والتحيز فتح أبواباً لسماع تعاليمه عند أناس من خلفيات عرقية ودينية مختلفة ، وهو معروف دوليا كأحد قادة تفسير الكتاب المعاصرين ، يصل برنامجه الإذاعي اليومي "مفاتيح الحياة الناجحة" إلى نصف العالم في ١٣ لغة تتضمن الصينية والروسية والعربية والأسبانية.

كتب ديريك أكثر من خمسون كتاباً تُرجمت لأكثر من ٦٠ لغة. منذ ١٩٨٩ يوجد تركيز على شرق أوربا ودول الاتحاد المستقلة (الكومنولث والمعروفة بالاتحاد السوفيتي سابقا) ويوجد أكثر من مليون نسخة متداولة بلغات هذه الدول. مدرسة الكتاب المقدس المسجلة على الفيديو

لديريك برنس تشكل أساساً لعشرات من مدارس الكتاب الجديدة في هذا الجزء من العالم الذي لم يكن مخدوماً من قبل.

من خلال البرنامج الكرازي العالمي ، وزعت خدمة ديريك برنس مئات الألوف من الكتب وأشرطة الكاسيت للرعاة والقادة في أكثر من ١٢٠ دولة – للذين لم يكن لديهم وسيلة للحصول على مادة تعليمية للكتاب أو لم يكن لديهم القدرة المالية لشرائها.

يوجد المركز الرئيسي الدولي لخدمة ديريك برنس في شارلوت بولاية شمال كارولينا ، ويوجد فروع للخدمة في أستراليا وكندا وفرنسا وألمانيا وهولندا ونيوزيلاندا وسنغافورة وجنوب أفريقيا والمملكة المتحدة ويوجد موزعون في دول كثيرة أخرى.

>> إصدارات أخرى لديريك برنس باللغة العربية:

كتب

أسس الأيمان

الكفارة

الإيمان الذي به نحيا

الدخول إلى محضر الله

تلبسون قوة

أسرار المحارب فى الصلاة

أزواج وآباء

عهد الزواج

شركاء مدى الحياة

الحرب في السماويات

مواجهة الأيام الأخيرة

تشكيل التاريخ

دراسات شخصية في الكتاب المقدس

العبور من اللعنة إلى البركة

يخرجون الشياطين

كتيبات

الخلاص الكامل

المبادلة الإلهية العظمى

المحبة المسرفة

الروح القدس فينا

فكر الله من نحو المال

ومتى صمتم

الأبوة

الرفض

هل يحتاج لسانك إلى شفاء

المصارعة الروحية

الدواء الإلهي

الصلاة من أجل الحكومة

الشكر – التسبيح - العبادة